编委会成员名单

（以姓氏笔画为序）

万志前　王广辉　王志敏　韦宝平　牛余凤　石先钰

冯瑞琳　刘　红　刘立霞　刘　杰　刘新凯　孙孝福

孙淑云　邢　亮　朱建华　李　文　李雨峰　李艳华

李振华　李祖军　陈训敬　陈会林　陈　虎　陈　苇

张　功　张培田　张新奎　张　耕　汪世虎　沈　萍

杨树明　范忠信　范　军　罗　洁　周庭芳　段　凯

赵立新　侯　纯　姚　欢　晁秀棠　陶　虹　秦瑞亭

黄名述　黄　笛　曹海晶　曹艳春　程开源　喻　伟

曾文革　赖达清　雷　振　谭振亭

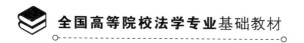
全国高等院校法学专业基础教材

诊所式法律教程

主　编　孙淑云　冀茂奇

副主编　黄　笛　孙英伟　吴海玲

撰稿人（以撰写章节先后为序）

　　　　黄　笛　孙淑云　冀茂奇

　　　　吴海玲　孙英伟　袁建刚

　　　　龚成思　张爱华　高　峰

中国政法大学出版社

2010·北京

图书在版编目（CIP）数据

诊所式法律教程 / 孙淑云,冀茂奇主编. —北京：中国政法大学出版社，2010.1
ISBN 978-7-5620-3415-5

Ⅰ.诊... Ⅱ.①孙... ②冀... Ⅲ.法学教育 – 中国 – 教材 Ⅳ.D92-4

中国版本图书馆CIP数据核字(2009)第241865号

出版发行	中国政法大学出版社
经　　销	全国各地新华书店
承　　印	固安华明印业有限公司

720×960mm 16开本 21.75印张 400千字
2010年3月第1版 2014年8月第2次印刷
ISBN 978-7-5620-3415-5/D · 3375
印　数: 4 001-6 000 定　价: 32.00元

社　　址	北京市海淀区西土城路25号
电　　话	(010) 58908435(教材编辑部) 58908325(发行部) 58908334(邮购部)
通信地址	北京100088信箱8034分箱 邮政编码 100088
电子信箱	fada.jc@sohu.com(教材编辑部)
网　　址	http://www.cuplpress.com （网络实名：中国政法大学出版社）
声　　明	1. 版权所有，侵权必究。
	2. 如有缺页、倒装问题，由本社发行部负责退换

出版说明

　　法学是集理论性与实践性于一体的社会科学。然而，现行的法学本科教材普遍存在"重理论、轻实践"的现象，这既不适应应用型法学人才的培养，也与司法考试、研究生考试和公务员考试严重脱节，致使其实用性大打折扣。

　　鉴于此，由全国独立学院法学教育协作机制秘书处和中国政法大学出版社发起，成立了"全国高等院校法学专业基础教材"编委会，旨在编写适应法学专业应用型人才培养要求的"厚基础、重实务"的系列教材。中南财经政法大学、西南政法大学、华中师范大学、湖北大学、中南民族大学、江汉大学、重庆大学、湖北经济学院、武汉科技大学中南分校、西南大学育才学院、南开大学滨海学院、海南大学三亚学院、福州大学阳光学院、浙江大学宁波理工学院、中国石油大学胜利学院、南京师范大学泰州学院、黄河科技学院、中南财经政法大学武汉学院、中南民族大学工商学院、华中科技大学武昌分校、华中师范大学汉口分校、华中科技大学文华学院、武汉科技大学城市学院、河北工程大学文学院、燕山大学里仁学院、贵州民族学院人文科技学院、东莞理工学院城市学院、江汉大学文理学院、湖北大学知行学院、湖北经济学院商贸学院、福建江夏学院、河南师范大学新联学院等全国三十多所高等院校的百名法学专业教师共同参与了这套教材的编写工作。

　　本套教材在内容设计上充分考虑了与司法考试和公务员考试的接轨，注重基础理论阐述和实务能力培养的有机结合，力求展现以下特点：

　　第一，基础性。本套教材的编写内容定位于对基本理论、基本概念、基本知识的阐释和对基本法律实务技能的培养。

　　第二，简洁性。本套教材以各学科成熟的理论体系为主，不涉及太深奥的法律问题；以通俗和主流观点为主，除核心观点、理论有简要论证之外，避免过多论述有争议的观点或作者个人观点。

　　第三，实用性。本套教材充分突出实用性，主要服务于法学专业学生参加司法考试和考公务员的目标，教材内容及结构与最新司法考试大纲保持一致，大量引入司法考试、公务员考试真题和案例。

第四，新颖性。本套教材力求突出形式设计上的新颖性。根据各教材的不同特点，有的在每章开头有简短的案例导入，使相关知识点、重点及难点一目了然；有的在正文中穿插案例或合理设置图表，以方便学生阅读，符合学生应试要求；有的在每章结尾处设置思考题和案例分析题，以供学生参考使用。

本套法学教材涵盖了法学专业教育指导委员会确定的16门法学主干课程和14门实务性较强的非主干课程，共30种。本套教材由于编写作者较多，涉及内容广泛，教材的编写统稿难度较大，更囿于水平有限，挂一漏万在所难免，恳请各位专家、同行及广大读者批评指正，帮助我们在后续的工作中加以完善。

《全国高等院校法学专业基础教材》编委会
2009 年 8 月

编写说明

　　我国经济改革、对外开放、民主法治建设的不断发展对法律人才的培养目标和培养方式提出了新的要求：不仅需要培养担任国家公职的法律人才，也要培养服务社会的法律人才；不仅要使学生掌握系统的法律知识，也要提高学生运用知识、解决实际问题的能力。为了适应和满足社会对法律人才的需求，同时也为扩充法学实践性课程的内容，我们对课堂教学进行了大胆的尝试和改革，专门开设了民事法律诊所课程。该课程对于探索法学教学新模式、构建新型法律人才培养体系、全面提高法科学生综合素质都具有重要的意义。为有效达到该课程的培养目标，我们编写了这本《诊所式法律教程》。

　　全书共分为：诊所式法律教育概述、会见当事人的理论与技巧、事实调查的理论与技巧、法律研究的理论与技巧、法律咨询的理论与技巧、谈判的理论与技巧、民事调解的理论与技巧、诉讼的理论与技巧、仲裁的理论与技巧，共9章。本书涵盖了民事法律诊所的教学内容和教学方法，并列举了大量的实例对各章节的内容和方法进行了阐述。为了达到锻炼、提高学生能力的目标，在每章后都有针对性地设计了案例练习，通过练习使学生尽可能多地掌握民事办案技巧，再经教师点评，使学生的不足通过课堂教学实践得以纠正。

　　该书既可作为法律教材，也可作为即将进入法律实务部门或已从事法律工作的人员的参考读物。

　　本书由孙淑云、冀茂奇担任主编，黄笛、孙英伟、吴海玲担任副主编。参加各章编写的作者及分工如下：黄笛撰写第一章；孙淑云撰写第二章；冀茂奇撰写第三章；吴海玲撰写第四章；孙英伟撰写第五章；袁建刚撰写第六章；龚成思撰写第七章；张爱华撰写第八章；高峰撰写第九章。

　　全书由孙淑云、冀茂奇统稿，朱林、孙慧校对。

　　由于我们对诊所式法律教学和研究的时间不长，书中内容难免出现偏颇甚至错误，敬请读者批评指正。

编　者

2009 年 12 月

目 录

第 一 章

诊所式法律教育概述

◆ **重点问题**

1. 诊所式法律教育的特点
2. 诊所式法律教育模式与传统法律教育模式的区别
3. 诊所式法律教育模式的价值
4. 法律诊所的模式

第一节 诊所式法律教育的概念、特点及目标

一、诊所式法律教育的概念及特点

（一）诊所式法律教育的概念

诊所式法律教育（legal education），又称为诊所式法律教学模式，既是一种以培养学生的法律技能、法律道德和职业责任为核心的法律教学模式，也是致力于培养律师在完成专业教育时所应具有的法律意识、立场、技能及职责的法学教育。[1] 它把医学院学生临床实习中的诊所式教学的模式引入法学教育，当法学教育引用了"诊所"的概念时，就产生了"法律诊所"这一法学教育特有的名称。法律诊所教育是让学生在有律师执业资格的教师的指导下，"诊断"真实或虚拟案件中的法律问题，开出解决案件问题的"处方"，为属于社会弱势群体的当事人提供解决问题的途径，并为他们提供无偿的法律援助。这种诊所式法律教育的目的是让学生从实践和经验中学习法律执业技能。

（二）诊所式法律教育的特点

诊所式法律教育是注重通过实践帮助学生在实际过程中学习知识，进行思考，从而提高实践技能的教学模式。它是对传统法律教育的一种突破和创新，与传统法律教育相比，诊所式法律教育具有以下特点：

1. 教学内容的实践性。诊所式法律教育，在教学内容上实现了从理论教学向实践能力培养的转化。诊所式法律教育的教学内容都是围绕学生从一个被动的

---

〔1〕 杨欣欣主编：《法学教育与诊所式教学方法》，法律出版社 2002 年版。

听课者到一个主动的办案者的身份转换和技能提高而设置的，通过解决具体且实际的问题，锻炼学生的实践能力。在诊所课堂教学中，教师紧紧围绕着解决学生在所承办案件中面临的法律问题展开教学，因此，学生会以更主动、更积极的态度参与课堂教学活动，学生根据案件需要扮演案件中的不同角色，不仅培养了学生多角度地观察问题并运用理论知识分析和解决问题的能力，而且通过角色模拟学习他人的经验和技巧，发现自己的不足，训练学生成为更为成熟的学习者，有利于学生个人素质和综合能力的提高。另外，在诊所法律教育模式中，有关教学的内容是全方位的，既包括相关法律技能的传授，也包括社会交往能力的锻炼。例如：如何与客户交谈、答复咨询。同时还有一个重要的方面——职业责任心的教育，从这个角度而言，诊所法律教育还担负着伦理道德上的责任，为即将迈入社会的法律院校的毕业生提供以尊重当事人、服务当事人为准则的职业准则教育。

2. 学生思维方式的多维性。传统法律教育非常重视对学生的理性思维的培养，并通过教师的讲授达到植入学生头脑的目的，这种思维被称为"法官"式思维。因为它注重单纯的理性分析和依法办案。所以，学生在考虑问题时，思维限定在已明确的问题中，目的是找到一个好的解决方法和途径，而忽视了其产生的原因和各方面的利益权衡，结果往往陷于抽象的价值判断之中，寻求不到解决问题的真正有效办法。诊所法律教育要求学生用律师的思路去思考问题，一切从委托人的角度出发，寻找有利于委托人的解决问题的途径，而不是从法官角度对事物的是非曲直做出判断。教师要引导学生关注在不同事实情况下确定结果的相对可能性，让学生自己去了解案件事实，寻找并发现问题，结合具体的事实和证据进行法律分析得出结论。在探索问题解决方法的过程中，锻炼学生的实际性思维能力、开拓性思维能力、创造性思维能力以及综合判断能力。

3. 教学方式的灵活多样性。传统法律教育的课堂倾向于教师在台上讲、学生在台下听的灌输方式。以这种方式进行学习，教师是主体，所有的教学内容由教师把握，学生是教学行为的接受者，只能是被动学习。这种方法虽能帮助学生学习法律理论知识，但师生之间很少开展讨论或交流，学生缺少思考，也不知怎样运用法律，更难处理好"教"与"学"的关系。而且，这种教育方式也很难培养学生思辨的能力。而诊所式法律教育中，教学方法是灵活多样的，既有课内的分组角色模拟训练、互动式个案指导，也有课外的真实案件代理。教师、学生双方完全处于平等的地位，教学方法上体现的是互动性，师生之间可自由地进行讨论，交流彼此的看法。诊所式法律教育使学生有机会说出对知识的疑问，教师在听取学生意见的过程中，有针对性地提出问题，引导学生深入思考，并由学生在自我总结讨论时针对不同的观点进行评述，从而实现了教学相长，互动交流的教学效果。有人将诊所教学中的师生关系比做教开车的师傅与徒弟关系，要想学会开车，终究得自己操练，亲身体会。可以看出，诊所教学是一种以学生为主体的很好的教学方法。

4. 案件材料的真实性。法律诊所教学方法是建立在真实的案件背景材料和真实的当事人基础之上的。学生通过办理真实案件，可参与案件的全部过程和细节，训练解决问题的方法和技巧，培养判断力和职业责任心，并可深切地理解律师的社会角色。从而增强学生的职业责任心和道德感，加深学生对法律制度、法律知识和法律条文的理解。

5. 教学场所的多样性。传统的教学一般是在大学校园内的课堂上进行，只在课堂内讨论曾经发生过的案件。而诊所法律教育实施教学的场所不是单一的、虚拟的，而是既可在校内，也可在校外，并且学生可以在学校的课堂上模拟案件中的各种角色。

6. 评价方法的独特性。在传统的教学模式中，无法找到除学习成绩之外的更加客观的评价方法。而诊所式法律教育课程评价方法是根据教学目标创造出新的评价方法，评价的对象主要是学生通过实践所获得的技能以及为获得这些技能所进行的思考。诊所式法律教育课程评价方法源于其教学目标，评价内容是多方面的，并且贯穿于整个诊所教学活动，包括计划制定、行动过程和反思。评价内容既有专业和技巧方面的，也有其他综合素质方面的；既有教师对学生的评价，也有学生对教师的评价、学生之间的评价和自我评价。评价的方式既可以是口头的，也可以是书面的。在诊所式法律教育中，教师对学生的评价以不同教学阶段的不同教学目标为导向，从而使评价的功能自始至终地发挥作用。但在诊所式法律教育课程中，学生对自己评价的重要程度远远要超过教师对他们的评价，他们更加关心他们所承办的案件的结果，他们更加关心当事人对案件结果的感受，也更加注重自己承办案件的感受。学生的自我评价本身就是一个自我学习、自我提高的过程，直接体现了学生的思考和个性化。而这种评价方法在传统的教学模式中是无法实施的。诊所评价的目的在于通过评价学习，将评价融入学习之中，让评价在学生学习中发挥作用。

二、诊所式法律教育的教学目标

法律教育不仅是普通的素质教育和学术培养，也是特殊的职业教育。而职业化教育的目标不仅要使受教育者掌握专业的抽象知识体系，而且要培养特定的职业思维、职业技能和职业伦理。所以，法律教育的培养目标必须按照法律职业的基本要求进行，而诊所式法律教育的目的正是通过诊所教师指导学生参与法律实际应用的过程，培养学生的法律实际能力，促进学生对法律的深入理解，培养学生的法律职业意识观念，使法学教育与法律职业形成良性互动关系。所以，诊所式法律教育的教学目标有以下几个方面：

1. 教授学生基本的律师从业技能。要引导学生在实践中运用自己所掌握的法律知识解决现实问题，就必须为学生提供律师基本执业技能和技巧指导，通过模拟练习和实地办案，使学生掌握与客户见面、提供咨询、调查取证、法律分析和推理、谈判、法庭辩论等一系列的基本技能，体会法律条文的真正含义，提高自己的执业水平，并对司法制度作出自己的评判。

2. 帮助学生学习未来执业的基本准则，培养高尚的律师职业道德感和职业责任心。作为一个对正义这一社会品质承担着特殊责任的律师，其职业道德与所担负的特殊责任密切关联，律师职业的高度自主性及其在维护法律正确实施和保障公民基本人权方面所担负的重要责任，要求其要有高尚的品德和与其职业相称的自律行为。在这种理念指引下，诊所式法律教育通过让学生接触和处理真实案件、接受当事人的委托等实践形式促使他们树立良好的道德观与责任感，努力维护正义、公平，努力完善法律职业道德。

3. 为社会提供法律服务，培养有公益心、有爱心、有奉献精神的法律人。律师应当具备法律服务和法律援助的精神，为那些无力支付费用的人获得充分的法律服务作出努力。诊所式法律教育把法律援助作为其目标之一，在诊所办理法律援助案件的过程中，不仅能培养学生对当事人和社会的责任心，也能加深学生对法律所蕴涵价值的理解，同时也产生了积极的社会效益，为提高法律机构实现正义的能力做出贡献。

总之，诊所式法律教育目标的实质在于培养学生经验式学习的能力以及凭借经验进行反思的能力。诊所式法律教育实际上应当为学生提供从事法律职业的基本素质，培养学生完善人格，实现道德感与法律头脑、实践操作能力三者相结合的基本素质。在诊所式法律教育中，作为一名法律诊所的教师，个人目标是希望学生能通过诊所式法律教育的学习培养终生学习的能力，了解司法制度的问题所在，并为其改进做贡献，最终成为一名有职业技能、有道德的律师。

第二节　诊所式法律教育的产生和发展

一、诊所式法律教育的产生

法律诊所教育是 20 世纪 60 年代美国民权运动的产物，起源于美国耶鲁大学、哈佛大学等著名学府的法学院。法律诊所教育的历史可追溯到 19 世纪中期。当时，美国律师学习法律的途径有两种：一种是学徒式的，新律师在律师办公室里通过阅读法律的方式来培训自己，培训的内容包括阅读案例和有关法律实践的文章、分析研究案例、复印并起草诉状、观察有经验的律师如何办案等，至于学习的时间长短，美国各州要求都不一致；另一种途径是经院式的，即通过在法学院的学习获得律师需要的专业知识。[1] 在这一阶段，学徒式的传、帮、带方式占主导地位，被认为是法学教育的主流方法。

1830 年之后，律师在法学院的集中学习逐步取代了学徒制。理由是：学徒制无疑培养出了历史上最好的律师，但从本质上说它是失衡的、狭隘的，并不能表明学生将具有成为一名合格律师的能力。[2] 律师应当在学院接受系统的、统一的、规范性的训练，所采用的教学方法主要是"判例教学法"。古老的学徒制教育已被大学中正式的法学教育所取代，受美国本土形式主义思潮的影响，哈佛大学法学院院长兰德尔对法律教育实行改革，推广"案例教学法"。这种教学方法消除了传统法律知识讲授的弊端，对学生法律思维能力的培养及法律共同体同质性的形成有着积极意义，但是，它所产生的案件事实与社会真实相隔离的缺陷却受到了一些学者的猛烈抨击。

20 世纪 60 年代后期至 70 年代初期，美国的一群法律现实主义运动学者，对在法学院长期占据统治地位的"案例教学法"提出质疑。现实主义的领军人物弗兰克指出：这种看似分析实案的教学法，事实上与实际脱离，忽略了法律实践中其他领域诸如会见、咨询、事实调查、调解、谈判、起草文件中的许多基本技能的训练，而且也忽略了在判断力、职业责任心以及理解法律和律师的社会角色等方面对学生们的培养，这种案例教学与发生在初审法院的诉讼实际相去甚远，并大声疾呼法学教育更应当看到法律规则和事实的不确定性，让学生学习在社会实践中出现的真实案件。

随后，在美国福特基金会的支持下，许多法律学校开始建立诊所式法律教育项目。这个项目融合了理论教学与实践教学，将技能训练又重新带回到法律教育中，让学生在法学院学习理论的同时，进行律师实务与技能训练。"诊所"一词，来源于医学院，说明法律与医学具有同样的特征：既需要理论，也需要实践。

二、诊所式法律教育的发展

法律诊所教育方兴未艾，它不但在美国稳稳地扎下根来，并保持着持续发展的势头，而且，全球许多国家和地区接受了美国的诊所式法律教育。它对这些国家和地区的法律学生的培养和法治建设起到了非常大的作用，尤其是在为弱势群体提供法律援助方面对社会做出了巨大的贡献。

法律诊所教育模式现已成为影响当今世界法学教育模式改革的一种趋势。从2000 年秋季开始，在美国福特基金会的资助下，中国借鉴美国法学院的经验，

---

〔1〕 李傲：《互动教学法——诊所式法律教育》，法律出版社 2004 年版。
〔2〕 杨欣欣主编：《法学教育与诊所式教学方法》，法律出版社 2002 年版，第 132 页。

首次在全国七所高等院校〔1〕尝试运用诊所式法律教育方式开设"法律诊所教育"课程。2001 年 9 月，越来越多的高校教师和学生表现出了对这项教育课程和教学方式的极大兴趣，陆续有若干学校申请加入。据中国法学会法学教育研究会诊所式法律教育专业委员会最新信息表明，截止到 2008 年 12 月，全国开展诊所式法律教育的院校达 84 所。诊所教师不定期地召开不同规模的教学方法研讨会，并走进各院校的诊所课堂进行实地观摩。所有这些在教学内容与交流形式方面的探索都为中国的法学教育注入了新鲜的血液，诊所教育已成为了中国法学教育的一部分。

经过多年的教学实践，法律诊所的教师们普遍感到：诊所式教学法，使学生更加深入地领会实体法的内涵，更切实地运用程序法的规则，更充分地意识到社会责任与职业道德，更热心地加入到法律援助的队伍；学生变被动为主动，变客体为主体，学生的潜力被最大限度地发掘，诊所课程已成为国内法学院最受学生欢迎的课程之一。诊所教学模式多种多样，具体包括：法律援助诊所、刑事辩护诊所、妇女权利诊所、儿童权利诊所以及其他服务弱势无助的当事人的法律诊所等。

第三节　诊所式法律教育模式的选择

一、诊所式法律教育模式的涵义

诊所式法律教育，是法律实务能力与技能教育的重要组成部分。引入诊所式法律教育模式，对于推动正在进行的法律教育的改革和高级法律人才的培养具有重要的意义：首先，诊所式法律教育是法律实务能力和技能教育手段的创新和延伸；其次，诊所式法律教育与法律援助工作相结合，对于培养高级法律人才的良好素质和职业道德观念，具有现实意义；最后，诊所式法律教育是发挥高校科研优势，开辟和推进法律实务教学和应用研究的有力尝试，律师事务所和大学生志愿者法律援助中心可以为诊所式法律教育的开展提供良好的平台。

诊所式法律教育模式的涵义主要表现在以下几个方面：

1. 强调重点在于提高技能。通过法律诊所教育，使学生们能够学到重要的、基本的专业技能。律师从业技能的范畴包括：解决问题能力，法律分析和推理能力，法律研究能力，事实调查能力，交流、咨询、谈判、诉讼以及参加其他争端解决程序的能力，组织和处理法律事务的能力，发现并解决道德困境的能力，提

---

〔1〕 包括北京大学、清华大学、中国人民大学、武汉大学、中南政法大学（现中南财经政法大学）、华东政法大学、复旦大学。

供有力辩护的能力，维护公正、公平和社会道德的能力以及律师职业完善和自我发展的能力。

2. 加强职业道德和责任心教育。法律职业道德是指法律工作者在法律实践中应当具备的特有的道德观和责任感。职业道德和职业责任教育是法学教育的重要组成部分。具备良好的职业道德和职业责任的法律人才，取得法律职业资格，对保证法律职业者的素质，保障国家立法、执法和司法的水准具有重要意义。在法律诊所教育中，职业责任心教育涵盖了如何处理矛盾冲突和严守保密准则，如何处理律师与当事人之间的关系，如何培养律师技能和职业热情等问题。诊所法律教育为学生创造在现实生活中实践法律的机会，由学生扮演律师的角色，帮助现实中遇到法律问题的人。而教师的职责则是帮助学生从这种经历中获得实践经验，体会法律条文的真正含义，提高自己的道德水平，并对司法制度作出自己的评判；培养学生的职业道德感，鼓励学生思考法律职业作为一个整体在社会发展中的作用，思考法律职业的价值，促使学生最终成为一个有良好职业道德和职业责任心的律师。

3. 对临床医学教育的借鉴。临床医学教育的任务是帮助学生培养一种能力，将已知信息和诊断、治疗、照顾病人的实践与临床医学技能结合起来。医学教育应用的方法，被汲取到法律教育中来。比如说，通常被用于临床医学教育的"案例陈述"方法。所谓"案例陈述"是指学生向诊所教员和同学讲述病例，概括病人的身体状况，提出可供探讨的诊断意见，然后其他同学可以对陈述者的想法和推理过程提出质疑。临床医学专家的作用就是帮助学生查漏补缺，指导学生进行临床推理，解决实际问题。这种方法也被应用到法律教育中，通过这种方法诊所学生学会了对案例思考得出诊断结论，学会了口头和书面来准确地、有组织地、有说服力地表述案例，并且通过上述技能锻炼来提高执业水平。"案例陈述"方法有助于激发学生们的合作精神，有助于学习理论知识，有助于将这些理论知识应用于实际问题的解决过程之中。

4. 实践性是诊所式法律教育的显著特点。诊所式法律教育的内容和教学方法有许多种，但根本的一条是要求学生从经验中学、从实践中学。诊所式法律教育如同医学院学生在诊所实习一样，通过设立某种形式和内容的法律诊所，使学生在接触真实当事人和处理真实案件的过程中学习、运用法律。诊所式法律教育通过指导学生进行模拟角色训练、真实代理当事人的活动，对从事法律职业的实践环境及相应技能，反复训练并权衡考虑，最终做出恰当的决定及相应的策略。法律诊所的教学模式就是依托法律诊所这一平台，除开设诊所课程及办理案件外，还通过多种途径进行多种形式的实践活动，以达到提高学生实践能力的目的。

二、诊所式法律教育模式与传统法律教育模式的区别

传统法律教育模式是法律教育的基础，它是在历史和知识积淀的基础上发展起来的，并在人才培养、社会主义建设方面发挥了重要作用。现代法律教育是法律教育的关键。它要求培养具有创新意识、创新能力的人才。诊所法律教育是基于传统法律教育发展起来的一种教育模式，是传统法律教育的有益补充。传统法律教育教授学生获取知识的能力。诊所法律教育培养学生运用法律知识、解决问题的能力。虽然两种法律教育模式在获取知识方面采用不同的方法，但都以获取知识作为教育的基础，在这一点上它们是一致的、相互包容的。传统法律教育模式与诊所法律教育模式的区别主要表现为以下几个方面：

1. 传统法律教育模式主要是对学生灌输某种既定的知识，而诊所式法律教育模式则是要教会学生如何去学习和运用法律。在现代法治社会中，鉴于法律条文的数量之多及其修改和变化的速度之快，如果要把所有这些基于现行法律条文之上的知识都灌输给学生，我们的学制就会成为名副其实的终身学制，这不仅是不现实的，也是不必要的。其实，法学教育的真谛应当是使学生学会如何学习和使用法律，而不是单纯地灌输某种既定的、凝固的知识。即便是教师，现在教的东西中有多少是当时在课堂上学到的呢？如果我们现在要给学生灌输这种凝固的、死板的知识，在他们毕业后，这些知识未必仍适应社会。与此相反，诊所式法律教育强调的是实践性，这种课程致力于训练学生在解决具体案例中如何学习寻找法律、分析法律、解释法律和运用法律，课程的目的是培养学生持续学习的能力。经过这种训练，学生掌握的是如何找到和运用法律的方法，而不是单纯地背诵几条法律条文。也就是说，学生学到的是解决问题的方法，而不是僵硬的法律条文。

法律运行的内在规律和特点要求我们必须教给学生自我学习、自我更新、自我发展的能力，而不是几条现行的法律条文。

2. 传统法律教育模式的基础是被动式学习，而诊所式法律教育模式则是以主动性学习为基础。法律是一门实践性极强的学科，没有经过法律实践是无法真正学好法律的。但是传统的法律教育在很大程度上忽略了实践过程，轻视实践中的实际技能。传统法律教育课堂是教师在讲台上侃侃而谈，学生在下面被动地听和记，由于师生在课堂上很难展开讨论、交流，学生的注意力难以长时间保持集中，教学效果并不理想。考试设计的题目主要测试学生的记忆能力，很难测试学生独立解决实际问题的能力。诊所式法律教育要解决的正是这一问题。这里需要指出的是，这种实践课程由学生当主角，由学生通过实际动手操作、解决实际案件来学习法律和技能，它与以往的认识实习、技能实习不同，学生必须主动去做。诊所式法律教育课程的案件是有针对性的，学生也能够自始至终地办完

案件。

　　总之，诊所式法律教育模式促使学生发挥更大的主动性，从而使其收获也就更大，使学生通过自身的经历了解法律的运行，在办理具体案件的过程中主动地去学习法律，进而学会运用法律。

　　3. 传统法律教育模式将法律分门别类进行教授，使法律体系和法律实践相互脱离，而诊所式法律教育模式打破了这种人为藩篱，使法律教育更具实战性和真实性。在传统的课堂法律教育中，任课老师仅仅讲授一门特别划定的部门法，练习、案例分析和考试也都预设好了范围。因而学生难以在近乎实战的情况下综合运用法律。诊所式法律教育把学生置于真实的环境中，促使学生接触尚未学到的或无法在分离的部门法教学中学到的许多法律问题。因此，学生就必须像真正的律师那样使用从未学习过的法律，分析从未碰到过的法律问题。诊所式法律教育要给学生提供的恰恰是传统课堂教学所忽视或无法提供的机会和训练。

　　4. 传统法律教育模式无法使学生真正体验律师应负有的社会责任和应当遵守的职业道德，而诊所式法律教育模式则使学生成为真实案件中的准律师。现代教育心理学认为：当成年人在负有一定责任的角色中学习时，他学习的动力就更大，也就更为主动。当一个人在课堂上被动地接受灌输给他的知识时，他的学习是被动和消极的，因而学习的效果也不显著；如果他认识到他负一定责任，他的学习会影响到其他人的利益和前途时，他的学习就是主动的、积极的，其学习的效果也就十分显著。诊所式法律教育给学生赋予了一定的责任，因此，他们在这种责任的推动下，会以大大超出一般课堂上的注意力和责任心来处理案件。这种负有责任的学习过程也使学生积累了如何在实际案件中把握职业道德标准的经验。我们在教学实践中也验证了这一理论。

　　5. 传统法律教育的模式是一种训政式的、由上向下的灌输式教学，学生和老师的关系是不平等的。而在诊所式法律教育模式的课程中，老师和学生互相探讨、分析案件，他们之间的关系是平等的。长期以来，教师在讲桌前居高临下进行灌输的教学模式已成为教育的典型模式。这种呆板的讲授模式不仅缺乏生气，而且给学生灌输了一种师生有别的等级观，形成了训政式的环境，很难改变教师和学生之间的不平等关系。在诊所式法律教育课程中，因为它的特点，学生和教师不仅是受教和施教的关系，而且还建立起真正的学友般的交流关系，建立起真正的平等关系。这种关系的建立使我们真正得到了许多启发，从教学中不断地得到学生真正的反馈，开始感受真正的教学相长。

　　6. 传统法律教育力图引导学生寻找到唯一正确的答案，而诊所式法律教育模式并不追求唯一正确的答案，引导学生对案件和问题中的各种可变因素进行深入具体的分析，以启发学生的思路，从中找出最佳的可行方案。在现行的法律教育方法中，教师是教育的中心，学生是被教授的对象，教育的结果大多以统一到教师的认识上为圆满。学生很少坚持自己的观点，生怕因自己的观点与教师的观点有出入而不能通过考试，这导致他们习惯于被动的思考而不是主动的思考。而诊所式法律教育课程则强调以学生为中心，学生要在千变万化中始终结合有关法律条文和原理寻找答案。为了使学生真正能够开动脑筋发挥主角的作用，老师也要采用启发式、引导式、提问式的方法组织教学，而不能简单地给学生一个标准答案。所以，这种教学模式显然在改变着根深蒂固的、形式主义的、经院式的法律思维模式。

7. 传统法律教育要灌输的是一种既定的、凝固的知识体系，而实践性法律教育模式则力图使学生学到各种法律条文以外的实际知识能力和技巧。法律条文的运行并非是真空中的逻辑推导，它涉及如何与法律运行中的各种人物和机构打交道，如何收集、分析证据材料，如何判断和确认事实，如何运用心理学和语言、行为分析的方法去分析法律的实际运行和操作。传统法律教育模式无法提供这种能力、技巧和素质的系统训练。而诊所式法律教育模式则主要注重这些综合素质的培养，运用"分组讨论"、"角色扮演"、"信息反馈"、"教师归纳"和"个别指导"等方法对学生进行较为系统的训练。

8. 诊所式法律教育模式的课程对教师提出了更高的要求。担任诊所式法律教育课程的教师，除了要具备一般法学老师必备的法律专业知识外，还需要有办案的实际经验；除了在课堂和指导中传授专业知识外，还要讲授专业技巧、职业道德，关注学生的实际能力的培养；除了认真备课授课外，还要具有充分的想象力、创造力和表现力，富有爱心、细心和耐心，发挥亲和力和鼓舞力。

虽然诊所式法律教育模式与传统法律教育模式有很大的区别，但是，我们引入实践教学模式也并非要完全取代传统的教学模式，特别是其中行之有效的部分。而是要在诊所式法律教育模式基础上对其进行改造和完善，不拘一格、兼收并蓄，使其与其他教育模式和方法相辅相成、相得益彰。

三、诊所式法律教育模式的价值

法律诊所教育模式的价值的主要表现在以下几方面：

（一）正义性价值[1]

法律诊所教育是20世纪60年代美国民权运动的产物。在当时，法律界人士向日益增多的贫困人口提供他们所寻求的减免律师费用的法律服务，以此回应联邦政府"向贫穷开战"的计划和美国社会民权运动的开展，以此促进正义理念

---

〔1〕　［尼泊尔］肯尼特·加仑："诊所法律教育目标与方法"，载《尼泊尔法律评论》1999年第4期。

在现实中的实现。民权运动使人们认识到将书本上的法律转化为实践的重要性，为达到这一目的，为民事案件尤其是刑事案件中缺乏法律知识的人们提供法律咨询和服务，美国法律界和法学院开始更多地思考法律教育在解决这方面的问题上应发挥的作用，认识到法律院校不仅应提供法律服务，而且应培养学生为处于不利地位的委托人提供帮助的意识。正是基于以上考虑，法学院开展了法律诊所教育。诊所学生不仅在为当事人提供法律服务的过程中为实现社会正义做出了努力，也开始思考自己的社会价值，以及在促进社会正义方面的角色定位。诊所式法律教育就是通过学生代理有可能受到不公正对待的当事人的案件和为交不起诉讼费用的穷人提供法律服务的途径，培养诊所学生的正义观念，使其意识到其为实现社会正义所肩负的责任，以体现这种教学模式的正义价值。

（二）创造性价值

法律教育在于发掘法科学生的创新潜能，培养法科学生的创新精神与创新能力、帮助法科学生形成创新品质。在法律诊所教育中，学生通过实际体验不仅学到实际技能，而且能形成分析和批判的思辨能力。法律诊所教育要求学生创造性地解决问题，同时能对实践进行批判式的反思。法律诊所教育方法将学生置于律师境遇，要求学生做出无数个决定。学生必须学会权衡法律、当事人利益及伦理道德等各种因素，学会在不容假设的现实生活中寻求得以解决问题的最优法律对策。法律诊所教育并不在乎案件的结果，而是重视培养学生在处理案件过程中的思考能力和懂得放弃的心态，重视让学生意识到生活处处皆学问和直接经验对于知识学习的重要性，促使学生自觉地发掘自己的创新潜能，进行创新尝试。

（三）激励性价值

在教育学理论上，按照苏格拉底的理想，教育并不是要生产和创造某些尚未存在于学生心灵中的东西，而是一位"助产士"，帮助学生激活他们本性深处隐含的潜能，使他们成为具有高贵的德性、横溢的才华和永不衰竭的个体精神的精神贵族，因为每个人都对超越自身的事物怀有深切的渴望。诊所式法律教学模式正是通过提供这样的一种环境，激发诊所学生的最大潜能以达到教育的目的。在诊所式法律教育中，诊所教师能充分发挥学生的积极主动性。教师对学生为诊所活动所制订的计划进行审查，但不提供具体的解决意见而只提出某种提示性的建议和指导，在活动后对学生的整体计划及表现进行总结评价，以促进学生实践能力的发展。在这个过程中，我们可以看到诊所活动主要是由学生自己来控制的，这一权力引发学生责任意识的萌发及对活动的全盘思考，学生完全占据着主动的地位。不难看出，法律诊所教育能够激发学生的积极性，从而为社会提供出色的法律服务。

（四）职业道德价值

在中国法律界，道德规范和职业责任的概念并没有得到充分的发展。法律诊所教育课程为学生创造实践法律机会的同时，也把培养学生良好的法律职业道德作为其重要的追求目标。诊所法律教育通过学生为社会的弱势群体提供无偿的法律援助的实践和诊所课堂中教师与学生的反馈与相互评价，引导学生思考实践中碰到的职业道德和职业责任问题而有针对性的开展法律职业道德教育。并且，由于法律诊所的法律援助是无偿的，诊所学生在无经济利益驱使的情况下，往往凭借其内心固有的正义情感为弱势群体办案和伸张正义，这样容易激励学生的社会正义感和社会责任感。因此，在我国法学教育缺乏理想的职业道德教育模式的情况下，我们非常需要这样的模式为我们的法律职业道德搭建一个良好的教育平台。

第四节　诊所式法律教育教学方法的应用

诊所式法律教育分为课堂教育和实践教育两部分。课堂教育是实践教育的基础，是在老师的指导下通过模拟教学的形式，以促使学生通过学习、思考、再学习、再思考的方式掌握知识要领，为实践活动作好充分的准备。同时，学生也将信息反馈给教师，实现教学相长。对学生而言，学习过程被分为自我学习、相互学习、自我评价、相互评价四个部分，这四个部分是相互渗透、相互补充、相互促进的，这也是诊所教学将学与思融合的过程。课堂外的实践教育是把学生置于"律师"角色，让学生亲自代理真实的案件，从中领会、掌握代理诉讼过程中的技巧，学习运用判断力，弄清事实真相，最大限度地维护被代理人的合法权益。学生在教师指导下办理真实案件，所学到的不仅是法律，而是整个律师工作的全过程。

诊所式法律教育主要的教学方法有课堂内角色模拟式、互动式、分组式、提问式和讨论式等，具体介绍如下：

一、课堂模拟教学法

模拟是"在假想环境之下真实行为的能力"。角色模拟是诊所教学中常用的教学方法。开展诊所法律教育的教师为了使学生能适应实际工作需要，在诊所课堂上教师给学生讲述案例或提供阅读材料，并为学生设计各种模拟练习；学生则在系统的训练中，学会如何扮演角色，并在亲身体验中学会各种专门的技能。例如会见当事人，要求学生做好会见前的准备，制定会谈的方案；解决会见时发生的问题，做好当事人的咨询；会谈结束后指导教师与学生一起分析会见中的优点与不足，让学生模拟律师所面临的诸种情况；等等。在角色模拟中，无论是直接运用技巧的学生——如律师的扮演者，或者是间接运用技巧的学生——如当事人的扮演者，以及观看表演的学生，都会通过演绎特定情节获得经验。灵活运用角色模拟教学法，最大限度地利用案件资源，可以使无论是否有机会投入某个真实案件的诊所学生，都能在模拟过程中得到提高。

最后，由教师进行综合评价。在这种教学中，学生并不接触真实的案件，他们只是在虚拟的场景中扮演律师或其他角色，这就对诊所学生的角色扮演技术提出了挑战，同时也对诊所教师控制课堂教学场面的能力带来了考验。作为一种诊所教育的技巧，模拟具有不少优点。由于指导者完全控制场景，他们可以针对学生的发展能力或单个学生的特殊需要，或为达到最理想的教育目的来灵活地设计学生的活动。

二、提问式教学法

提问式教学法，又称苏格拉底式教学方法，是老师不断向学生提出问题，务求达到学生被穷追猛问、难以招架的地步，其目的在于促使学生思考。通常不会提问题的人，也就不是会发现问题的人；而不会发现问题的人，也就不会解决问题。因此要在不断地提出问题的过程中，促使学生不仅会回答问题，更主要的是会注意问题、发现问题，并以适当的方式提出问题。诊所教师针对诊所学生在办案中遇到的难点、疑点，通过在课堂上向学生提出带有启发性的问题，并让办案同学和其他学生针对该问题进行互问，同时允许学生在课堂规定的时间内向诊所教师提问。

这种教学方法在原有苏格拉底式教学方法的基础上又注入了诊所法律教育启发式提问的新特点，即问题被一次次反复地提出，并且从不同的角度由不同背景、不同身份的人提出，充分地引起诊所学生的注意。又由于问题的症结一次次清晰地呈现出来，有了立体感和丰富的色彩，充分地调动了学生们关注该问题的积极性，也引起了通过听课来解决该问题的欲望和兴趣，变过去法学教育中的被动听课为主动学习。学生们的主动性、积极性被充分地调动起来，而由提问所引出的回答，将备受同学们的关注，再加上老师循循善诱的启发式引导，一轮接一轮的新问题会不断地被提出，将探讨该问题的思路逐步引向深入。无论是同学之间的互问互答，还是老师的启发式提问，都能将一个问题拓展成数个甚至更多有关联性的问题组、问题群，从而引发同学们多层面、多角度、全方位的思考。当对某一问题的回答有疑虑或不满意时，又会引发新一轮的更多的问题。

这种教学方法，有助于培养学生在不断提问的巨大挑战面前，保持冷静、沉着的心理和百折不挠探求真理的精神；有助于学生集中精力听课，积极主动地思考，有条不紊地问答问题；有助于学生举一反三地解决同类或相关的问题，对所获得答案记忆深刻，因为一旦上课走神，不仅会在老师提问时处于被动尴尬的境地，也会失去在课堂上表现自己、展示个人风采的机会。

三、对话式教学法

对话式教学法是学生与指导教师就办案中的问题，进行一对一的谈话讨论，寻求解决问题的方法与途径的一种诊所教学方法。其特点有二：①对谈的话题不限。有些可能是学生在办理案件中遇到的实体问题，也有可能是程序性问题，还有可能是与办案相关的心理问题、社会问题、人际关系问题等，总之，只要是学生认为对案件解决有帮助的话题都可以拿来与指导教师探讨。②对谈的场所、时间、方式不限。学生随时随地遇到问题就会找老师商量讨论，既可以在学校，在课堂上，也可以在家里，在路边；既可以是电话交谈，也可以是面对面交谈，还可以发电子邮件进行交谈；谈话时间可长可短，以能够帮助学生解决所需要解决的问题为限。通常这类谈话是以学生叙述事实，陈述所遇到的问题开始，再由指导教师用启发、引导性语言让学生说出自己解决该问题的思路和方法。不论学生提出的解决办法是否可行，教师都应格外尊重其独创性，尤其注重学生思路形成的原因和过程，以便从中观察学生的办案思路，找出产生问题的根源。一旦发现症结所在，并不急于解决问题，而是启发引导学生自己认识问题的性质、分析现有思路及解决方法的优劣，再让学生用排除法、筛选法、比较法寻找最佳的解决方法。这种对话式教育法在课上课下应用得十分广泛。教师必须克制住急于告诉学生正确答案的欲望，学生也必须改变从老师那里可以最直接、最容易获得所需信息的习惯做法。师生必须共同努力，创造对谈氛围，演示探求真理的过程。这样形成的结论，才是学生在老师启发下自主形成的、逐步认识到的、发自内心赞同的选择，从而培养了学生独自探求真理的习惯，以便于今后在无人指导下独立办案时有清晰的解决问题的思路。

可以说，对谈式教育法是几种诊所教育方法中最费时费力的，也是与中国传统教育方法冲突最大的，但却是对学生今后独立工作最有益的教学方法。因为它不是仅仅告诉了学生一个现成的正确答案，而是教会了他们一套思考问题的方法，这对学生们来说是受益终身的。

四、互动式教学法

通过提问与回答的多回合交流，在诊所教师与学生之间形成了一种良性互动式的教学氛围与模式，指导教师通过不间断地提出启发性的问题，迫使学生不断地、多角度地进行思考，启发学生的才智，拓展学生的视野，促进学生的思维，最终培养学生解决问题的能力。在教师与学生的互动中相互推进教与学的交流，加深教师对学生需求的了解，促使教师不断调整课堂教学计划，使其更具针对性，从而有的放矢地解决学生在办案中遇到的问题。

互动式教学方法是教与学交流与融合的过程，是教师与学生平等对话、相互促进的过程。这一教学方法的恰当运用，将改变传统教学模式中教师唱独角戏、学生被动听课的局面，使学生成为教学环节的主体和积极参与者。在这种相互交流的气氛中，创造一种和谐、平等的对话氛围，增强学生的自信心和与人交流、当众表达、自主决策的能力。

五、反馈式教学法

反馈是诊所法律教育过程中必不可少的一种教育方法。反馈主要是对学生的实践（角色模拟、真实案件的代理等实践方式）、为该实践所进行的准备以及实践结果进行反馈。在教学当中，师生之间往往通过互动了解，互动引发思考，互动促进沟通，从而将这些信息反馈体现出来。

反馈可采用不同的形式，既可与一个学生单独进行，也可以与参与法律诊所的所有学生在一定时间内集中进行，而集中反馈是诊所法律教育方法的主要方式。这种方式的优点在于：它能够让更多的学生有机会对自己的行为进行审视，分享大家的智慧，增加学习机会。诊所法律教育中的反馈并不是简单地列举练习过程中出现的错误，然后告诉学生怎样以被认为是正确的或更好的方法去完成，而是帮助学生形成对自己的理论和行为进行思考的职业习惯，从经验中学习，从而在自己执业时能进行自我思考和自我纠正。在反馈过程中，学生能够认识到自己的成功与不足，因而反馈是一种促使学生再学习和相互学习的方法。

六、评价式教学法

评价是对诊所法律教育中学生的工作进行评判或衡量。评价与反馈在很多方面是相似的，都是对于信息的回应。评价与反馈又是不同的，反馈通常是即时性的，评价则是阶段性的；反馈大多是口头的，评价大多是书面的；反馈的主要目的是信息传递，评价除信息传递的目标外，还要评估和得出结论性意见——价值判断。

教学结果的评价是教师和学生共同关心的问题。传统的法学教育对学生的评估方法往往比较单一，常常以学习成绩进行评价。法律诊所课程一直在寻找除学习成绩之外对学生进行更加客观评价的方法，评价的对象主要是学生通过实践所获得的技能以及为获得这些技能而进行的思考。评价的方法是互动性的，包括教师对学生的评价，学生的自我评价，学生之间的评价，学生对教师的评价，当事人对学生的评价等。评价的方式既可以是口头的，也可以是书面的。评价方法的运用是持续性的，贯穿于整个诊所教学活动的始终，诊所学习的每一个过程，包括行动计划的制定、行动过程以及行动后的反思都会运用评价这一教学方法。诊所评价不仅做出总结性的论断，而且更侧重于提出建设性的意见，诊所评价的目的在通过评价进行学习，将评价融入学习之中，让评价在学生学习中发挥作用。

第五节　律师职业道德与职业责任

在诊所法律教育中，特别是在理论联系实际的过程中，学生的律师职业素质得到培养和提高，其中包括律师职业道德、律师知识和律师工作能力等。

一、律师的职业道德

（一）律师职业道德的含义

律师职业道德是指从事律师职业的人在执行律师职务、履行律师工作职责时所应遵守的道德准则和行为规范的总和。律师职业道德是与律师对社会所担负的特殊责任联系在一起的，律师通过向社会提供各种形式的法律服务，来维护当事人的合法权益，促进法律职业道德的培养以及国家法律的正确实施。律师职业的高度自主性以及律师在维护法律正确实施和保障公民基本人权方面所担负的重要责任，要求律师具有高尚的品德，能认真诚实地对待自己的职务，采取与自己的职业地位相称的自律行为，形成影响律师职业最重要的规则。

（二）律师职业道德的特点

1. 职业性。律师职业道德是社会公德在律师职业内的具体体现，律师职业道德的制定或形成以社会公德为基础，以律师的职业性质和职务活动的特点为根据，以律师行为为调整对象。律师职业道德的适用范围是特定的，只对从事律师职业的人产生约束力。

2. 自律性。律师职业道德由律师组织以团体章程的形式制定和表现。我国《律师职业道德和执业纪律规范》是由中华全国律师协会制定通过的。律师职业道德是律师在长期的职业实践中形成的，并以全体律师的自觉遵守为其执行方式。自我约束的要求和对个别律师危害职业声誉的不良行为的不容忍态度，对于维护律师职业群体在社会中的良好形象是必要和有益的。

3. 现实约束性。违反律师职业道德，必受制裁。一方面，违反职业道德会受到社会舆论的批评和谴责，违反职业道德的律师的个人信誉和声望下降，这属于社会制裁；另一方面，由于个别律师违反职业道德的行为致使律师队伍整体的信誉受到损害，并危及律师职业的前途，对严重违反职业道德的律师，由有关律师组织对其采取必要的纪律制约。所以，无论是社会舆论的批评还是律师纪律的惩戒，都对律师违反职业道德的行为构成现实的、可以预见的否定性评价，从而对律师产生约束。

4. 内部互补性。律师职业道德规范比较概括化、原则化，律师执业纪律规范的作用范围严格限于律师执行职务、履行职责的过程，范围较窄，且具体明确，便于操作。完整、健全的律师职业道德正是上述两个方面的良好结合。这在客观上可以起到提高律师职业水准、加强律师自律和实现对律师的必要约束，以及形成律师职业道德与律师执业纪律互补等作用。

（三）律师职业道德的基本内容

1. 律师应当忠于宪法和法律，维护当事人利益，严格依法执业。律师执业必须信守法律至上的观念，律师的业务活动必须以宪法和现行有效的法律为标准。律师在执业过程中只能按照法律的原意去理解法律，不能随意解读法律，更不能在执业过程中利用法律的空白点和滞后性去满足自己的利益需求而损害法律应有的权威。另外，律师各项业务活动的直接目的，是维护当事人的合法权益。当然，律师维护当事人的利益必须是在法律赋予的权限范围内，通过合法方式和途径去维护他们的合法权益，而不得采取非法手段，或者以损害国家、集体及他人合法权益的手段去为当事人牟利。所以，律师职业道德在本质上是一种自律性职业规范。

2. 律师必须忠于职守，不畏强权，刚正不阿，敢于排除各种非法干预，维护国家法律和社会正义。律师承担着保障人权、维护法律正确实施的职责。但由于我国正处社会的转型期，社会的发展与制度的建立还有待进一步协调，这时的律师承担的职责与其所处职业环境很不适应。这就更需要律师坚持原则，忠于职守，不畏强权，在执业困难面前不违背自己的社会责任，不违背法律的规定，不违背当事人的委托，使国家法律和社会正义得以实现。另外，律师在为当事人主张权益的同时实现了其对社会和司法公正的维护，协调了各方面的利益关系，也保障了社会和司法程序公正的实现。

3. 律师应当诚实守信，严密审慎，尽职尽责的为当事人提供法律援助。诚实信用，要求律师本着公平、真诚与恪守信用的精神为当事人提供法律服务。其一，诚实信用是律师在接受当事人委托时就必须具备的品格要求，即真诚的为当事人提供服务；其二，律师必须履行委托合同，积极主动地完成法律事务来维护当事人的合法权益；其三，律师代表委托人的利益处理法律事务，必须严密审慎、尽职尽责地维护委托人的利益；其四，要求律师有效率的工作，不得拖延，恪尽职守，不得敷衍。

4. 律师应当敬业勤业，努力钻研掌握专业技能，注重陶冶品德和提高职业修养。律师必须具备良好的业务知识和技能，而这些专业技能在一定程度上决定着律师提供法律服务的质量。律师只有不断提高业务知识和技能，才能使法律服务水平上升到更广的范围和更深的层次。律师整体素质的提高，不仅是在业务素质和技能方面，还包括道德修养方面。

5. 律师应当保守职业活动中所涉及的当事人的秘密。律师应遵守对委托人的信息保密义务，保密的义务不仅有利于完成委托事项，保障委托人的合法权益，而且也鼓励人们更早地寻求律师的法律帮助。律师遵守信息保密义务的范围是委托人提供的信息和律师在工作中获得的有关委托人的信息。在我国现实情况下，对委托人信息的保密尚有许多工作要做。

6. 律师应当尊重同行，同业互助，公平竞争。尊重同行是同业互助的前提和基础，同行间应当互相尊重，这是律师对于律师业整体负有的道德义务，也是为人的基本道德准则。律师在执业过程中，不得贬低同行的专业能力和水平，不得以提供或者承诺提供回扣等方式承揽业务，不得以明显低于同业的收费水平竞争法律业务。

二、律师的职业责任

（一）律师职业责任的含义及特点

律师职业责任，是指律师在执业活动中，因为故意或者过失，违反有关法律、法规以及律师职业纪律、职业道德，损害了当事人的合法权益，扰乱了正常的司法秩序所应承担的各种责任的总称。

律师职业责任具有以下特征：①承担律师职业责任的主体只限于职业律师和依法履行代辩护职责期间的公民。②责任主体具有主观过错。律师承担职业责任，在主观上必须存在过错，即因故意或过失所引起。③律师承担职业责任，在客观上必须具有损害当事人合法权益，以及扰乱正常司法秩序的客观行为。

（二）律师职业责任的内容

律师职业责任的内容包括道义责任、民事责任、行政责任、刑事责任纪律责任。道义责任主要是指受自我良心的谴责，受当事人及社会公众的谴责。律师的民事责任是指律师在执业活动中，因为故意或过失而违反有关法律、法规的规定以及律师的执业纪律，损害了当事人的合法权益应承担的民事责任。律师的行政责任是指根据我国《律师法》的规定，司法行政机关是律师工作的指导、监督机关，依法对律师和律师事务所进行指导和监督，对于有违反执业纪律行为的律师和律师事务所，予以行政处罚而承担的行政责任，律师和律师事务所发生违法乱纪的执业行为受到行政处罚时，就要承担相应的行政法律责任。律师的刑事责任是指律师有义务保守在执业活动中知悉的国家秘密和当事人的商业秘密，不得泄露当事人的隐私。但当律师违反此义务向法官、检察官、仲裁员以及其他工作人员行贿或者指使、诱导当事人行贿以及提供明知为虚假的证据，隐瞒重要事实或者威胁、利诱他人提供虚假证据，隐瞒重要事实的，将承担的责任即刑事责任。根据《律师法》的规定，律师因故意犯罪受刑事处罚的，应当吊销律师执业证书。律师的纪律责任是指律师协会负责对律师违反了律师协会制定的衡量律师执业行为是否符合行业的标准执业规范来时，律师协会代表全体会员对违规律师进行的纪律处分。律师的违法执业同时也违反了执业规范，违法律师在承担法律责任的同时，也要承担相应的纪律责任。

三、诊所式法律教育与律师的职业素养[1]

（一）诊所式法律教育有利于培养学生的律师职业道德

在诊所法律教育中，学生既要运用已学到的法律知识，又要接触具体的案件，而且还要出庭办案。因此，诊所法律教育就与律师工作密切相连。在这过程中，他们的律师职业道德也随之得到了培养。在处理案件时，他们会自觉地依法行事，而不是随心所欲。上述情况在美国同样存在。一位乔治顿大学法学院的诊所法律教育的教授告诉笔者，在他的诊所里，当学生在处理未被驱逐的外国人提出要在美国申请政治庇护的案件时，如果发现此外国人没有任何文件或事实证明时，该学生就会启用一个专门的程序，而这个程序会导致这个外国人被驱逐出境。在依法启用这个专门的程序时，该学生会经过激烈的思想斗争，并战胜传统的伦理道德观。所以，启用这个程序本身就意味着该学生的律师职业道德经过了一次洗礼，发生了一次飞跃。在中国也是如此。学生们经过诊所法律教育后，法律职业道德得到了不同程度的培养和提高。一位同学在结束诊所法律教育课后认为，作为一个案件的代理人应该有高涨的工作热情和责任感，为当事人服务，而不能欺骗、隐瞒当事人。对当事人负责、依法办事，本身就是职业道德的培养和提高。

（二）诊所式法律教育有利于丰富学生的律师知识

学生的律师知识由多方面构成，其中包括书本知识、课堂知识，还有办案技能知识等等。学生在现在的法学教育中，学到的主要是书本和课堂知识，因此在他们的知识结构中往往有缺陷，常常缺少办案技能知识。诊所法律教育则通过丰富他们的办案技能知识来弥补这一不足。办案技能知识只能在办案的过程中逐渐形成和培养，书本知识、课堂知识往往不能替代。然而，这种知识离社会生活、司法实践又非常近，为一个法学专业的学生所不可或缺。诊所法律教育课作为一门选修课让学生选学之后，他们在学完大部分部门法知识以后和进行四年级的教学实习以前，就可有机会学习实际办案，掌握一定的办案技能知识，这无疑丰富了学生的律师知识，完善了他们的知识结构。

（三）诊所式法律教育有利于提高学生的律师工作能力

学生在诊所法律教育中要学习办案。办案的过程就是一个提高学生法律工作能力的过程。在这个过程里，学生要把理论知识运用在实际案件中，要会见当事人、证人，要出庭参加庭审，甚至还可能要对疑难案件进行专门的研讨等。这些

---

〔1〕　贝思德教育机构编著：《律师口才训练教程》，西北大学出版社 2002 年版。

实务工作的开展，都是对律师工作能力的锻炼和考验。在实际锻炼过程中，学生的这种能力也会不断得到提高。当然，对一个从未办过案的学生来说，在办案过程中可能会碰到困难，遇到挫折，但是，正是经历了这种困难和挫折的磨炼，学生的律师工作能力才能不断地有所提高。

第六节　法律诊所的模式

法律诊所，是开展法律诊所教育的必备前提，是学生获得传统法学课堂上难以学到的知识和技能的平台，是实施诊所式实践教学的物质基础和前提。在诊所中，教师指导学生参加实际的法律应用过程，培养学生的法律实践能力，促使学生对法律进行深入思考理解，缩小学校知识教育与社会执业能力的距离。在诊所法律教育中，学生接受系统的训练及老师指导，代理法律援助等案件，使学生掌握办理案件的技巧和技能，使学生了解什么是律师职业责任和敬业精神，学会怎样遵从律师的职业道德，为社会弱者提供优质的法律服务。

由于美国各大学诊所法律教育课程选择的许多案件来自于专门从事法律援助工作的法律援助中心，基本上是为各类案件中的贫困人员提供免费服务的案件，因此，相当一批大学法学院的法律诊所实际上已经成为美国法律援助机构的组成部分。法律诊所教育内容也紧密与法律援助相结合，从而使法学教育成为法律援助的一部分。我国引入诊所法律教育模式，不仅为我国法学教育提供了一种新的教学模式，而且也提供了一种法律援助模式，能弥补或解决法律援助中存在的部分问题，成为我国法律援助的辅助力量，我国许多院校的法学院正在进行的诊所法律教育的实践也充分地证明了这一点。

一、法律诊所模式的划分

法律诊所模式可分为：虚拟的法律诊所，真实当事人法律诊所，校外实习诊所及街道法律诊所。

（一）虚拟的法律诊所

虚拟的模拟诊所，是根据真实诊所的法律问题、程序，从中挑选出典型的案件，由教师带领学生进行法律实务技能模拟训练，学生在一个模拟的环境中学习法律职业技能和职业道德。

这种虚拟的模拟诊所的教学案例，既可以是案件全部，也可以只挑选其中的某一部分。诊所教师可以根据学生的实际法律实践需求状况和案件的典型性特征，任选其一加以分析，以启发学生思考。在模拟训练中，教师、学生以及其他相关人员都可扮演不同的角色。

另外，诊所式法律教育按照在课堂内外进行可分为课堂内法律教育和课堂外法律教育两部分。课堂内主要讲授相关的实体法与程序法，进行模拟案例的操作，进行协商、谈判、辩论、询问等一些诉讼基本技能的训练。课堂外给学生提供代理真实案件、接触司法机关和当事人的机会，让学生参与办理真实案件的全过程，并以学生为主要承办人，由学生具体操作办案步骤，教师针对学生代理案件中遇到的问题进行适时、必要的指导，借以传授和培训学生有关律师办案的基本技能。

（二）校内真实当事人法律诊所

校内真实当事人法律诊所是设立于法律院系内，其运作、管理都在校内完成。学生在法律专业教师的具体引导下，为有关的当事人直接提供法律服务，直至完成一件案件的全部代理工作。

诊所内的当事人都是真实的当事人，因此，既要求学生解决实际问题，又要选择适合学生受理的案件，也可以和其他法律相关机构合作，以获取案源。校内真实当事人诊所的主要工作是学生在诊所教师的指导下，会见当事人，并给予口头或书面咨询意见，帮助当事人准备案件，提供法律帮助。这种形式是诊所式法律教育的基本形式。

（三）校外法律诊所

校外诊所是校内真实当事人法律诊所的一个补充，指学生在校园外从事法律工作的诊所。学生被安排在法律院系之外的特定机构中，在非教师身份的法律从业人员的指导下，直接从事法律服务工作，直至完成具体案件的代理。这种诊所有其自身的优势，即以较低的成本提供诊所式经历，提供不同的法律实践范围，提供比校内环境更加贴近真实世界的环境。这种校外法律诊所，在社会的法律实务部门，特别是在法律援助机构的帮助下，为需要实践的学生提供了更为广阔的天地。

校外法律诊所除了具备诊所式法律教育普遍性的教育目标以外，还增加了如下特殊的教学目标：了解法院、检察院、律师事务所、法律援助中心等法律实务部门的运作方式，并感受法律执业人员的真实工作状态；为学生的实践提供比校内诊所更广阔、更真实的空间；使学生在"工作"的状态下，而非在"学习"的状态下得到训练；让学生尽快熟悉职业法律工作者的工作体验，减少他们对未来职业的模糊感与不确定感；让学生从不同的视角分析问题，特别是分析社会公共利益与政府职能设置之间的关系；使实务部门有机会了解学生，为学生提供潜在的就业机会。

二、法律诊所中的主体

（一）法律诊所中的准律师——学生

诊所式法律教育强调以学生为中心，学生是法律诊所的主体。如何挑选诊所的学生，应考虑以下几个方面：首先，对加入法律诊所的学生人数应该限定。一般来说，以一个诊所教师指导 8 名学生为宜，最多不得超过 10 人，以便给诊所教师足够的时间指导学生办案，从而保证办案的质量。其次，要明确挑选学生的标准。一般来说，进入法律诊所的学生对相关的实体法和程序法要比较熟悉，以大学二、三年级的学生较适宜，因为他们大多数已学完或正在学习实体法和程序法。另外，挑选学生还应考虑到学生个人意志力、交际能力、协调能力、口才等综合素质。在法律诊所里，学生要接受诊所角色训练，要学会接待当事人，办理真实案件。

（二）法律诊所中的指导教师

在诊所式法律教学模式的实施过程中，诊所教师起着至关重要的作用。因为诊所教师在其中发挥着重要的指导作用，而且这种教育形式无疑会使诊所教师的风格在受教育者的心灵上打下深深的烙印。诊所老师的来源主要是两个方面：一是高校中从事兼职律师工作，并有法律实践背景和一定办案经验的人；二是从相应法律机构中招聘有意愿从事诊所式法律教学模式的人。挑选法律诊所的教师还应依照以下标准：要对法律诊所教育有比较全面的了解；要具备一定的法律实践经验；要有高度的工作热情、法律职业责任感和严格的自律性。如果现任法学教师人数不够，诊所可聘任资深的律师或退休在家有丰富职业经验的司法人员担任。

（三）法律诊所中的学生与当事人

法律诊所学生与当事人相处的四个要求：[1]

1. 理解。"打官司就是打关系"，这句话反映了司法实践中的不正之风，已为我们反复批判。但不能否认，在律师代理案件的过程之中，人际关系的确非常重要。在众多的、错综复杂的关系中，与当事人之间的关系是重中之重。不要认为代理人与当事人是同一立场，就自然而然地一致，自然而然地相互信任，可以无需顾及。事实并非如此简单。有些当事人在打完了他自己的官司后，仍与律师保持着良好的关系，不停地为其他人推荐自己的律师；有的当事人赢了案件，却对办案律师不以为然；有的当事人对律师怨声载道，甚至反目。当然，这里有诸多的因素，但可以肯定的是，律师与当事人相处，除了需要职业技能之外，还需要人际交往技巧。与当事人交往，首先应当了解当事人。当事人与其他人相比最大的不同是他来找律师的时候正处于困难、矛盾与冲突之中。当事人陷入冲突的时候，他有各种失常反应，比如情绪反应：害怕、担心、生气、紧张、激动、绝

---

〔1〕 李傲：《互动教学法——诊所式法律教育》，法律出版社 2004 年版。

望、无助、悲观、多疑、偏执、气馁、神经质、怀有敌意等；生理反应：肾上腺素分泌不稳定、胃痉挛、口干、心跳加快、难以集中精神、脸红、动作幅度较大等；行为反应：不停地讲话、极力肯定自己的行为、将对方说得一无是处、语言含糊、自相矛盾、夸大事实、重复叙述、拒绝倾听、拒绝接受不同意见，语言表达不清、说话声音过大或过小、带有威胁性等。所以，律师的理解、包容、安慰，在最初的接触中显得格外重要。

2. 尊重。对当事人的尊重，不是因为他是当事人，而是因为他是人。对当事人的尊重是对人的尊重。无论他是老人还是儿童，是健康人还是残疾人，是女性还是男性，是精神正常的人还是偏执的、甚至是精神病人，只要他是人，就有人格尊严，就和我们是平等的，就应当受到尊重。对人的尊重，与这个人的地位、学历、年龄、身体状况、脾气秉性无关。与其说是技巧，不如说是在现今社会中，尊重人的观念需要有意识地予以培养。

3. 信任。律师与当事人之间的信任关系，有赖于法律与信誉两方面的保障。在法律诊所中，学生与当事人之间的信任关系一直以来都是诊所教学中最受关注的问题之一。为什么当事人对学生缺乏信任？缺乏信任的现象是否可以被理解？怎样才能消除当事人的顾虑？怎样让当事人信任？教师如何帮助学生与当事人建立信任的关系？这些都是需要不断思考的问题。

4. 合作。无论是传统模式还是现代模式，代理律师都离不开当事人的合作。与当事人合作的方式是多样的。根据案情与当事人的能力，和当事人分工合作。如由学生寻找法律依据；和当事人保持密切的联系，随时告知当事人案件进展情况；对当事人提出的问题都应予以答复。诊所学生的上述做法是对当事人参与案件的肯定和鼓励，而当事人参与案件正是合作所必需的。

第七节　诊所式法律教学模式的评价体系

我国诊所式法律教学模式中极为重要的一个问题，就是建立诊所法律教育的评价体系。传统的法学教育评价学生的标准，主要是以学习成绩为依据，而诊所式法律教育是开放式的教学模式，课程结束时并无考试，其评价方法源于其教学目标。所以，它的评价体系是建立在诊所式法律教育的活动中，评价体系包括计划制定、行动过程和反思；评价内容既有专业和技巧方面的，也有其他综合素质方面的；评价方法包括学生自我评价、小组同学评价、教师评价以及当事人评价。

一、评价对象

传统法学教育将教育的评价对象定位于学生的学习，特别是学习的结果；诊所式法律教育的评价对象则为诊所法律教育的计划、活动以及结果等有关问题。评价的对象一经确定，就有必要计划如何获得需要的信息。例如，评价者决定，关于学习者的信息应该既包括学业成绩，也包括学习者在课堂上与老师和其他学生的互动。这其中可能包括课程实施之前收集的诊断性资料、课程实施过程中收集的形成性资料以及学生完成某一学习过程之后整理的总结性资料。

二、评价方法

根据教育学原理，课程与教学评价的方法可分为两类，即量化评价方法与质性评价方法。所谓量化评价方法，就是力图把复杂的教育现象简化为数量，进而从数量的分析与比较中推断某一评价对象的成效。质性评价方法，是指力图通过自然的调查，全面充分地揭示和描述评价对象的各种特质，以彰显其中的意义，促进理解。量化评价方法的认识基础是科学实证主义，而质性评价方法的认识基础被称为自然主义，它反对科学实证主义的基本观点。这两种方法各自具有不同的特点，分别适用于不同的评价目标和对象。比如，量化评价方法具有简单、明了的特点，能够直接反映评价对象的特质，适用于某些简单、单纯的教育现象；质性评价方法具有全面、深刻的特点，在某种程度上，它是评价者对教育现象的某种解读，更适用于评价复杂的教育现象。因此，在诊所式法律教育的评价中，要从实践出发，把两类教育评价方法有效地结合起来，按照评价目的与评价对象的不同特点，选择适当的评价方法，以获得全面、准确的评价信息。

三、具体评价内容

诊所式法律教学模式的评价应采用师生评价为主、他人评价为辅的方式。评价方法主要包括：

（一）学生自我评价

在诊所法律教育中，自我评价和自主引导对于未来的法律职业者来说是十分重要的。诊所学生在完成诊所工作以后，要对自己的工作进行自我评估。在美国的一些法学院，在学习开始前，参与制定个人学习目标，被称为"学习合同"；期末结束时对各自的学习计划做出个性化的自我评价。笔者认为，学生自我评价内容一般应包括：是否达到了预定的目标；每一步行动是否严格遵照先前的策略；是否有意料之外的事情发生；先前的准备工作是否充分；等等。这样做的目的不仅是将学生对自己工作的评价包含在评价体系之中，而且还可对学生作出另一番评断：学生对问题的理解能力如何、学生所做的准备工作以及先前的推断对任务的完成是否产生积极的抑或是消极的影响。由于诊所评价是以师生评价为主，所以师生的评价就相应地比其他评价做得更细致入微一些。一般来讲，师生评价应分阶段进行，这个阶段与学生真实参与案件的阶段相一致，包括案件受理前的准备、案件进行中的控制、案件结束时的反思。相应的评价亦包括三方面的内容：案件受理前的计划、案件处理过程中的日常评价和案件结束后的期末评价，而且自我评价最好采用事前编制评价表并不断填充其内容的方式。

（二）教师评价

在诊所教学评价中，教师对学生的综合评价是一项十分重要的工作，这是由诊所法律教育的实践性特点决定的。学生通过法律职业的实践，特别是教师的综合评价，不断地总结经验教训，才能真正提高执业技巧和职业道德素质。教师的综合评价不仅仅是诊所教育评价的一项重要内容，同时对学生教育也有一定的积极意义。教师的综合评价方式可以灵活多样。教师评价至少应包括下列内容：学生对法律知识的理解程度和具体运用、学生在执业中显露出的内在潜质与个人努力、学生职业道德的表现和提高、学生执业技巧的掌握和运用、学生在自我评价中的具体表现等。

（三）小组同学评价

如果法律诊所是按照小组来进行活动的，那诊所的学生评价就可以诊所小组同学间相互进行评价的方式来进行，这种评价可以被看作是一种协作式评价。这一评价可以提高诊所学生的反馈、反思和评价的技巧，同时也能够使学生学会尊重同学进行慎重评价。小组同学间的相互评价由于他们相互比较熟识，比较了解，互相评价起来没有顾虑，而且更有针对性，对方容易接受。小组同学评价也可采用师生评价的那种分阶段进行的办法，由诊所辅助教师负责统一记录，这虽然会在某种程度上加重诊所辅导人员的负担，但对于诊所教育的效果是有重要意义的。这里必须注意防止一种倾向，即把评价中提出的缺点当作一种严厉的批评，而使被评价的学生不能接受，这就使评价活动走向了反面。

（四）当事人评价

无论是对以提供专业法律服务的法律职业工作者而言，还是对为社会急需帮助又承担不起诉讼费的当事人提供法律援助服务的法律诊所学生而言，当事人对诊所学生的评价，对反映学生的执业表现是有一定价值的。毕竟当事人参与了诊所学生执业的全过程，而且相关案件的进行与之有着切身的利益关系。诊所中的法律援助对象就是未来的法律职业者的客户。在竞争日益激烈的法律服务市场，客户的满意程度直接影响着法律职业者的生存与发展。为客户提供优质的服务，是每一名法律职业者的当然追求，在法律诊所进行实践锻炼的学生必须有这种服务意识而且要努力提供高质量的服务。当事人评价中对学生的肯定可以促使学生积极进取，对学生的否定评价，学生也要客观对待，有则改之，无则加勉，并千方百计地提高自己的执业水平。非诉讼案件中的当事人的满意程度、诉讼案件中的诉讼结果，可以与诊所学生的评价直接联系起来。当然，当事人对诊所学生理论知识的掌握程度和实践技巧运用能力的评价在这一过程中也不可缺少。

第二章

会见当事人的理论与技巧

◆ 重点问题

1. 当事人与证人的区别
2. 会见当事人的特征
3. 会见当事人的步骤
4. 会见当事人的技巧

第一节 会见当事人概述

一、会见当事人的概念及特征

（一）会见当事人的概念

在律师执业过程中，会见当事人、证人以及其他与案件相关的人是一项重要的工作内容。这项工作内容不仅贯穿于刑事诉讼、民事诉讼、行政诉讼整个过程之中，还贯穿于非诉讼业务中。所谓当事人，是指在某一法律事务中权利或义务的承受人，包括民事、行政案件的原告、被告、第三人，以及刑事案件附带民事的被害人、犯罪嫌疑人、被告人和非诉过程中要求提供法律帮助的人。所谓证人，是指了解案件情况并能正确表达意志的人。所谓其他与案件相关的人，是指当事人和证人以外的其他知道案件情况的人，如对方律师、政府官员、检察官、法官等。所谓会见，是指律师为了解案件情况与当事人、证人以及其他与案件相关的人之间的会晤与谈话。[1] 通过会见，律师了解有关案件情况，从而更好地为当事人提供法律服务。法律诊所教育的根本目的是培养诊所学生的律师职业技能，要求学生像律师一样进行某项法律事务，会见也是如此。

以诊所学生会见的对象为标准，可以将会见分为两大类：一是会见当事人；二是会见证人。此外，会见对象还包括代理案件的学生认为有必要会晤和谈话的其他与案件相关的人，如证人以外的其他知情人、对方律师、政府官员、检察官、法官等。由于会见的对象不同，会见技巧也有不同。本章主要介绍会见当事

---

〔1〕 李傲：《互动教学法——诊所式法律教育》，法律出版社 2004 年版。

人技巧的相关内容。所谓会见当事人，是指诊所学生与民事、行政案件的原告、被告、第三人，或刑事案件的被害人、犯罪嫌疑人、被告人，或非诉案件中要求提供法律帮助的人进行会晤与谈话，了解案件情况的活动。会见当事人、与当事人交流是诊所学生实践的第一步。良好的会见和交流是成功解答法律咨询和确立代理关系的基础，有相当重要的意义。

（二）会见当事人的特征

1. 会见当事人是律师或诊所学生提供法律服务的前提。律师或诊所学生无论为当事人提供诉讼业务的法律服务，还是提供非诉讼业务的法律服务，都必须对当事人的案件情况有充分的了解，而会见当事人是了解案件情况最为有效的途径之一。就进入诉讼程序的案件而言，都是已经发生且不能再现的事实，当事人是亲身经历者，只有他可以完整地讲述曾经发生的案件事实，可以提供证据或相关证据信息来证明其所讲事件的真实性。以法律诊所实务为例：

　　一位妇女到法律诊所求助，诊所负责接待的学生在登记表上记录了她陈述的简要案件事实和请求：5 年前她与丈夫离婚，当时 5 岁的女儿随父亲生活。今年 6 月女儿因车祸死亡，车主赔偿了 18 万元。她前夫以其始终没有给付孩子抚养费为由独自领取了该 18 万元的赔偿金，她要求诊所学生提供法律帮助，维护她的合法权益。如果仅凭上述登记表记录的这些案件概况，诊所学生是无法为这位妇女提供法律帮助的。因为案件的详细事实不清，具体情节不明。这就要求诊所学生会见这位当事人，对该妇女的具体身份、当初是协议离婚还是判决离婚、为何没有给付孩子抚养费、有无丧失继承权的法定情节等情况进行了解，在此基础上，才能较好地为其提供法律服务。

2. 会见当事人是律师或诊所学生工作形式与内容的统一。根据律师执业规范的要求，律师无论进行民事、行政诉讼案件的代理或刑事辩护，还是从事其他非诉讼业务，所承办的法律事务必须装订卷宗（案卷）进行归档保存，而案卷中会见当事人笔录是必须装订的材料之一。法律诊所学生为当事人提供法律服务尽管没有卷宗归档的法律规范要求，但所承办的案件卷宗也应进行归档保存，会见当事人笔录也应是案卷中必须装订的材料。从这一点上看，律师会见当事人制作会见笔录是一种形式上的要求。同时律师或诊所学生会见当事人还有实质的内容，如律师办理刑事案件中，通过与犯罪嫌疑人、被告人的会见，了解案情，了解犯罪嫌疑人、被告人对被指控罪名认罪与否和罪轻罪重的态度，甚至可以获得有关的证据线索，为律师在刑事诉讼中更好地履行职责创造了条件。又如法律诊所的学生为当事人提供法律援助时，通过会见当事人了解案件情况及当事人的真实意图等。以上这些需要了解的事项，都是律师或诊所学生会见当事人的工作内容。会见当事人工作的成败，关键是看律师或诊所学生能否将会见当事人的形式和内容进行有机的统一。

3. 会见当事人是会见双方感性交流与理性交流的有效结合。以会见当事人时诊所学生交流的内容和目的为标准,会见当事人包括感性交流与理性交流两个部分。所谓感性交流,即非专业性交流,是指会见中诊所学生与被会见者的情感交流,如彼此的印象、信任程度、合作模式等,旨在建立双方的关系并促进其良性发展。所谓理性交流,即专业性交流,是指会见中诊所学生通过与被会见者的谈话,有效识别和获取相关案件信息、了解案件事实、理解对方真实意图。理性交流旨在运用专业知识,实现当事人利益的最大化。成功的会见应当是上述两个部分的有效结合。

二、会见当事人的目的和计划

(一) 会见当事人的目的

会见当事人时,如何确定会见要实现的目的是法律诊所学生首先需要思考的问题。法律诊所的学生不像律师那样具有丰富的执业经验,在面对形形色色的当事人和纷繁复杂的案件时难免紧张,不知从何入手。因此,法律诊所的学生在会见当事人前,应确定以下会见目标。

1. 了解案件情况。了解案件情况是会见当事人最主要的目标。了解一个完整的案情,必须搞清楚以下几个方面的问题:

(1) 当事人的身份情况。就进入诉讼程序的民事案件而言,当事人是指因民事权利义务关系发生纠纷或受到侵害,以自己的名义进行诉讼,并受人民法院的裁判或调解书约束的人。民事案件的当事人有广义和狭义之分:广义的当事人包括原告和被告、共同诉讼人、第三人;狭义的当事人专指原告和被告。作为法律诊所的学生在承办民事案件时,无论是会见原告,还是会见被告或第三人,只有首先了解涉案各方当事人的身份情况,才能较好地解决诉讼主体资格问题。例如:甲法人公司与乙法人工厂的丙车间签订货物买卖合同,甲法人公司给付丙车间货款后,丙车间却没有按约供货形成诉争。那么,甲法人公司是起诉乙法人工厂,还是起诉乙法人工厂的丙车间呢?在此我们就必须了解甲、乙、丙的身份情况,明确丙车间既不是法人组织,又不是民事诉讼法上的其他组织,没有民事权利能力和民事行为能力,其违约所致的民事法律后果应由乙法人工厂承受,甲法人公司只有起诉乙法人工厂,才符合民事诉讼主体资格的要求。以上只是用了一个简单的案例来说明诉讼主体资格,在司法实践中涉及行为人不具备主体资格的情况很多,情形各异,法律诊所的学生只能通过司法实践来领悟。

(2) 案件发生的时间。案件发生的时间与诉讼时效有着密切的关系,这是法律诊所学生会见当事人时必须首先搞清的问题之一。诉讼时效是指权利人在法定期间内不行使权利即丧失请求人民法院依法保护其民事权利的法律制度。诉讼时效按照其适用范围和时效期间长短的不同，可将诉讼时效分为普通诉讼时效和特殊诉讼时效。例如，我国《民法通则》第135条规定，"向人民法院请求保护民事权利的诉讼时效期间为2年，法律另有规定的除外"。这表明，我国民事诉讼的普通诉讼时效为2年。又如，我国《民法通则》第136条规定，"身体受到伤害要求赔偿的、出售质量不合格的商品未声明的、延付或者拒付租金的、寄存财物被丢失或损毁的"，诉讼时效为1年。《环境保护法》第42条规定："因环境污染损害赔偿提起诉讼的时效期间为3年，从当事人知道或者应当知道受到污染损害起时计算。"《海商法》第265条规定："有关船舶发生油污损害的请求权，时效期间为3年，自损害发生之日起计算；但是，在任何情况下时效期间不得超过从造成损害的事故发生之日起6年。"以上《民法通则》第136条和《环境保护法》第42条以及《海商法》第265条都是关于特殊诉讼时效的规定。由此可见，案件发生的时间与诉讼时效有着密切的关系。例如，甲被乙伤害，无任何中止、中断或延长事由，甲1年以后才向法院起诉要求乙赔偿损失，那么因为已超过诉讼时效，人民法院就不再予以保护。由此可见，诊所学生会见当事人时，了解诉讼时效是至关重要的。

（3）案件发生的地点。了解案件发生的地点，主要是为解决诉讼管辖问题。我国《民事诉讼法》第24条规定："因合同纠纷提起的诉讼，由被告住所地或者合同履行地人民法院管辖"；第29条规定："因侵权行为提起的诉讼，由侵权行为地或者被告住所地人民法院管辖"。我国《行政诉讼法》第17条规定："行政案件由最初作出具体行政行为的行政机关所在地人民法院管辖。经复议的案件，复议机关改变原具体行政行为的，也可以由复议机关所在地人民法院管辖"；第18条规定："对限制人身自由的行政强制措施不服提起的诉讼，由被告所在地或者原告所在地人民法院管辖"；第19条规定："因不动产提起的行政诉讼，由不动产所在地人民法院管辖"。我国《刑事诉讼法》规定的地域管辖是采取犯罪地人民法院管辖为主，被告人居住地人民法院管辖为辅的原则。这里所说的犯罪地，按照最高人民法院的司法解释，是指犯罪行为发生地，在理论上应当包括犯罪预备地、犯罪行为实施地、犯罪结果地以及销赃地等。从以上刑事、民事和行政三大诉讼法的规定可见，案件发生的地点可以直接影响到诉讼的管辖法院，所以，法律诊所的学生会见当事人时，了解案件发生的地点极为重要。

（4）案件的基本事实。了解案件的基本事实是会见当事人的根本目的，只有了解案件的基本事实才能确定正确的取证方向，才能确定正确的诉讼策略。

首先，关于了解案件事实确定取证方向的问题。我国法律规定的"以事实为根据"，实际是"以证据为依据"。对诉讼当事人来说，证据至关重要，是否掌握了充分的证据，常常直接决定诉讼的胜负。当事人要想使自己的权利主张得到法院的支持，需要用证据来证明权利主张所依据的事实。如果当事人未掌握充分的证据，即使当事人主张的案件事实是真实的，法院也无法从法律上予以确认。另一方面，证据是法官查明案件真相的手段。法官裁判需要"以事实为根据"，而案件的事实是发生在诉讼前，法官事先并不了解这些事实，这些事实也不会重现于法庭，要想查明案件事实真相，法官必须凭借证据的证明过程才能再现事实真相。就诉讼而言，并非证据的多少决定案件的胜负，而是证明案件的关键证据决定胜负，这就要求法律诊所的学生代理案件时，必须确定正确的取证方向，取得有力的证据来充分证明案件事实，而这些都依赖对案件事实的充分了解。例如：

笔者曾经代理过一起受被告委托的承包地征地补偿费的继承案件，原告在诉状中陈述，"原告王兰芹是马金素唯一的女儿，马金素在本村共承包土地2亩，2007年因政府征用土地，共计应向马金素发放征地补偿款60 517.75元。因马金素已去世，被告王金钟以原告王兰芹已出嫁，且自己系马金素侄孙为由，未经原告王兰芹的同意，擅自从村委会领走依法应归原告所有的第一期补偿款15 260.6元。被告的行为已经侵犯了原告王兰芹的合法权益，事后虽经原告多次请求，被告仍拒绝返还。综上所述，原告王兰芹是马金素的唯一合法继承人，马金素的征地安置费，地上附着物以及青苗费都应归原告所有，而被告领取该补偿费的行为没有任何法律依据，其行为已经侵犯了原告的合法权益，为此，特具状诉至贵院，请贵院依法作出公正裁判"。原告向法院提交了亲属关系证明、其母土地承包合同证明等多份证据。笔者在会见被告时了解到，原告母亲马金素在1983年第一轮土地承包时承包了本村的耕地2亩，而原告1980年就远嫁他乡，不是其母马金素承包土地的家庭人员。1997年原告母亲马金素去世，到1998年第二轮土地承包时，村委会在原土地承包旧账的基础上按原名照拓了新一轮的土地承包证，因此马金素的名字又出现在了新一轮土地承包证上，但村委会交给了被告耕种，并由被告交纳承包土地的各项费用，被告是该土地的实际耕种人。笔者了解了上述案情后，仅凭取得的一份原告母亲马金素1997年死亡的证据就赢得了本案的胜诉。其根本原因是1998年第二轮农村耕种土地承包前原告母亲已死亡，而死人是不能承包和耕种土地的。

我国《继承法》第3条中规定："遗产是公民死亡时遗留的个人合法财产。"《土地管理法》第47条中规定："征收耕地的补偿费用包括土地补偿费、安置补助费以及地上附着物和青苗的补偿费。"《土地管理法实施条例》第26条第1款规定："土地补偿费归农村集体组织所有"；第2款规定："征用土地的安置补助费必须专款专用，不得挪作他用。需要安置的人员由农村集体经济组织安置的，安置补助费支付给农村集体经济组织，由农村集体经济组织管理和使用；由其他单位安置的，安置补助费支付给安置单位；不需要统一安置的，安置补助费发放给被安置人员个人或者征得被安置人员同意后用于支付被安置人员的保险费用"。由以上法律规定可见，征地补偿费共有四项：一是土地补偿费；二是安置费；三是附着物补偿费；四是青苗补偿费。同时，结合本案事实，可以清楚地认识到：被告从1998年始至2007年征地时止，始终是本案所涉土地的实际耕种人，故该地上的附着物补偿费和青苗补偿费两项费用属于被告的收益，不属于原告母亲的遗产。而另外两项土地补偿费和安置费，根据以上法律规定也不属于原告母亲遗产。因此，原告的诉讼请求依法应当驳回。

由以上案例可见，了解案件事实对确定取证方向起着至关重要的作用。

其次，关于了解案件事实确定诉讼策略的问题。每一个案件都是已经发生了的事实，不可能原本地再现，只有通过证据才能再现部分案件事实。在我国民事诉讼中，谁主张谁举证是一项基本诉讼原则，当事人对自己的主张不能举出证据予以证实的，必将承担不利的法律后果。例如：

甲借乙10万元没有写借条，也无证人在场。过了一段时间后，甲将10万元归还了乙，也无证人在场，乙也未向甲出具还款的字据。后来乙向法院起诉甲向其借款10万元久催不还，要求法院判令甲归还自己10万元借款及利息。作为法律诊所的学生了解上述案情后，代理被告甲应诉，该如何确定诉讼策略呢？如果甲如实陈述："我是借了乙10万元，但我已经归还了乙"，那么甲必定败诉无疑。因为，甲承认借过乙10万元的事实，则乙对甲借钱的事实无须举证，但甲应对还款的事实进行举证，可又无法举证，焉有不败之理。如果甲不如实陈述案件事实，仅陈述"我根本没有借过乙的10万元"，则根据谁主张谁举证的原则，乙则无法举出甲借其10万元的证据，乙将必然面临败诉的后果。而这些诉讼策略都必须建立在了解案情的基础上，可见，了解案件事实对确定诉讼策略具有重要的意义。

（5）纠纷产生的原因。了解纠纷产生的原因也是法律诊所学生会见当事人时需要搞清的问题之一，充分了解纠纷产生的原因，对确定解决问题的策略有着十分重要的意义。现实生活中纠纷产生的原因是多方面的，以下以合同纠纷为例予以说明。合同纠纷不外乎主观和客观两大方面的原因。

主观方面的原因。合同签订后，一方当事人可能会因为种种原因而主观上不想履行或完全履行合同。例如，买卖合同中，买方与卖方签了购销钢材的合同之后，钢材价格开始上涨，卖方如果仍按合同规定的价格交付钢材，就会损失一大笔钱，于是，卖方就想提价或毁约，或以支付违约金的方式不履行合同。买方则不同意，坚持按事先规定的价格购买，双方遂起纠纷。又如，技术实施许可合同中，技术转让方甲已经与乙方签订了独家许可合同。但见另一方丙欲以比乙方更高的价格受让此技术，转让方甲则又将此技术许可给另一方丙使用。独家受让许可方乙获知后，要求转让方甲赔偿损失，双方纠纷因此而起。可见，主观原因往往引起违约行为，而违约行为又导致纠纷的产生。

客观方面的原因。一项合同从订立到履行完毕，除了即时结清的之外，往往要经历一个较长的过程。在合同履行过程中，也会出现一些客观上的原因，导致合同无法按约履行，由此引发纠纷。这里所说的客观方面的原因，是指在合同履行过程中非由合同当事人主观意志所引起纠纷的原因。例如，在合同履行过程中发生了不可抗力，致使合同不能全部或部分履行。双方当事人对不可抗力的范围，遭受不可抗力的一方是否采取了措施防止损失扩大，不可抗力是否已导致合同不能履行等问题的看法不一致，因此而引起纠纷。又如，由于双方当事人在订立合同时未考虑周全，致使合同在履行过程中出现诸如履行地点不明确，质量规格不明确等情况，协商不能达成一致时就会引起纠纷。

一起合同纠纷，有时由单纯的主观原因或客观原因而引起，有时则既有主观原因，又有客观原因。合同纠纷归根到底是与双方当事人订立合同的意图相违背的，除非是一方当事人有意欺骗对方当事人，企图借纠纷而获利。在合同履行中，甚至终止时发生纠纷是在所难免的，重要的是在发生纠纷之后，如何能充分地了解纠纷产生的原因，并采取行之有效的方式去解决纠纷。如对方在不可抗力情况下致使合同履行不能，且采取了措施防止损失扩大，则另一方最好采取调解的方式解决纠纷。

（6）案件目前所处的状态。当事人的案件目前处于哪一个阶段，是诉讼之前？一审当中？还是判决已结束，当事人欲提起上诉？抑或是终审判决已下？在咨询登记表中，接待人员要求第一次来访的当事人填写案件最新状态，所以会见前，诊所学生需要查看案件进度，针对特定阶段做好准备。诉讼程序与非诉讼程序的代理有着明显的不同，因而准备的方式也有所不同。了解案件背景能够使学生在会见中有的放矢，抓住重点并能通过案件进展情况侧面了解法院及对方当事人的态度，从而对案件的难易程度有一个估计。了解案件背景，还有一个重要作用，便是避免超过法定期限、延误时间。当事人有可能因为不了解法律的具体规定而延误起诉期、上诉期、申请执行期限、申请赔偿期限等。法定期限在代理案件中至关重要，学生应牢记有关日期的规定，以便及时提醒当事人。

法律诊所的学生会见当事人了解案件情况时，还应注意以下问题：与当事人会谈时，应当保持头脑清醒，情绪稳定，耐心细致，注意力集中。对于当事人的陈述，除了表示理解、关心外，应当始终保持头脑的开放状态以达到接纳信息、查清案件事实的目的。了解案情的主要途径是倾听。倾听时，注意避免持评判心理，避免流露出本人的想法、态度或判断。"这个人太不讲道理了"、"这份合同显然是违法的"、"案子非赢不可或定输无疑"、"对方肯定做了手脚"、"这不可能"……在没有完全掌握案情之前，作上述表述是不恰当的。草率地表态，容易引起当事人的疑惑或形成误导，如果事后情况一旦有变，学生会处于被动地位。为了鼓励当事人陈述事实，同时为了表现出听者的理解、同情和关心，可以运用积极倾听的方式。"真的吗？真想不到"、"那你肯定非常生气"、"后来呢"、"可以想象得出"……类似表述既避免了妄加评判，又不会面对当事人的遭遇而无动于衷，有利于当事人顺利地陈述。

2. 识别、分辨信息。[1] 当事人接受法律诊所学生的会见，在陈述案件事实时会释放出无数个信息，并非所有信息都对案件有用，如何识别和分辨信息则是会见的另一个重要目标。法律诊所的学生会见当事人时，应区分当事人的陈述中哪些事实是已经发生的，哪些事实是当事人担心发生但尚未发生的，哪些是影响当事人利益的，哪些是与案件无直接关系的，哪些事实是重要线索的，哪些事实背后可能隐藏着重要信息的，哪些事实是明白无误、一目了然的，哪些属于无须证明的客观事实，哪些是待证事实，哪些是已经被证明的法律事实，等等。当然，识别信息的能力不仅与法律专业知识相关，还与个人经验、生活阅历密切相关。法律诊所学生在识别判断信息之前，要认真分析，全面考虑并积极与指导教师联系，切忌草率。

识别信息可采用以下四种方法：①溯源法，即溯本求源。法律诊所的学生对获取到的信息所涉及的有关问题进行审核查对，尽量找到具有第一手资料和掌握第一手资料的人，核对有关原书、原件等原始资料，这样可以从本源上求得真伪。②比较法，即对信息进行比较。法律诊所的学生对当事人释放的某些信息由于主客观条件所限难以溯源的，这时就可采用比较方法，比较各种人的材料、各种时间的材料和其他各方面的材料。在某一事实上，说法、结论是否一致，如果一致，则基本上可以得到证实和采信，如果几条不同的线交汇于一点，这个点就比较确实了；如果各种渠道的材料与所收集的信息相左，就需要进一步核查。③佐证法，即以证据证明事物的真实性。任何事物都是在一定条件、环境下发生和发展的，某一事物与其他事物都有一定的相关性与制约性，找到这些相关和制约的因素，便可以为某一事物真实与否提供证据。一般来说，口头材料作为佐证的可靠性不如文字材料，文字材料的可靠性不如物证材料，因此，应尽可能以物证为据。④逻辑法。仅凭外界材料，而不经过逻辑推理也容易出错。有些基本差

〔1〕　秦甫编著：《律师办案艺术》，法律出版社1996年版。

错，比如叙述事实前后矛盾，表述夸大其词、有悖情理，通过逻辑分析就会发现其中的问题。当然，逻辑的真实性与事实的真实性并不能完全等同，在虚假的信息前提下经过合理的逻辑推导所得出的虚假的结果，也同样具有逻辑真实性。因此，一方面要发挥经验、认识和判断能力的作用，另一方面要结合运用各种方法，以取得最佳效果。

3. 了解当事人的意图。[1] 意图作为动机是推动人去行动的现实力量，它通常以设想而未付诸行动的企图、愿望、幻想、理想等方式存在。人在清醒的状态中，绝大部分的活动都是有意图的。作为案件的当事人，为了某一诉讼，到法律诊所寻求法律援助，必然有其诉讼意图。因此，法律诊所的学生会见当事人时，准确了解当事人的意图是会见的重要任务和重要目标之一。因为，不了解当事人的真实意图，会给以后的代理工作带来障碍，结果也难使当事人满意。实践中，影响当事人真实意图表达的原因是多方面的，如因情感因素影响，又如因误解法律而导致等。诊所学生会见当事人时，要善于对不同原因影响当事人真实意图表达的行为，采取不同的处理方法。以下举两例说明：

（1）对情感因素影响当事人真实意图表达的处理方法。例如，在会见中接待离婚案件的女方当事人，该当事人对恢复关系尚存希望，但碍于面子又不愿明确表达，却反复诉说对方以前的好处和现在的缺点以及自己的感受，而法律诊所学生未能理解当事人意图。

诊所学生：你来法律诊所需要我们提供什么法律帮助？

当事人：我丈夫到法院起诉与我离婚，我咨询相关问题，请你们提供法律帮助。

诊所学生：好！请谈一下你们的婚姻情况及夫妻感情破裂的原因。

当事人：我与丈夫结婚 10 年了，他这个人事业心强，对双方父母也孝敬，对孩子也负责。但他大男子主义思想太严重，为这事我们经常吵架，现在他要起诉离婚，离就离吧！谁离了谁也能过。

诊所学生：你们婚后生育孩子了吗？

当事人：有一个儿子，今年 8 岁了。

诊所学生：离婚你要孩子吗？

当事人：我当然要儿子（当事人气愤地说）。

诊所学生：你们婚后的财产情况？

当事人：有房子、存款、家具（当事人不情愿地说）。

---

[1]　[美] 苏珊·奥尼尔、凯瑟琳·斯巴克曼著，黄亦川、朱德芳译：《美国律师实务入门——从学生到律师》，北京大学出版社 1998 年版。

诊所学生：离婚时，夫妻间的财产分割是你的一项重要权利，请你务必将夫妻共同财产情况说一下。

当事人：我今天还有事，我走了！

上述案例中诊所学生之所以会见失败，是因为没有理解当事人的真实意图。如果诊所学生理解了当事人不愿离婚的真实意图，对当事人夫妻感情没有破裂的情况进行较多的询问，确定不同意离婚的诉讼策略，当事人肯定会乐意陈述并提供相应的证据，也会与诊所学生建立信任关系，并让诊所学生代理该案。

（2）对当事人因误解法律而导致要求偏离实际愿望的处理方法。例如，在会见中接待行政案件的当事人，对其因误解法律偏离实际期望的处理方法。

诊所学生：你来我们法律诊所有何事情？

当事人：我要告质量技术监督局。

诊所学生：你为什么要告质量技术监督局？

当事人：我要让法院撤销他们对我的行政处罚。

诊所学生：质量技术监督局为什么对你进行行政处罚？

当事人：因为我的产品质量不合格。

诊所学生：你的产品质量有问题吗？

当事人：有。但质量技术监督局对我的行政处罚程序违法。

诊所学生：质量技术监督局的行政处罚程序怎么违法了？

当事人：没有依法组织听证。

诊所学生：你认为质量技术监督局对你的实体行政处罚合法吗？

当事人：对我的实体行政处罚虽然合法，但人民法院对质量技术监督局行政程序违法处罚的具体行政行为也可以撤销。

诊所学生：你提起行政诉讼的目的是什么？

当事人：人民法院撤销质量技术监督局对我的行政处罚后，我就不用承担相应的法律责任。

诊所学生：你这个想法是不现实的，你的胜诉只是意味着违反法定程序的行政处罚行为被撤销，并不表示行政机关不能再处罚你。正相反，人民法院很可能会判决行政机关依照合法的行政程序重新对你作出行政处罚。

当事人：是这样呀！我回去想想再说吧！

4. 核查当事人的证据。在诉讼中，证据是认定案件事实的根据，也是决定案件胜败的最重要因素。俗话说"打官司就是打证据"，如果没有证据，胜诉几乎是不可能的。在社会生活中，有些人认为自己有理就行，反正法院得讲理，别人欠我的钱就得还，别人侵害了我的权利就得承担责任，似乎有无证据法院都能公正判决，这说明这些人还没有弄懂法院是依据什么判决的。事实上，打起官司来，往往是双方各执一词，真假难辨，法官没有特异功能知道双方谁说的是事实，谁说的是假话，法官只能依据双方提供的证据对"发生过的事实真相"进行推断。这种推断的结果有可能与真相相同，但也可能不完全相同，甚至完全相反。比如，张三欠李四1万元货款，李四起诉张三，但李四没有任何证据，而且张三又不承认。那么，法院就无法认定张三欠李四的货款，只能驳回李四的起诉。可见，证据问题历来是诉讼中最为关键的问题。这就要求法律诊所的学生在会见当事人过程中，应将所有可能作为证据的法律文书、文件材料、证人名单、视听材料、物品以及可能获取证据的线索列出清单逐一落实。当事人有时不知道哪些是有价值的证据，这就要求法律诊所的学生要善于发现蛛丝马迹，抓住线索，为进一步寻找证据奠定基础。关于诉讼证据规则，最高人民法院先后出台了《关于民事诉讼证据的若干规定》、《关于行政诉讼证据若干问题的规定》等一系列有关证据的司法解释，法律诊所学生应当熟悉这些法律规定，并在会见中适当运用。

5. 取得当事人的信任。信任是连接起当事人与诊所学生不可或缺的桥梁。到法律诊所来的当事人大多是弱势群体，诊所学生代理案件时，要对当事人负责，但当事人能否授权委托学生进行代理，还取决于学生是否能得到当事人的信任。因为，当事人信任你，才会将案情如实告诉你，使你能完整地掌握案件事实；当事人信任你，才能真正听取你的意见，达到代理的最佳效果。缺乏信任的代理是难以成功的。不可否认，诊所学生和当事人信任关系的建立，与律师相比困难要大的多，要面临更大的挑战。因为，法律诊所学生年龄偏小，缺乏律师执业经验和社会经验。这就要求诊所学生凭自己的无限精力和热情，凭自己认真的执业态度和实际行动，逐步赢得当事人的信任和尊重。具体讲，诊所学生可尝试通过下列方法与当事人建立信任关系：

（1）耐心、善于倾听。会说，大家都认为是一种本事。但是，会听也是一种本事，却常为大家所忽略，尤其是初次会见时的倾听。许多当事人与法律诊所的学生初次会见时，一般都有一种倾诉的欲望，甚至无法直接切入主题。例如，有一位老妇人从她结婚生子开始说起，一直让人以为她要谈离婚问题，结果再听到她丈夫死亡与儿子分财产，又误以为是为了继承问题，最后才说出原来是要儿子支付赡养费。在这种情况下，法律诊所的学生必须耐心听完，才能够知道问题的关键所在。另外，学生如果能认真倾听当事人的诉说，他就会觉得你理解他的心情，重视他的事情，他也会增加对你的信任。有的当事人在倾诉一会儿后，以你的经验和学识，有可能已经知道他在后面还要说什么，但切记千万不要武断地打断他的话说："你不用讲了，这些事情我很清楚。"当然，如果当事人的倾诉过于冗长，你可加以适当引导。总之，耐心、善于倾听能够拉近法律诊所学生与当事人的距离，从而建立一种信任关系。

（2）揣摩心理，强调保守秘密。在会见过程当中，如果发觉当事人陈述时吞吞吐吐、闪烁其辞，法律诊所学生应当敏感地认识到案件事实是否牵涉到个人隐私或商业秘密。如果确实如此，诊所学生应当适时作出申明，并强调绝对会保护当事人的隐私和商业秘密。这种承诺能够及时打消当事人的顾虑，及时扫除当事人信任中的心理障碍。

（3）引导当事人说出采取法律行为的目的。有的当事人在倾诉阶段就能说出法律行为的目的，但也有的当事人在离开法律诊所时也没有用准确的语言表达出请求事项。引导当事人说出法律行为的目的，既是倾听和小结的延续，又能为下一步阐述法律策略打下基础，还能让当事人离开法律诊所后感觉踏实。因为，当事人会想到：我今天该谈的事实都谈了，要达到的目的也讲了，法律诊所的学生会知道如何去做，我不用担心。这样当事人就不会有一种意犹未尽的感觉，从而建立起信任关系。

（4）精辟地阐述策略。在当事人的目的明确后，法律诊所学生应当围绕当事人的目的，准确、简要地阐述操作的步骤和方法。这种阐述宜粗不宜细，点到为止，但应当让当事人听得懂，并且让他相信法律诊所学生能胜任代理这起案件。这一步是法律诊所学生法律智慧的集中体现，是赢得当事人信任的关键。

（5）及时小结。听完当事人的倾诉后，应当把当事人的法律事实（不是所有事实）进行归纳，整理和总结，归纳和整理是在心中进行，总结需要诊所学生向当事人用语言表达出来。用语言向当事人表达出来有两个作用：①通过语言陈述，看是否有重要的法律事实被遗漏以便补正；②通过语言陈述，让当事人确信诊所学生刚才是认真听取了他的倾诉，增加当事人对诊所学生的信任。

（二）会见当事人的计划

法律诊所学生在同当事人正式会见之前，应当做充分的准备，其中一项主要的工作是制定会见计划。古代孙武曾说："用兵之道，以计为首。"其实，无论是单位还是个人，无论办什么事情，事先都应有个计划和安排。有了计划，工作就有了明确的目标和具体的步骤，就可以协调大家的行动，增强工作的主动性，减少盲目性，使工作有条不紊地进行。同时，计划本身又是对工作进度和质量的考核标准，有较强的约束和督促作用。所以，计划对工作既有指导作用，又有推动作用。法律诊所学生会见当事人也不例外，应当制定会见当事人的计划。所谓会见当事人计划，是指诊所学生对即将开展的会见当事人工作进行的设想和安排。主要内容有以下几个方面：

1. 计划人。计划人就是会见当事人的法律诊所的学生，通常由法律诊所两名或三名学生承办一起法律援助案件，所有参与承办案件的学生，都是会见当事人计划的制定人，应当共同参与制定会见当事人计划。在模拟法律诊所教学中，通常把四名学生分为一组，一名学生扮演当事人或证人，一名学生担任观察员，两名学生扮演律师，这两名扮演律师的学生就是会见当事人计划的制定人。

2. 计划目标。计划目标就是会见要达到的目的。具体包括：与当事人建立信任关系，理解当事人的意图，了解案件事实，减少当事人的忧虑，识别和获取信息，收集现有证据资料等。

3. 计划内容。计划内容就是为了实现会见要达到的目标，而制定的具体方法、步骤和措施。这是会见当事人计划的主要部分，可分要点逐项列出。以下列举几项并简要说明：

（1）如何与当事人建立信任关系。法律诊所的学生在会见中如何与当事人建立信任关系呢？首先是个人层面的问题，即与当事人如何彼此了解对方的个人情况。在了解当事人情况方面，为了满足当事人的要求，不但要了解当事人的个人情况，同时还要了解当事人对所涉问题影响的认识。如果法律诊所的学生希望通过与当事人的共同努力，达成合作关系，就需要对彼此有深刻的了解。如果当事人对法律诊所的学生不能形成切实的感性认识，他就不会信任你。其次是教育层面的问题，你将向当事人解释各种事项（如果当事人对此尚不知晓），诸如与当事人间的保密义务，以及当事人在解决问题中所应当或能够承担的任务。

（2）如何理解当事人的意图。当事人的意图具体包括：当事人希望或需要法律诊所的学生做什么？对于实现这些目标的各种方法，当事人持什么态度？等等。

（3）如何了解案件事实。了解当事人所知的全部事实，这通常占据了会见的主要部分，也是会见的主要目的。因此有必要全面展开。

（4）如何减少当事人的忧虑。就理智层面而言，当事人来法律诊所寻求帮助是因为他希望问题得到解决。但就情感层面而言，当事人是为了减轻忧虑而来，即使当事人并没有卷入与他人的纠纷，而是希望达成积极事项（例如立遗嘱），如果法律诊所的学生能够诚实并谨慎地说："我认为，我们可以对你的财产进行整理，以便你的财产能够被你的继承人实际继承，这需要做些努力，但我认为我们能够做到"，当事人将会感到十分欣慰。当你帮助当事人形成这种感觉时，你便是在切实减少他们的忧虑。大多数情况下，由于首次会见中尚存在太多的变化与未知，你甚至无法给出如此的保证。在第一次会见当事人时，你几乎绝不可能有把握说："如果起诉对方，我认为我们会胜诉。"在负责任地说出类似话语之前，需要进行大量的事实调查工作。

4. 准备工作。会见当事人计划中要说明进行了哪些准备工作，是否熟悉了案件的性质和所处的阶段，是否了解了相关法律，是否进行了其他准备工作，等等。具体讲，主要应进行以下准备工作：

（1）熟悉案件背景资料。法律诊所的学生代理当事人进行某项事务，通常起始于一次会见。需要法律帮助的当事人通常会来人当面预约，或通过电话进行预约。接待人员接受预约后，会安排一个方便的会见时间。同时，为了便于法律诊所学生进行准备，接待人员还会向当事人询问会见主题。当面预约或打电话过来的人会说，"我要立一份新的遗嘱"、"我刚刚被人起诉了"或者"我已经签订了买房合同，但现在房主却不肯卖房了"，等等。因此，法律诊所的学生在会见当事人前，务必查看预约时登记的情况，以便熟悉案件大概的背景资料。

（2）掌握相关法律规定。当事人寻求法律援助，最希望获得的是法律诊所学生在法律上的指导和帮助。法律诊所学生一般已进入大学三年级的学习阶段，完成了法律专业主要课程的学习，具备了一定法律知识的综合运用能力，应当以此为基础，按照当事人申请登记表上对案情的介绍。有针对性地复习已有的法律知识，查询与案件相关的法律规定。如，当事人申请援助的事项是交通纠纷赔偿问题，学生应当重点查阅我国《道路交通安全法》、《道路交通安全法实施条例》、《民事诉讼法》、最高人民法院《关于审理人身损害赔偿案件适用法律若干问题的解释》等相关规范性文件，特别是熟悉在上述法律条文中规定的有关损失的计算方法、标准、程序、法律救济方式、时效等具体内容，做到与当事人谈话时心中有数。对法律已明确规定的事项能够当场给予说明和解释，会给当事人留下较好的印象。

5. 预见困难。会见当事人计划再周密，准备工作再充分，也难免因各种原因遇到这样或那样的困难。事实上，只有预见到困难，才能在困难来临时从容应对。因此，法律诊所学生在制定会见当事人计划时，一定要根据不同的案件情况，预见有可能出现的困难。

第二节　会见当事人的基本技巧

一、会见当事人的步骤

（一）会见的开场白

无论是律师，还是法律诊所的学生，在会见当事人与其讨论案件之前通常会先进行"闲谈"，即就法律以外的话题进行交流。但这种交流或许不过三言两语，而且仅限于向当事人握手、问好，请当事人入座，问当事人是否需要喝水之类的问题。在简单地"闲谈"后，如果是第一次见面，简单地相互介绍是必要的。当事人可能询问关于代理人身份、诊所工作方式、收案结案制度、办案流程等情况。如果诊所有相关的手册、说明、规章制度，可以在这时请当事人阅读。正式开始会谈之前，诊所学生有必要向当事人介绍谈话的目的、意义、程序和注意事项。例如，希望当事人将与案件相关的事项尽可能详细地诉说；建议当事人按时间顺序陈述；可以随时补充前面说过的内容；会谈中尽量不打断当事人的诉说，并会将问题记下来，等当事人陈述后再提问；诊所学生在会见中有可能会经常复述当事人诉说的事项，以确认信息的准确性，当事人可予以补充或纠正；会见的目的是为了有效获取案件信息，所以诊所学生将通过提问的方式尽可能全面了解案情的细节；除法律特别规定的情况之外，学生对当事人的案情、谈话内容保密；当事人可以与学生讨论各种方案，充分表达意见；等等。

如果是第二次或第三次会见，约定见面之前，诊所学生通常直接向当事人说明本次谈话的主要原因、内容和目的，使当事人作好提供资料、回答问题的准备。见面后可简明扼要，直奔主题。每一次与当事人会见，都应当询问案件最新进展，并提醒当事人与代理人保持联系。

除以上应当说明的事项之外，初次会见时，正式开始会见后的开场白还应说明以下事项，并应在会见当事人笔录中进行记录。如下例所示：

律师：我是河北××律师事务所的律师，根据我们的预约，我们今天进行会见，向你了解有关案件情况。为较好地维护你的合法权益，希望你如实陈述问题，你听清了吗？

当事人：听清了。

律师：请说一下你的姓名、性别、民族、出生日期、工作单位、住址及联系方式。

当事人：我叫×××，汉族，女，1970年6月25日出生，×××单位下岗职工，住××市××家属院7-2-6号。

律师：你来律师事务所需要提供什么法律帮助？

实践中，当律师"你来律师事务所需要提供什么法律帮助？"的话音刚落，当事人或许便会告诉你令他（她）情绪波动的事情。例如，"我获得了一笔钱，并希望用这笔钱为我的孙女设立信托，以帮助她支付大学的学费"；"我刚被送达了法律文书。银行正准备取消我们的房屋抵押赎回权，并没收我们的房屋"；等等。这些情形多已司空见惯。当事人如此说时，有些律师通常只是回应"请继续"，便开始记笔记。这种工作心态或许是曾经受过专门法律训练的表现，即能够快速找到重要的法律事实。但是，当事人在情理上却并不喜欢这种做法。如果有选择的话，大部分当事人不愿意委托这样的一名"律师"。他们宁可选择委托一名擅长律师业务且有人情味的人。因为，我们在社交场合听到上面的陈述时，本能地对第一个表现出高兴，对第二个表现出沮丧，这是因为我们已经对作为社交技能的同情和积极倾听有所了解。作为法律诊所学生，会见当事人时在上述社交场合也理应作出同样的反应，且务必真诚。但是，不要以提问的方式直接跳过这一部分来。在开始会见时，应先为当事人提供一切畅所欲言的机会。这样做的理由有二：①许多当事人从一开始就希望证实你能够对其深有感触的事情予以倾听。如果你妨碍了这种倾诉，那么在当事人看来你就有些不近人情，甚至有些官僚作风。②很多当事人一旦被问到"你来律师事务所需要提供什么法律帮助"或"你来法律诊所想请我们提供什么帮助"时，便会滔滔不绝地倾诉出大量信息。如果你对这些信息认真倾听的话，你或许可以在极短的时间内了解大量事实，同时，你或许还能了解到当事人的个人情况以及他对该问题的看法。

如果当事人在委托代理方面经验不足，还将需要向其解释法律诊所学生与当事人间的保密义务。但刚开始会见的时候并不是进行这项告知的最佳时刻。此时，双方还有些拘谨与生疏，同时，当事人还正迫不及待地想要告诉你，他此行的目的。更佳时刻是在会见的信息收集阶段[1]，即在当事人已陈述完事实之后、律师开始提出问题之前的这段时间。大部分当事人，无论其是否了解保密义务，在一开始都只会告诉你大致的事实。只是在稍后回答问题时，你的保密义务才会促使他们对你更加坦诚。

在会见中尽量提及当事人的姓加尊称，如"张先生"、"李大妈"等。诊所学生比较年轻，往往与当事人的年龄差距较大，这样称呼是必要的。另外，在对话中适当地提及当事人的姓加尊称，可以缩短你与当事人之间的心理距离，因为这暗示出对你而言当事人是一个人，而不仅仅是一个工作项目。当然，至于是称呼当事人的姓加尊称，还是直呼其名，这不仅由你的个性决定，还应由当地的文化所决定。如果你所在地区的人们习惯于不拘小节，那么你直呼当事人姓名或许是可以接受的。但是如果该当事人比你年长许多，则应当出于尊重而称呼其姓加尊称，直到当事人要求你改称其名。

（二）倾听当事人的陈述

开场白结束后，就进入倾听当事人的陈述阶段。该阶段主要由当事人陈述案件事实，诊所学生务必积极倾听，获取案件信息。倾听的内容分三部分：案情、当事人面临的主要问题、当事人希望达到的目的。当事人描述案情时，需要提供大量丰富的信息，以便使历史重现。法律诊所的学生正是通过当事人的回顾来重新构建事情经过。倾听、理解、积极地反应以鼓励当事人陈述，是该阶段应该采取的基本方式。当事人面临的主要问题，既包括已经发生的事实，也包括当事人

---

〔1〕　贝思德教育机构编著：《律师口才训练教程》，西北大学出版社2002年版。

预测、担心、忧虑的尚未发生的事实。倾听时不仅要获取当事人陈述的事实内容，还要观察当事人陈述时的表情，揣摩当事人心理。这样有助于法律诊所学生了解当事人希望什么，担心什么，追求什么以及想避免什么。法律诊所学生若能准确地识别信息，并以适当简明的语言概括出当事人面临的问题和期望，有助于赢得当事人的信任。另外，在倾听当事人陈述这一阶段，可对听到的信息予以反馈，参与到与当事人的谈话中。如下例所示：

　　当事人：我想购买一辆性能稳定且配备手动变速箱和天窗的汽车。这辆车必须性能稳定，因为我没有多余时间去修理厂修车，除非是一定要修的情况。丰田牌汽车没有配备手动变速箱和天窗。而本田牌汽车虽配备了该装置，但零售商却又缺少库存车辆。为此，我不得不特别订购了一辆本田汽车，并交付了20 000元的定金。两个月后，他们电话通知我车已到货。但是，这辆车所配备的却是自动变速箱，还没有天窗。

　　律师：真的？

　　当事人：我震惊了。我告诉对方，这并不是我所订购的汽车。但是，他们不但拒绝退还定金，还要求我必须提车。

　　律师：你肯定感到非常生气吧。

　　当事人：那当然。我并不想要那辆车。天窗可以帮助车辆快速降温，能够在冬天让光线射进车内，而且让车辆显得更加宽敞。

　　律师：天窗确实很不错。

　　当事人：而且，手动变速箱能够让开车更有趣。

　　律师的上述插话显示了对当事人所讲情况的领会与同情，并促进了当事人继续讲述。但请注意的是，在插入任何话语前需要等待时机。这是因为当事人一旦有机会讲话，往往会最先陈述最重要的信息。因此，在当事人陈述的最初一段时间内，律师或诊所学生最好置身事外，让当事人自行陈述。上述案例中，律师第一次切入的时间，正是需要插入简单礼貌用语，以表示理解当事人困境的时候。在这一时刻之前，律师最好把积极倾听的方式限制在肢体语言范围内，如点头或眼神交流。

　　在倾听过程中，切记不要用"OK"来回应当事人对痛苦事件的描述，这是积极倾听的大忌。例如：

　　当事人："……救护车后来送我去了医院"，或者"是别人告诉我这一切的，我当时已经昏迷了"。

　　诊所学生：OK。医院方要求谁来签署这份同意治疗表格？

　　从当事人的观点看，这种事情绝不是"OK"的。"OK"可以有两种含义。它可以是一句随意带过的过渡词，这也正是本案中诊所学生的原意。但它也可以表示"很好"的意味，这是许多当事人所领会的含义。当你发现自己在类似的场合下说"OK"时，你或许忘记了，当事人恰恰是正在忍受所述事实后果的人。

倾听当事人陈述阶段强调"听"的重要性，尽量不要打断当事人的陈述，并应用积极的方式督促当事人回想与案情相关的所有情况。当事人陈述中如同一个敞开口的漏斗，信息被源源不断地倒入，不要期待当事人在你的控制之下只提供你认为有用的资料，那样的想法不现实。诊所学生应将有价值的信息、线索筛选出来，将与案情无关的信息过滤掉。不要吝惜倾听当事人陈述而花费的时间，特别是对于没有办案经验的诊所学生来说更是如此。通过积极倾听可以较好地了解当事人的真实想法，虽然有些信息与法律和案件无关，但与当事人的利益有关。如果当事人对赔偿感兴趣，那么代理时应当更关注钱的问题而不必坚持让对方赔礼道歉；如果职工状告所在企业，但将来仍可能留在该企业工作，学生应当想到以调解方式解决纠纷也许比让总经理接受败诉判决对当事人更有利。要帮助当事人解决他的问题，必须了解他的真实想法和现实处境，仅仅知道法律信息或法律事实是不够的。

（三）询问相关问题

当事人对基本案情叙述完毕后，会见进入第三阶段，诊所学生开始提问。提问可以以时间、标的额大小或涉及的人物为序。通常提问以时间先后为序，因为事情的发展总是有因有果，因果关系与时间先后密切相关，按时间顺序提问有利于当事人从头开始，慢慢回忆。在询问相关问题阶段，诊所学生务必要清楚应该询问哪些问题，以及如何组织并明确表达这些问题。此阶段，法律诊所学生应当考量以下问题。

1. 多用引导式和封闭式的方式提问。询问相关问题阶段，虽然开放式、引导式和封闭式提问方式可以并用，但为了搞清每一个具体细节，应当多用封闭式和引导式的方式提问，尤其要善于运用封闭式的方式发问。例如：

诊所学生：后来呢？（一个泛泛的问题，属于开放式发问）

当事人：我们先后去人大、法院、信访办、主管机关反映情况，并递交申述材料，均没有效果。

诊所学生：你去的哪级人大？（一个具体问题，属于引导式发问）

当事人：我们去的县人大。

诊所学生：你去人大的具体时间？（一个具体问题，属于封闭式发问）

当事人：2008年7月去的。

诊所学生：7月几日去的？（一个具体问题，属于封闭式发问）

当事人：记不清了。

诊所学生：谁接待的你们？（一个具体问题，属于引导式发问）

　　当事人：是信访处的一个女的，四十来岁。

　　诊所学生：你去的哪个法院？（一个具体问题，属于引导式发问）

　　当事人：我们去的市中级法院。

　　诊所学生：你去市中级法院具体时间？（一个具体问题，属于封闭式发问）

　　当事人：2008 年的 8 月，具体哪一天记不清了。

　　诊所学生：你去的哪个信访办？（一个具体问题，属于引导式发问）

　　当事人：市政府信访办。

　　诊所学生：去的具体时间？（一个具体问题，属于封闭式发问）

　　当事人：我们去市法院的同一天，去的市政府信访办。

　　诊所学生：你有申诉材料吗？（一个具体问题，属于封闭式发问）

　　当事人：有。

　　诊所学生：今天带来了吗？（一个具体问题，属于封闭式发问）

　　当事人：没有。

　　以上所举案例，诊所学生先由"后来呢？"一个开放式发问，使当事人释放出"我们先后去人大、法院、信访办、主管机关反映情况，并发出申述材料，均没有效果"的大量信息。然后，诊所学生又通过引导式发问和封闭式发问，将开放式发问中当事人释放的信息逐一了解清楚。

　　2. 询问相关问题时，要注意向当事人询问原始事实及信息来源，并做好证据信息的登记工作。例如，对交通损害赔偿案件中过错司机的询问，不要向当事人询问其汽车是否超速行驶（结论），而是询问他开车的行驶速度，以及他是如何得知该信息的。因为在审判过程中，当事人只陈述其猜测的汽车行驶速度为每小时若干公里，是没有任何证据作用的。只有当事人能够确切地陈述信息来源，并被相关证据印证时，才可能发挥证据的证明链条作用。如果诊所学生所知道的仅仅是当事人认为该车辆没有超速行驶，你将无法得知他会在审判时说什么。如果当事人说他不知道该车的实际行驶速度，但是有朋友曾告诉他该车一直在以每小时 40 公里的速度行驶时，那么，如果其朋友的证词符合证据规则的要求，你应当将当事人的该朋友的姓名、住址、联系电话记录下来，并列入待调查的证人名单。

　　3. 询问相关问题时，要询问所有的细节，刨根问底。例如，当事人说："这些是林××在上周告诉我的。"请务必不要进入下一个话题。应当询问该对话是何时发生的——不仅仅是日期，还包括具体时间。是在何地发生的？当时还有谁在场？还讨论了哪些问题？该对话进行了多长时间？它是如何开始的？又是如何结束的？林××用了哪些词语，当时在场的证人和其他人都说了些什么？你将需要这些细节为该案件做准备。在非法律职业生活中，通常只需使用含糊与近似的说法便足以应付，而经验丰富的律师们则了解，在代理当事人处理案件时，只有精确才能成功。我们诊所学生还没有法律职业生活的历练，往往对一些含糊与近似的说法会漫不经心，务必要在司法实践中加强锻炼。

4. 询问相关问题时，要询问可能与案件有联系的所有信息。例如，如果图表能够帮助你了解所发生的事实，那就让当事人画一张。如果人和物在场景中的位置十分重要，画图将至关重要了。请务必确保了解到所有基本信息：证人的全名、年龄、地址、所有的电话号码、职业和工作职务、工作地点以及工作时间。对于每一个证人以及牵连进该案的人员，尽量多地获取当事人所能提供的身份信息。

5. 询问相关问题时，要善于在询问详情时组织并表述问题，不要在问题间急速转换。当你开始挖掘该案件细节的各个方面时，尽量将各个议题分开讨论。过多地在问题间急速转换，会使你和当事人都感到困惑。在每一个议题上，都先从泛泛的问题（开放式发问）开始，逐渐导向具体问题。然后，再通过引导式或封闭式发问，从具体问题中查实每一个细节。这样，就可以弥补在开放式发问后所留下的信息空白。下边举一个发问案例，以揭示可能出错的地方：

　　诊所学生：然后发生了什么？（一个泛泛问题，属于开放式发问）

　　当事人：店主抓住了我，将我带到后面的房间，并在那里打开我的提包，指控我盗窃。在商店里的全体人员面前，这真令我感到十分羞辱和难堪。

　　诊所学生：他们是否碰触了你？（一个具体问题，属于封闭式发问，在当事人还没有回答完泛泛问题之前被提出）

　　当事人：是的。店主抓住了我的胳膊并将我拖到后面的房间。当我试图离开时，一名强壮的保安站在门口，抓住我的双肩将我推回屋内。

　　诊所学生：后来呢？（又一个泛泛问题，属于开放式发问）

　　当事人：商店的人打我了。

　　诊所学生：有多少人听到他们喊你商店扒手了？（另一个具体问题，属于引导式发问）

　　当事人：大概十二人左右。他们看着我，似乎我是一个令人厌恶的人。

　　诊所学生：你知道他们的名字吗？（又是一个具体问题，属于引导式发问）

　　当事人：是的。其中有几个人是我儿子所在学校的教师，另一个则是我所就诊的医生。

以上诊所学生的发问，由于泛泛问题与具体问题不当地交叉进行，难免会错过许多详细的信息，这是诊所学生在询问详情应注意避免的问题。

（四）总结确认

经过当事人对案件事实的陈述，法律诊所学生的积极倾听，以及法律诊所学生对案件详细情况询问的几个阶段的进行，诊所学生应当对案件的主要事实、主要的人证和物证、当事人的意图和面临的困难、急需解决的事项等内容有了完整的了解。这时法律诊所的学生应对案件涉及的上述事实和情节进行一个清晰的总结，并让当事人对法律诊所学生关于案件的记录给予确认。总结确认的作用有四：一是，让当事人知道他陈述案件事实已经被法律诊所的学生记录在卷，诊所学生的工作作风既严谨又规范，从而增加当事人对诊所学生的信任度。二是，确保诊所学生记录的准确性和对信息了解的全面性。诊所学生不仅在确认总结阶段应给当事人一个修正补充的机会，即当事人可以补充陈述或者进一步说明他的想法和要求，还应当告诉当事人，如事后想起任何与案件相关的信息，都可以与诊所学生联系进行补充陈述。这样，就充分保证了诊所学生记录的准确性和对信息了解的全面性。三是，被当事人确认的记录可成为诊所学生下一步工作的正确依据。四是，明确清晰和重点突出的总结，并让当事人对记录和总结的案件事实、情节等问题的确认，会使当事人感觉被接受和理解，从而有利于与诊所学生之间信任关系的建立，进而确立委托代理关系。

（五）会见的跟进工作

首次会见的总结确认阶段结束后，当事人提出建立委托代理关系，让法律诊所代理案件的要求，诊所学生应与当事人协商如何完成后续工作，并对下一次的会见做出安排和明确双方各自接下来要做的工作。

学生的工作通常包括：

（1）向指导老师汇报会见的情况，听取老师的指导意见，由教师决定是否与当事人建立代理关系。

（2）决定与当事人建立代理关系的案件，诊所学生应起草相关法律文书。如果当事人是原告，诊所学生应起草起诉状；如果当事人是被告，诊所学生应起草答辩状或反诉状。

（3）与当事人签订委托代理协议，确立代理关系。

（4）制定下一步工作计划。如拟定与证人见面的时间和顺序，进行事实调查的必要准备工作等。

（5）其他根据案件情况需要进行的工作。

当事人的工作通常包括：

（1）整理并妥善保存现有的证据材料。如合同、票据等。

（2）处理紧急事项。如受伤当事人进行伤情法医鉴定、伤残等级鉴定等。

（3）复印案件证据资料，并向诊所学生提交。对于所涉案件的重要证据，如合同、借据等，诊所学生应当收取当事人这些证据的复印件，原件由当事人保管，法院组织证据交换或开庭时，由当事人负责携带原件。以免诊所学生丢失这些重要证据原件，导致当事人的诉讼无法进行而承担责任。实践中，律师代理案件也是采取此方法。

（4）安排诊所学生与证人见面的时间和地点等事宜。

（5）当事人是原告，或当事人是被告但需要反诉的，应筹集诉讼费用，进行立案的物质准备工作。

（6）其他根据具体案件情况需要进行的工作。

二、会见当事人的技巧

会见的技巧有积极聆听、利用鼓励性的语言、表示同情和安慰、沉默、开放式的提问、引导式的提问、封闭式的提问、记录、思考、更正、解释法律、运用肢体语言、适当地打断、当场解答、搁置问题等。以下重点讨论几种常用的技巧。

（一）倾听的技巧

倾听，并非自然而然的事，倾听需要关注、投入和技巧。[1] 在别人说话时保持沉默，并不一定意味着倾听。或者像演员一样地表演"倾听"而不是真正地投入，也并非真正的倾听。积极地倾听能够化被动为主动，感染和鼓励陈述者，从而推进沟通进程。积极倾听，不仅是建立良好关系的开始，也是收集信息，把握案情的基本手段。但有些诊所学生，即便希望与当事人建立良好关系，希望获取信息，仍会在听的过程中心在不焉，把握不住自己的思绪而开小差。影响听者的思维，使听者心不在焉或开小差的原因是多方面的。有的是因为经验不足，有的是出于不当的想法，有的是出于不当的目的。例如：想表现出对陈述人的谈话内容是如此有兴趣而希望获得好感；提醒自己保持警惕，千万别让自己陷进去，别上当；等待听那件最感兴趣的事，其他的内容都不重要；趁陈述者说话的机会赶紧准备下面自己要说的话或评论；故意让陈述者看出本人不在意他的长篇大论，等一下他就会好好听本人是怎么想的；集中精力捕捉陈述者说话中流露出的哪些语言对本人不利，或者哪些语言对本人有好处；记住陈述者说的某些话，考虑下一步如何利用他的话，以彼之矛，攻彼之盾；听陈述者说话，重要是要看看他的反应，他对此事的真实态度到底是什么呢？以上情形都是影响倾听的原因，诊所学生在会见当事人时应尽量予以克服。

---

〔1〕　李傲：《互动教学法——诊所式法律教育》，法律出版社 2004 年版。

在律师会见当事人的实务中，往往会遇到这样的当事人：谈话很罗嗦，杂乱无章甚至语无伦次，说了半天还未听清他说的中心意思是什么。个别脾气急躁或缺乏经验的律师便会打断当事人的话，这不仅不礼貌且容易打断对方连贯的思维，也容易使当事人与你拉开距离，产生一种不信任的感觉。律师或诊所学生在会见当事人的实务中，应当注意避免这方面的问题。正确的做法是不要轻易打断当事人的话，要耐心地让他把话说完。因为尽管当事人陈述的有些话对本案意义不大，但对于他来讲，却会觉得十分重要，不说出来心里难受。当然，这一点对于律师来讲是一种修炼，法律诊所的学生要注意这方面基本功的修炼。另外，律师或诊所学生还应锻炼抓主体、抓核心的能力，即能从当事人冗长而罗嗦的谈话中，抓住有关案情的要害和重要事实的能力。对于重要的谈话要作记录，有些重要情节等当事人把话谈完之后，再重新提起，有必要的更要刨根问底，弄清楚案件的某些细节，这对于形成办案中的观点十分重要。

另外，律师或诊所学生倾听当事人谈话时，要有目的地去听，不能听完之后自己脑袋里乱糟糟的理不清思路，那样会见当事人的工作就算失败了。这就要针对不同案件用你学到的法律知识和法律条款有目的地了解案情。例如，离婚案件要了解的问题是感情是否破裂，要获取、识别这方面的信息，收集这方面的事实证据。如婚前感情基础如何，婚后有无打骂、虐待、婚外恋等情况，找出婚姻纠纷的症结，不管当事人说多少事情，都要用感情是否破裂这条线将它们串起来。这样从事实上才能把握感情破裂与否的尺度，由此决定所代理案件的基调。又例如合同纠纷案件，就要紧紧围绕合同的几大要素，如合同的效力、标的、数量、价款、履行时间、质量、交货方式、违约责任等，去全面了解案情的来龙去脉，然后对案件作出判断。如果胸中无数，尽管听了很多陈述，那还是难以形成一个完整的脉络。在倾听完当事人的叙述以后，也可以就某些问题与其进行讨论，把可能出现的结局、不利的方面讲清楚。但是切忌匆忙下胜诉或败诉的结论，也不能把自己的观点强加于对方。最应该把握的是，除了与当事人谈话之外，还要注意审查当事人提供的有关证据，以证实当事人反映的情况是否真实，这样才能对案件作出准确的判断。

（二）发问的技巧

发问也称提问，可以说是会见当事人、与当事人交流过程中最具有艺术性的地方。一个优秀的律师会见当事人时必然会运用提问的技巧，在最短时间内取得最有价值的信息。提问的作用有两点：一是在适当的时间，可以阻止当事人漫无边际地陈述。律师执业是按时收费的，但是诊所学生的会见活动是不收费的。我们不能因为诊所学生的会见活动不收费，而容许当事人过分冗长的谈话。尽管我们要求听清楚听明白，但会见当事人不是让我们听邻居拉家常。这时用恰当的方式既委婉又不失礼节地打断当事人的谈话，从而将当事人的陈述引入正轨，陈述有价值的内容。二是明确的提问，可以使案件事实显现出一个更清晰的脉络，突出主要矛盾，以便于分析症结所在。因为只有抓住中心，才能发现本质。

关于提问方式本章前边内容已经提及，共有三种方式：一是开放式提问，二是引导式提问，三是封闭式提问。开放式提问，是指提出比较概括、广泛、范围较大的问题，对回答的内容不严格限制，给对方以充分自由和发挥余地回答。这样的提问比较宽松，不唐突，也比较得体，常用于访谈的开头。开放式提问的优点，可缩短双方心理、感情上的距离。开放式提问的缺点主要是由于提问松散和自由，难以深挖。引导式提问，是指为了实现某种目的进行的诱导性发问。引导式提问的优点，可帮助当事人恢复记忆、完整陈述、串联情节。引导式提问的缺点，有时会引起当事人的尴尬、误解或反感。比如涉及当事人的隐私，或涉及对当事人不利的内容，或当事人不愿提及、不希望讨论、有意回避的内容。封闭式提问，是指只能回答一种明确结果的发问。封闭式提问可以获取有价值的信息，但这种问题的提出有赖于有效的开放式提问和引导式提问。法律诊所的学生在会见当事人过程中，要根据提出问题的时间段和提问目的灵活地综合运用以上三种提问方式。

1. 会见初期善用开放式提问。诊所学生会见当事人的目的是为了最大限度地获取信息，开放式的提问是实现这一目的的有效手段。因此，在诊所学生会见当事人的最初阶段，要善于使用开放式提问。开放式的问题使当事人放松情绪、自主地陈述。会见初始阶段，为使当事人按照他的思路顺畅表达，不宜提问过多的问题。为了打开当事人的"话匣子"，应先提开放式的问题。下边以诊所学生会见赡养纠纷案件中的当事人为例，说明开放式提问方式的具体运用方式。

诊所学生：谈谈你的情况？（开放式提问，一个泛泛的问题，便于当事人陈述个人情况的所有信息）

当事人：我今年78岁了，丈夫早年去世，我也没有工作和退休金，子女不孝顺，我没法活了。

诊所学生：你需要我们提供什么样的帮助？（开放式提问，一个泛泛的问题，当事人可能要求诊所学生调解纠纷，也可能要求提供法律援助代理诉讼，以及其他要求）

当事人：我要你们代理，告我的不孝子女。

诊所学生：讲一下事情的经过？（开放式提问，一个泛泛的问题，便于当事人陈述子女不孝的所有信息。）

当事人：……（当事人在陈述子女不孝的经过时，可能叙述不清楚）

诊所学生：后来又发生了什么事？（开放式提问，一个泛泛的问题，让

当事人继续陈述子女不孝的诸多信息）

在司法实践中，当律师或诊所学生进行开放式提问后，有些当事人会主动地、全面地介绍案情经过，有些当事人则不一定。这时诊所学生要善于发现、记录下他陈述中的所有线索，以便下面有针对性地提问。不要轻易运用"适当打断"的方法。当然，我们有时会遇到一类当事人，如果不打断或不加以引导，当事人可能会离题千里，浪费时间，这时我们需要运用特别的方法。（参见本节后面"几种特殊技巧"部分）

2. 适时使用引导式提问。会见当事人初期，我们通过开放式提问使当事人释放出大量的案件信息，但这些信息有的是杂乱无章的，有的是不确定的，甚至有的是前后矛盾的。因此，在当事人全面陈述后（有时可能在陈述中），为了理清某些信息，或为了补充当事人陈述中的遗漏，或为了澄清当事人陈述中的前后矛盾的内容等，就要适时使用引导式提问。使用引导式提问，提问者务必做到对信息内容本身不要带有任何预测，而只是引导当事人通过思考、回忆或其他方法说明某一事实。例如，"你有实际损失吗？数额是多少？""2007 年 9 月以后你和对方有接触吗？""你说你当时很失望，是指对什么事失望？""除此之外，你还有其他损失吗？"引导式问题有些是当事人全面陈述中涉及的、未明确的事项；有些是诊所学生想到的、与案件事实相关，但当事人未提及的事项；有些是诊所学生难以理解的事项。下边列举一例予以说明：

　　诊所学生：关于商店里所发生的事件，你已做了大量的陈述，但有些事实我们需要进一步确定。让我们一起回忆一下你在停车场下车的那一刻发生的事情。请你在脑海中重新置身于那一刻，并回忆几分钟。回想一下，当你穿过停车场走向商店时的所见所闻。不要操之过急。我可以一直等到你准备好为止。当你做好准备时，请告诉我，你在停车场下车的那一刻发生的事情。

　　当事人：……（如果当事人无法对在停车场下车的那一刻发生的事情进行完整连贯的叙述，你可以要求他按照一定的次序，而非时间顺序回忆整个事件。）

　　诊所学生："下车的那一刻对你印象最深的事情是什么呢？"或者，"你当时听到什么吗？"或者，"你当时看到什么吗？"或者，"你认识在场哪些人呢？"。

司法实践中，尽管律师或诊所学生使用了引导式提问，当事人并非确实想不起某些事实，而是出于隐私、避免引起尴尬或认为透漏这些信息对己不利等原因，故意不说明这些信息。这时的诊所学生有如下选择：说明提问此问题的原因及回答的重要性；重申保密的义务；换一种婉转的、非直接的提问方式——先对可能引起不愉快的结果表示理解或歉意，然后再问。不管怎样，如果这个问题对案件至关重要，必须让当事人知道其重要性，以便当事人决定是否提供相应的信息。

3. 恰当使用封闭式提问。封闭式提问是在开放式提问和引导式提问的基础上使用的，没有前期的开放式提问使当事人释放大量信息，以及中后期的引导式提问使当事人回忆理清某些事实，封闭式提问将无法进行。由此可见，封闭式提问一般在当事人陈述中后期运用，更多运用于当事人陈述的后期。封闭式提问的目的是为了确认事实，回答是"对"、"不对"、"有"、"没有"，或者是明确、具体地回答"房产证上是谁的名字？""房屋拆迁是什么时候？""有没有签订协议？""当时有谁在场？"等问题。没有前面的全部陈述和引导补充，很难提出封闭式的问题。封闭式问题常常是最有利用价值的信息，封闭式问题越多，对案件的了解就越具体、详细。

开放式提问、引导式提问、封闭式提问，一般是按序进行的，但有时会反复、交叉地询问。当发现了新的情况，就可以由引导式问题或封闭式问题转向开放式问题。尽管我们希望首次会见即获得全面、详实、准确的信息，诊所学生仍有可能在第一次会见之后，特别是向指导老师汇报之后，发现遗漏了问题，从而进行第二次、第三次会见。

（三）记录的技巧

无论律师会见当事人，还是诊所学生会见当事人，都是进行一项法律活动。法律活动的行为是严谨的，应有必要的记录。就会见当事人而言，应有两项记录：一是会见当事人笔录，二是备忘录。这两项记录，都需要技巧。

1. 会见当事人笔录。会见当事人笔录属于法律文书的范畴，并有规范的格式，无论是会见民事或行政案件当事人笔录，还是会见刑事案件犯罪嫌疑人或被告人笔录，其格式大同小异。有首部、正文和尾部三部分组成。①首部内容：居中写明"会见当事人笔录"（刑事案件是：会见犯罪嫌疑人笔录或会见被告人笔录），主要内容包括时间、地点、会见人、被会见人、案由和记录人；②正文：主要内容即为律师或诊所学生会见当事人时的谈话记录；③尾部：主要内容是被会见人签名、日期。相比较而言，刑事案件会见当事人笔录比民事案件会见当事人笔录要严谨一些，下边列举一份会见犯罪嫌疑人笔录，供诊所学生参考。

会见犯罪嫌疑人笔录（第一次）

时间：2008 年 7 月××日上午×时×分至×时××分

地点：××市第×看守所第×会见室

会见人：张某某，李某某（××律师事务所律师）

被会见人：王某某

案由：涉嫌盗窃

记录人：李某某

问：我们是××律师事务所律师，受你父亲××的委托，律师事务所指派我们为你提供法律帮助。根据刑事诉讼法的有关规定，我们有权向你了解案情，为你提供法律咨询，代理申诉、控告、申请取保候审，我们将根据事实和法律，维护你的合法权益。对于你父亲的委托，你同意我们律师事务所指派我们为你提供法律帮助吗？

答：同意。

问：作为你的律师，要求你如实陈述问题，如故意作虚假陈述，我们有权拒绝为你提供法律帮助，你听清楚了吗？

答：听清楚了。

问：说一下你的姓名，性别，民族，出生日期，籍贯和工作单位？

答：我叫王某某，男，汉族，于19××年×月×日出生，籍贯××，在来××市前在××中专学××专业，到××市是为了给自己找个工作。

问：××市公安机关认为你涉嫌犯有盗窃罪，并且是盗窃团伙主犯，你有何看法？

答：盗窃行为我确实有，但从未参加盗窃团伙，我只是个人偷过几次东西。

问：你把参与盗窃的情况如实陈述一下。

答：好的。19××年我在中专学校毕业，为了找个好一点、工资收入高一点的工作，我来到××市，并于同年×月受聘于××酒店做××工作。由于刚从农村来到城里，看到别人很有钱，心里很忌妒。我的工资并不是很高，除了做××之外我没有其他专长，所以一直也没有赚多少钱。在酒店工作过程中，我看到来酒店的客人大多数都有手机，很眼馋，一直想自己有一部，因价格太高，一直没有买。19××年×月的一天，我在大堂值班，恰巧店内保存了一个客人遗忘的公文包，是加有密码锁的，我心存好奇，就随便拨弄了几个数字，没想到竟让我给打开了，包内有一部诺基亚手机和一些杂物。我看四处无人，又是客人遗忘的东西，就偷走了那部手机，并一直藏在床下，等以后入网自己使用。

问：公安机关认为你是××省人王××、蒋××、于××盗窃团伙的成员，你认可吗？

答：冤枉啊！我只是和他们认识，聊过几次，我可从来没和他们一起偷过东西啊！

问：你把同王××、蒋××、于××认识交往的经过谈一下。

答：我是××省人，孤身一人来到××市，没有朋友，一次偶然的机会，我参加了一个老乡会，会上喝酒时认识了王××、蒋××、于××。开始他们说是在××市做××生意的，在随后的几次交往中，我才知道他们都是长期流窜作案的盗窃犯。由于臭味相投，我就把自己曾偷拿手机的事告诉了他们，并让于××为我代为办理手机入网，王××、蒋××、于××也将他们参与盗窃的经历告诉我，并邀我入伙，但我当时说考虑考虑，并没有答应他们。

问：你参与了王××、蒋××、于××他们在本市××区××街×号的偷窃××一案吗？

答：没有，绝对没有。

问：王××、蒋××、于××偷××那天你在干什么，在什么地方？

答：那天是×月×日，是星期六，我休班，去了一个老乡家里，他可以给我作证。

问：王××、蒋××、于××给你说起过他们要去偷××吗？

答：说起过。在一次聚会上，我们四个人一起喝酒，郭××说××最近卖得挺火，如果能搞到一些，他负责销货，可以卖上大价钱，我当时只是说，并没有在意。

问：你共与王××、蒋××、于××见过几次面，最后一次在什么时间？

答：一共好像见过四次或五次面，最后一次是在今年初，大概是1月份左右。

问：你还有什么要说的吗，

答：没有了。

问：你看看笔录，看记得对不对，如果没错，你看后签字。

答：好的。以上笔录我看过，与我讲的一样。

签名：王某某（手印）

20××年××月××日

会见民事当事人笔录的格式，以及相关询问技巧可参考以上询问刑事当事人笔录。诊所学生制作会见当事人记录的重要性在于：其一，使当事人感觉会见程序正规，其陈述得到应有的重视，也同时使当事人对其陈述的内容增强责任感；其二，便于学生梳理资料，整理次序，发现遗漏；其三，保证学生向指导教师汇报时全面、细致、准确；其四，积累资料，以备案件归档。合作办案的诊所学生之间可以有分工，如轮流地一人问另一人记；或一个学生既问也记，另一个学生负责补充。

会见当事人笔录要简练、准确、完整、清晰，确保其他人能够看清看懂。因为作为案件档案资料的重要部分，会见笔录会在许多地方多次使用，还可能因为移交案件而由新的诊所学生继续使用。所谓简练，是指把当事人陈述的主要内容记录下来，而不是记录当事人说的每一句话。所谓准确、完整，是指在简练的基础上必须记录当事人陈述的原意。所谓清晰，是指字迹要清楚。已实施电脑管理的诊所，会谈笔录将收集在计算机资料中。可以设计专门的电子版程序、表格，用于输入会见笔录。学生只需在现成的格式中填上不同的内容，资料会自动形成案情时间表，诊所资料达到规范化、系统化，易于内部资料的共享和保存。

2. 备忘录。备忘录是诊所学生对当事人开放式询问中，需要事后询问、澄清、补充等内容的备注。俗话称："好记性不如烂笔头。"也就是说，最淡的墨水胜过最强的记忆力。笔者提倡在记录纸中间划一竖线，将其分为左右两部分，左边记录的是当场信息、详细内容或主要线索、关键词，会见结束后，依记忆充实完善。右边记录的是在倾听、记录的过程中产生的疑问，需要澄清、补充的内容，其目的是不打断当事人的谈话，同时记下自己的即时想法。

每个人的习惯不同，记录方式无须强求一致。例如，有些学生用类似速记的方式记录下所有的信息，然后加以整理；有些学生只记下几个字或几行字，但足以提示他们所有的信息，在整理中不会造成遗漏；有些同学分工明确，一个同学只管问，另一个同学只管记录，而后相互提示和检查；有的学生有很强的记忆力，习惯于问的时候不记录，待全部问完后，从头到尾记录下来；等等。只要根据习惯选择最有利于清晰完整记录的方式即可。

（四）非语言交流技巧

语言是交流的重要方式，但并非唯一方式。会见当中，对非语言因素的关注和运用有时会起到"无声胜有声"的效果。会见中非语言交流技巧主要有以下几种：

1. 就座方位的技巧。受根深蒂固的传统文化的影响，在社会生活的各项活动中对就座方位是十分讲究的。比如中国人在饭桌上如何落座就很有讲究，通常贵客在上座，面对门口，以示尊重。主人陪坐一旁，其他人按照地位之重要性向两边分坐直至背对门口，通常右侧比左侧位置尊贵。主人坐到客人一旁，显得亲近，便于关照、沟通。桌子对面，离贵客最远的位置，坐的是最无关紧要的人。可见，就餐座位安排方式是服务于接待客人、显示尊重这一目标的。

会见当事人也是社会生活中的一项活动，就座方位也有一定的技巧。在司法实践中，律师往往会站在当事人的角度进行办公室布局，以求让当事人向律师敞开心扉。例如，有些当事人喜欢在办公桌前与律师交谈。另一些人则不喜欢过于正式的场合，或许两把椅子和一个小边桌就足够了（这些可以与办公桌放在同一个房间内）。现实生活中，当事人个体情况千差万别。有些当事人感觉到，律师不坐在大办公桌后会见他（她），他会感到更加放松，因为他的内心感受大办公桌既是物理障碍，又是权威的象征。律师在会见中发现这类当事人后，往往与其同侧而坐，而不是坐在对面，让当事人充分感受参与关系，从而利用这种微妙的方式与当事人进行交流。

法律诊所的办公条件与律师的办公条件是有差别的，起码没有律师的超大型办公桌给当事人造成的物理障碍和权威压迫的感受。因此，诊所学生会见当事人的就座方位通常是面对面的。面对面的方式给人的感觉是正规、严肃、专业。但如果桌子比较宽，学生与当事人之间的距离太远，可能会在无形中产生屏障作用，有些当事人显得不自在。如果当事人在陈述时将身体尽量前倾，说明当事人感觉与学生距离过远。这时可以改变位置，和当事人各占桌子一边，成直角的方式落座，既有利于记录，又不失亲切感。一般不选择并排的方式落座，长时间侧面说话容易疲劳，而且不利于记录，但并排就座有利于共同查看和研究书面资料。选择就座的方式还和当事人的年龄、性别及案件类型有关，和耳背的老人、未成年人、受家庭暴力伤害的妇女会见，座位安排应当是不同的。此外，就座方式也和诊所学生的性别、经验、性格等因素有关。总之，就座方式应当服务于会见所要达到的目的。

2. 提问时间上的技巧。会见时，当事人的谈话内容十分广泛，其中既包含对当事人有利的信息，也包括对当事人不利的信息。对当事人不利信息的获知，其重要性不亚于有利信息，因为尽早获知不利信息有助于诊所学生早做准备。但何时提出涉及不利信息的问题，何时讨论这些问题，是需要技巧的。

当事人可能认为对自己不利的信息，将会影响学生对自己的看法，自己的做法将受到指责和埋怨，害怕因此被拒绝代理。这些顾虑是正常的。学生在提出对当事人不利的问题之前，可以事先做一些铺垫。对当事人的处境和心情表示充分理解，站在当事人的立场和角度考虑问题，会增加当事人对学生的信任感。即便当事人的做法不当，将当事人看做是遇到麻烦的人，而不是制造麻烦的人，可以帮助当事人消除顾虑；应告诉当事人，作为代理人，很担心对方提出对我方不利的问题而我们完全没有准备，让当事人知道告知不利因素是对代理人和他本人的帮助，而不是侵害，也是减少当事人顾虑的办法。总之，应当在会见后期适当时候提出关于不利信息的问题，而不是开门见山地提出。可以依当事人的愿望，先行倾听当事人认为他最有道理的情节，并将这作为肯定、理解当事人的基础。除此之外，当事人最关心的事项、有关时效的事项等，都可以在前期倾听和询问。

3. 肢体语言的技巧[1]。会见当事人时，语言交流是主要的，但肢体语言在交流中也起着至关重要的作用。恰当的肢体语言可以表达尊重、关心、惊讶、疑问、鼓励、赞扬等意思，还可能表现出骄傲、冷漠、怀疑、不屑、讥笑等态度。人们更容易通过表情而不是语言来判断他人的真实想法。一个经验丰富的律师会见当事人时，惯于根据当事人谈话时的姿势、面部表情、眼神交流等特征"阅读"其人。因为，当我们揣摩他人情绪时，通过观察肢体语言似乎能够发掘足够的可靠信息。例如，如果某人在交谈中紧盯我们的双眼，这一般是我们正在进行严肃交谈的表示；如果某人仰靠椅背，双臂交叉，这一般是无聊或者不耐烦的表示，而如果某人身体坐直，双臂未交叉，则一般是希望倾听的表示。在我们说话时，如果有人点头，我们会认为这代表对方同意我们的观点，或至少代表"我听到你的谈论，并认同其中的主要观点"。当然，通过肢体语言这种方式所得到的信息并不完全准确，肢体语言在何时会传递给我们不准确的信息呢？有时，这不过是个意外。如某人或许对我们的言论十分感兴趣，但因为过于劳累而慵懒地靠在椅背上。也就是说，当事人的肢体语言有时可以显示出他（她）的感受，有时则无法达到这种效果。对此，需要认真观察，具体细致地分析判断。但是，你至少可以用你的肢体语言表示出你对当事人的关注与尊重。

4. 环境设置技巧。当我们走进律师事务所的时候，会看到律师大都是西装革履。当我们走进名律师的办公室时，会看到他们宽大的办公室装修地极为豪华，特大的办公桌、名牌的老板座椅、装满法律书籍的书柜、电脑和豪华的沙发等办公设施。以上我们在律师事务所看到的律师穿戴及办公设施，就是环境因素。律师为什么要西装革履呢？为什么要把自己的办公室设置的如此豪华呢？因为他们深信环境因素有时比语言更具说服力。假如，我们是企业老板，走进某个律师办公室，看到该律师衣冠不整，不修边幅，杂乱无章的办公环境，我们会将几百万，甚至是上千万标的的案子交给他承办吗？当然是不会的。尽管该律师实际很有工作能力，也很难在初次会见时获得当事人的信任，这是因为环境因素对他产生了负面影响。

法律诊所的办公环境虽然无法与律师办公环境相比，但也应进行必要的布置。比如，诊所资料、文件、设备的摆放和管理要有序，墙上要悬挂《当事人须知》、《诊所学生守则》、《值班表》以及锦旗奖状，桌面要干净并摆放案件资料，以及接待人员的穿着打扮要得体、举止要大方，给人以正规、庄重、专业性的感觉。另外还要维持安静整洁、有条不紊、井然有序的工作环境。以上这些，都是

---

〔1〕 李傲：《互动教学法——诊所式法律教育》，法律出版社 2004 年版，第 134 页。

"法律"领域的组成部分。使进入法律诊所接受会见的当事人，会感觉他们进入了一个全新的"法律"领域。因为，良好的环境有时比语言更具有说服力，法律诊所更应充分施展环境设置的技巧。

（五）几种特殊技巧

1. 应对答非所问当事人的技巧。有一则笑话，一个盗窃罪被告人在法庭接受审判，检察官为了当庭进行法制宣传，教育被告人和旁听群众，讯问被告人："你有妻子和女儿，你盗窃犯罪今天接受审判，即将面临法律的严厉制裁，你在偷东西的时候，一点也不惭愧吗？你不为自己想，难道你也不想一想你的妻子和女儿吗？你难道不想想你被判刑，你的妻子和女儿怎么办吗？"被告人答："我能不想吗？检察官先生。可是，遗憾得很，我去的那家服装店里没有女人衣服，我如何盗窃她们需要的衣服呢？"这个笑话中，被告人的回答就是典型的答非所问。司法实践中，不会有这样夸张的答非所问的当事人。但却有另类的答非所问的当事人，他们往往说话颠三倒四，离题万里。诊所学生虽然经过了课堂模拟训练，脑子里装满了会见的技巧，但面对一个答非所问、说话总是跑题的当事人，练就的这些技巧有时就全然无用武之地。因为，面对这些当事人，你用开放式的提问，这些当事人就会从小时候说起。你用引导式的提问，就会引来他（她）离题万里的回答。倾听，在此时让诊所学生难以忍受，甚至心烦意乱，记录也变得无从下笔。诊所学生这时会觉得会见失控，觉得是在浪费时间，觉得难以应付，而中断谈话在会见中又总是不被提倡的。

这些当事人答非所问、说话跑题的原因是多方面的。有的可能是这些当事人陈述的内容的确是十分重要的信息，只是有些操之过急，学生还没有问到这一步；有的可能是案件事实使当事人受到刺激，他急于表白、澄清，需要旁征博引；有的可能是当事人觉得学生的问题并不重要，实际上他更关心的是另外的问题；有的可能是当事人由于受个人文化素质、表达能力、思考能力等因素所限，难以清晰表达；等等。针对上述原因，我们可以确定不同的应对策略。如果当事人将后面的事提前陈述，打乱了会谈的顺序，学生可以明确地告诉当事人，接下来将有专门的时间讨论这个问题，或者干脆先陈述这件重要的事，而后重组谈话次序；如果问题或事情本身让当事人激动，唯一的办法是先让他平静下来，对他表示信任和理解，避免将错误归结于他，这时可以换一种提问方式，或换一个角度提问；如果当事人觉得学生没有抓住重点，忽略了他本人的要求，这时学生切忌一意孤行地坚持按照自己的计划行事，而要对当事人的陈述做出回应，解释目前问题的重要性，使双方的兴趣点趋于一致；如果当事人的确在表达上有困难，学生应设计简单、直接、小范围、封闭式的问题，从而获得必要的信息，使当事人没有跑题的机会。

下边举一例关于行政不作为案件会见的谈论情景，供同学参考借鉴：

诊所学生：你说一下你去过哪些机关反映情况，什么时间，结果怎样？（注意：律师或诊所学生提问时，最好只问一个问题，若问两个或两个以上问题，当事人只能回答一个问题，甚至一个问题也不能较好地回答）

当事人：别提了，我跑断了腿，找了亲戚找朋友，到处托人说情，总是解决不了问题……（典型的答非所问）

诊所学生：我问你都去过哪些机关反映情况，机关就是管你这个事情的部门，比如，乡政府、土地局，你去过这些机关吗？什么时间去的？（诊所学生的引导式提问是适时的，但仍一次提了两个问题）

当事人：可以说去了无数个机关，去了无数次，总是没结果。有的时候门卫不让进，门卫说我得拿介绍信，我到哪儿去拿介绍信？我告政府，谁会给我开介绍信？我不是没试过去开……（又是答非所问）

诊所学生：是的，可以想象你一定遇到许多困难。现在我们要把你去的机关的名称记下来，确定被告；还要把时间搞清，以证明行政机关"拖延"或"不作为"行为确实存在。请你把去的机关和时间说一下？

当事人：去的部门有乡政府、派出所，还有土地局。土地局的人说，不要再来了，你没有新的房产证，就不是所有权人。这是说的什么话？我们家从我爷爷那辈开始就住在这里，我父母，还有邻居谁不知道？我们邻居从30年前就认得我们家人，我和他们的孩子一起长大，你可以去问……（只回答了一个问题）

诊所学生：好的，我记下了。去过当地的某某乡政府、某某派出所、某某土地局，是吗？你还记得你去这些行政机关反映情况，请求补发房产证是在什么时候吗？

当事人：我从去年春天到现在去了无数次，具体时间记不清了。

诊所学生：你刚才说，你的邻居能证明你们一直住在那儿，我们在考虑证人名单时可以把他们加进去，他们可以作证人。（此问题是诊所学生在当事人答非所问释放的信息中，捕捉的新线索和有利的信息）

诊所学生遇到答非所问的当事人时，一是要头脑清醒和思路清晰，避免被这些答非所问的当事人打乱阵脚；二是要做到灵活机智，对当事人无意中透漏的新的线索或有利的信息要能迅速捕捉和获取。

2. 应对多个当事人的技巧。多个当事人，是指三个以上当事人。如果当事人一方是一个庞大的群体，则属于集团诉讼。农村的土地承包、土地征用、农民负担等案件，城市房屋拆迁、违章建筑物侵权、环境污染、下岗职工安置等案件，常常是集团诉讼。对于多个当事人的案件，特别是集团诉讼案件，会见的难度增加了许多。有时在诊所看到这样的场面：浩浩荡荡的求助人群一路打听来到法律诊所，一时间将法律诊所挤得水泄不通。接待人员话音刚落，诊所内就人声鼎沸，七嘴八舌。面对如此局面，诊所学生的诸多会见技巧似乎完全失去意义。此时，诊所学生一定要镇定自若，可采用下列技巧进行工作：

（1）让众多的当事人选举一至二名诉讼代表人。选举确定一至二名诉讼代表人不仅是诉讼法的要求，而且也可以化整为零，让集团的意志通过个体的陈述表达出来。有时，大多数案件的众多当事人已经选好了他们的诉讼代表人，代理人只需要确认即可。诊所学生应告知当事人提供书面证明，书面证明中应包含所有当事人的签名与诉讼代表人的权限等。

（2）众多当事人无法选举诉讼代表人的处理技巧。有些众多当事人的案件，当事人认为人多力量大，主张一致行动；或众口难调，无法形成共同意见，也无法选举确定诉讼代表人。这时学生需要做的工作是：告知众多当事人选举确定诉讼代表人的作用和法律的规定，以及将来开庭时的情形。帮助众多当事人选举诉讼代表人，如举行一次全体人员会议，选举产生一至二名诉讼代表人，说明代表人的权利义务，由所有人表示认可并签字。如果有少数人当事人对诉讼代表人或诉讼代表人主张的意见不同意，诊所学生帮助协调。如协调不成的，告知他们可另行起诉。

3. 应对可能存在编造行为的技巧。诊所学生会见当事人过程中，当你怀疑当事人所讲事实不真实的时候，其原因可能是当事人无意识的记忆重建，或是半意识下的说谎，或是有意识的说谎。所谓无意识的记忆重建，是指行为人在无意识的情况下对某些事件重新构建了自己的记忆。我们都能够在无意识的情况下对记忆进行重建。因此，如果当事人这样做时，并不意味着他（她）在撒谎。所谓半意识下的说谎，是指行为人为了使自己的某种观点得到支持，在陈述某个事件时有意无意地篡改了某些客观事实。所谓有意识的说谎，是指某些工于心计的行为人，出于不当的目的，故意进行虚假的陈述。司法实践中，有意识说谎的当事人只是极少数，这些当事人之所以故意说谎，如前所述是因为他们出于一些不当的利己或自我保护目的。绝大多数当事人都会尽其所知告诉你事实真相，这意味着，当事人出现错误时，其原因极有可能是说谎以外的其他原因。有一些当事人可能属于比较诚实的人，他们是在绝境或尴尬情形下迫不得已才说谎。这些当事人并没有意识到，只有把事实告诉诊所学生，才是对他们最有利的做法。半意识下说谎的当事人倾向于篡改客观事实以支持其观点，如某件事情只发生了三次时，这类人会说这件事"发生了很多次"（如果次数越多越好）或"根本就没有发生"（如果次数越少越好）。这种行为会形成习惯，以至于当事人无法完全意识到自己在夸大其词。但是，诊所学生应该意识到，在这种意义上，如果他确实希望停止这种篡改事实的行为，是可以做到的。这也意味着即使当事人是一个在其他方面都极其优秀的人，在讲述事实方面并不总是可靠的。有鉴于此，最好的做法便是仔细追问，得出准确答案。比如：

　　当事人：这发生了很多次。

　　诊所学生：确切地说，到底发生了几次？

　　当事人：我不知道——很多次。

　　诊所学生：让我们把你所能记得的每一次都记录下来。第一次发生是在哪一天？

　　当事人：就在二月份暴风雨过后。（当事人陈述细节）

　　诊所学生：第二次是在什么时候？

　　不管怎样，你都需要对会见的每一位当事人提问这些确切的问题。但是，对于那些有意识说谎的人，你还必须保持态度坚决强硬，不要对他们所作出的模糊概述妥协。务请注意的是，你可能并不确定当事人是否在说谎。因此，千万不要对当事人生气和责难。如果你生气，或表现出责难的态度，或许就会无法挽回地破坏与当事人间的关系。但是，你确实需要从当事人那里获得事情真相。获得这些信息的最好办法便是，向当事人表明将事实告诉你是对他有利的，而且法官是不会相信他现在所说的这一切的。因为如果你直接告诉当事人你不相信他，这种做法无异于是在谴责他，他会对此予以回击。当然，诊所学生还应当向当事人说明你要求他告知真相的动机，即应当向当事人解释，你只有从一开始便了解全部事情，包括那些不利的事实，你才能如何出色的完成任务。你可以列举一两个例子，以说明如果你到庭审时才首次知道某些不利的事实，由于没有时间再对此进行准备，那将绝对是个毁灭性的灾难。而且，你应该声明你对当事人的忠诚是第一位的，并概述诊所学生与当事人间保密义务的相关规则。

　　如果当事人是工于心计之人，你还可以通过运用诱导性提问的方式，使其无法自圆其说。对此，应当仔细考虑清楚，你的目的不是要羞辱当事人，而是让其说出实情。诊所学生可以向当事人解释对方代理律师将如何在开庭审判时对其进行交叉询问，并告诉当事人你要站在对方律师的角度对此做一次示范。先从毋庸置疑的事实部分开始，以一种坚定但委婉的方式对当事人进行交叉询问，以向其表明，由于当事人的陈述与毋庸置疑的事实是如何的不符，法官不仅将对该陈述是如何的不予采信，而且还会对其他事实的认定产生不利影响。通过这种方法，当事人便可以在不丢面子的情况下开始告诉你真相。基于当事人所述可能并非真相的假设，你还可以穿插地进行提问，包括提问一些诱导性问题。如果你的预测与当事人的陈述之间存在不同，不要指出。如果当事人的回答与你的预测相一致，你便已经开始在无对立的情况下建立事实真相了。

如果当事人是个比较诚实的人，其撒谎完全是由于身处绝境或尴尬境地，并且对你作为律师的角色毫无认识时，你可以使用一些类似的技巧。但是注意，考虑到当事人并非是确实想说谎，你对这类当事人的态度可以比对待工于心计的当事人柔和一些。

4. 处理私密或尴尬问题的技巧。诊所学生会见当事人时，如果你怀疑当事人之所以不愿意讨论某件事，是由于其过于私密或尴尬，你可以等到会见的最后再去讨论，甚至可以等到下次会见再谈。给当事人一些时间，让他认识到你是一个行事谨慎的人，即使是那些对朋友也不愿告诉的、涉及隐私或令人尴尬的信息，也可以放心地告诉你。

处理此类问题的技巧是，当提起一个议题时，你首先要声明，你或许会提问一些令当事人感到难以启齿的问题，声明你对这种迫不得已的做法深感歉意，并且声明，只有提问这些问题，你才能更好地为当事人服务。向当事人解释你必须知道这些事情的原因，并向其重申保密规则，然后再委婉而准确地提问。有时，打乱由泛泛问题开始向具体问题推进的提问顺序，将有助于案件调查。可以先从精心准备的具体问题开始，将当事人很好地引入该议题。然后再提问泛泛问题，如"请将一切都告诉我"。例如：

律师：你为什么要与丈夫离婚呢？（具体问题，引导式提问）

当事人：我们感情不和。

律师：从你刚才谈的情况看，你与丈夫从小相识，双方各方面条件又般配，又经过较长时间恋爱才结婚，说明你们是有感情基础的。婚后丈夫又对你体贴、照顾，处处尊重你，且双方又生育了子女。是什么原因导致你们夫妻感情不合呢？（具体问题，引导式提问）

当事人：他确实是个好人，但我确实没法再与他继续生活了。

律师：你丈夫同意离婚吗？（具体问题，引导式提问）

当事人：他不同意。否则，我们去办事处就办了，也省得去法院起诉打官司了。

律师：法院审理离婚案件，是否判决离婚主要看夫妻感情是否确已破裂。从你谈的情况看，你们有感情基础，结婚多年，又有子女。尽管你一再陈述"你们感情不和，你没法再与他继续生活了"，但没有具体的事实和证据，法院是不会支持你的诉讼请求的。夫妻离婚纠纷案件有时可能涉及到个人隐私，但作为你的律师必须搞清纠纷产生的真正原因，以便收集相关证据，维护你的合法利益。因此，接下来可能提问一些令你感到难以启齿的问题，但是只有这样才能更好地为你服务。如果你的案件因隐私问题导致感情破裂，不仅律师有保密的义务，法院也会不公开审理你们的案子。所以，你

可以放心地把问题讲清楚。你能说一下你们夫妻感情不和的原因吗？（具体问题，引导式提问）

　　当事人：他有病。

　　律师：什么病呢？（具体问题，引导式提问）

　　当事人：他有生理疾病。（律师通过以上多个具体问题，将当事人引入问题症结的议题）

　　律师：谈谈情况吧？（泛泛的问题，开放式提问）

　　5. 应对失去理智当事人的技巧。司法实践中，案件情况各异，当事人形形色色。有时，当事人在诊所学生会见的过程中，会背负着巨大的感情伤痛，悲痛欲绝。通常情况下迫使他们来寻求法律帮助的事件，有可能就是他们有生以来所遭遇的最痛苦的事情。作为法律诊所的学生，你才刚刚认识该当事人，对于他的痛苦，你该如何做呢？其一，不要做出肤浅的回应，如"一切都会好起来"或者"我能理解你的感受"。因为，当事人所遭遇的最痛苦的事情不可能一切都好起来的。除非你曾有过与当事人遭遇极为相似的经历，否则你无法切实理解当事人的感受。其二，在当事人对该事件的痛苦部分进行描述时，务必耐心留意地倾听。对于当事人所陈述的在感情层面上任何事情，都注意倾听。你或许是倾听当事人不幸遭遇的极少数人之一。因此要试图去理解当事人，通过你的语气和身体语言向当事人暗示，你认为情感方面的问题极为重要，并试图理解当事人。你正试图理解的事实，或许能令当事人感到欣慰。其他人或许并未试图去理解。或许你并不能完全理解，但你仔细倾听的态度对于当事人来说，意义重大。其三，尽管你无法作出一定能解决该问题的保证，但你将尽全力去努力的承诺却能给当事人带来希望。

　　6. 应对要求承诺当事人的技巧。司法实践中，往往会遇到这样一些当事人，他（她）们不断地提问，希望诊所学生能够预测他们能否赢得案件，或者是想检验一下诊所学生的水平。甚至，有些当事人要求当场得到预测，或要求诊所学生保证胜诉。可是，几乎在所有的案件中，你都无法作出如此预测，更不能作出胜诉的保证。因为你或是需要查看法律，或是需要调查事实，或是两者皆需要，并且你需要对案件进行思考。诊所学生切忌为了顾及面子而给出一个毫无把握的回答，这样只会使自己陷入更加被动的境地。因为，匆忙地预测或保证会增加犯错误的风险。但是，诊所学生要有自信的心境和神态。不仅要自信地回答一些有把握当场解答的问题，还要自信地处理没有把握当场答复的问题。如告知当事人尚无把握，或尚未充分了解，但通过何种方式，在多长时间内会找到解决办法。诊所学生要有勇气承认自己知识的局限性，并对自己摄取知识的能力充满信心。

　　如果当事人一定要诊所学生给予案件胜诉的保证，诊所学生务必告知当事人，在法院判决前任何人都无法作出这样的保证。但应向当事人解释你将进行哪些工作，需要研究哪些问题，需要调查哪些事实。你还可以补充说明你十分重视该案件并愿意为该案努力工作，比如说："我希望并将努力找到一种方法，以使你的案件获得赔偿"。

第三节　会见当事人的技巧训练

一、倾听技巧练习

（一）倾听技巧练习之一（倾听中的投入和意图判断练习）

【案件材料】

有一位初中的女生王某，从小父母就对她要求很高，这让孩子觉得压力很大，觉得无论如何也达不到父母的要求。终于，这个小女孩难以忍受，自己触电身亡。后来，在她的日记里发现了这样的一段话：今天我问妈妈人死了以后有没有来生，妈妈骂我："你有病啊！好好看书！"……这样的一段话引起了无数的反思，王某最后的求助和危险的信号，竟然没能让她妈妈警觉，如果她妈妈能掌握起码的倾听技巧，能够辨别孩子想传达的信息，这个天使般美丽可爱、纯洁天真的孩子，就不会在花季年华走上不归之路了。

【讨论】

（1）王某"人死了以后有没有来生"的问话透漏出什么信息？是否引起妈妈的关注？

（2）妈妈"你有病啊！好好看书！"的话语反映出何种倾听的心态？

（3）如何理解倾听中的投入？

（4）倾听中没有目的及随意打断对方陈述的危害性是什么？

（5）倾听中如何判断意图？

（6）倾听中如何辨别真伪？

（7）倾听中如何理解言外之意？

（二）倾听技巧练习之二（通过两个案例比较，练习倾听中的理解与回应）

【案件材料一】

儿子：妈妈！

母亲：发生什么事了？来！告诉妈妈。

儿子：我不说，说了你肯定会生气的。

母亲：不会！妈妈保证不生气，来！跟妈妈说，发生什么事了？

儿子：今天我跟汉祥打架，被老师处罚扫一个礼拜厕所，老师还说要打电话告诉你。

　　母亲：什么？你又和人家打架，你怎么那么不听话？开学才几天，你说说，你已经跟多少人打架了？你是一定要气死我，是不是？

　　儿子：你看看你，你说好不生气的，又不守信用，还骂人。

　　母亲：你自己做错了事，还敢顶嘴？

　　儿子生气地跑回了房间，客厅里只留下气急败坏的母亲。

【案件材料二】

　　女儿：真希望偶尔也能生一场大病，出水痘也没关系。

　　母亲：你很希望在家休息几天。（接纳）（开放式回应）

　　女儿：嗯！生病可以不用上学，我却喘口气的机会都没有。

　　母亲：你觉得上学的压力很大。（接纳）（开放式回应）

　　女儿：对！老师什么事都要我去做，为什么当班长就那么倒霉。

　　母亲：不只是有一点吧！有时候，你真的很厌恶走入那个班级里。（澄清）

　　女儿：一点不错，我讨厌上台演讲！讨厌发号施令！讨厌当主持班务会议！也讨厌老师！

　　母亲：你讨厌学校的一切。（澄清）

　　女儿：也不是全部啦！我喜欢作文、喜欢美术，也喜欢英语和语文。但是我讨厌班主任，每次班会就霸占着讲台不停地讲，听了都想吐。

　　母亲：你一定很讨厌听这些废话。（接纳）（引导）

　　女儿：嗯！说什么德、智、体、美、劳，他以为现在还有这种圣人存在吗？

　　母亲：你觉得当圣人是一种耻辱？（澄清）（引导）

　　女儿：嗯，我讨厌成为老师心目中的好学生，你知道吗？同学都排挤我，说我是老师的眼线。还有一位同学，每天下课前就诅咒我被车子撞死，我快要疯掉了……（孩子把问题都说出来了，沟通改善后再谈建议是有效的）

【讨论】

　　（1）案件材料一与案件材料二比较，哪位母亲较好地运用了倾听的技巧？

　　（2）倾听中的理解、回应有何作用？

　　（3）倾听中的信息获取与技巧运用有何关系？

　　（4）两个听的案例在你的法律诊所实务中有何借鉴意义？

　　（5）倾听中如何探索询问？

　　（三）倾听技巧练习之三（倾听中识别信息和了解意图的演练）

【案件材料】

　　冯英与肖雄系夫妻关系，婚前肖雄家有主房 3 间、偏房 2 间及 1 间简易房。冯英与肖雄婚后一直居住其中 2 间。后来，肖雄的父亲去世，当时收礼金 12 000 元。肖雄父亲去世后，冯英与肖雄仍居住在原来居住的两间房屋内，与肖雄母亲一直未进行过析产，也未就遗产继承问题进行任何协商处理。后来，冯英患精神病久治不愈，肖雄向法院起诉与冯英离婚，冯英的母亲到法律诊所请求法律援助。

将4名学生分为1个小组，每组1名学生扮演当事人，2名学生扮演律师，一名学生担任观察员。教师巡回观察各组演练情况。

【要求】

会见练习时间20分钟（含观察员评估时间），教师5分钟点评。

观察员对"律师"会见"当事人"的过程中，运用倾听的技巧识别案件信息和了解当事人意图的情况进行下列评估：

1. 识别案件信息情况：

（1）是否了解清楚当事人的身份情况？

（2）是否了解清楚案件发生的时间？

（3）是否了解清楚案件发生的地点？

（4）是否了解清楚案件的基本事实？

（5）是否了解清楚纠纷产生的原因？

（6）是否了解清楚案件目前所处的状态？

2. 了解当事人的意图情况：

（1）对情感因素影响当事人真实意图表达采取了哪些处理方法？

（2）对误解法律导致当事人的要求偏离实际的愿望采取了哪些处理方法？

（3）对个人隐私阻碍当事人真实意图的表达采取了那些处理方法？

（4）是否还采取了其他方法？

二、发问技巧练习

【案件材料】

李某的父亲生前是一个集邮爱好者，去世时还留有几本邮票。李某对邮票从不感兴趣，觉得这些邮票不好处理。一日，李某的朋友刘某来吃饭，无意间发现了这几本邮票，刘某也是一集邮爱好者，他随即表示愿意全部购买，最后以5000元的价格将邮票全部拿走，李某对这一价格也比较满意。事过不久，李某从父亲生前的一朋友处得知，他父亲所留的邮票中，有5张相当珍贵，可能每张都值5000元；同时另一同事告诉他，刘某正在寻找买主。李某立即找到刘某，要求退还刘某的5000元钱，取回邮票，但刘某坚决不同意。双方协商不成，李某欲向法院起诉。于是到法律诊所咨询两个问题：①他与刘某间买卖邮票的行为的效力如何？②他提出的撤销合同，返还邮票的请求能否得到法院的支持？

将4名学生分为1个小组，每组1名学生扮演当事人，2名学生扮演律师，一名学生担任观察员。教师巡回观察各组演练情况。

【要求】

会见练习时间 20 分钟（含观察员评估时间），教师 5 分钟点评。

观察员对"律师"会见"当事人"的过程中发问技巧运用的情况进行以下评估：

（1）会见初期是否运用了开放式提问？如何运用？效果如何？

（2）是否使用引导式提问？如何运用？运用是否适时？效果如何？

（3）是否使用封闭式提问？运用是否恰当？效果如何？

（4）三种提问方式是否交叉使用？使用是否恰当？

三、非语言交流技巧练习

【案件材料】

张某，男，17 周岁，在本镇的某工厂做临时工，每月有 800 元的收入。为了上班方便，张某在镇里租了一间房屋。今年 7 月份，张某未经其父母同意，欲花 1000 元钱从李某处买一台旧彩电，此事遭到了其父亲（母亲已去世）的强烈反对，但张某还是买了下来。同年 10 月，张某因患精神分裂症丧失了民事行为能力。随后，张某的父亲找到李某，认为他儿子张某与李某之间的旧彩电买卖无效，要求李某返还钱款，拿走彩电。李某当场拒绝张某父亲的要求，张某父亲将李某起诉到法院。作为被告的李某到法律诊所，欲让诊所学生作为他的代理人提供法律帮助。诊所学生安排了与李某的会见，会见中李某始终担心旧彩电买卖行为无效，自己败诉。会见中李某还陈述："他卖给张某的彩电是半年前用 2500 元购买的，因自己刚下岗，妻子又生病，经济极为困难才便宜卖给了张某的。"

【要求】

将四名学生分为一个小组，每组一名学生扮演当事人，二名学生扮演律师，一名学生担任观察员。教师巡回观察各组演练情况。会见练习时间 20 分钟（含观察员评估时间），教师 5 分钟点评。

观察员重点对"律师"会见"当事人"过程中非语言交流技技巧的运用情况进行以下评估：

（1）针对李某的身份、地位，在就座方位上应采取哪些技巧？

（2）提问时间上的技巧运用如何？

（3）是否运用了肢体语言技巧？效果如何？

（4）是否运用了辅助语言技巧？效果如何？

（5）诊所环境设置上采取了哪些技巧？效果如何？

四、综合技巧练习

【案件材料】

王某承包村里的鱼塘，经过精心饲养，收成看好。就在鱼出塘上市之际，王某不幸溺水而死，而唯一一个儿子在外地工作，无力照管鱼塘。王某的同村好友李某便主动担负起照管鱼塘的任务，并组织人员将鱼打捞上市出卖，获得收益 4 万元。其中，应向村里上缴 1 万元，以及李某组织人员打捞和卖鱼所花劳务费 2000 元，还有因照管鱼塘误工费及其他必要费用。现李某要求王某的继承人支付组织人员打捞和卖鱼所花费劳务费 2000 元，以及因照管鱼塘误工费及其他必要费用，并要求平分所剩 2.8 万元款项。王某的继承人不同意李某的要求，形成纠纷，遂到法律诊所请求法律援助，准备向法院起诉王某的继承人。

【要求】

将四名学生分为一个小组，每组一名学生扮演当事人，二名学生扮演律师，一名学生担任观察员。教师巡回观察各组演练情况。会见时间 25 分钟；观察员有 5 分钟汇报本组表演的评估情况；教师 20 分钟点评。

观察员对"律师"会见"当事人"技巧的综合运用情况进行评估，主要评估以下内容：

1. 提问的技巧的运用情况：

（1）会见初期如何开方式提问的？效果如何？

（2）如何适时使用引导式提问的？效果如何？

（3）如何恰当使用封闭式提问的？效果如何？

（4）开放式提问、引导式提问、封闭式提问是否反复、交叉进行了运用？效果如何？

2. 倾听的技巧运用如何？是否出现心不在焉或开小差的情况？

3. 记录的技巧？会见当事人笔录是否简练、准确、完整、清晰？备忘录记录技巧运用如何？

4. 是否恰当地运用了下列非语言交流技巧：

（1）提问时间上的技巧运用如何？

（2）肢体语言的技巧运用如何？

（3）辅助语言技巧运用如何？

（4）当事人是否出现答非所问情况？如有的话，技巧运用如何？

（5）应对当事人可能存在编造行为的技巧运用如何？

（6）应对要求当场承诺的当事人技巧如何？

（7）是否还运用了其他会见技巧？

五、课堂综合模拟演练

（一）案件材料

【案件材料一】（第一组用）

A 材料（该材料给当事人、律师、观察员）：

当事人是一位初中一年级学生家长，已经下岗，全家靠丈夫的工资生活。学校经常找各种理由乱收费，如培养费、辅导费、早晚自习费等。不交上述费用不许上学，交了费也不给收据。这个学生家长担心这样的乱收费会持续3年，为此，曾找学校领导反映，学校讲他们所有收费都符合市教委规定，是市教委同意的。后来又找到市教委，教委讲他们从来没有同意这些收费项目，更反对乱收费。这个学生家长请教委派人到学校制止乱收费行为，但迟迟没有回音。于是来到法律诊所，寻求帮助。

B材料（当事人的内心想法，该材料仅给扮演当事人的学生）：

（1）担心起诉学校后，学校是否会给自己的孩子"小鞋"穿，又担心如果不起诉，法律诊所是否会拒绝提供法律帮助。

（2）想知道胜诉的把握有多大。

（3）还有几位学生家长对学校乱收费有意见，联合他们一起行动是否更有利。

（4）听说有个学生家长对学校乱收费均做了详细记录。（证据信息）

（5）孩子所在班的班长曾表示，谁告学校，我可以作证，所有收费都是通过班长收的。（证据信息）

（6）不一定非要把以前乱收费要回来，只要以后别再乱收费就行了。（当事人的意图）

【案件材料二】（第二组用）

A材料（给扮演当事人的学生、律师及观察员）：

民事起诉状

原告：工程市经贸公司。住址：工程市××266号。

法定代表人：李某某，该公司经理。

被告：工程市煤矿。住址：工程市××地方。

法定代表人：张某某，该矿矿长。

原告诉称：1997年5月31日，被告与工程市信用联合社签订借款合同，合同约定借款本金270万元，期限12个月。合同签订后，工程市信用联合社全部履行了借款义务，但借款逾期至今被告未履行还款义务。

工程市信用联合社于1998年6月1日被工程市人民政府撤销。工程市人民政府在撤销工程市信用联合社时，将其全部债权、债务交给原告。原告于2000年5月30日、2002年5月29日，2004年5月28日分别通过公证形式向被告送达了催款通知书，2006年5月27日又通过公证形式到被告主管机关（被告已停产）某工业局向煤矿工作人员吴云送达了催款通知书，但被告至今仍未履行还款义务，特向人民法院提起诉讼。

此致

工程市人民法院

具状人：工程市经贸公司

2008 年 5 月 6 日

B 材料（当事人的内心想法，该材料仅给扮演当事人的学生）：

（1）煤矿从贷款逾期至今没有收到过原告的催款通知书和所谓公证，本案是否超过诉讼时效？

（2）本案 270 万元借款合同用途是购材料，实际是"以贷还贷"，即用该借款归还煤矿以前 190 万的借款本息。

（3）"以贷还贷"的证据有信用社 270 万元贷款同一天的转账传票认定。

（4）270 万元的借款合同是否有效？

（5）市政府用行政手段将信用社联合社撤销，将其全部债权、债务转给现在的原告，是否证明原告信用联合社借款主体上有问题？

（6）本案是调解结案有利，还是判决有利？

【要求】

将 4 名学生分为 1 个小组，每组 1 名学生扮演当事人，2 名学生扮演律师，1 名学生担任观察员。教师巡回观察各组演练情况。

（二）课堂模拟要求和安排

1. 抽两个小组（每班一个）上讲台模拟演练，时间共计 100 分钟（含观察员评估和学生评议），教师点评 30 分钟。

2. 对当事人学生的模拟要求：

（1）除非律师问到，否则不要把 B 材料中的内容讲出来。

（2）务必将所有材料内容记住，会见过程中不要看材料。

3. 对扮演律师学生的训练目的及要求：

（1）获得信息的能力。

（2）了解当事人真实意图的技巧。

（3）与当事人建立良好关系的技巧。

（4）培养应变能力。

（5）评估会见计划，提高计划的能力。

（6）其他能力。

4. 表演后，观察员做出会见评估报告（上交该书面评估材料）。

5. 教师对律师学生和当事人学生提问以下相关的问题：

（1）对扮演律师的学生提问的问题：①对当事人有何感受？或是否与当事人建立了良好的关系？采取了何种方式？②获得哪些信息？是否充分？③你认为

是否了解当事人的真实意图？或问当事人的真实意图是什么？④是否实现了会见计划？以后如何完善计划？

（2）对扮演当事人的学生提问的问题：①对律师感觉如何？是否信任律师？②告诉律师 B 材料多少内容？为什么告诉？为什么其余部分没告诉？③律师的发问技巧如何？④律师是否给你提出法律建议？你认为如何？

（三）教师综合点评

第 三 章

事实调查的理论与技巧

◆　**重点问题**

1. 事实调查的特征
2. 事实调查计划的主要内容
4. 证据规则与举证责任
5. 证据规则与证明标准
6. 事实调查中的基本技巧

第一节　事实调查概述

一、事实调查的概念和特征

（一）事实调查的概念

事实在不同语境下有不同的界定。《现代汉语词典》把事实解释为"事情的真实情况"。本章所讲的事实不是普通意义上的事实，而是法律事实。所谓法律事实，是指引起法律关系产生、变更或消灭的客观现象。如结婚产生夫妻间权利和义务关系，结婚即为法律事实；死亡引起婚姻法律关系的消亡、继承法律关系的产生，死亡即为法律事实。法律事实一定是在现实生活中发生的具体的行为或事件，但这种具体的行为或事件一定是被包含在法律中的，否则就不可能受到法律的调整。在一个法律关系的演变中，这种具体的事件或行为可能是一个，如双方当事人签订合同；也可能是多个事实组合，即事实构成，如一个商品房买卖关系的建立，既需要双方当事人签订买卖合同，还需要在房产管理部门办理过户登记手续，缺少任一行为，都不能产生有效的法律后果。

法律事实的首要特征是客观实在性，但法律事实并非完全等同于客观事实。因为从诉讼角度讲，法律事实是法官依法认定的事实，这种认定同时也是用法律规范衡量生活事实的一种结果，在一定程度上体现了法律规范所设计的事实模型。例如，法律规定精神损害赔偿事实必须具备四个要件：①损害事实；②行为的违法性；③违法行为与损害事实之间必须存在因果关系；④侵权人主观上必须有过错。法官审理此类案件必须依据规范的要件认定法律事实，原告也必须按上述规范的要件进行举证。即使所诉精神损害赔偿事实客观存在，但原告未能按上述规范的要件举出证据，法官也会判决原告败诉，这就可能出现法官依法认定的法律事实与客观事实不一致的情形。由此可见证据在认定案件事实中的重要地位。

律师或是诊所学生代理当事人进行诉讼，要使当事人陈述的"事实"成为法律事实，必须进行事实调查。[1] 所谓事实调查，是指收集证据主体（司法和执法机关，或律师、或诊所学生）了解、分析案件事实，获取有关案件事实的证据资料的过程。事实调查的核心是收集证据，用证据来证明案件的客观事实。在事实调查阶段，律师或诊所学生要善于发现证据，利用已有的经验和知识最大限度地发挥想像力，尽可能地多搜寻和发掘与案件相关的背景资料，取得相关证据，用充分的证据来证明案件事实。从实务上讲，事实调查始于与当事人的第一次会见，是会见的重要目的之一。在以后的咨询、调解、谈判及诉讼各阶段，律师或诊所学生无时无刻不在发现事实、认识事实、分析事实、说明事实、判断事实。只要案件没有结束，就不应停止对事实真相和事态发展的关注。

（二）事实调查的特征

1. 主体的法定性。事实调查的主体有二，即调查收集证据的主体和提供证据的主体。事实调查是个大概念，有行政执法中的事实调查，有诉讼中的事实调查，还有前两者之外的其他事实调查，如律师非诉讼业务中的事实调查等。无论哪种事实调查，都必然包含调查收集证据的主体和提供证据的主体。行政执法中的事实调查主体，相关行政法律、法规均有明确规定，因与诊所学生的法律实践联系不密切，在此不再阐述。行政执法、诉讼以外的事实调查，其目的是查明"事情的真实情况"，在谈判、调解等救济途径无法解决的情况下，最终的救济途径还是诉讼，因而调查的方式、方法等必须符合诉讼法规范的要求，否则调查收集的证据在最终的诉讼救济途径中也无法使用，故在此也不再阐述。为此，这里所讲事实调查主体的法定性，仅就诉讼案件的事实调查而言。

法律对事实调查收集证据主体的规定主要有：《刑事诉讼法》第110条规定："任何单位和个人，有义务按照人民检察院和公安机关的要求，交出可以证明犯罪嫌疑人有罪或无罪的物证、书证、视听资料。"第158条规定："法庭审理过程中，合议庭对证据有疑问的，可以宣布休庭，对证据进行调查核实。人民法院调查核实证据，可以进行勘验、检查、扣押、鉴定和查询、冻结"；第37条规定："辩护律师经证人或者其他有关单位和个人同意，可以向他们收集与本案有关的

---

[1] 王立民、牟逍媛主编：《诊所法律教育研究》，上海交通大学出版社2004年版。

材料，也可以申请人民检察院、人民法院收集、调取证据，或者申请人民法院通知证人出庭作证。辩护律师经人民检察院或者人民法院许可，并且经被害人或者其近亲属、被害人提供的证人同意，可以向他们收集与本案有关的材料"；第159条规定："法庭审理过程中，当事人和辩护人、诉讼代理人有权申请通知新的证人到庭，调取新的物证，申请重新鉴定或者勘验"。《行政诉讼法》第34条规定："人民法院有权要求当事人提供或者补充证据。人民法院有权向有关行政机关以及其他组织、公民调取证据"；第30条规定："代理诉讼的律师，可以依照规定查阅本案有关材料，可以向有关组织和公民调查，收集证据。对涉及国家秘密和个人隐私的材料，应当依照法律规定保密"。《民事诉讼法》第64条第2款规定："当事人及其诉讼代理人因客观原因不能自行收集的证据，或者人民法院认为审理案件需要的证据，人民法院应当调查收集"；第65条规定："人民法院有权向有关单位和个人调查取证，有关单位和个人不得拒绝"。《律师法》第35条第2款规定："律师自行调查取证的，凭律师执业证书和律师事务所证明，可以向有关单位或者个人调查与承办法律事务有关的情况。"由以上法律规定可见，事实调查中收集证据的主体包括：司法机关的侦查员、检察员、审判员、律师、当事人、不具有律师身份的"其他诉讼代理人"。其中，"其他诉讼代理人"包括代理诉讼案件的诊所学生。当然，法律对事实调查中不同的收集证据主体，规定了不同的取证权限。

法律对事实调查中提供证据的主体规定主要有：《民事诉讼法》第64条规定："当事人对自己提出的主张，有责任提供证据"；第65条第1款规定："人民法院有权向有关单位和个人调查取证，有关单位和个人不得拒绝"。关于证人主体三大诉讼法均规定，知道案件情况并有作证能力的人，都可以作为证人。生理上、精神上有缺陷或者年幼，不能辨别是非，不能正确表达的人，不能作为证人。并且，三大诉讼法还规定当事人的陈述也是证据的一种。由此可见，法律对证据的提供主体也进行了规范。其中，主要主体是证据保管人、证人、当事人。只不过当事人具有双重身份，当其为自己的主张进行事实调查时，属于收集证据的主体；当其陈述作为证据使用时，又属于提供证据的主体。

目前，法律诊所还不是法定法律服务机构，法律没有对诊所学生事实调查中的权利义务进行规定，诊所学生可参照律师事实调查中的相关权利义务进行该项工作。当然，律师在事实调查中的某些权利，如刑事辩护中的调查权，诊所学生是不享有的，此点诊所学生务必清楚。

2. 行为的合法性。一般而言，事实调查是司法及行政执法机关或律师为了发现事实和取得证据所进行的法律活动。该项活动是否遵循一定的法律程序，不仅直接关系到能否收集到确实、相关、合法的证据，而且关系到公民的人身权利和民主权利。为了保证一切与案件有关或者了解案情的公民，有提供证据的客观充分的条件，防止可能出现的偏差和错误，保证调查收集证据工作能够合法地进行，我国三大诉讼法就调查收集证据的具体行为的方式、方法作了原则性规定。例如，《刑事诉讼法》第 9 条规定："讯问犯罪嫌疑人必须由人民检察院或者公安机关的侦查人员负责进行，而且侦查人员不得少于 2 人"；第 97 条和第 98 条规定，询问证人应当个别进行，还应当告知他应当如实地提供证据、证言以及有意作伪证或者隐匿罪证要负的法律责任；第 43 条规定，严禁司法人员刑讯逼供和以威胁、引诱、欺骗以及其他非法的方法收集证据。又如，《民事诉讼法》第 73 条规定："勘验物证或者现场，勘验人必须出示人民法院的证件，并邀请当地基层组织或者当事人所在单位派人参加。对勘验情况和结果应当制作笔录，并由勘验人、当事人和被邀请参加人签名或者盖章。"人民法院在行政诉讼中调查收集证据可以适用《民事诉讼法》的有关规定，但行政诉讼法对调查收集证据的具体方式和方法也有个别规定。例如，《行政诉讼法》第 35 条规定，"在诉讼过程中，人民法院认为对专门性问题需要鉴定的，应当交由法定鉴定部门鉴定；没有法定鉴定部门的，由人民法院指定的鉴定部门鉴定"。再如，《刑事诉讼法》第 37 条规定，辩护律师向被害人或者其近亲属、被害人提供的证人收集证据，不仅要经这些提供证据的主体同意，还应经人民检察院或者人民法院许可。如果是向这些提供证据的主体以外的人收集证据，经证人或者其他有关单位和个人同意即可；第 38 条第 1 款规定："辩护律师和其他辩护人，不得帮助犯罪嫌疑人、被告人隐匿、毁灭、伪造证据或者串供，不得威胁、引诱证人改变证言或者作伪证以及进行其他干扰司法机关诉讼活动的行为"。为了保证事实调查中收集证据的主体依照法定程序收集证据，法律对采用非法手段调查收集证据的行为规定了严格的法律责任。如《刑事诉讼法》第 38 条第 2 款规定："违反前款规定的，应当依法追究法律责任"。

按照法定程序调查收集证据的意义在于，一方面，保证公民、法人或其他组织的合法权益。司法、执法机关调查收集证据的行为具有强制性，只有通过法定程序的制约，才能确保执法机关不滥用职权，并取得公民、法人或者其他组织的理解和配合，减少调查收集证据的难度。另一方面，只有按照法定程序调查收集的证据材料才具有合法性，才能作为定案的根据使用。如果司法、执法机关或律师采取非法手段，违反法定程序调查收集证据材料，不但所调查收集的证据材料要被排除，以前进行的调查取证工作也将付诸东流，甚至由于司法、执法机关违反法定程序收集证据还可能引起国家赔偿责任和执法人员自己应承担的责任。因此，事实调查收集证据必须按法定程序进行，这既是法律规定的基本要求，更是证据客观性、关联性与合法性的基本要求。

法律对诊所学生进行事实调查的行为还没有专门的规制，但这并不意味着诊所学生在收集证据时可以为所欲为。诊所学生必须像律师一样尊重其他公民的权利。否则，可能构成违法行为，不但要遭受处罚，而且相应的证据材料也不能被采纳。

3. 客体的确定性。事实调查的客体是证据。就诉讼案件而言，我国三大诉讼法对何为证据均作了明确的规定。《刑事诉讼法》第 42 条第 2 款规定，证据有下列七种：物证、书证；证人证言；被害人陈述；犯罪嫌疑人、被告人供述和辩解；鉴定结论；勘验、检查笔录；视听资料。《民事诉讼法》第 63 条第 1 款规定，证据有下列几种：书证；物证；视听资料；证人证言；当事人的陈述；鉴定结论；勘验笔录"。《行政诉讼法》第 31 条第 1 款规定的证据除与民事诉讼法相同之外，还增加了"现场笔录"。证据种类的法定性，决定了事实调查客体的确定性，司法工作人员、行政执法人员、律师或诊所学生进行事实调查，必须根据具体地案件情况，明确和具体地围绕这一客体进行事实调查工作。

二、事实调查的目的和计划

（一）事实调查的目的

就诉讼案件而言，律师或诊所学生进行事实调查的目的是通过收集证据证明特定的案件事实，求得公正的判决。我国刑事、民事和行政三大诉讼法均规定：人民法院审理案件，必须"以事实为根据，以法律为准绳"。这一原则要求每个案件的审理，对于代理律师、承办法官来讲，都是一个探查、认识、证明客观事实到正确适用法律的"实事求是"的复杂过程。这里的"以事实为根据"，所讲的事实当然是客观、真实的事实。但由于所有案件都是过去发生的，加之证据的灭失及诉讼存在期限的限制等原因，故人民法院通过审理裁判所认定的事实不一定就是客观事实。尽管从理论上讲，法律事实的首要特征是客观实在性，也就是说任何被法官认定的事实首先应当是一种客观事实，任何引起当事人之间权利、义务产生、变更、消灭的事实首先应当满足客观性的要求。但在我国现行证据规则制度下，只能依靠证据，努力追求的只能是法律上的事实而不是客观事实。以民事诉讼证据规则为例，最高人民法院《关于民事诉讼证据的若干规定》第 2 条规定："当事人对自己提出的诉讼请求所依据的事实或者反驳对方诉讼请求所依据的事实有责任提供证据加以证明"，"没有证据或者证据不足以证明当事人的事实主张的，由负有举证责任的当事人承担不利后果"。按照以上证据规则的要求，当事人一方对自己提出的诉讼请求所依据的事实尽管是客观事实，但没有证据或者证据不足以证明的，就应承担不利的后果。例如，甲借了乙 5 万元没有出具借据，又无其他人在场见证，甲借款后赖账不还，乙向法院起诉甲，乙主张甲借其 5 万元并要求归还的诉讼请求所依据的是客观事实，但甲否认借款事实，乙没有证据证明自己的主张，法院只能依法驳回乙的诉讼请求。那么，本案中法院认定的法律事实就是与客观事实相违背的。

由上例可见，在诉讼过程中往往会出现三种事实：一是客观事实，即原本发生的，在意识之外，不依赖人们的主观意识而存在的现实事实。二是当事人陈述的事实，即在诉讼中当事人通过口头、书面以及举证质证方式所主张的事实，它的情况比较复杂，主要包括：①全部或部分的客观事实；②非客观事实；③伪造证据或通过胁迫方式制造出的、试图获得法律确认的事实。三是法律事实，即法院裁判认定的事实。尽管法律要求法院裁判认定的法律事实要与客观事实相符，但在司法实践中很难做到。由于案件的发生通常是在若干时间（数月或数年）以前，从事法律工作的律师、法官都不可能在场，任何人都无法准确描述、再现客观事实，即使某些当事人能够准确描述、回顾客观事实，法官一般都不会完全相信或采纳。因为，法院认定事实，不可能仅仅根据当事人的亲眼所见、亲耳所闻或者亲身感知来判定案件事实的真伪。因此，一个案件事实的客观性与法律事实之间是有距离的，甚至有非常大的距离，更有的完全背离客观事实。这一距离越小，自然越接近客观事实，这或许也是部分当事人所希望和追求的诉讼目的。但这一距离的缩小依赖于案件中真实合法证据的多寡，合法真实的证据越多，自然依据其作出的裁决就越接近客观事实。这就要求代理案件的律师或诊所学生必须进行事实调查，尽可能多地收集能证明案件客观事实的合法真实的证据，这也是事实调查目的之所在。

（二）事实调查的计划

1. 事实调查计划内容。诊所学生在会见当事人后，取得了当事人的信任并接受当事人委托提供法律援助。在与当事人会见中，从当事人处收集了一些证据资料，但大量的证据还需要通过事实调查来完成。为了较好地完成事实调查工作，就应当制定一个科学完备的事实调查计划。所谓事实调查计划，是指诊所学生对即将开展的事实调查工作进行的设想和安排。主要包括以下内容：

（1）计划人。事实调查计划的计划人就是提供法律援助的诊所学生。通常由2名或3名诊所学生承办一起法律援助案件，所有参加该法律援助案件的学生，都是事实调查计划的计划人，应当共同制定事实调查计划。在模拟法律诊所教学中，通常把4名学生分为1组，1名学生扮演证人，1名学生担任观察员，2名学生扮演律师，这2名扮演律师的学生就是事实调查计划的计划人。

（2）计划目标。计划目标就是事实调查要达到的目的。具体包括所承办的案件要收集哪些证据，如需要收集哪些书证、物证，需要调查哪些证人等。

（3）计划内容。计划内容是为了实现事实调查的目的所列的待查事项及取得方法。这是事实调查计划的主要部分，可分要点逐项列出。以下列举几项并简要说明：

第一，需要收集的书证及措施。书证，是指用文字、符号、图表等形式表达一定的思想或行为，其内容能证明案件真实情况的物品，如各种文件、文书、合同、票据、提单、商品图案、委托书、房产证等。诊所学生在承办法律援助案件时会发现，有些书证当事人可能持有，但大量书证当事人往往没有掌握，需要通过事实调查去收集。对于需要调查收集的书证，应当在计划中列明，并选定相应的收集措施。

第二，需要收集的物证及措施。物证，是指以物品和物质痕迹的存在状况、外部特征或者物质属性对案件起证明作用的实物证据。在各类案件的调查和审判中物证是使用频率和证明价值都很高的一种证据，无论是在刑事诉讼案件中，还是在民事或行政诉讼案件中，物证都是普遍存在的。例如，在刑事诉讼中，作为物证的有：犯罪工具，犯罪行为直接侵害的对象，犯罪行为留下的痕迹，犯罪现场遗留下的物品和痕迹，犯罪行为所造成的各种损害后果等。在行政诉讼中，作为物证的有：不服治安处罚的案件中人和物品的损伤痕迹，现场遗留物品等。在民事诉讼中，作为物证的有：侵权行为造成的损害结果，民事违法行为留下的痕迹等。当事人掌握物证的情况与书证一样，有些物证当事人可能已掌握，但有些物证当事人可能没有掌握，需要通过事实调查收集。因此，诊所学生在承办法律援助案件时，如果涉及需要自己收集或申请司法机关收集、调取、扣押某些涉案物证的，也应当在计划中予以列明。

第三，需要调查的证人及措施。诊所学生在计划中确定调查的证人范围时，应当明确以下问题：①有无不能正确表达意志的人。对于因年龄、智力或精神状况不能正确表达意志的人，要马上从待调查证人名单中划掉，避免浪费精力和时间。②证人与己方当事人的关系。证人与己方当事人的关系如何，直接影响到该证人对案件及诊所学生代理的当事人的态度。根据证人的态度不同，可将证人分为三类：友好的（善意的）证人；中立的证人；不友好（恶意）的证人。针对不同类型的证人，调查的方法、步骤和措施及注意事项有所不同。诊所学生要在计划中列出对不同证人调查的方法、步骤和措施及注意事项。③证人能否出庭作证。最高人民法院《关于民事诉讼证据的若干规定》第55条规定，证人应当出庭作证，接受当事人的质询。最高人民法院关于行政诉讼和刑事诉讼的举证规则也有类似的规定。目前，在民事诉讼中法院大都对未经许可不出庭的证人的书面证言（包括调查笔录）不予采信。诊所学生向当事人了解清楚证人能否出庭作证的情况后，可先对能出庭作证的证人进行调查。④有无符合法律规定可以不出庭情况的证人。根据最高人民法院《关于民事诉讼证据的若干规定》第56条的规定，《民事诉讼法》第70条规定的"证人确有困难不能出庭"是指下列情形：

年迈体弱或者行动不便无法出庭的；特殊岗位确实无法离开的；路途特别遥远，交通不便难以出庭的；因自然灾害等不可抗力的原因无法出庭的；其他无法出庭的特殊情况。前述情形，经人民法院许可，证人可以提交书面证言或者视听资料或者通过双向视听传输技术手段作证。诊所学生向当事人了解到有此类情况的证人后，不仅可以尽早对这些证人进行调查，取得调查笔录和书面证言，还可以尽快向法院申请这些证人不出庭。

（4）预见困难。与会见当事人计划一样，事实调查计划得再周密，在实施事实调查过程中，也难免因各种原因遇到这样或那样的困难。诊所学生在制定事实调查计划时，一定要根据不同的案件情况，预见有可能出现的困难。

2. 事实调查计划的开放性。[1] 机械地制定和执行事实调查计划不是计划的目的。计划的目的是为了顺利地进行事实调查，完成取证工作。实践中，事实调查计划常常要根据情况的变化而调整甚至完全改变。与会见当事人计划一样，制定、调整与改变事实调查计划，是环环相扣的学习过程。进行事实调查之前，诊所学生在事实调查计划中要列出诸多疑问。比如，与证人的沟通出现问题怎么办？证人不合作怎么办？书证保管单位不配合怎么办？这就要求诊所学生在制定事实调查计划的同时，必须有足够的心理准备，保证事实调查计划的灵活性、开放性，随时准备更改、调整事实调查方案。事实调查计划的开放性还体现在，对调查中可能出现的障碍准备备选方案和补救措施，同时关注任何突发事件，抓住机会，随时调整调查重点，扩大调查范围和增强调查深度。

3. 讨论事实调查计划。讨论事实调查计划，包括诊所学生反复研讨事实调查计划以及指导教师对事实调查计划指导两个环节。诊所学生经过反复研讨制定事实调查计划后，要与指导教师联系，针对事实调查计划事项与指导教师进一步讨论，检查事实调查计划是否恰当、完备、充分，是否准备了问题清单，是否充分了解了案件情况，是否认真地研究过相关法律规定等。总之，通过讨论事实调查计划，能够使该计划更具可行性。一个科学完备的事实调查计划，加上随机应变的调整方案，是事实调查的成功保障。

三、事实调查中的证据规则

（一）举证责任

事实调查的目的是收集证据，了解案情，证明自己的主张，或使对方的主张不能成立。举证责任是法律规定的当事人应承担的证明义务。一方面，事实调查的范围与当事人依法应当承担的举证责任密不可分，法定的举证责任是确定事实

---

〔1〕　孙晓楼等原著，王健编：《法律教育》，中国政法大学出版社1997年版。

调查范围的重要依据；另一方面，事实调查的范围也不能完全受制于法定举证责任。因此，律师或诊所学生进行事实调查应做好以下两方面的工作：

1. 通过事实调查应完成法定举证责任。举证责任是指对于有待证明的事实向人民法院提出证据加以证明的责任。根据举证责任分配原则，当案件事实无法查明时，由承担举证责任的一方承担不利的诉讼后果。因此，律师或诊所学生进行事实调查时，应首先完成当事人依法应当承担的举证责任。我国法律对举证责任做了相应的规定，如《民事诉讼法》明确规定了举证责任分配的一般原则，即谁主张谁举证。律师或诊所学生进行事实调查时，务必要注意这种一般原则的规定。但有关举证责任例外法律条款的规定，同样应引起进行事实调查的律师或诊所学生的重视。我国《民法通则》对几种特殊侵权案件规定了能证明自己无过错的才不承担责任，这实际上是举证责任的倒置。最高人民法院《关于民事诉讼证据的若干规定》更明确了几种举证责任倒置的情况，并明确了举证责任倒置的范围。刑事案件中基于某些特殊原因，为追究某类难以证明的犯罪的特殊需要，法律要求犯罪嫌疑人或被告人承担一定的举证责任。譬如，巨额财产来源不明罪要求嫌疑人或被告人就来源不明的巨额财产予以说明，如不能有效履行这种责任，就可能因其来源不明的巨额财产而被定罪。刑事自诉案件的被告人也承担一定的举证责任。行政案件中，起诉被告不作为的案件，通常情况下原告应当提供证明其在行政程序中曾经提出申请的证据材料。行政赔偿诉讼中，原告应当对被诉具体行政行为造成损害的事实及损害程度提供证据。

2. 事实调查又不仅限于法定举证责任。法律规定一方当事人承担举证责任，并不排除对方当事人相应的举证权利。超出举证责任的范畴，寻找对对方当事人不利的证据的一方，将在诉讼中占据主动地位。民事案件中，当事人可以针对对方的诉讼请求出示相反的证据，以推翻对方的主张；刑事案件中，犯罪嫌疑人、被告人及其辩护人有权提出证明该犯罪嫌疑人或被告人无罪、罪轻或应从轻、减轻、免除处罚的证据；行政案件中，原告方可以提出证明具体行政行为违反法律规定、违反事实、违反法定程序、执法机关超越职权或滥用职权的证据，其中任何一项证据成立，都将导致被告败诉。

（二）证明标准[1]

事实调查与证明标准有着密切的关系，事实调查应当满足于证明标准。所谓证明标准，是指诉讼中对案件事实等待证事项的证明所须达到的要求，也就是说，承担证明责任的诉讼主体提出的证据应达到何种程度方能确认待证事实的真

---

[1]　在不同性质的诉讼案件中证明标准是不同的。

伪，从而卸除其证明责任。[1] 标准，是一种事物的质的上限，也是另一种事物的质的下限。在司法实践中，证明标准即为证据充分与证据不足的分界线——线上则为充分，线下则为不足。我国法律对民事诉讼、刑事诉讼和行政诉讼确定了不同的证明标准，诊所学生进行事实调查必须掌握这些标准。

1. 民事诉讼采用的是优势证明标准。我国《民事诉讼法》第153条规定："第二审人民法院对上诉案件，经过审理，按照下列情形，分别处理：①原判决认定事实清楚，适用法律正确的，判决驳回上诉，维持原判决；②原判决适用法律错误的，依法改判；③原判决认定事实错误，或者原判决认定事实不清，证据不足，裁定撤销原判决，发回原审人民法院重审，或者查清事实后改判；④原判决违反法定程序，可能影响案件正确判决的，裁定撤销原判决，发回原审人民法院重审。"由此可见，"事实清楚，证据充分"是民事诉讼的证明标准。这种标准对证据没有"确实"充分的要求，足见民事诉讼采用的是优势证明标准。

2. 刑事诉讼采用的是排除合理怀疑证明标准。我国《刑事诉讼法》第162条规定："在被告人最后陈述后，审判长宣布休庭，合议庭进行评议，根据已经查明的事实、证据和有关的法律规定，分别作出以下判决：①案件事实清楚，证据确实、充分，依据法律认定被告人有罪的，应当作出有罪判决；②依据法律认定被告人无罪的，应当作出无罪判决；③证据不足，不能认定被告人有罪的，应当作出证据不足、指控的犯罪不能成立的无罪判决。"该法条第1款中"事实清楚，证据确实、充分"的规定采用的就是排除合理怀疑的证明标准。这一证明标准要求证明应具有四种特性：其一是相互印证性。证据之间应当相互印证，能够互相支撑、互相说明。其二是不矛盾性。证据之间、证据与已证实的事实之间、证据与情理之间，不应当存在不能解释和无法解决的矛盾。其三是证据锁链的闭合性。证据之间、证据与事实之间、各事实要素之间环环相扣，不出现断裂，以保证各个事实环节均有充分的证明，实现全案事实清楚。其四是证明结论的唯一性。在对事实的综合认定上，结论应当是唯一的，合理排除了其他可能。

3. 行政诉讼采用的是明显优势证明标准。我国《行政诉讼法》第54条第1款规定："具体行政行为证据确凿，适用法律、法规正确，符合法定程序的，判决维持。"该条款中"证据确凿"显然低于《刑事诉讼法》中"证据确实、充分"的要求，高于《民事诉讼法》中"证据充分"的要求。可见，行政诉讼采用的证明标准介于刑事诉讼和民事诉讼两者之间，即明显优势证明标准。

律师或诊所学生应充分了解上述证明标准，不仅要用上述证明标准指导自己

---

〔1〕　牟军："民事证明标准论纲——以刑事证明标准为对应的一种解析"，载《法商研究》2002年第4期。

的事实调查，还要会用上述证明标准检验对方的证据。例如，在进行刑事辩护时，根据刑事诉讼采用的是排除合理怀疑证明标准，可对控方提交的证据链条采用攻其一环的策略，只要攻破其中一环，控方指控的犯罪必将出现证据上的"不能相互印证性"、"矛盾性"或"无法排除合理性"的结论，进而导致疑罪从无原则的适用。再如，在民事诉讼代理时，尽量使通过事实调查取得的证据比对方证据占有优势，以求得民事诉讼优势证明标准的适用，最终赢得胜诉。

（三）非法证据排除规则[1]

非法证据排除规则，是指非法证据不具有证据能力，不能被采纳作为认定案件事实依据的法律规范。"非法证据"，又称"瑕疵证据"，有广义和狭义之分。广义上非法证据，是指证据内容、证据形式、收集或提供证据的主体、程序及方法不符合法律的规定，具体包括：证据内容不合法，证据表现形式不合法，收集提供证据的主体不合法，以及收集或提供证据的程序、方法或手段不合法。只要具备上述四种情形之一，即构成非法证据。狭义上的非法证据，仅是指司法人员违反法律规定的程序或方式而取得的证据。

我国程序法律规范对刑事、民事和行政诉讼中非法证据的排除均作了相应规定。刑事诉讼中非法证据排除的法律规范主要有：《刑事诉讼法》第43条规定："审判人员、检察人员、侦查人员必须按照法定程序，收集能够证实犯罪嫌疑人、被告人有罪或者无罪、犯罪情节轻重的各种证据。严禁刑讯逼供和以威胁、引诱、欺骗以及其他非法的方法收集证据。"最高人民法院《关于执行〈刑事诉讼法〉若干问题的解释》第61条规定："严禁以非法的方法收集证据。凡经查证确实属于采用刑讯逼供或者威胁、引诱、欺骗等非法的方法取得的证人证言、被害人陈述、被告人供述，不能作为定案的根据。"最高人民检察院发布的《人民检察院刑事诉讼规则》第265条也同样规定这些非法证据"不能作为指控犯罪的根据"，并规定检察机关发现非法取证的，应当提出纠正意见，同时要求侦查机关另行指派侦查人员重新调查取证，必要时检察机关也可自行调查取证。民事诉讼中对非法证据的排除也有相应的法律规范，如最高人民法院《关于民事诉讼证据的若干规定》第68条规定："以侵害他人合法权益或者违反法律禁止性规定的方法取得的证据，不能作为认定案件事实的依据"。关于行政诉讼中的非法证据排除，最高人民法院《关于行政诉讼证据若干问题的规定》作了详尽规范，如第57条规定下列证据材料不能作为定案依据：严重违反法定程序收集的证据材料；以偷拍、偷录、窃听等手段获取侵害他人合法权益的证据材料；以利诱、欺

---

〔1〕 汪伟主编：《民事诉讼法》，高等教育出版社2007年版。

诈、胁迫、暴力等不正当手段获取的证据材料；被当事人或者他人进行技术处理而无法辨明真伪的证据材料；不能正确表达意志的证人提供的证言；不具备合法性和真实性的其他证据材料。第58条规定："以违反法律禁止性规定或者侵犯他人合法权益的方法取得的证据，不能作为认定案件事实的依据"。第62条规定："对被告在行政程序中采纳的鉴定结论，原告或者第三人提出证据证明有下列情形之一的，人民法院不予采纳：①鉴定人不具备鉴定资格；②鉴定程序严重违法；③鉴定结论错误、不明确或者内容不完整。"

律师或诊所学生在事实调查以及出庭举证或质证中，要注意判断哪些证据属于"非法证据"，避免使用非法证据，又要用非法证据排除规则检验对方提供的证据，以取得最佳诉讼效果。

（四）案卷外证据排除规则

案卷外证据排除规则又称为行政案卷排他性原则，是指在行政程序中，行政主体在作出具体行政行为前通过调查、鉴定、举行听证等形式取得的和行政相对人提供的用以证明待证事实的各种记录、陈述意见、鉴定结论、证人证言、物证等证据，以及在程序中作出、收到的各种法律文书，按照一定的顺序组成案卷，行政主体的裁决只能以该案卷作为根据，卷外证据不能作为行政行为根据的一项程序制度。我国《行政诉讼法》第33条规定："在诉讼过程中，被告不得自行向原告和证人收集证据。"最高人民法院《关于执行〈中华人民共和国行政诉讼法〉若干问题的解释》第30条规定："被告及其诉讼代理人在作出具体行政行为后自行收集的证据，不能作为认定被诉具体行政行为合法的根据"，该条规定是对《行政诉讼法》第33条的进一步明确。最高人民法院《关于行政诉讼证据若干问题的规定》第59条规定："被告在行政程序中依照法定程序要求原告提供证据，原告依法应当提供而拒不提供，在诉讼程序中提供的证据，人民法院一般不予采纳。"第60条第3项规定："原告或者第三人在诉讼程序中提供的、被告在行政程序中未作为具体行政行为依据的证据"，人民法院同样不予采纳。除此之外，复议机关在复议程序中收集和补充的证据，或者做出原具体行政行为的行政机关在复议程序中未向复议机关提交的证据，都不能作为人民法院认定原具体行政行为合法的依据。以上法律规定都是卷外证据排除规则的体现。

案卷外证据排除规则，对举证的时间、阶段及证据首次出现的时间作出严格规定，限制了原来常被作为"诉讼技巧"运用的对证据的"有意保留"和"选择最佳"展示时机等证据突袭做法。律师或诊所学生应充分了解案卷外证据排除规则的相关规定，避免代理诉讼时，本方因使用证据不当而导致证据失效，以及防止对方"使用证据不当"违反卷外证据排除规则，这两项工作都是事实调查的重要内容。

（五）拒证推定规则

拒证推定规则，是指在诉讼活动中，在一方当事人有证据证明对方当事人拥有某方面证据但无正当理由拒不提供的情形下，人民法院对提出证据主张一方相关主张的判断。最高人民法院《关于行政诉讼证据的若干规定》第69条规定："原告确有证据证明被告持有的证据对原告有利，被告无正当事由拒不提供的，可以推定原告的主张成立"；第75条规定："有证据证明一方当事人持有证据无正当理由拒不提供，如果对方当事人主张该证据的内容不利于证据持有人，可以推定该主张成立"。以上法律规定体现了拒证推定规则。司法实践中，法院依据拒证推定规则判决的案例颇多，下边举一例说明。

原告孔某以被告彭某欠款两万元为由诉至法院，要求被告归还欠款，并向法庭提供了三种证据：一是欠条复印件；二是两位证人（与当事人均无利害关系）当庭证实在诉前曾跟随原告到被告家催过账，当时被告同意用小麦抵账，但未能证实欠款的具体数额；三是录音资料，被告承认欠原告的钱，且也承认欠条原件以前已经被他收回，但亦未能证实欠款的具体数额。而庭审中被告则抗辩称：欠款还清后，原告就把欠条给我，后来被我撕了，我现在不欠原告的钱。本案在审理过程中，原告的陈述与举证、被告的抗辩理由好像都有道理，似乎无所适从，这时就应该审查双方所提供的证据，本案可使用拒证推定规则。适用该规则首先要有欠款的基础事实。本案中，原告提供的两份证人证言及录音资料可以证明欠款是事实，这样基础事实就得到了证明，下一步要看被告拒绝提供证据原件的理由是否正当。通过录音资料可以证实欠条原件在被告的占有、支配之下，他拒不提供的原因是欠条被撕了，但未向法庭提供欠条已撕的证据。假设欠条已撕，被告在仍欠原告钱的情况下把欠条从原告手中取得后故意撕掉的行为就是一种赖账的不正当行为，这种行为违反了公序良俗的民事活动原则，理应受到处罚，因此被告拒不提供原件的理由是不正当的。最后，原告主张的证据内容不利于证据持有人。法院据此依据最高人民法院《关于民事诉讼证据的若干规定》中第75条规定的拒证推定规则作出了支持原告诉讼请求的判决，被告服判没有提出上诉，本案判决现已生效。

律师或诊所学生在代理案件时，务必要了解拒证推定规则的相关内容，并在诉讼中要善于运用这项规则。

（六）最佳证据规则

最佳证据规则曾是英国普通法上最为古老的证据规则之一。作为普通法传统上的证据规则之一，最佳证据规则的实质内涵是，某一特定的有关案件事实，只能采取可以寻找到的最为令人信服和最有说服力的有关最佳证据方式予以证明。

我国民事、行政诉讼证据规则中将最佳证据规则定义为：人民法院就数个证据证明同一事实并都具有证明力，不同证据证明相反的事实主张的情况下，有关各个证据证明力的大小所作出的认定规则的规定。如最高人民法院《关于民事诉讼证据的若干规定》第77条规定："人民法院就数个证据对同一事实的证明力可以依照下列原则认定：①国家机关、社会团体依职权制作的公文书证的证明力一般大于其他书证；②物证、档案、鉴定结论、勘验笔录或者经过公证、登记的书证其证明力一般大于其他书证、视听资料和证人证言；③原始证据的证明力一般大于传来证据；④直接证据的证明力一般大于间接证据；⑤证人提供的对与其有亲属或者其他密切关系的当事人有利的证言，其证明力一般小于其他证人证言"。又如最高人民法院《关于行政诉讼证据的若干规定》第63条规定："证明同一事实的数个证据，其证明效力一般可以按照下列情形分别认定：①国家机关以及其他职能部门依职权制作的公文文书优于其他书证；②鉴定结论、现场笔录、勘验笔录、档案材料以及经过公证或者登记的书证优于其他书证、视听资料和证人证言；③原件、原物优于复制件、复制品；④法定鉴定部门的鉴定结论优于其他鉴定部门的鉴定结论；⑤法庭主持勘验所制作的勘验笔录优于其他部门主持勘验所制作的勘验笔录；⑥原始证据优于传来证据；⑦其他证人证言优于与当事人有亲属关系或者其他密切关系的证人提供的对该当事人有利的证言；⑧出庭作证的证人证言优于未出庭作证的证人证言；⑨数个种类不同、内容一致的证据优于一个孤立的证据。"以上就是关于最佳证据规则的法律规定，它规定了证明同一事实的数个证据的证明效力如何比较和认定的方法。

律师或诊所学生应充分了解最佳证据规则的规定，在可能的情况下，应力争调查收集最佳证据，并考虑已掌握的非最佳证据的缺陷和弥补措施。

（七）自认规则

自认是指当事人对不利于自己事实的承认。它分为诉讼中的自认和诉讼外的自认。诉讼中的自认，是指当事人在诉讼过程中对另一方当事人陈述的不利于自己的案件事实的承认。诉讼外的自认，是当事人在诉讼过程以外对不利于自己的事实的承认。在法律规定的情况下，一方自认可以免除对方的举证责任。

自认规则主要适用于民事诉讼案件中，相关民事诉讼法律规范作了详尽的规定，如最高人民法院《关于民事诉讼证据的若干规定》第8条规定："诉讼过程中，一方当事人对另一方当事人陈述的案件事实明确表示承认的，另一方当事人无需举证。但涉及身份关系的案件除外。对一方当事人陈述的事实，另一方当事人既未表示承认也未否认，经审判人员充分说明并询问后，其仍不明确表示肯定或者否定的，视为对该项事实的承认。当事人委托代理人参加诉讼的，代理人的承认视为当事人的承认。但未经特别授权的代理人对事实的承认直接导致承认对方诉讼请求的除外；当事人在场但对其代理人的承认不作否认表示的，视为当事人的承认。当事人在法庭辩论终结前撤回承认并经对方当事人同意，或者有充分证据证明其承认行为是在受胁迫或者重大误解情况下作出且与事实不符的，不能免除对方当事人的举证责任。"

我国相关行政诉讼法律规范也援引了有关当事人自认效力的部分规定，如最高人民法院《关于行政诉讼证据的若干规定》第65条规定："在庭审中一方当事人或者其代理人在代理权限范围内对另一方当事人陈述的案件事实明确表示认可的，人民法院可以对该事实予以认定。但有相反证据足以推翻的除外"；第67条规定："在不受外力影响的情况下，一方当事人提供的证据，对方当事人明确表示认可的，可以认定该证据的证明效力；对方当事人予以否认，但不能提供充分的证据进行反驳的，可以综合全案情况审查认定该证据的证明效力"。

诊所学生要了解这一规则，并在代理诉讼中善于运用这一规则。一方面，防止自己或己方当事人对对方当事人陈述的某一事实轻易自认；另一方面，要及时抓住对方自认的某些事实来完善己方的证据链条。

四、事实调查的方式

事实调查可根据是否按照法律规定的举证责任要求进行，分为常规调查和非常规调查两种方式。常规调查亦称为"正式调查"，非常规调查亦称为"非正式调查"。

（一）常规调查

常规调查，是指根据法律规定的举证责任要求而进行的必要的事实调查。我国《民事诉讼法》第64条规定："当事人对自己提出的主张，有责任提供证据。"《刑事诉讼法》第89条规定："公安机关对已经立案的刑事案件，应当进行侦查，收集、调取犯罪嫌疑人有罪或者无罪、罪轻或者罪重的证据材料。"《行政诉讼法》第32条规定："被告对作出的具体行政行为负有举证责任，应当提供作出该具体行政行为的证据和所依据的规范性文件。"不难看出，三大诉讼法都对相关举证责任主体的举证责任作了明确的规定，这些举证主体按照法律依据和举证责任进行必要的事实调查，就是常规调查。例如，在民事损害赔偿案件中，作为请求方的律师需要对损害事实、损害程度、损害后果、赔偿数额等事实进行调查，这就属于常规调查。又如，在刑事案件中，公安机关指控行为人甲涉嫌杀人，就应当对甲杀人的动机、目的、手段和实施的杀人行为进行侦查，这种侦查也就属于常规事实调查。再如，在行政处罚案件中，作为被告的律师需要对被诉行政机关处罚的事实依据、法律依据、处罚程序、行为主体及职权范围等事项进行调查，这种调查也属于常规调查。

（二）非常规调查

非常规调查，是指没有法律规定的举证义务要求，主动地去调查与案件有关的事实，进而取得摧毁对方证据链条的证据的事实调查。例如，甲诉乙侵犯其房屋所有权，要求乙归还房屋并赔偿损失。甲的律师就必须按照法律规定的举证责任要求，进行常规调查收集房屋所有权证据、乙的侵占行为证据、经济损失证据等。乙作为应诉方并没有法定的举证责任要求，但如果乙的律师获悉本案所涉房屋所有权人并非是甲，甲的所谓"房产证"是伪造的信息，于是根据这一信息取得真正房屋所有权人是丙的客观证据并提交法庭，这就使甲失去诉权，进而将甲置于败诉的境地。乙的律师进行的这种调查，就属于非常规调查。

司法实践中，律师们不会仅凭"谁主张、谁举证"的法律规定，幻想对方主动拿出对己方有利的证据，而是积极主动地寻找案件线索，通过非常规调查搜集到足以摧毁对方证据链条的证据。非常规调查可以说方式五花八门且取证资源广泛，让人难以预料，防不胜防。让案件柳暗花明、峰回路转的事实，往往是通过非常规调查所得的结果，而非通过常规调查得来。经验丰富的律师们往往根据个案的特点，将非常规调查手段发挥得淋漓尽致，他们会去主动调查与案件相关的事实，广泛地收集相关案件证据信息，从中获得对本方当事人有利的证据，使对方精心组织的证据链顷刻间土崩瓦解。

诊所学生在事实调查的实践中，要注意体会领悟非常规调查的方法，掌握相关技巧。

第二节　事实调查的基本技巧

一、事实调查的步骤

（一）分析案件情况

事实调查是在会见当事人基础上进行的，通过会见倾听当事人的陈述，核查、收集当事人现有的证据材料，获取有关待取的案件证据信息，可以说对案件情况有了一个基本的了解。因此，事实调查的第一步工作就是分析案情，以确定事实调查的范围和方向。具体可分析以下案情内容：

1. 案件的法律关系及适用的法律。案件的法律关系不同，适用的法律也不同，取证的责任和证明标准也不同。以民事诉讼的侵权纠纷为例，《民事诉讼法》规定，人民法院在处理一般的人身损害赔偿案件中，依据举证责任分配的一般原则，即"谁主张谁举证"。而在医疗事故赔偿的案件中，由于患者是相对弱势的群体，医疗机构在举证时，有比患者更多的便利条件，在取得证据的能力上优于患者。为平衡当事人利益，更好地实现实体法保护受害人的立法宗旨，自2002年4月1日起实行的最高人民法院《关于民事诉讼证据的若干规定》对于因医疗行为引起的侵权诉讼确立了"举证责任倒置"的原则。这在很大程度上解决了以往患者自行取证难的问题，更好地保护了患者的知情权，尽可能地避免了医疗行为中患者与医务人员信息不对称所引发的不平等问题。由此可见，分析案件的法律关系及适用的法律是事实调查必须进行的工作步骤。

2. 现有案件材料及证明力。案件情况不同，对证据及证据证明力的要求也不同：如借款纠纷案件，只要当事人提供对方书写的借据，且该借据形式与内容合法，没有超过诉讼时效，仅凭该单一证据便基本可以赢得诉讼。但如果因合同违约引起的纠纷案件，则可能需要合同、来往传真及信函、技术性资料、付款资料、交货资料、鉴定资料等一系列的证据才能证明当事人主张的事实。实践中，大量当事人只能提交部分案件的证据资料，这就需要律师或诊所学生对现有材料进行分析，评估这些材料在案件中能起到多大的证据作用，另外还需要调查收集哪些证据资料。如交通事故赔偿纠纷案件，当事人提交了以下证据：①公安交警部门出具事故责任认定书；②医疗费单据；③交通费单据。当事人提交的第一项证据，可以证明对方当事人行为的违法性、主观有过错、违法行为与损害结果之间有直接的因果关系。当事人提交的第2项与第3项证据，即医疗费单据和交通费单据，只能证明部分损害结果，而不能证明全部的损害结果，比如是否需要伤残鉴定、是否需要后续治疗、误工费及住院伙食补助费等损害结果证据，还有待通过事实调查进行收集或申请调取。可见，对现有案件材料及证明力的分析也是事实调查必须进行的工作步骤。

3. 当事人的意图。这里所讲的意图就是当事人选定的解决纠纷的救济途径，也可称之为救济方式。诉讼虽然是解决纠纷的最后救济途径，但不是唯一的救济途径，在诉讼之外还有调解、谈判等解决纠纷的救济途径。如果当事人希望通过调解或谈判方式解决，则纠纷产生的原因、损害事实、后果以及计算受损程度等将是首先要调查的内容。此时，诉讼则成为后备替代方案，为诉讼而准备的一些调查事项，如行政处罚纠纷案件中行政机关具体行政行为是否事实合法、程序合法，可以放在后面进行。如果诉讼是首选方案，则揭示行政机关违法行政的事实是调查重点，损害后果、受损数额的计算是相对次要的。

（二）拟定调查范围

通过对案件情况的分析，明确案件的法律关系及适用的法律、现有案件材料及证明的力度以及当事人的意图，在此基础上，可以根据个案情况拟定调查范围，确定待查事项。但究竟拟定调查范围有多大、确定多少调查事项才算充足和完备，这个问题很难回答。尽管我们清楚，待查事项越多、越详尽，收集的证据会越多、越充分。但时间、成本、案情进展速度，往往不允许调查无限期地进行；或由于其他原因使待查事项无法全部查实。调查范围应当是必要的、有选择的，确定调查事项时应当考虑到调查工作所需要的时间、投入的物质和经济资源、当事人的承受能力、调查的可行性等因素。对于已经掌握了的资料信息、线索，需要考虑是否完备，是否值得怀疑，是否有必要进一步调查。调查工作应有轻重缓急之分，要比较调查成本、时间紧迫性、证明价值的不同，统筹规划调查次序和调查范围。具体讲，应根据下列因素拟定事实调查的范围：

1. 根据证据价值拟定调查范围。司法实践中，律师或诊所学生会见当事人时，都会从当事人的陈述中捕捉到若干与案件有关的证据信息。是否将这些证据信息都列入事实调查范围呢？回答是否定的。因为这些信息所透漏的证据，有些可能对认定案件事实价值重大，有些可能价值不大，甚至没有价值。例如：

> 甲男与乙女是夫妻关系。乙得重病，又是下岗职工，无经济来源。甲诉至法院要求与乙离婚，并断绝了乙的生活来源。乙请求法律诊所学生提供法律援助，并在诊所学生会见时提供了以下信息：甲道德败坏，早已与丙女有不正当两性关系，她的病就是因为此事生气而得。她也想与甲离婚，但要求争取平均分割夫妻共有财产，或多分得夫妻共有财产；其与甲婚姻关系存续期间，甲从丁处买了100平方米房屋一套，可能以甲的名义办理的房产证，但现在甲否认该事实；甲还从某房屋开发公司给丙购买了120平方米房屋一套，可能还没有办理房产证。在该案例中，我们可以根据当事人乙的陈述，捕捉到如下证据信息：
>
> （1）甲的品德问题，同事、朋友对其人品的评价。
> （2）乙的品德问题，同事、朋友对其人品的评价。
> （3）丙的品德问题，同事、朋友对其人品的评价。
> （4）丙是否有丈夫，丙与其丈夫的感情如何？
> （5）甲与乙离婚后，是否要与丙结婚？
> （6）丙的丈夫是否知道甲与丙之间的不当两性关系？能否作证？
> （7）甲与乙何时结婚，有无结婚证？
> （8）乙是否因看病或生活负有债务？
> （9）甲与丁是否签订房屋买卖协议？丁是否还持有该房屋买卖协议？
> （10）甲购买丁的房屋是否在房管部门办理了房产证过户手续？
> （11）甲从某房屋开发公司给丙购买120平方米房屋以谁的名义签订的购房协议？是否办理了房产证？以谁的名义办理的？
> （12）其他事项。

我们从以上证据信息所透漏的证据来看，第1项至第5项是不需要列入

事实调查范围的，因为这些证据即使取得，对本案也是没有多少价值。而第
6 项至第 11 项证据信息所透漏的证据是有价值的，应当列入事实调查的范
围，进行调查，因此尽可能地去收集这些证据。因为如果丙的丈夫知道甲与
丙之间的不正当两性关系并愿意作证的话，就可证明甲有过错，乙可要求赔
偿损失和多分财产；如果甲与乙有结婚证，乙不仅可以分割夫妻共有财产，
而且还可以要求甲履行夫妻间的扶助义务；如果乙为看病或生活而负有债
务，甲就有承担债务的义务；如果甲购买丁的房屋在房管部门办理了房产证
过户手续，新的户主是甲，同时如果甲从某房屋开发公司给丙购买 120 平方
米房屋是以甲名义签订的购房协议的话，这些证据的取得将直接证明两处房
屋属于甲与乙的夫妻共有财产，必将极大维护乙的财产权益。所以，要有选
择地开展证据调查工作。

2. 根据成本拟定调查范围。司法实践中，赢了官司赢不了钱或者赢了官司
赔了钱的案例，是屡见不鲜的。主要原因是有些当事人不计诉讼成本。诉讼费用
是成本，律师费用是成本，还有一项也是当事人的诉讼成本，这就是事实调查所
花费的费用。当事人可能出于斗气，不计诉讼成本，但律师或诊所学生代理当事
人诉讼时，务必要考虑当事人的诉讼成本。尤其在事实调查时，不能盲目地确定
待查事项，而不考虑当事人的诉讼成本。例如：

甲被乙致轻微伤，实际损失 500 元。乙拒不赔偿，也拒不承认伤甲的事
实。甲诉至某县法院，并委托诊所学生提供法律援助。有下列待查事项，诊
所学生要根据诉讼成本确定调查范围：

（1）李某是在场见证人，但去深圳打工，2 年后才回。

（2）王某也是在场见证人，但去上海打工，也 2 年后才回。

（3）甲可作伤残鉴定，需鉴定费 400 元，但是否构成残疾不能确定。

（4）乙致甲伤使用的木棍留有乙的血迹，如鉴定，需鉴定费 400 元。

（5）张某与甲同村，也是在场见证人，在本村务农。

（6）赵某与甲邻村，听李某说甲被乙致伤。

（7）钱某与甲邻村，也听李某说甲被乙致伤。

以上待查事项，第 1 项至第 4 项是不宜例入事实调查范围的。第 1、2
项，无论要求李某回来作证，还是王某回来作证，交通费和食宿费都高于甲
的实际损失 500 元。甲虽然可以将李某、王某的交通费和食宿费作为损失一
并提出诉讼请求，但法院一旦不支持这些请求，本案诉讼成本将远远超过赔
偿数额，会导致甲赢了官司赔了钱。第 3 项鉴定结论不确定，一旦鉴定结论
认定不构成伤残，400 元鉴定费将由甲自己承担。第 4 项是对乙致甲损伤使
用的木棍留有乙的血迹进行鉴定，为了一个证据花费鉴定费 400 元不合算。

由以上分析可见，为了节约诉讼成本，只有第 5 项至第 7 项可确定为事实调查的范围。

3. 根据当事人经济能力拟定调查范围。有些案件由于当事人经济能力的限制，也会对事实调查范围造成影响。例如：

邯郸某县甲，在该县医院门诊打针治疗痔疮，连续打针治疗 6 天。由于医生打针位置错误，造成甲性功能障碍，久治不愈，刚结婚的妻子也与他离婚。甲家庭困难，结婚时拖欠的 2 万元债务还没有归还。甲要求医院赔偿无果，便诉至法院，诉讼费也是从亲戚处借来的。甲请求律师提供法律援助，有下列待查事项：

（1）如进行医疗事故鉴定，需鉴定费用 5000 元。

（2）医院提供一份甲治疗痔疮 6 天的病历，证明医生打针位置正确，不会致甲性功能障碍，进而证明医院的医疗行为不构成医疗事故，且没有过错。但甲称："他是在门诊治疗，医院根本没有他治疗痔疮的病历，医院提供的病历是事后伪造的。"

（3）其他待查事项。

以上待查事项虽然不多，但律师根据甲的经济状况，还是放弃了第 1 项的待查事项。原因有二：一是甲很难预交医疗事故鉴定费用 5000 元；二是一旦鉴定结论不属于医疗事故，5000 元的鉴定费将由甲自己承担。所以律师选择了第 2 项待查事项进行重点调查，要求对医院提供的甲治疗痔疮 6 天的病历是否一次性形成，进行笔迹鉴定（据法医讲，只有重庆市公安局能做笔迹鉴定，鉴定费 5000 元）。律师考虑，只要鉴定出医院的病历是一次性形成，就证明医院的病历是伪造的，该病历就不能作为其医疗行为的证据使用，按照医疗纠纷诉讼案件适用举证倒置的举证原则，医院必定败诉。结果，在甲提出对医院提供的病历是否一次性形成进行笔迹鉴定后，还没有去送鉴期间，医院就主动要求调解，在法院调解下，医院赔偿甲 6 万元，本案调解结案。

4. 根据当事人的意图拟定调查范围。采用何种方式解决纠纷，律师或诊所学生只有建议权，当事人是最终决定者。只要当事人的意图不违背法律和社会道德，律师或诊所学生应当给予尊重。但当事人的意图往往影响着事实调查，以下以笔者承办的一起行政纠纷案为例予以说明。

某市奶业公司（隐去具体城市和公司名称）在该市劳动行政部门的要求和激励下，为扩大下岗职工的再就业，未经工商登记在市内设置了 30 个固定的铁皮制作的牛奶销售亭，每一个亭子安排一名下岗职工。一个月后，收到该地工商行政部门 15 万元罚款和限期拆除的行政处罚决定，处罚理由是该公司未经登记，擅自设立分公司（工商行政部门将牛奶销售亭视为分公司），每个牛奶销售亭罚款 5000 元。奶业公司收到工商行政部门的处罚决定后，聘请笔者作为代理律师处理该项法律事务，但该奶业公司考虑到日后的正常生产经营，不想通过行政诉讼的救济途径解决纠纷，而选定了与工商行政部门谈判的方式解决，这就直接影响了律师取证范围的拟定。如果本案当事人的意图是采取行政诉讼救济途径解决纠纷，则下列证据信息应确定为调查范围：[1]

（1）行政执法人员是否依法表明了身份（包括口头说明、出示证件、着装等）？

（2）行政执法人员是否依法进行了事实调查（包括询问、检查、传唤等）？

（3）行政执法人员是否依法取得了证据（包括人证、物证、现场笔录等）？

（4）行政执法人员是否听取了行政相对人的申辩？

（5）行政处罚决定是否依法送达？

（6）行政执法人员是否履行了告知义务（包括告知处罚的事实依据、法律依据、处罚理由；告知复议或诉讼的期限等）？

（7）行政机关是否依法组织听证？

（8）行政处罚是否有法律依据？

（9）其他可以证明行政处罚实体或程序违法的证据。

行政机关执法过程中如果违反上述内容中任何一点，即构成行政程序违法，行政机关将面临败诉的危险，行政管理相对人的主张将会得到支持。但由于奶业公司出于种种原因放弃诉讼，执意通过谈判解决，上述证据信息便不宜列入拟定的事实调查范围，从而应着重拟定下列调查事项：

（1）劳动行政部门要求和激励奶业公司设置牛奶销售亭的相关证据。

（2）设置牛奶销售亭后解决下岗失业人员的人数。

（3）下岗失业人员对设置牛奶销售亭解决就业问题的意见。

（4）设置牛奶销售亭的便民证据。

笔者收集上述四类证据后，代理奶业公司与工商行政部门进行谈判，谈判中重点指出奶业公司设置牛奶销售亭的合理性，并提出合法行政与合理行政是行政机关应一并坚持的原则，据此请求工商行政部门从合理行政的角

---

〔1〕　李傲：《互动教学法——诊所式法律教育》，法律出版社 2004 年版。

度，改变具体行政行为。通过谈判，工商行政部门撤回原行政处罚决定，重新作出"罚款 1 万元，限期补办登记手续"的决定，使以上行政纠纷案件得以妥善解决。

由上述案例可见当事人的意图对事实调查范围的影响。

5. 根据证据结构确定调查范围。案件的法律关系不同，对证据结构的要求也不同。调查案件事实的过程中，应根据案件的法律关系对证据结构的要求，力争建立金字塔式的证据推理结构，切忌建立"倒三角"式的证据推理结构。过于依赖某一种证据或某一位证人，将所有的推理都建立在某一个证据欲证明的事实基础之上，如果这个事实出现偏差，或对方掌握了摧毁这一事实的相反证据，则所有的后续工作功亏一篑。为使诊所学生更好地理解如何根据证据结构拟定事实调查范围，举一案例予以说明。

原告赵某诉称：2009 年 5 月 1 日原告与被告钱某签订了饭店经营转让合同，合同中明确规定原告将饭店内装潢及家具等资产一次性转让给被告，被告应给付原告 10 万元，被告在饭店经营转让合同签订当日支付了 5 万元，余款被告向原告出具了 5 万元的欠条，并约定于 2009 年 6 月底前付清。到期后被告一直未付余款，现原告起诉要求被告支付欠款 5 万元。原告向法院提交了以下证据：

（1）饭店经营转让合同，证明转让的时间和转让费数额。

（2）2009 年 5 月 1 日被告出具的 5 万元欠条，证明欠款事实。

被告钱某辩称：对 2009 年 5 月 1 日的饭店经营转让合同及 2009 年 5 月 1 日被告出具的欠条的真实性无异议，但之后被告于 2009 年 6 月底又给付原告 5 万元，有原告所写 5 万元收条为证，被告根本不欠原告的饭店经营转让款，原告实属纠诉缠讼。被告向法院提交了以下证据：

（1）饭店经营转让合同，证明转让费数额 10 万元，进而证明转让当日，即 2009 年 5 月 1 日被告已给付原告 5 万元。

（2）原告 2009 年所写 5 万元收条字据（该字据上没有显示出具月份和日期），证明余款已付，已不欠原告饭店经营转让款的事实。

被告钱某聘请的律师认为：被告虽因饭店经营转让合同，欠原告转让费用共计 10 万元，但在双方结算的当日被告就已给付原告 5 万元，对剩余的 5 万元被告向原告出具了欠条。现原告持该张欠条向被告主张债权 5 万元，但被告又提供了由原告所出具的金额为 5 万元的收条，该份证据属书证，其证明力要大于原告的陈述，能够证明被告的抗辩主张。因此原告向被告主张债权 5 万元的诉讼请求，没有事实和法律根据。据此该律师对被告讲："被告应该能够胜诉。"

原告赵某感觉到自己起诉的案件出现危机，也聘请了律师。原告赵某的律师根据原、被告双方的证据结构，在举证期限内又通过事实调查为原告收集以下证据并提交法院：

（1）申请司法鉴定，鉴定结论确认 2009 年 5 月 1 日被告所出具的欠条和原告所出具的未注明月份和日期的 5 万元收条系同一张纸形成。

（2）调查了 2 位证人，并申请这 2 位证人到庭作证，证明他们听到被告在收到法院传票后，其所说的确实尚欠原告 5 万元的事实。

（3）调查收集了原告自 2009 年 5 月 25 日至 2009 年 7 月 10 日期间一直在深圳工作的证明，以证实在这期间原告不可能回来向被告出具收条。

（4）调查收集了原饭店的 2 位工作人员，并申请这 2 位证人到庭作证，证明 2009 年 5 月 1 日原、被告转让饭店时他们在场，被告提交的"原告 2009 年所写 5 万元收条字据"（该字据上没有显示出具月份和日期）是原告当日（2009 年 5 月 1 日）向被告出具。

原告赵某的律师根据调查收集的上述证据，提出了以下代理意见：

（1）被告提交的"原告 2009 年所写 5 万元收条字据"不具有证明力。本案被告提供的收条虽然能证明系原告自己所写，但是原告"该 5 万元收条字据是转让饭店当日（2009 年 5 月 1 日）向被告出具"的陈述更接近本案的客观事实。因为从原告所提供的证据来分析，原告提供的欠条字据和被告提供的收条字据竟在同一张纸上（由司法鉴定确认），按照一般情况，原告向被告出具收条不会继续使用那张未用完的部分，而应是重新用另外的纸张。但让人困惑的是，原告竟然会在 1 个月后再来用那张未用完的纸向被告出具收条，这不符合常理和实情。唯一合理的解释只能是被告提供的收条字据是原告在 2009 年 5 月 1 日收到被告的 5 万元首期付款时，给被告出具的。因此，该份证据虽然属书证，但通过对其审查判断，可证明该书证不具有证明力，不能支持被告的抗辩主张。

（2）其他证据证明被告仍拖欠原告 5 万元的事实。首先，原饭店的 2 位工作人员当庭作证证实：被告提交的"原告 2009 年所写 5 万元收条字据（该字据上没有显示出具月份和日期）"是原告当日（2009 年 5 月 1 日）向被告出具，不能证明被告 2009 年 6 月已付 5 万元的事实。其次，2 位证人当庭作证证实：被告在收到法院传票后，其还说的确尚欠原告 5 万元，这证明原告主张的事实符合客观实际。最后，由深圳××单位出具的书证证实：原告自 2009 年 5 月 25 日至 2009 年 7 月 10 日一直在深圳工作，这期间他不可能回来向被告出具收条，进而证实被告答辩中"之后被告于 2009 年 6 月底又给付原告 5 万元"的陈述是虚假的。基于以上证据和理由，为维护诚实信用的经济秩序，制裁恶意违法行为，保护债权人的合法权益，法院应当依法判决支持原告的诉讼请求。

　　法院经过审理认为：被告提供的原告出具的那张未注明月份和日期的收条在形式上存在瑕疵，不符合正常人的思维，也不符合情理。原告所举证据相互印证，形成证据锁链，能证明那张 5 万元的收条是其转让合同签订之日所写，被告实际只给付原告 5 万元，尚欠其 5 万元。因此被告应当对此承担还款的民事责任。最后法院判决支持了原告的诉讼请求。

由以上案例说明，被告的律师建立的就是一种"倒三角"式的证据推理结构，过于依赖某一种证据，将所有的推理都建立在某一个事实基础之上，因而导致案件败诉。而原告的律师根据案件的具体事实及所适用的法律关系，建立起一种金字塔式的证据推理结构，故使案件胜诉。

诊所学生应当从上述案例中有所体悟，懂得如何根据证据结构确定事实调查范围。

（三）选择事实调查的模式

事实调查有三种模式可供选择，律师或诊所学生根据案件的具体情况，结合拟定的事实调查范围，选择其中之一或之二，或三种模式综合运用，[1] 进行事实调查。

1. 根据法律要素进行事实调查。根据法律要素进行事实调查，是指以法律规定的内容、要素为依据进行的事实调查。先根据案件的具体情况，确定案件将要适用的法律、法规、规章等法律条文，而后以具体的法律规范为依据，寻找与案件有关的事实证据。比如代理原告提起离婚的诉讼案件，就应当根据我国《婚姻法》第 32 条规定，进行下列事实调查：

（1）被告是否有重婚或与他人同居的情形？

（2）被告是否对原告实施过家庭暴力、虐待、遗弃的情形？

（3）被告是否有赌博、吸毒等恶习且屡教不改的情形？

（4）原告与被告是否因感情不和分居满 2 年？

（5）有无其他导致原告与被告夫妻感情破裂的情形？

根据法律要素展开的事实调查，适用于法律关系明确、法律规定清晰、在法律分析和法律推理中占优势的案件。律师的调查活动紧紧围绕法律、法规的规定进行，在律师的调查笔录、代理词等其他法律文件上，尽可能使用法言法语，充分运用法律研究、法律分析的专业技能。在法庭上的陈述，也应当用词严谨、一

---

〔1〕 *Stefan*，*H. Krineger*，*Richard K. Neumann*，*JR*，*ect.*，*Essential Lawyering Skills*，*Interviewing*，*Counseling*，*Negotiation and Persuasive Face Analysis*，Aspen Publishers Inc.，1999，p. 187.

丝不苟、滴水不漏，依靠法律震慑对方，争取法官的支持。

2. 根据时间先后顺序进行事实调查。这种事实调查模式是以案件发生的时间先后为依据，依次进行事实调查，不仅强调案件发生的背景和时间，还要强调案件发生的次序和前后因果关系。时间可以年、月、日甚至小时、分、秒来表达，还可以用众所周知的历史上的重大事件表达一定的时间。在时间次序模式下，案情发展的若干个时间点及连结事件的具体情节，如同摄像机拍下的一组照片，连续播放要呈现出连贯完整的画面。在若干个时间点中，案情发生变化的每一个时间点都极为重要，应确保时间的详尽和准确。同时要关注信息的来源，因为信息的来源影响着信息的可信度，决定调查的必要性。案件的信息来源主要有：当事人陈述、书证、物证、证人证言、鉴定结论等。

例如，甲、乙、丙分别投资 10 万元合伙开办饭店，各占 1/3 股权。后甲将自己的股权转让给丁，约定从转让之日起 30 天内，丁一次性给付甲转让费 10 万元。丁违背约定，没有在约定期限内履行给付义务。之后两年多时间甲无数次催要未果，向法院提起诉讼。该案可按时间次序进行以下事实调查：

（1）甲、乙、丙合伙开办饭店时间及投资。如果证据来源是甲、乙、丙书面合伙协议，便具有较强的可信度。

（2）甲将自己的股权转让给丁的时间及数额。如果证据来源是甲、丁书面股权转让协议，便具有较强的可信度。如果证据来源是甲、丁口头股权转让协议，其可信度就低，则需要其他证据予以印证。

（3）甲向丁转让股权时，乙、丙是否知情，持何态度。如果证据来源是甲与丁书面股权转让协议上乙、丙的签名同意字据，则具有较强的可信度。如果是乙、丙的证言，便具有可变性。

（4）丁向甲出具拖欠股权转让费的字据及时间。如果证据来源是丁出具的书面字据，便具有较强的可信度和证明力。

（5）甲向丁催要欠款的时间及证据，以证明没有超过诉讼时效。如果证据来源是丁在书面催要欠款书上的签字，则具有较强可信度和证明力。

以上所举之例请诊所学生体悟，切记不能将该种调查模式适用于下列案件：事实间隔时间长，历史久远；或当事人与对方有过长期交往；或事件发生时间虽然短暂，但时间因素在事态发展中起重要作用的案件；等等。诊所学生调查活动中务必重视时间的准确性、时间的间隔、事件发生的次序，以及时间、次序对案情发展的影响。

3. 根据案件因果关系进行事实调查。根据因果关系展开的事实调查，适用于强调事件情节、行为人动机、目的，并且审判的自由裁量权范围较大的案件。

该种调查又称为"构建故事"式的事实调查，是指围绕着案件发生的前因后果，用构建一个合情合理、情节完整的"故事"的方式，完成事实调查。由于"故事"情节跌宕曲折，人物情感、心理、行为与社会背景等融为一体，特别是其中的非法律的、感性的因素很容易影响听众的情绪和判断力，因此，这一事实调查模式在实行陪审团制度的英美法系国家被广泛应用。律师采用这种调查模式，不仅要构建"故事"，还要善于讲述"故事"，讲述的目的，是影响案件决策人的情绪和判断力，从而影响案件的审理和判决。因此，除案件事实外，调查还应注重背景、环境、行为人个体状况以及影响行为人行为的其他内在、外在因素。在法庭上，律师在运用法律专业知识技能的同时，务必注意到语言、情绪、声音、声调、肢体语言等其他方面的技巧，增强感染力。下面运用笔者承办的一起案件予以说明：

被告人：李某，男，30 岁。其妻甲某与男子乙某同在一个农民戏团，为农村婚丧嫁娶事情演出。甲某与乙某有了私情，经李某多次规劝无效。有一次甲某外出在家附近村庄巡回演出，20 天没有回家。某日夜里，李某越想甲某与乙某在一起越气愤，便携带铁棍，骑自行车赶到距其家 5 公里处甲某与乙某演出的村庄，趁乙某演出空歇上厕所之机，将乙某打死。该案事实清楚，证据确实充分，被告人李某也供认不讳。

本案开庭时，笔者作为被告人李某的辩护律师，除指出被害人有过错外，还发表了以下意见：

各位参加庭审的合议庭成员及公诉人：辩护人深知被告人李某的行为触犯刑法，构成犯罪，依法应受到法律的惩处，但辩护人再次提请你们注意本案的因果关系和国人对"性"情节的认识。试想，假如你们的妻子或丈夫出现甲某的行为时，你们的情感将会如何？是否气愤？是否会出现情绪失控？是否会在情绪失控的情况下做出不当的行为？为此，辩护人请求合议庭充分考虑本案的因果关系及国人对"性"情节认识的因素和其他情节，对被告人李某量刑时给予从轻或减轻处罚。

笔者的上述辩护意见既非法律上的定性辩，也非法律上的情节辩，而是一种情理辩，并在情理辩中用"假如"构建"故事"，进而进行因果关系的分析，通过语音、声调、情绪、肢体语言等的综合运用，影响案件决策人的情绪和判断力，从而影响案件的审理和判决。

上述例子只是从开庭审理中的一个侧面讲述了如何根据因果关系构建"故事"，希望能够起到抛砖引玉的作用，使诊所学生有所领悟。

以上所讲法律因素、时间顺序、因果关系三种事实调查模式，只是为诊所学生提供三种不同的思维方式。在实践中，很少有律师自始至终仅仅使用一种模式进行事实调查，而是综合运用三种模式，以使事实调查达到最佳的效果。诊所学生应根据自己承办案件的具体情况，灵活选择事实调查的模式。

（四）调查收集

1. 调查证人。根据证人对案件及当事人的态度，分为友好、中立、不友好三类。针对不同类型的证人进行事实调查，应采取不同的方法，同时还要注意场所的选择及调查笔录的制作等问题。

（1）调查友好证人。友好证人一般与己方当事人关系良好，对此类证人进行事实调查难度不大，当事人往往会事先安排好合适的调查时间和地点，因此代理案件的律师或诊所学生不必担心制作调查笔录会影响证人的态度，从而妨碍取证。另外，也不必担心证人提供证言后拒绝在调查笔录上签字等问题。然而，友好证人常常与当事人有一定关系，这种关系可能被对方利用，以影响证人证言的真实性。友好证人有时是一把"双刃剑"，由于一心想帮助本方当事人，友好证人在庭审中的表现常过于迫切、意图明显。有经验的对方律师可能抓住这一心理，设计圈套，通过交叉询问使证人陷入被动局面，借以降低其证言的证明力。所以在调查这类证人时，除摄取对本方当事人有利的信息外，还要提防该证人误入对方律师设下的陷阱。要全面了解证人掌握的情况，并特别要求证人提供对己方当事人不利的信息，以便对不利的事项尽早采取补救措施。

（2）调查中立证人。中立证人包括目击者、与双方均不相识或均相识的人等。中立证人的证言具有较强的证明力，比较容易被法官采信。然而问题在于，由于与当事人没有交情，许多人不愿意花费时间、精力甚至承担风险去法庭作证。因此，在调查中立证人前，应尽可能了解证人的个人情况，如性别、年龄、性格、爱好、品格、脾气、修养、阅历、生活习惯等，以便谈话时投其所好，赢得好感。调查中应注意营造和谐的氛围，对证人的付出予以肯定，对证人的帮助表示谢意，对证人的顾虑表示理解，并尽可能减少或避免由于作证而给证人带来的不便。先提哪些问题？后提哪些问题？问题的难易程度如何？前后问题之间有无逻辑关系？问题内容的设计和提问次序，对回答的效果可能产生非常大的影响。如和中立证人谈话，先询问一些证人乐意回答的问题，通过问问题，培养好感。与中立证人的见面时间，原则上是越早越好。因为对方同样可能找到这位证人，因此越早谈话，越有可能固定有利的信息。

（3）调查不友好证人。不友好证人一般与对方当事人关系良好，或有其他特殊关系。实践中，有些不友好证人，拒绝与当事人或诊所学生见面；有些证人虽同意或不得已答应见面，但怀有冷漠、警戒、抵触、责备等心理，谈话中拒绝配合。诊所学生在和此类证人谈话时，首先，应注意对己方当事人的信息保密，不应暴露不利于本方当事人的信息。其次，应当采取一定策略：一是单独会谈，不要让本方当事人和对方当事人在场，减轻对立情绪；二是调整好谈话心理，并尽力影响证人。如较多地运用开放式提问题，注重以了解事实真相作为调查的目的，以是否能获取真相作为调查的成果，避免有明显意图、有针对性和偏向性的提问；不带任何偏见地听取证人的回答；最好把他反感的问题留在后面，以免弄僵关系，使调查无法继续下去；利用个人人格魅力，如诚恳、和善、客观、耐心、关怀赢得证人的好感，让他觉得尽管对该方当事人不满，但对这位代理人印象良好。

（4）调查证人场所的选择。调查证人要选择安静的场所。另外，调查证人要单独进行。如果有若干证人，即便他们的意见大体一致，也应当分别调查。

（5）调查笔录的制作。律师或诊所学生在对证人进行事实调查时，一定要制作调查笔录。调查笔录有一定的格式要求，下边提供一份律师调查笔录，供诊所学生参考。

调查笔录

调查人：李××，王××，××律师事务所律师

被调查人：黄××，男，51岁，汉族，××市××区××乡××村党支部书记

时间：2008年4月21日，上午9：00－11：00

地点：××乡××村××街××号×院

记录人：王××

在场见证人：张××，郭××，××市××区××乡××村村民

律师：我们是××律师事务所的律师，今天向你了解一下你们村与王××签订宅基地使用协议一事，希望你实事求是讲清楚，不要隐瞒，如故意提供虚假证言，要承担法律责任，你听明白了吗？

黄××：我听明白了。

律师：你与王××在签订宅基地使用协议前认识吗？

黄××：认识。

律师：具体经过，请你讲一下。

黄××：1999年×月的一天，我的一位朋友将王××带来，并向我介绍说："他是××市一名私人企业家，要在我们村投资。"后来请我喝过几次酒，一来二去，我们就认识了。

律师：王××要在××村买一块地从事别墅建设的想法是通过你与村里联系的吗？

黄××：是的。

律师：是什么时候？

黄××：大概是 1999 年×月中旬。

律师：1999 年 12 月 12 日你村与王××签了宅基地使用协议是经过村委会讨论过的吗？

黄××：是的，是经村委会一致讨论通过的。

律师：你知道我国《土地管理法》关于集体土地的规定吗？

黄××：知道，集体所有土地任何人不得出卖、出租。

律师：那你为什么还要让村委会同王××签订那份宅基地使用协议？

黄××：我们村一直是××市内最穷的一个，耕地少，劳动力多，仅有的几个乡镇企业效益都不是太好，使得村里的剩余劳动力无处可去，我和王××接触了几次后，得知他要在我们村投资建厂，这对我们村可是一个千载难逢的好机会，我和村委会主任及其他几位村委委员十分高兴。后来王××找到我们说要在村里投资建厂，他就要住在村里，可眼下村里的居住条件实在太差，而且以后厂子建起来后，请来了一些专家、技术人员需要有个住处。要是村里能批块地盖一些别墅就好了。我们村党支部和村委会商量了一下，就同意了。

律师：你是什么时候得知王××实际并不想在村里投资建厂的？

黄××：一次王××酒后失言说，我们村要政策没政策，要资源没资源，傻瓜才来这建什么厂呢？后来我们村的几位委员几次派人催促王××尽快落实投资，王××总是借故推托，再到后来，他根本躲着不见我们。

律师：好，今天就谈到这里，请你看看，刚才的笔录是否有误？如果有误，请提出，如果没有出入，请签名。

黄××：以上笔录我看过，跟我讲的完全一样。

黄××（签名及手印）

在场见证人：张××（签名及手印）

郭××（签名及手印）

2008 年 4 月 21 日

（6）调查笔录的作用。以民事诉讼为例，最高人民法院《关于民事诉讼证据的若干规定》（以下简称《规定》）施行之前，律师对证人的调查笔录，法庭经过合法质证审查后，符合证据条件要求的均作为定案的依据使用了。但从 2002 年 4 月 1 日该《规定》施行后，根据《规定》中第 55 条"证人应当出庭作证，接受当事人的质询"的规定，双方当事人及代理人对对方律师调查笔录的异议理由几乎如出一辙，动辄即是：由于证人没有出庭接受质询，该证据无法查清，请求法庭不予采信。该理由源于《规定》第 55 条，似有法定化之情形。尽管对于律师调查笔录究竟是证人证言，还是书证，以及有无证据能力的争论，至今学界众说不一，法律也没有进一步明确规定。但我们仍可确切地说，律师调查笔录（包括诊所学生调查笔录，因为《民事诉讼法》第 61 条规定，其他诉讼代理人也有权调查收集证据）至少还有以下作用：

第一，经人民法院允许证人不出庭时，应作为证据使用。《规定》第 56 条规定："《民事诉讼法》第 70 条规定的'证人确有困难不能出庭'，是指有下列情形：①年迈体弱或者行动不便无法出庭的；②特殊岗位确实无法离开的；③路途特别遥远，交通不便难以出庭的；④因自然灾害等不可抗力的原因无法出庭的；⑤其他无法出庭的特殊情况。前款情形，经人民法院许可，证人可以提交书面证言或者视听资料或者通过双向视听传输技术手段作证。"依据上述法律规定，即使律师调查笔录在证人证言或书证的争论没有定论、法律也没有明确界定的情况下，至少可归入证人证言的证据类型，作为证据使用。

第二，固定证人证言，使证人不能当庭改变证言。中立证人，尤其是不友好证人，往往在开庭时彻底改变原先的证言，即开庭前证明某种物品是"白"，而当庭作证时却证明该物品是"黑"。当然，证人开庭时彻底改变原先证言的原因是多方面的。可能是对方当事人的收买，可能是其他原因。但不管什么原因，只要律师或诊所学生在开庭前对这些证人进行了事实调查，并给其制作了调查笔录，他们将很难在开庭时改变证言。如果他们在调查笔录中证明某种物品是"白"，而当庭却证明是"黑"，律师或诊所学生就可以以调查笔录中证言"白"之矛，攻其当庭证言"黑"之盾，使这些证人当庭证言不被法庭采信。

第三，印证其他证据。调查笔录印证其他证据的作用，主要表现在两个方面。一是印证证人证言。如果证人没有当庭改变证言，该调查笔录可印证其当庭证言的一致性、可信性、客观性。另外，还可起到印证其他证人当庭证言一致性、可信性、客观性的作用。二是还可起到印证其他书证、物证一致性、可信性、客观性的作用。

（7）制作调查笔录应注意的问题。律师或诊所学生对证人进行事实调查，尤其在制作调查笔录时，应注意以下问题：

第一，一般两人进行，并有见证人在场。法律虽然没有规定，代理律师或其他诉讼代理人调查证人及制作调查笔录必须两人进行，并有见证人在场见证。但如果有两人进行，并有见证人在场见证，会使调查笔录更具客观性。

第二，被调查人按手印。证人调查笔录一般用钢笔书写，难免在记录时出现错处，就需要对错处进行修改。另外，证人也有权要求对记录不符合其原意的部分进行修改。还有调查笔录的页码也可能出现争议。为防止以后证人对调查笔录内容提出异议，制作完调查笔录并经证人审阅无误后，一定要让证人在笔录中的修改处、页码和签名处（签名后）按手印。当然，见证人也应在其签名处签名后按手印。

第三，让被调查人根据笔录内容写份书面证言。调查笔录往往不是对证人原话的记录，而是记录其讲话的原意。为防止日后证人以其文化较低，没有理解调查笔录真实意思而签字，进而反悔证言。因此，在完成调查笔录后，最好让证人再按照调查笔录内容的原意，自己书写一份书面证言。这样，可以更好地防止证人日后反悔证言。

2. 调查收集物证、书证。

（1）调查收集物证。由于物证具有客观性，不受主观因素以及诉讼环境的影响，因此，具有较强的客观性和真实性。在诉讼当中，物证证实内容更易被法官采信。调查收集的物证应当是原物。如果被调查人提供原物确有困难的，可以提供复制品或者照片。提供复制品或者照片的，应当在调查笔录中说明取证情况。实践中，如果收集原物确有困难，律师或诊所学生最好向司法或行政执法部门申请调取原物的复制品或者照片，以便这些证据被采信。

（2）调查收集书证。在诉讼中，书证往往被大量运用。书证的表现形式多种多样，如结婚证、公证书、保证书、遗嘱、借条、情书等。书证的缺点有：内容有瑕疵，甚至有重大缺陷。在收集和应用书证时，应该注意提交的书证应与其他证据形成完整的链条，通过实物证明补强其证明力，这样书证证明力增加，被法院采信的几率也会增强。收集的书证，可以是原件，也可以是经核对无误的副本或者复制件。如果是复制件的，应让该原件保管部门在该复制件签署"此件与原件无异"或"此件与原件一致"的字样，并加盖印章。

3. 调查收集物视听资料。随着时代的发展，以及当事人举证意识的提高，越来越多的视听资料证据被当事人采用。比如手机录音、MP3录音、录音笔录音等。但由于视听资料采用科技手段制作，容易通过科技手段加以编辑甚至篡改。对此类证据调查收集的要求必须严格：①必须合法。如最高人民法院《关于民事诉讼证据的若干规定》第68条规定："以侵害他人合法权益或者违反法律禁止性规定的方法取得的证据，不能作为认定案件事实的依据。"该规定当然也包括视听资料的调查收集。②表现形式要能准确反映案件实际，要有明确的时间和地点。如最高人民法院《关于民事诉讼证据的若干规定》第69条第3款规定："存有疑点的视听资料不能单独作为认定案件事实的依据。"③声音资料应当附有该声音内容的文字记录。④如有条件制作调查笔录的，务必与调查笔录互相印证，形成证据链条。

（五）申请调取和证据保全

1. 申请调取证据。最高人民法院《关于行政诉讼证据若干问题的规定》第22条规定："根据行政诉讼法第34·条第2款的规定，有下列情形之一的，人民法院有权向有关行政机关以及其他组织、公民调取证据：①涉及国家利益、公共利益或者他人合法权益的事实认定的；②涉及依职权追加当事人、中止诉讼、终结诉讼、回避等程序性事项的"；第 23 条规定："原告或者第三人不能自行收集，但能够提供确切线索的，可以申请人民法院调取下列证据材料：①由国家有关部门保存而须由人民法院调取的证据材料；②涉及国家秘密、商业秘密、个人隐私的证据材料；③确因客观原因不能自行收集的其他证据材料"；第 24 条规定："当事人申请人民法院调取证据的，应当在举证期限内提交调取证据申请书。调取证据申请书应当写明下列内容：①证据持有人的姓名或者名称、住址等基本情况；②拟调取证据的内容；③申请调取证据的原因及其要证明的案件事实"。最高人民法院《关于民事诉讼证据的若干规定》第 15 条规定："《民事诉讼法》第 64 条规定的'人民法院认为审理案件需要的证据'，是指以下情形：①涉及可能有损国家利益、社会公共利益或者他人合法权益的事实；②涉及依职权追加当事人、中止诉讼、终结诉讼、回避等与实体争议无关的程序事项"；第 16 条规定："除本规定第 15 条规定的情形外，人民法院调查收集证据，应当依当事人的申请进行"；第 17 条规定："符合下列条件之一的，当事人及其诉讼代理人可以申请人民法院调查收集证据：①申请调查收集的证据属于国家有关部门保存并须人民法院依职权调取的档案材料；②涉及国家秘密、商业秘密、个人隐私的材料；③当事人及其诉讼代理人确因客观原因不能自行收集的其他材料"；第 18 条规定："当事人及其诉讼代理人申请人民法院调查收集证据，应当提交书面申请。申请书应当载明被调查人的姓名或者单位名称、住所地等基本情况、所要调查收集的证据的内容、需要由人民法院调查收集证据的原因及其要证明的事实"；第 19 条规定："当事人及其诉讼代理人申请人民法院调查收集证据，不得迟于举证期限届满前 7 日"。代理案件的律师或诊所学生一定要熟悉和掌握上述法律规定，及时并善于运用申请法院来调取证据的权利。

2. 申请证据保全。关于证据保全，我国《民事诉讼法》和《行政诉讼法》均规定，在证据可能灭失或者以后难以取得的情况下，诉讼参加人可以向人民法院申请保全证据，人民法院也可以主动采取保全措施。所谓"证据可能灭失"，是指证人可能因病死亡，物证和书证可能会腐烂、销毁等。所谓证据"以后难以取得"，是指虽然证据没有灭失，但如果不采取保全措施，以后取得该证据可能会成本过高或者难度很大，如证人出国定居或留学等[1]。

诊所学生代理民事或行政诉讼案件时，如遇证据可能灭失或者以后难以取得

---

〔1〕　汪伟主编：《民事诉讼法》，高等教育出版社 2007 年版。

的情况，应及时向人民法院申请保全证据。

（六）申请鉴定

诊所学生代理案件中，如需进行法医鉴定、司法精神病鉴定、过错鉴定、医疗事故鉴定、痕迹鉴定、笔迹鉴定、司法会计鉴定及其他鉴定，应在法律规定的期限内及时提出。

二、事实调查中的几种技巧[1]

事实调查中有多种技巧，将一些军事计谋运用于事实调查，作为取证的技巧来使用，往往会取得良好的效果。以下着重介绍这方面的技巧运用。

（一）"兵贵神速"的调查技巧

兵贵神速，是指用兵神速，出其不意，攻其不备，就会取得胜利。律师或诊所学生也应将这一军事计谋，变成一种取证的技巧来使用。如果运用适当，会收集到赢得案件胜诉的关键证据。这就要求律师或诊所学生进行事实调查时，务必要注意对方对某些待查事项的反应。因为对某些待查事项的调查时间，与对方的反应速度有着十分重要的关系。如果本方和对方均有调查某事项的计划，兵贵神速，早优于晚，越早接近事实真相，越容易巩固有利证据。如果对方有可能对某些证人施加压力，影响证人作证，抢在对方之前取得书面证据，并帮助证人准备应对措施，就会使对方处于不利地位。当然，如果对方还没有意识到某些线索、事实，本方的调查会打草惊蛇，引起对方警觉，泄露本方的意图，调查可以推迟或暗中进行。

（二）"金蝉脱壳"的事实调查技巧

金蝉脱壳之计用于军事，是指通过伪装或其他手段摆脱敌人，以实现己方战略撤退或战略目标转移的谋略。撤退或转移，绝不是惊慌失措、消极逃跑，而是保留形式，抽走内容，稳住对方，使自己脱离险境，达到己方战略目标。律师或诊所学生在代理案件中也可充分运用此计谋，使之成为事实调查乃至诉讼的技巧。

司法实践中，被告的代理律师常常在事实调查中运用这一技巧收集到与本案有利害关系的第三人的证据，说服原告同意并由法院通知第三人参加诉讼，使被告金蝉脱壳。下边举一律师运用此技巧，使己方当事人金蝉脱壳，摆脱困境的案例。

山东××集团公司（甲方）与河北××机床有限公司（乙方）签订机床设备定作合同。合同约定：乙方向甲方定作×××型号机床一台，价值

---

[1] ［英］科林·比尔德、约翰·威尔逊著，黄荣华译：《体验式学习的力量》，中山大学出版社2003年版。

100 万元；交货日期 2008 年 3 月底前；合同签定后乙方预付货款 30 万元，甲方进行生产；交货 10 日前乙方再付货款 65 万元；余款质量保证期满后一次性给付；本合同发生纠纷由原告住所地法院管辖。2008 年 2 月 10 日，甲方告知乙方付款提货，乙没有付款。之后，甲方无数次催促乙方付款提货，但直到 2008 年 7 月底仍无果。无奈，甲方（以下称原告）在住所地山东××县法院起诉乙方（以下称被告），请求：①解除合同；②赔偿损失 70 万元；③诉讼费由被告承担。被告委托某律师代理诉讼。

接受委托后，被告律师通过会见当事人获得了以下案件信息：①被告购买该台机床是卖给河北××集团公司的，另与河北×集团公司签订了合同。②违约的原因是河北××集团公司由于生产线的调整，不想要这台设备了。③原、被告及河北××集团公司三方在原告起诉前经过多次谈判，河北××集团公司提出不要该台设备了，预付款 30 万元也不要了，请求原告将该设备卖给他人。原告不同意，理由是定做设备，无法转卖他人，如果河北××集团公司不要该设备，该设备就如同一堆废铁。④原、被告及河北××集团公司（以下称第三人）三方签订过技术协议。⑤原、被告、第三人之间相互多次来往传真。⑥原告直接将该机床附件给付第三人。

被告律师根据以上证据信息，通过事实调查收集了以下证据：①原、被告、第三人之间签订的三方技术协议；②原、被告、第三人三方的会谈纪要；③原、被告、第三人之间关于解决纠纷的来往传真。

被告律师根据所取得的上述证据，并依据《民事诉讼法》第 56 条第 2 款"对当事人双方的诉讼标的，第三人虽然没有独立请求权，但案件处理结果同他有法律上的利害关系的，可以申请参加诉讼，或者由人民法院通知他参加诉讼"的规定，向山东××县法院提出追加河北××集团公司为诉讼第三人的申请，法院征得原告同意后，追加河北××集团公司为诉讼第三人，并最终判决第三人承担违约责任，使被告金蝉脱壳，免去了诉累。

（三）"欲擒故纵"的调查技巧

欲擒故纵是三十六计中的第十六计。欲擒故纵中的"擒"和"纵"，是一对矛盾。军事上，"擒"是目的，"纵"是方法。律师或诊所学生进行事实调查时，也可利用这一军事计谋，把它变成一种取证技巧。下边介绍一律师运用此技巧取证的案例。

当事人高某与丈夫李某结婚 10 年，生育一子。丈夫李某是个体老板，外边可能有第三者。李某是第二次向法院起诉要与高某离婚（第一次起诉被法院驳回），李某在第二次起诉时诉称：已与高某分居两年多，互不尽夫妻义务，感情早已破裂，请求法院判决离婚。

律师：你是什么想法呢？

高某：我们有孩子，我不想离婚。

律师：只要你不能取得你丈夫的爱，他迟早会与你离成婚的。

高某：法院的人说，这次够判离婚条件了，要判我们离婚。但我想让法院再给一次机会，判决不准离婚。第一次判决不准离婚后，我有点赌气，有几次他回家找我，我也不理他。这次如果法院能判决不离婚，我会努力争取让丈夫与我和好的。

律师：你丈夫回家住吗？

高某：不回，他已在外边住两年多了。但他有时回来看看孩子。

律师：他回来看孩子对你有什么表示吗？

高某：他想接近我。

律师：你们近半年来有夫妻生活吗？

高某：有。

律师：有证据吗？

高某：没有。

律师：你可给丈夫打电话，以商量孩子上学的事情为由，让他回家，取得证据。

高某：我明白了。

几天后，高某取得证据，使法院第二次判决不准离婚。几年后，律师见到高某，得知她与丈夫李某真得和好了。

（四）"暗渡陈仓"的调查技巧

韩信"明修栈道，暗渡陈仓"是中国历史上有名的战例，历来为人们津津乐道。韩信这一招，奠定了刘邦大业的基础，后来有很多兵法家效法韩信，使"暗渡陈仓"成为三十六计中的第八计。"暗渡陈仓"的前提，是"明修栈道"，即公开地展示一个让敌人觉得愚蠢或者无害的战略行动，以使敌人松懈警戒。在公开行动的背后，或有真正的行动，或去转移防卫，趁敌人被假象蒙蔽而放松警惕时，给敌人以措手不及的致命打击，自己则在没有遭到任何抵抗或防备的情况下，出奇制胜。律师或诊所学生为当事人提供法律服务时，也可充分运用这一计谋，使之变成一种取证技巧，更好地维护当事人的合法权益。下边介绍一律师运用这一技巧取证的案例。

某日，当事人张某到律师办公室，寻求法律帮助。

律师：你有什么事吗？

张某：气死我了！

律师：别着急，为何事生气呢？

张某：我在××商场花费 280 元买了一双××品牌名牌皮鞋，刚穿 6 天鞋底就掉了，肯定是假货，我找到商场要求退货，可商场就是不给退货。

律师：你有购物凭证吗？

张某：当时，商场给了张购物小票，我扔掉了。

律师：你购物时有熟人在场吗？

张某：没有。

律师：你是什么想法呢？

张某：我工作很忙，只要商场给我退货就行了。

律师：你现在跟我去趟××商场吧。

张某：好。

律师和张某来到××商场。

律师：服务员你好，我的朋友在你们这里买双鞋，没穿几天就坏了，你看如何妥善处理一下呢？

售货员：你的这个朋友来过，当时我们就告诉他，让他把鞋放这里，等送货的厂方来后给他修一下，可他执意要退货。

律师：那让我的朋友把鞋放你们这里，厂方何时来人，多长时间能把鞋修好呢？

售货员：大概十多天吧。（售货员把张某的鞋收进柜台）

律师：请给我的朋友写个便条吧，以便他日后来取。

售货员：（售货员无语，但顺手在一张小票上写了"收××品牌名牌皮鞋一双修"，写后交给律师）

律师：我要求你们商场立刻退货，否则我们要去法院告你们商场销售假冒伪劣产品。

售货员与律师争吵过程中，经理过来，律师亮明了身份，经理指令售货员退货。

（五）"抛砖引玉"的调查技巧

抛砖引玉也是三十六计之一，是指用相类似的事物去迷惑、诱骗敌人，使其懵懂上当，中我圈套，然后乘机击败敌人的计谋。"砖"和"玉"，是一种形象的比喻。"砖"，指的是小利，是诱饵；"玉"，指的是作战的目的，即大的胜利。律师或诊所学生在事实调查时，可充分运用这一计谋，使之变成一种取证技巧。如果运用适当，会收集到赢得案件的关键证据。下边介绍一律师运用这一技巧取证的案例。

王某是个建筑包工头，常年带五十余名民工在某市××建筑集团公司干活，靠的是个人关系，一切都是君子协议。3 年来该建筑集团公司累计拖欠王某人工及材料款 40 万元，没有任何书面证据材料。近半年来建筑集团公司停止给他给付建筑工程及材料款，民工们得不到工资离他而去，他也无法在该建筑集团公司干活。随后，他走上了向该建筑集团公司的讨债之路，他请客送礼，好话说尽，等来的始终是"再等等吧"。结果导致他雇佣的五十余名民工堵门讨要工资，使他无法正常生活。张某被迫无奈找到律师。

律师：据我了解该建筑集团公司绝对有偿还你 40 万元欠款的能力。

王某：绝对有，他们公司资产数千万，他们总经理的车就价值四十余万元。

律师：你与这个公司有合同吗？

王某：没有。

律师：有结算书、欠条或还款协议吗？

王某：没有，什么也没有，一切都是君子协议，我想打官司也没法打。

律师：你能不能让这个公司给你出具欠款条，或者还款协议。

王某：我试过了，根本不可能，他们不给出具任何书面东西。

律师：能录音吗？

王某：可以，但对方总是有意回避，非常警惕。我想通过法院把钱要回来，可没有证据，实在头痛。所以今天找律师给想想办法。

律师：办法倒是有，关键看是否适合你。该公司不给款的理由是什么呢？

王某：他们说，他们公司有许多债权，正在讨要，如要回来就给我。但我根本不相信他们了。

律师：你了解该公司的债权情况吗？

王某：了解一些，××钢铁公司欠他们 200 万元，还有××厂欠他们 100 万元。

律师：你帮这个公司要账，他们会同意吗？

王某：当然同意，他们也说过，如帮他们要回钱，他们就给我工程款。可我一个民工头，如何能帮他们要回欠账呢。

律师：你知道市里主管工业的副市长吗？

王某：不知道，但我可以问出来。可这有什么用呢？

律师：我给你起草一份帮助要款协议书，你明天到建筑公司，对他们称，你认识市里某领导，可以帮助他们要账。

王某：律师，我明白你的意思了。

第二天，王某高兴地到律师事务所找到律师说：你真有办法，我拿到证据了。王某所拿到的是以下证据：

协议书

甲方：××建筑集团公司。

乙方：王某，身份证：……

经甲、乙双方协商，在平等的基础上自愿达成如下协议：

1. 甲方委托乙方讨要××钢铁公司欠甲方工程款 200 万元，如乙方帮助甲方要回此款，甲方保证优先给付拖欠的乙方工程款 40 万元。

2. ……

3. ……

甲方：××建筑集团公司经理签名

乙方：王某

2008 年 5 月 8 日

第三节　事实调查的技巧训练

一、事实调查价值与技巧练习

【案件材料】

甲诉乙欠款 6 万元久催不还，要求法院判令乙给付欠款。但仅向法院提供一份欠款复印件证据，不能提供证据原件。开庭时乙以原告未能提供原件为由拒绝对欠款复印件证据质证，并否认欠款事实，原告感觉胜诉无望，向法院提出撤诉申请，法院裁定准许。原告撤诉后，委托律师进行事实调查，律师以调解甲、乙双方纠纷为由，邀请甲、乙及甲、乙的好友丙、丁参加。调解过程中乙承认欠款事实，律师暗中进行录音。随即，律师代理甲又对乙提起诉讼。开庭中，在原告律师出具录音资料、欠款复印件证据，以及甲、乙的好友丙、丁出庭作证乙已承认欠甲款后，乙又改口说："我是欠甲的钱，可我早已还他了"。但乙并未举出任何证据。一审判决乙给付甲的欠款 6 万元。

【要求】

将四名学生分为一个小组，三名学生参加讨论，一名学生担任观察员（不参加讨论），教师巡回观察各组讨论情况。讨论时间 15 分钟，教师任意抽查二个小组观察员汇报本组讨论意见，每个观察员汇报 5 分钟，教师 10 分钟点评。

观察员汇报本组以下讨论内容：

（1）何为事实调查？

（2）何为法律事实？其特征有哪些？

（3）法律事实是否完全等同客观事实？

（4）事实调查的核心是什么？

（5）事实调查的种类有哪些？律师采用了哪一种调查技巧？

（6）律师采取何种技巧实现事实调查的价值？

（7）除上述律师采用的技巧外，还可运用何种事实调查技巧？

二、事实调查中的计划制定与技巧练习

【案件材料】

的士司机张某，在某市开车营业已有半年之久。2008年7月26日，他行车至该市某一偏僻的街道，待车已经进入街道内约二十米处，才看清被树枝挡住的前方岔路口左面"不得左转"的标示。对面正在修路，暂时禁止通行，只能向右转。为了避免与乘客发生纠纷，在乘客的要求下，张某冒险向左转，刚转过去，便被站在街边树后面的警察逮了个正着。交警以张某违章转弯为由开了罚款、扣分的罚单。张某不服，认为是事出有因，责任不应由他一人承担，到法律诊所请求法律援助提起诉讼。

【要求】

4名学生一组，分组课下练习，进行下列工作，时间不少于30分钟：

（1）整理资料，归纳信息，分析案情。

（2）制订办案计划（或策略）。（有几种选择方案？应当从何处入手？为达到目的已经具备的条件？尚需具备哪些条件？）

（3）集中大家的意见，写出具体方案。

（4）拟订事实调查范围和制定完整的调查计划？

（5）选择一个学生作为发言人，其他人可以补充。

课堂集体讨论以下问题，并由教师点评，时间共计25分钟。

（1）如何对现有资料、信息进行分析？

（2）待调查事实列项——还有哪些情节可能是真实的、有利的？

（3）待收集资料列项——还有哪些证据需要收集？何地、何时、怎样收集？

（4）如何确定待办事项的主次与先后次序？

（5）怎样将证据运用于案件之中——案件事实、证据、它们之间的关系以及它们对于办案策略的影响如何？

（6）调查中是否需要使用录像机、照相机或绘图本？

（7）可采用哪些事实调查技巧收集证据？

三、事实调查方式与技巧练习

【案件材料】

赵女士和钱先生1994年相识，自由恋爱半年后登记结婚，次年生育一女，一家三口就这样在河北邯郸某农村过着平静快乐的生活。后来钱先生去广州打工，赵女士在家照顾女儿和钱先生的父母。2005年初钱先生认识了其他异性并

与之交往亲密，赵女士因此经常与钱先生争吵以至动手打架。赵女士一气之下也外出打工，但基于维持这个家庭和其他方面的考虑，赵女士一直没有要求离婚。2008年年底赵女士突然收到邯郸某县法院发来的起诉书，竟然是钱先生起诉她要求离婚，理由是赵女士在外打工有外遇，对女儿照顾不周，导致夫妻感情破裂。经亲友了解原来钱先生从2007年就与某女青年小张在广州同居生活，并扬言已经和赵女士离婚，且钱先生和小张在南京生育一女。

　　赵女士为维护自己的合法权利，也为讨个说法聘请了律师作为她的代理人。为了核实钱先生和小张的关系以及他们生育一女的事实，律师前往广州，首先到达钱先生工作的工厂，在工厂食堂就餐时询问钱先生的情况，食堂老板很是热情地告诉律师说：钱先生的女儿前几个月在广州××医院出生，出院后还放了鞭炮并摆酒庆祝，还说钱先生和以前的老婆已经离婚，现在的老婆是小张，两人居住在工厂已经一年多了。次日律师回到邯郸某县，申请法院调取钱先生涉嫌重婚的证据，法官带着法院的调查函调取了医院的证明等证据。赵女士看在女儿的份上没有对钱先生提起重婚罪的自诉，最后钱先生支付赵女士10万元的补偿金，双方调解离婚。

【要求】

　　将4名学生分为1个小组进行讨论，时间15分钟。讨论以下内容：

　　（1）律师采取了何种事实调查方式？

　　（2）律师运用了何种事实调查技巧？

　　（3）假如你是赵女士聘请的律师，除上述技巧外还可采取哪些事实调查技巧？

　　（4）律师先到广州了解情况后，再申请法院调取证据是基于什么考虑？

　　（5）你认为律师拟定的调查范围是否正确？

　　（6）你对律师的调查有何感悟？

四、事实调查中举证责任与技巧练习

【案件材料】

　　2006年3月吴某与李某订立了砖瓦厂承包协议，协议约定由吴某提供厂地和设施，李某负责组织生产，所生产的砖均销售给吴某。丁某系吴某雇用的会计，2007年6月丁某与李某结账时出具给李某欠款一份，上书："今欠李某劳务承包费20 000元，欠款人吴某，经手人丁某"。吴某未在欠条上签字。2008年6月，李某凭欠条向法院起诉，庭审中，吴某否认欠款关系存在，李某和丁某均称此欠条实质上是为吴某代偿其他承包费所形成。此案审理中形成两种意见：一种意见认为，丁某系吴某的会计，故丁某向吴某出具欠条的行为是执行职务的行为，可视为吴某的行为。欠条在吴某和李某间产生拘束力，现吴某对此提出异议，但未能提供反驳的证据，故吴某应当承担举证不能的责任。应判决吴某偿还此欠款。另一种意见认为，吴某未在该欠条上签字，李某应当承担举证不能的责任，应驳回李某的诉讼请求。

【要求】

将 4 名学生分为一个小组进行讨论，时间 15 分钟。讨论以下内容：

（1）本案举证责任应如何分配？

（2）吴某的律师还应通过事实调查收集哪些证据？采取何种技巧？

（3）李某的律师还应通过事实调查收集哪些证据？采取何种技巧？

五、事实调查中证明标准与技巧练习

【案件材料】

××检察院起诉书指控：被告人王某 2008 年 3 月 16 日 23 时许，在××市××路××商场门口抢劫一女青年人民币 2000 元，构成抢劫罪。认定上述事实的证据有：①被告人王某的供述；②被告人王某对犯罪现场的指认照片和笔录。

【要求】

将 4 名学生分为一个小组讨论以下问题，时间 10 分钟；教师任意抽查一个小组观察员汇报本组讨论意见，时间 5 分钟；其他组同学任意发言，时间 5 分钟；教师综合点评，时间 5 分钟。

（1）本案证据能否认定被告人王某构成抢劫罪？理由是什么？

（2）刑事诉讼采用的是什么样的证明标准？

（3）民事诉讼采用的是什么样的证明标准？举例说明。

（4）行政诉讼采用的是什么样的证明标准？举例说明。

（5）本章讲的一些事实调查技巧哪些能在警方的侦查中使用？哪些不能使用？理由是什么？

六、事实调查中其他证据规则的适用与技巧练习

【案件材料】

行政相对人张某不服某质量技术监督局的行政处罚决定，提起行政诉讼。原告代理律师在法院阅卷时发现：①某质量技术监督局聘用的两名质量监督员对行政相对人张某的询问笔录一份；②被告代理律师提起诉讼后收集的证据一份；③原告提供被告工作人员代收产品质量鉴定收据一份，证明产品经过鉴定合格，该鉴定在被告处，但被告否认该事实；④法庭主持的勘验笔录和某质量技术监督局主持的勘验笔录各一份，但内容矛盾；⑤被告答辩状中对原告陈述的某一案件事实明确表示认可。

【要求】

将 4 名学生分为一个小组讨论以下问题，时间 15 分钟；教师任意抽查一个小组观察员汇报本组讨论意见，时间 10 分钟；其他组同学任意发言，时间 10 分钟；教师综合点评，时间 15 分钟。

（1）原告及代理人应用非法证据排除规则排除哪些证据？

（2）原告及代理人应用案卷外证据排除规则排除哪些证据？

（3）原告及代理人应用拒证推定规则确认哪些证据？

（4）原告及代理人应用最佳证据规则确认哪些证据？

（5）原告及代理人应用自认规则确认哪些证据？

（6）假如你是原告的代理人可采用哪些事实调查模式收集证据？

（7）假如你是原告的代理人可采用哪些事实调查技巧？

七、事实调查范围的拟订与技巧练习

【案件材料】

原告诉称：其以一辆进口轿车抵押从被告××银行借款 50 万元，借款期间被告私自动用抵押轿车，使该车出现严重故障。请求法院判令将抵押轿车冲抵借款后，再判令被告给付抵押轿车余款 30 万元。原告向法院提交的证据有：①抵押轿车广州报关证明；②香港××公司出售该抵押轿车的发票，价值 90 万元；③××评估部门评估该抵押轿车抵押借款时价值 80 万元的评估报告；④抵押借款合同；⑤被告私自动用抵押轿车，使该车出现严重故障的证据。被告到法律诊所请求学生担任诉讼代理人。

【要求】

将 4 名学生分为 1 个小组，3 名学生参加讨论，1 名学生担任观察员（不参加讨论），教师巡回观察各组讨论情况。讨论时间 10 分钟，教师任意抽查 2 个小组观察员汇报本组讨论意见，每个观察员汇报 5 分钟，教师 5 分钟点评。观察员汇报本组以下讨论内容：

（1）为被告的律师如何根据证据价值确定本案的调查范围？

（2）为被告的律师如何根据成本确定本案的调查范围？

（3）作为被告的律师如何根据当事人经济能力确定本案的调查范围？

（4）作为被告的律师如何根据证据结构确定本案的调查范围？

（5）本案可采用非常规调查收集哪些证据？

（6）可运用哪些技巧收集证据？

八、事实调查模式的选择与技巧练习

【案件材料】

某电力局于 1995 年与某村某小组共 180 余户村民签订了"优惠用电协议"，

协议中商定自协议签订时起，该小组村民享受每度电 0.15 元的优惠电价，如遇国家政策调价则按比例适当调节。现电力局以国家实行"同岗同价"政策为由，要求村民按每度电 0.55 元的电价交费，并诉于当地法院，要求解除 1995 年的协议。村民代表找到法律诊所求助，村民称：当时签订优惠电价协议，是因为电力局占用了该组村民 8 亩耕地建了供电所，没有给村民任何补偿费或租金。直到现在，电力局还在占用村民的土地。

【要求】

将 4 名学生分为 1 个小组，3 名学生参加讨论，1 名学生担任观察员（不参加讨论），教师巡回观察各组讨论情况。讨论时间 25 分钟，教师任意抽查 2 个小组观察员汇报本组讨论意见，每个观察员汇报 5 分钟，教师 15 分钟点评。观察员汇报本组以下讨论内容：

（1）事实调查三种模式的特点？

（2）该案件事实调查应当运用哪一种或几种模式？理由是什么？

（3）调查的先后次序应当是什么？

（4）被调查人都有哪些？为什么确定他们是被调查人？调查目的是什么？

（5）在何时、何处调查？

（6）采取什么样的调查手段？

（7）如何尝试多样调查方法？

（8）事实调查中如何克服个体局限性。

（9）哪些调查属于常规调查，哪些属于非常规调查？各自的作用是什么？

（10）运用何种事实调查技巧？

九、事实调查中证人的选择与技巧练习

【案件材料】

甲、乙、丙合伙开办纸厂，甲占 50% 股份，乙、丙各占 25% 股份。甲任厂长，乙任会计，丙任副厂长。2007 年 2 月 6 日，甲、乙、丙、丁协商同意，甲将自己的全部股权转让给丁，转让条件是：甲的 20 万元银行贷款由丁负责到期归还，整个转让过程没有任何书面字据，均是君子协议，也没有到工商部门进行变更登记。股权转让后，丁任厂长，乙任会计，丙任副厂长。2007 年 10 月 25 日丙将纸厂以 40 万元转让给张某，丙给丁 20 万元，给乙 10 万元，自得 10 万元。甲得知纸厂转让后，找到丁要求其归还自己 20 万元的银行贷款，丁否认股权转让的事实，并称丙给他的 20 万元并非纸厂的转让费，而是丙欠其的债务。甲的舅舅是乙、丙的父亲，始终担任纸厂门卫，丙是丁的妹夫。甲准备提起诉讼，由于经济陷入绝境，请求法律诊所的学生提供法律援助。

【要求】

将 4 名学生分为 1 个小组，3 名学生参加讨论，1 名学生担任观察员（不参加讨论），教师巡回观察各组讨论情况。讨论时间 15 分钟，教师任意抽查 2 个小组观察员汇报本组讨论意见，每个观察员汇报 5 分钟，教师 10 分钟点评。

观察员汇报本组以下讨论内容：

（1）本案需要调查哪些证人？都是什么类型的证人？采取什么技巧？理由是什么？

（2）本案需要采取哪些军事计谋作为事实调查的技巧来使用？理由是什么？

十、课堂综合模拟演练

（一）案情介绍

【案件材料一】（一班用）

2008 年 2 月 1 日，张某在自己祖留宅基地（无宅基地使用证）上建房，李乙出面阻挡。李乙阻挡理由是：其兄李甲生前的一块空宅基地（宅基地使用证上所载的使用人是李甲）与张某祖留宅基地相邻，张某的建房行为侵占了其兄 1 米宅基地。并称：其兄李甲生前孤寡一人无子女，一直随其生活并由其负责养老送终，其是李甲的唯一继承人，他对李甲的宅基地及其他财产享有继承权。上述事实村民委员会已出具书证给予证实。李乙与张某交涉未果，产生纠纷。李乙向人民法院起诉张某的侵权行为，一审法院判决张某败诉，退出侵占的宅基地。

【要求】

你们作为张某的代理人，须确定事实调查的范围和进行事实调查，并选择其中一个需要调查的人进行现场调查，且制作调查笔录。

【案件材料二】（二班用）

1996 年某村民委员会与本村 12 户村民签订土地承包协议。协议规定：1996 年 5 月 1 日村民委员会将本村 240 亩沙滩地承包给 12 户村民（每户 100 亩）种植果树，承包期 30 年。合同还约定：5 年后成活率要达到 60%，10 年后成活率要达到 100%，每亩每年承包费 50 元，12 户村民承包土地后，积极在沙滩地周围种植防护林，并在承包的沙滩地上种植果树。但由于风沙太大，果树成活率低，成本太高，12 户村民改种其他农作物。2007 年 6 月，乡政府考虑到该村人口多，矛盾大，决定将该村一分为三，成立 3 个村委会，12 户村民分属 3 个村委会管辖。2007 年 10 月分立的 3 个村民委员会主任认为：12 户村民未种果树违背了原土地承包合同的规定，且原定承包费太低，于是决定解除承包合同，但 12 户村民不同意，3 个村委会主任以 3 个村委会名义共同对 12 户村民提起了诉讼，请求法院判令解除承包合同，12 户村民也积极准备应诉。

【要求】

你们作为 12 户村民共同委托的代理人，须确定事实调查的范围和进行事实调查，并选择其中一个需要调查的人进行现场调查，且制作调查笔录。

（二）课堂模拟要求和安排

将 4 名学生分为 1 个小组，2 名学生扮演律师，1 名学生扮演证人，1 名学生担任观察员，分别进行课堂模拟演练，时间不少于 50 分钟（具体时间由教师根据演练情况掌握）。然后，每班抽一个组上台演练，时间共计 50 分钟，学生自由评论和教师点评 50 分钟。

观察员评估以下内容（上交该书面评估材料）：

（1）事实调查开始前，是否熟悉了全部案件信息？

（2）事实调查计划中，包括了哪些信息来源？

（3）是否对信息来源进行了可行性研究？

（4）当事人是否参与调查计划的制定？

（5）取得了哪些证据？证明目的是什么？

（6）调查笔录是否合法（二人调查，告知义务，按手印）？

（7）本案采取了哪种事实调查步骤、方法和技巧？

（8）哪些调查属于非常规调查？哪些属于常规调查？各自的作用是什么？

（9）采用了哪些事实调查技巧？

（三）教师综合点评

法律研究的理论与技巧

◆　重点问题

1. 法律研究的特点
2. 法律研究中如何从结论出发寻找根据
3. 法律研究中如何从案件事实到法学原理
4. 法律研究中如何从法学原理到法律规范
5. 法律研究的技巧

第一节　法律研究概述

一、法律研究的概念及特点

（一）法律研究的概念

法律研究是一个内涵极广的专业名词，在我国一般是指对法律专业或学术的研究。本章所讲法律研究是对英文 Legal Research 的直译，仅指对具体案件的法律研究，即根据具体的案件情况，在分析案件事实的基础上，科学、系统地检索法律信息，并对检索到的法律信息进行分析，进而运用于具体案件的方法。可见，作为律师或诊所学生提供法律服务的基本职业技能的所谓"法律研究"，并非是对法律理论的研究，而是在实践中对法律的搜集和运用。当然，在检索法律与运用法律时，常常离不开对法律理论的分析。因此，从法律诊所教育的特定含义上讲，所谓法律研究，是指律师或诊所学生根据特定的案件情况，在综合运用专业知识和执业经验的基础上，通过法律分析和推理解决案件纠纷的过程。律师或诊所学生对具体案件进行法律研究是避免法律意见主观、武断的前提和条件。事实上，只有通过法律研究和论证，才能恰当选择特定纠纷案件的解决方案。

法律研究过程中，分析和确认问题是前提，获取法律信息是准备，表述结论和方案是结果。其中获取法律信息（法律检索）是关键的阶段。因为，资料的齐备、准确、有效与否，在一定程度上决定案件的成败，关系当事人的利益。司法实践中，律师对具体案件进行法律研究就是为了发现问题和提出问题。所谓"好律师能够提出好问题"，强调的便是发现问题，只有提出准确的问题，才能提出恰当的解决方案。法律研究是形成法律结论并确信这一结论的过程，在这一过程中，反映和体现了律师的人生阅历和职业经验。同样，在这一过程中，律师不仅仅需要形成自己的结论，而且首先需要说服自己相信这一结论。更为重要的是，律师还必须说服法官相信自己的结论。

诊所法律教育就是对学生进行律师执业的训练，其目的是培养诊所学生的律师执业技能。因此，诊所学生应注意这方面能力的培养。

（二）法律研究的特点

1. 以构建案件事实为前提。实行成文法的国家对于案件事实如何适用法律通常实行三段论的逻辑推理，即法律条文是大前提，案件事实是小前提，最后是结论。但由于法官、检察官与律师各自的职能不同，决定了办案的思维也有所不同。因此，有学者提出律师办案的思维应从结论出发寻找根据。美国学者博西格诺在其所著的《法律之门》中，提出的律师解决问题"结论的统治地位"的观点正是对律师办案思维的真实写照。博西格诺在《法律之门》书中指出："心理学家告诉我们，判断的过程很少是从前提出发到结论的。判断的起点正与之相反——先形成一个不很正确的结论；一个人通常是从这一结论开始，然后努力去发现能够导出该结论的前提。如果他不能如愿以偿地发现适当的论点用以衔接结论与他认为可接受的前提，那么，除非他是一个武断或愚蠢的人，他将抛弃这一结论而去寻求另一结论。就律师而言，他要将案件提交法庭，在他的思想中，结论优于前提而占有统治地位是比较明显的。他为委托人的利益工作，因而有所偏袒。这样一来，除了很小的范围外，结论不再是一个选择的问题。如果他想要取得成功的话，就必须从确保委托人胜诉的结论出发。他会如此这般地组织事实，以便能够从他所渴求的结论推出他认为法庭乐于接受的某个大前提。他提请法庭注意的先例、规则、原则和标准构成了这一前提。"博西格诺对律师解决问题"结论的统治地位"的论述与三段论逻辑推理的运用迥然不同，从结论出发寻找根据是其论述的核心。

律师实务中，正如博西格诺在《法律之门》所言，"当事人常常带着他们受到了不公正对待的模糊意识（有时是误解）来到律师事务所。他们给律师提供的只不过是一个未加装饰、常常带有偏见或误导的纠纷事实的概要。他们可能对他们的目标不清楚，而且无论如何根本不知道法律是否允许或者要求他们想要干的事情，更不知道与何法是有关的。律师应该通过法律知识和通过法律推理把该知识和具体纠纷联结起来的能力从建构事实开始"。因为，"在通过询问当事人得出事实的初步描述之后，你们仍不可能给出可靠的法律建议。除了某一专门领域中的个别极有造诣的专家外，律师仅凭瞬间反思无法充分地了解相关规则和判例的细节，从而给出法律建议。你将不得不反复阅读有关问题案件的判例、制定法和法律评论。你可能受该法律推理的形式的指导而进行这一法律研究：按法律规则所确定的演绎式框架来组织好材料。而你关于该规则和判例之建议内容的假设就指导你到图书馆去查阅。接着你根据你的法律研究来构建更多的事实（包括另一方当事人的观点），从而进一步艰难地思考该案。"[1] 律师在事实建构上应始终保持开放的心态，并应与法律理论相联系。律师虽然希望基于最理想的理论模式建构事实，但最终建构的"事实"必须是建立在能够收集到证据并能够被证据证明的事实基础之上。

律师对事实的建构不应忽视或无视对方当事人关于案件事实的陈述。律师应根据不同阶段中自己所掌握的有关对方当事人或律师关于事实的看法，思考和调整自己对事实的建构。如果是一起诉讼案件，原告的律师会随着被告的答辩、庭前证据交换、开庭审理，不断了解和掌握被告方所试图建构的事实；被告的律师也会随着原告的起诉、庭前证据交换、开庭审理，不断了解和掌握原告方所试图建构的事实。同样，在谈判和调解中，律师也根据对方所作出的种种反应，从各种蛛丝马迹中分析和了解其试图建构的事实。

2. 以现行法律规范为基础。无论是法官、检察官，还是律师，对案件进行法律研究时，在分析案件事实的基础上，必然进行法律检索，这是一个科学、系统地查找、收集法律资料的过程。法律检索要以现行法律规范为基础，并受现行法律规范的约束。法律的正式渊源或非正式渊源都可以成为法律检索中的"理由"，成为检验行为的正当性根据。在我国，宪法、法律、行政法规、地方性法规都是法律检索的对象和范围。在缺乏明确的法律规定的情况下，法律原则、政策、法理和习惯也可成为法律检索的对象和范围。在英美法系国家，来自于判例中的法律规则，也是法律检索和案件推理的前提。

法律检索的目的是将检索到的法律规范运用于具体案件中，这就需要对案件所涉的法律关系进行考察。而对法律关系的考察，实际上是对案件事实的客观分析。也就是说，在确定法律关系的事实之后，方可进行法律规范的探讨和检索问题。首先，要根据法律关系的性质判断来搜寻相关法律规范。例如，合同关系主要搜寻合同法的有关规定。其次，区分任意性法律规范和强制性法律规范。因为如果是任意性规范，则当事人有约定的优先，此时以约定作为规范的基础；如果是强制性的规范，则必须适用。例如，《民事诉讼法》第 25 条规定："合同的双方当事人可以在书面合同中协议选择被告住所地、合同履行地、合同签订地、原告住所地、标的物所在地人民法院管辖，但不得违反本法对级别管辖和专属管辖

---

〔1〕 〔美〕博西格诺等著，邓子滨译：《法律之门》，华夏出版社 2002 年版。

的规定。"该规定就属于任意性的法律规范，双方当事人只要在不违反级别管辖和专属管辖的规定的情况下，可以在合同中选择原告或被告所在地、合同履行或签订地、标的物所在地人民法院管辖。又例如，《合同法》第 158 条规定："当事人约定检验期间的，买受人应当在检验期间内将标的物的数量或者质量不符合约定的情形通知出卖人。买受人怠于通知的，视为标的物的数量或者质量符合约定。"该规定就属于强制性的法律规范，如果买受人没有在约定的检验期间内将标的物的数量或者质量不符合约定的情形通知出卖人，那就要承担标的物的数量或者质量符合约定的不利后果。

律师能否使案件胜诉往往取决于是否能从相关的法律中检索到最有利于当事人的有效法律，该法律的有效性表现为它的最佳适用性和权威性。律师作为法律专业人员，其应具备的综合职业能力包括：法律知识能力、职业思维能力以及驾驭法律信息资源能力。其中驾驭法律信息资源的能力，指的就是法律信息的获取和检索能力。法律知识是基础，扎实牢固的法律功底、深厚的法律底蕴对执业律师而言，其重要性是无可比拟的。但法律的实践能力在律师工作中也显得格外重要，律师的成功不是来自学历，而是技能。事实上学历与法律知识及法律技能并没有绝对的因果关系，高学历并不意味着具备高超的法律技能，空有知识而缺乏法律技能的律师，很难成为优秀的执业律师。法律知识是技能的基础和前提，实现从法律知识到法律技能的飞越，是通往成功律师的必经之途。法律检索能力是在知识与实践的相互作用中获得的，是律师技能的展现。以法律技能来彰显法律知识，才能真正实现法律知识的价值。一般而言，"获取法律信息"的能力表现为认识法律经验的手段和方法。后者是人的潜在认知能力，这种能力的特点，表现为人对社会实践活动所具有的预测性、应变性和创新性。法律检索是律师的核心工作之一，也是对案件进行法律研究的主要目标之一。因为在工作中，律师都是要先从法律检索入手，迅速准确查找到解决有关问题的法律依据是律师执业的基本技能，这种基本技能关系到适用法律的准确性、严肃性以及被代理人利益等，因此也作为律师的职业道德标准，要求律师在检索中做到恪守职责。随着社会的高速发展，法律的内容、法律的形式甚至它的操作方式都在发生着深刻的变化，执业律师需要不断的进行知识更新，提高应变能力和创新能力，才能适应复杂多变的法律社会的需要。

法律诊所的学生一般缺乏法律检索能力，原因主要有二：一是我国高校法学教育方法的缺陷。具体体现在三个方面：①法学教育以书本教育为主，重视法律知识的培养，但教学方式僵化，与实践脱节，不能使学生形成实践所需的法律思维模式；②未开设法律检索课程，没有专门的师资配备，学生没有掌握法律检索技能的途径；③教育内容重视本学科传授，轻与其他学科的横向联系，造成学生知识面较窄。二是毕业实习流于形式。学生在毕业前，都会有 2 个月的实习期。由于对实习的不重视，大多数实习单位也没有制定对实习生培训的计划，多以干点杂活，最后交个实习报告作为结束。真正能从实习过程中有所收获的很少，这也影响到学生对法律实践的认识和认知。法律诊所教育正是培养学生检索法律信息能力的有效途径，诊所学生也应在对个案提供法律援助中注意这方面能力的培养。

二、法律研究的目的和计划

（一）法律研究的目的

通过对案件事实的构建，以及对与案件事实有关的法律信息进行检索和分析，为确定办案策略奠定了坚实的基础。而办案策略的形成必须依赖于对案件的正确定性，在此基础上方可选择有利于当事人的请求权。因此，判定案件的性质，进行法律分析、为案件的法律适用提供依据，以及正确选择请求权就成为法律研究的根本目的。

1. 判定案件的性质。所谓判定案件的性质，就是给案件正确定性。正确判定案件的性质有赖于良好的法律思维和高度的抽象概括能力的培养。可以这样说，缺乏法律思维和不懂抽象概括的律师不是好律师，当事人叙述的案情往往是杂乱无章的，这就要运用法律思维进行概括和归纳，然后依照法学基本原理和社会生活经验，作出较为客观的判断。也就是说，在了解基本案情之后，要给案件定性，对案件的事实作出合乎理性的判断。给案件定性说起来容易，做起来却很难。这就如同中医给患者诊断，要"望、闻、问、切"，在以前没有其他可资借助的仪器的情况下，医生要靠经验和医理给患者下诊断结论。律师就类似中医诊断，没有科学仪器将检验结果告诉你，只能依赖法理法条和经验对案件的性质作出独立的判断。比如一份合同是有效还是无效，是侵权还是违约，或者是侵权与违约责任竞合，都需要你为当事人作出客观的判断。

律师或诊所学生对案件进行法律研究，判断案件的性质时，务必明确以下问题：

（1）能否正确判定案件的性质，对于确定当事人权利义务的承担影响很大。例如，甲到乙的饭店吃饭，丙坐在甲的旁边，刚一坐下，丙因为与服务员丁发生了口角，双方开始互相推搡，后来丙打了丁一个耳光，丁就将手中的铁盘扔过去，丙躲开了，结果却将甲给砸伤了，丙趁乱跑了。后来丁又前去追赶，扔出一个铁盘，结果又将路过饭店的行人戊砸伤。在这个例子中，我们要从法律关系的角度来分析思考问题，首先就要分析哪些是合同关系，哪些是侵权关系。比如说，甲到乙的饭店吃饭，甲乙之间就形成了一个合同关系，乙没有向甲尽到安全保护义务，违反了合同的附随义务，所以构成违约。从侵权的角度来讲，也构成违反保护义务的侵权。甲和丁之间并不存在合同关系，但可能形成侵权关系。如果乙作为雇主对雇员的侵权行为承担责任的话，那么甲和乙之间也会形成侵权关系。戊和乙之间不存在合同关系，如果乙作为雇主对雇员的侵权行为承担责任的话，那么戊和乙之间也会形成侵权关系。如果丁构成对丙的侵权的话，丙与丁之间则形成另外一种法律关系。采用法律关系分析方法，就是要首先找出存在哪些法律关系，要分析这些法律关系的性质。如果这些法律关系不能厘清，那么这些法律关系就会是一团乱麻。

（2）社会经验和法理分析能力直接影响对案件性质的判断。例如：

> 某个体户承租了某国有企业的养鱼池，这个养鱼池原来是炮弹坑。双方签订租赁协议后，承租人没有养鱼而是将池塘挖了七米多深，将5万立方米的土擅自卖给一个大学填坑了。出租人发现后提出终止合同，要求其将土坑恢复原状。承租人不同意，将出租人诉至法院，请求出租人承担违约责任，并承担运费。法院经审理认为该合同是无效合同，因将国有土地出租未经政府有关部门批准，合同成立了，却未生效。但法院判决结果却令出租方大失所望：判令出租人赔偿5万立方米土的运费。该案承办律师与法院办案人员交换意见时提出：①养鱼池深度按生活常理一般在2~2.5米左右，有关养鱼池的教材也是这样说的。但办案人员说合同没有约定挖多深，因此原告无过错。律师是以社会生活经验为依据，而办案人员是以合同约定为判断标准的。②原告养鱼是假，卖土是真。从经济效益的角度考虑，如果确需挖七米多深的鱼塘，那么只要挖3米深，将土叠在坝上，鱼塘自然增高，根本无需外运，外运还要增加运费等成本，而法院认为合同没有限制外运，终止合同就要承担缔约过失造成的损失。前者是以社会生活经验作为判断标准的，后者是以法律原理作为评判标准的。③卖土行为已经违法，其违法行为不应受到法律保护。这就如同小偷去你家偷了东西，你要求返还却需要支付运费一样，是十分荒唐的事情。但法院称，按照谁主张谁举证的原则，你要找到土的下落。因有关当事人不愿作证，出租人遂向法院申请调查收集相关证据，但法院不予理睬。前者是以民事过错的基本原理和社会生活经验作为判断标准的，法院是以证据规则作为裁判依据的。但是两者相比较，孰是孰非不难作出合乎理性的判断。

诊所学生与律师相比，无论社会经验和对法条的理解，还是法律思维，都有着较大的差距，实践中可能无法像律师那样较为正确地对案件的性质作出判断，还需一定的历练，才能从实践中培养这方面的能力。

2. 进行法律分析，为案件的法律适用提供依据。进行了案件事实的构建，又根据构建的案件事实检索到相关的法律规范，下一步的工作就是法律规范与法律关系的连接，即进入了法律分析阶段。此阶段工作的目的就是，将检索到的法律规范正确有效地适用于案件。因为，有些案件可能存在多个法律关系，相应地也检索到适用上述法律关系的多个法律规范。那么，适用哪些法律规范对案件更有利呢？这就需要进行法律分析。例如：

> 有一个装卸公司（以下简称"A 公司"），A 公司与另一公司（以下简称"B 公司"）签订了一份装卸合同。在一次装卸货物中，某装卸工人（以下简称"C"）被 B 公司的吊车砸成重伤。砸伤的原因主要是 A 公司指挥失误，次要原因是吊车司机未尽必要的注意义务。事情发生后，受害人 C 委托律师到法院起诉了 A 公司和 B 公司（共同被告）要求赔偿。起诉状也未写明案由，期间还两次修改、更换诉状，法院审查后认为，该案属于劳动争议案件，已超过 60 天，未申请劳动仲裁，法院准备驳回诉讼请求，由于代理律师自己也理不顺其中的法律关系，和法官也说不出青红皂白，最终原告被法院驳回起诉。其根本原因是，承办案件的律师没有对案件所涉的法律关系以及根据法律关系检索到的法律规范进行分析。

这个案件有四层法律关系：一是受害人 C 与雇主 A 公司之间的雇佣关系；二是 A 公司与 B 公司之间的劳务关系；三是受害人 C 与 B 公司之间的间接劳务关系；四是受害人 C 与 A 公司和 B 公司侵权行为关系。这四层法律关系之间存在着劳动争议和侵权行为竞合。如果按劳动争议提起诉讼，被告人是 A 公司，B 公司不是适格被告，可以将其列为第三人，但由于没有经过劳动仲裁程序，将这个案件起诉至法院，必败无疑。如果撇开这个劳动争议，从侵权行为这个角度提起诉讼，将 A 公司和 B 公司列为共同被告，一是不超过诉讼时效，二是根据他们过错责任大小要求两被告承担侵权损害赔偿责任顺理成章。现代立法、司法的大趋势是照顾弱者，按照侵权纠纷审理这个案件是符合法理和情理的。

3. 选择请求权。所谓请求权，是指谁向谁依据何种法律规范，主张何种权利。请求权的寻找，是处理具体案件的核心工作，也是法律研究的目的之一。请求权的选择，是律师或诊所学生代理案件中的一项相当重要的工作。为此，请求权的选择应注意以下问题。

（1）请求权的选择应在透彻分析法律关系之后才能作出，且应慎之又慎。同一个案件，可以有不同的请求权，如果请求权选择错误，就要出现不利于当事人的法律后果。有这样一个案例：

> 原告与某房地产开发商于 2000 年签订了一份房屋买卖合同，合同签订后，房款已交清，当事人居住该房达 9 年之久，并且办理了房屋所有权证书，但是由于某种原因到现在开发商也未给办理土地使用权证书，为此，2009 年 5 月 10 日原告将开发商起诉至法院，但原告的代理人向法院请求确

认买卖合同无效，并要求退房。在审理中的举证期限内，法官向当事人行使了释明权，告知他是否变更诉讼请求，要求被告办理土地使用权证或承担违约责任。但是该代理人固执己见，坚持原来的请求，最后的结局是被法院驳回了诉讼请求，并承担了本案的诉讼费用。当事人拿着判决书又向一位资深律师咨询是否上诉，该律师告诉他法院的判决是正确的，问题是出在请求权的错误选择上。从契约的角度来分析，该合同符合当事人意思自治原则，并不违反法律规定，应为有效的合同；从物权变动的角度来分析，该房已交付原告，实际占有 9 年之久，并办理了房屋所有权证书，即经物权公示，所有权已经发生转移。在这种情势下请求确认合同无效，纯属犯了低级的常识性错误。因此，上诉不可取，上诉的结果也只能是维持原判。但可另案起诉，请求被告办理土地使用权证，承担违约责任。上述请求权的选择错误，纯粹是案件代理人的责任。

德国有一个律师因错误选择请求权而败诉的典型案例：

有一对非婚男女同居（德国不叫"非法同居"，而称"非婚姻共同体"），同居期间双方当事人约定，女方要服用避孕药，以防止生育孩子。但女方为缠住男方达到结婚之目的，竟违反约定未服避孕药，生了一个孩子。为此，男方非常生气并找到了律师，律师的意见是被告在原告不知情的情况下，违背他们之间达成的约定，通过停止服用避孕药，达到与原告生育子女的目的，其行为构成了违反合同行为，应承担损害赔偿责任。案件起诉后，法律判决驳回原告诉讼请求，法院的判决不无道理。法院认为：双方当事人约定，在其共同生活关系中不生育子女，因此女方应当服用避孕药物，对于因违反这一约定而产生合同上的损害请求权，不存在任何获得承认的可能性。理由是：①对非婚姻关系共同体来说，他们有意识地放弃用婚姻制度将其自由的伙伴关系置于法律规定的约束下，在通常情况下是建立在感情和信任基础之上，他们不愿使其人身关系和经济关系受到法律调整，因此双方的约定是无效的，不受法律保护。②此项法律行为所涉及的核心是人身自由领域，是人格尊严和人身自由的体现，是不受合同调整的。③两个成年人自愿发生性关系，且在发生性关系时不仅满足其性的需求，而且还要为新生命的诞生负责，即使一方在采取避孕措施上欺骗了另一方，他们两人的隐私领域原则上也不受侵权法调整。④要女方承担损害赔偿责任，将对子女心理造成重大损害。法院的判决理由是有理有据的。一审判决后原告不服，律师支持其上诉，在上诉期间，又增加了诉讼费，这时原告担心判决后，因女方"一无所有"，即使胜诉也无法履行，问律师能否执行，律师也说执行十分渺茫，原告遂申请撤诉。撤诉后律师向原告索要代理费，被拒绝，将委托人起诉至法院，诉讼中被告向律师提出反诉。

最后结局是律师的诉请被驳回，被告的反诉获胜。律师不服上诉至州高等法院，法院认定律师的过错为：①在律师接受委托人的委托后，必须对其委托人陈述的案情予以研究，对其委托人的请求是否具有法律上获胜的前景进行审查，如果认为诉讼没有获胜希望则应向委托人加以说明，并且果断地劝说委托人不要通过诉讼途径主张那些并不成立的请求权；②律师曾经向被告建议提起诉讼并且提起上诉，因为他认为委托人的诉求是很有希望的；③律师违反了他们在前案中的咨询义务，是有过错的，因为他未尽到作为律师在委托合同中所负的注意义务，未认识到诉讼风险的可能性。

笔者介绍以上案例，是要提示律师或诊所学生，如果你的判断错误，选择了错误的请求权，不仅会导致委托人败诉，而且还会引火烧身，不得不承担因你的过错使当事人遭受的诉讼损失。目前我国公民因法律素质还比较低，一般都将败诉的责任归结为法院判决不公，而没有认识到是律师错误选择请求权所导致，因此才没有或很少迁怒于律师。但是笔者要提醒律师或诊所学生，在代理案件确认请求权时，一定要谨慎行事。

（2）请求权的选择要遵循当事人利益最大化原则。同样一个案件，可能存在多种请求权。例如，多年前张艺谋导演的电影《秋菊打官司》里有一个情节，当秋菊找到在街头代写状子的老先生时，这老先生在听完秋菊的叙述后问："是活告还是死告"。"活告"是指民事诉讼，"死告"是指刑事诉讼。易言之，就是指当事人的救济方式和渠道。其实秋菊那个官司打的是一场糊涂官司。本来秋菊的丈夫被村长踢了下身一脚，造成轻伤，但秋菊从行政诉讼的角度选择请求权，她为了给丈夫讨说法从乡里告到县里，从县里告到市里。其实秋菊的丈夫有三种请求权：一是向公安机关报案提起刑事附带民事诉讼；二是到法院自诉提起刑事附带民事诉讼；三是可以单独提起民事诉讼。这里存在请求权竞合。当事人有选择请求权的权利，哪种请求权能够最大限度地保护当事人的最大利益，律师就要帮助当事人选择该种请求权。

（3）要寻求一个能够得到救济的请求权方式。请求权的方式有多种类型：①契约上给付请求权；②返还请求权；③损害赔偿请求权；④补偿及求偿请求权；⑤支出费用偿还请求权；⑥不作为请求权；⑦合同变更权、撤销权、解除权；等等。当我们遇到一起案件，通过分析后，要将案件的事实和法律规范对号入座，争取找到一个最佳的救济途径。例如：

某县工商银行建设一幢住宅楼，通过招投办面向全市招标，某建筑公司（原告）通过投标，以高分的成绩中标。按照招标商（被告）的承诺，原告中标之后，被告应在 2 日内签订建筑工程施工合同，但是由于发包方经办人索要 5 万元回扣被拒绝，他们遂起歹意，向检察院反映招标违法，因原告在投标时出具了一份虚假的银行证明，所以检察院建议招标办废标（姑且不论检察院有无此项权力）。某县招标办接到建议后即回复检察院同意废标，并在检察院建议书上签署"同意废标"，然后将建议书送给招标人，要求答复。但招标人在回复检察院和招标办复函时提出了不同意废除的事由。最主要的是原告出具的银行证明，评标时并未予以采纳，因该工程无须垫资，况且垫资也不符合建筑法等法律规定。但是后来在招标办的压力下，招标也同意废标，另外与其他建筑公司签订了建筑工程施工合同。原告在投标中已做了大量工作，包括投标书、图纸、设备的准备，建筑工人的集中培训等。在废标后，原告聘请一名代理人起诉某县工商银行，法院认为：本案真正的废标人是招标办，起诉工商银行属诉讼主体错误，裁定驳回起诉。在裁定驳回后，原告在代理人的误导下又进行上诉，并花费了大量的费用，最终省高院裁定维持了中级法院的裁定。这样从民事角度对招标人即某县工商银行起诉的路已经走不通了。其实如果原告不选择上诉，再收集有关新证据后，仍可重新起诉工商银行，这样也不失为增加胜算的一种方法。不过后来，原告更换了律师，更换后的律师经过深思熟虑，将某县招标办作为被告提起行政诉讼，要求其承担行政侵权的赔偿责任，同时招标人即工商银行作为第三人参加诉讼，让其承担废标行为给原告所造成的直接损失。因为招标办是政府的一个职能部门，即使胜诉也是一纸空文，而银行不存在执行不能的问题。因第三人未在原告中标后与其签订建筑工程施工合同，而与其他公司另行签约过错明显，因此让其赔偿原告的预期可得利益损失有法可依。

这种行政附带民事的案件的尝试，依据是最高人民法院《关于执行〈中华人民共和国行政诉讼法〉若干问题的解释》第 61 条 "被告对平等主体之间与民事争议所作的裁决违法，民事当事人要求人民法院一并解决相关民事争议的，人民法院可一并审理" 的规定。该案一审法院采纳了更换后的律师的代理意见，原告已取得胜诉。虽然二审如何裁量还存在一定的不确定性，但可以肯定的是，在一条途经走不通的情况下，还可以重新选择其他法域的请求权，律师要有创造性的思维，不要钻牛角尖。

再举一起医疗纠纷的案例：

有一个患者鼻出血，但有高血压病史。如制止鼻出血，容易导致脑血栓，如避免形成血栓，鼻出血无法制止。这就需要辩证治疗，由于医生仅注意到了制止鼻出血，加速血小板凝固，使患者患了脑血栓，导致半身不遂。该患者经市、省两级医学会鉴定，均不是医疗事故。国务院《医疗事故处理条例》第 49 条第 2 款规定："不属于医疗事故的，医疗机构不承担赔偿责任。"但该患者经向有关专家咨询后，认定确属处置不当的医疗过错引发了后遗症。当事人以医疗过错为案由向法院提起人身损害赔偿请求。后经司法部司法鉴定中心鉴定结论为医生在治疗过程中有过错，其后果与治疗措施不当有因果关系。最后这起案件原告获得了赔偿。

在救济渠道走不通的情况下，需要再另辟蹊径，寻求其他可能的救济途径。这个渠道的选择是以最高人民法院相关审判精神为依据的：如果原告请求医疗过错损害赔偿，经审理，虽然鉴定机构认为不构成医疗事故，但能够认定医疗确实存在民事过错，符合民事侵权构成要件的，人民法院应当根据《民法通则》第106条第2款等关于过错责任的规定，确定医疗机构应当承担的民事责任，以保护患者的合法权益。最高人民法院《关于参照〈医疗事故处理条例〉审理医疗纠纷民事案件的通知》[法（2003）20号] 第1条规定："条例施行后发生的医疗事故引起的医疗赔偿纠纷，诉到法院的，参照条例规定办理；因医疗事故以外的原因引起的其他医疗赔偿纠纷，适用《民法通则》规定。"这个案例说明，我们要学会利用现在法律冲突的多种处理方法来达到当事人诉讼请求之目的。

（二）制定法律研究计划

律师或诊所学生通过会见当事人，从当事人处获得了大量的证据信息或证据材料，又通过事实调查取得了大量的案件证据，为构建案件事实打下了坚实的基础。在此基础上，就应进行法律研究工作。为了法律研究工作的顺利进行，就应当制定法律研究计划。主要包括以下方面：

1. 计划人。与会见计划和事实调查计划一样，所有参加该法律援助案件的学生，都是法律研究计划的计划人应当共同制定法律研究计划。在模拟法律诊所教学中，扮演律师的学生就是法律研究计划的计划人。

2. 计划目标。计划目标就是法律研究要达到的目的。具体包括：本案事实的构建情况及结论如何？从结论出发寻找什么样的法律根据？从案件事实出发寻找到什么样的法学原理？又通过对法学原理的分析寻找哪些有利的法律规范？等等。

3. 计划内容。计划内容是法律研究计划的主要部分，可分要点逐项列出：

（1）初步明确的争议焦点及需检索的法律规范。从复杂的案件事实中透过现象看本质，过滤掉不属法律规范调整的其他社会关系；排除非法律因素的干扰，提炼出当事人之间具有法律意义的争点，检索与争点直接或者间接关联的全部法律规范。

（2）需考察的法律关系要素及对法律关系性质的判定。基于法律规定或者合同约定，是考察法律关系内容，判断法律关系性质的重要依据。确定法律关系涉及的人的范围，是提起诉讼的前提。因为遗漏法律关系主体，可能导致诉讼程序违法，使审判无效；也可能因为没有被列为主体的当事人不受裁判拘束，达不到诉讼目的。

（3）检索可以提出的请求权。当事人之间的法律关系往往不是单纯的一种法律关系；就是在某一种法律关系之下，也往往存在与之关联的其他法律关系。基础法律关系不同，可能存在多种请求权。请求权检索的目的，在于全面搜寻当事人可以行使的各项请求权，避免遗漏请求权，以便进一步对各项请求权进行深入分析和比较。

（4）考察法律规范。首先需要按照从上位法到下位法的顺序进行检索，然后根据对具体法律关系性质的判断搜寻具体的法律规范，将搜寻的法律规范与具体法律事实连结，考察是否适用于案件的处理。

（5）选择并确定需要提出的诉讼请求及诉因。依据法律规定或合同约定，基于不同法律关系产生不同的请求权可能存在请求权竞合或聚合的情形。当请求权竞合时，权利人只能择一行使。选择行使请求权主要应当考虑以下四个因素：①是否有利于近便的法院或者使与案件事实有最密切联系的所在地法院获得管辖权，从而降低诉讼成本；②是否有利于承担较轻的举证责任，降低诉讼风险；③是否有利于受损害的权利人在责任形式、赔偿范围等方面获得最大限度的救济；④是否有利于实现最终的诉讼目的，即胜诉后便于执行。当请求权聚合时，由于同一个权利人可能因一次损害获得多项救济，应从两个方面考虑：一是从法律体系的角度分析。受不同部门法调整，产生不重合权利义务关系，侵害人因此须承担多项责任，权利人可获得多项救济。二是从同一部门法的角度分析。同一社会关系可能受同一部门法内不同法律规范的调整，具体法律规范对同一行为也可能规定了多种责任形式，在依据法律或合同约定排除请求权竞合后，权利人可能对侵害人同时享有并行的多项请求权。

（6）诉讼风险评估。从法官判案角度，通过对请求权及其基础法律关系的消极因素的检索分析，发现可能抗辩或者消灭请求权成立的事实依据和法律依据，以此评估可能存在的诉讼风险，从而正确选择请求权并做好相应的诉讼准备。

4. 预见困难。与会见当事人计划和事实调查计划一样，法律研究计划再周密，在进行法律研究过程中，也难免因各种原因遇到这样或那样的困难。例如，对方当事人构建了新的案件事实或己方有些关键证据无法取得等。诊所学生在制定法律研究计划时，一定要预见有可能出现的困难。

（1）要保证法律研究计划的开放性。计划的目的是为了法律研究工作的顺利进行。因此，法律研究计划常常要根据情况的变化而调整，甚至完全改变。与会见当事人计划和事实调查计划一样，制定、调整与改变法律研究计划，是环环相扣的学习过程。进行法律研究之前，诊所学生在法律研究计划中要列出诸多疑问。比如，对方当事人构建了新的案件事实怎么办？己方有些关键证据无法取得怎么办？这就要求诊所学生在制定法律研究计划的同时，必须有足够的心理准备，从而保证法律研究计划的灵活性、开放性。

（2）讨论法律研究计划。讨论法律研究计划，包括诊所学生与当事人讨论法律研究计划和指导教师对法律研究计划进行指导两个环节。诊所学生与当事人研讨并制定法律研究计划后，要与指导教师联系，针对法律研究计划相关内容与指导教师进一步讨论，检查法律研究计划是否恰当、完备、充分，是否有问题清单和应对方案。总之，通过讨论法律研究计划，使该计划更具可行性。一个科学完备的法律研究计划，加上随机应变的调整方案，是法律研究工作成功的关键所在。

第二节　法律研究的步骤与技巧

一、法律研究的步骤

律师或法律诊所学生为当事人提供法律服务时，进行法律研究的步骤应是从结论出发寻找根据，再从案件事实到法学原理，最后从法学原理到法律规范。

（一）从结论出发寻找根据

从结论出发寻找根据是律师进行法律研究的第一步工作。这里的"结论"指的是胜诉的结论，这里的"根据"就是法律依据。这种工作思维方式有别于传统三段论法律逻辑推理，是由律师的职业特点决定的。律师接受当事人的委托，为当事人说话，维护当事人的合法权益被认为是理所当然的。比如说，现在有一起刑事案件，某甲在一场打架中将他人打死了，被刑事拘留了。律师接到案件，首先应该相信的是"我的当事人是无罪的"。注意！这是律师潜意识中的"结论"，是律师为维护当事人利益的必然的考虑。于是他首先通过分析本案的事实，分析他的当事人是否属于正当防卫；如果不成立，他会再考虑他的当事人是否属于故意伤害；最后他才会考虑他的当事人是否属于故意杀人。即使是这样，他还会考虑他的当事人是否有法定的从轻处理的情节。因此，从这个假设的案例中，我们可以很清楚地看到，律师的工作思维完全是从结论到前提，也就是说从最有利于当事人的结论寻找法律的适用。对于这一点，美国现实主义法学家弗兰克说的很好，他认为，对律师而言，由于职业特点，要千方百计使被代理人胜诉。因此，他们毫无选择地从有利于被代理人胜诉的结论出发。挖空心思去寻觅有关前提（先例、规则和原则以及一切足以使法院重视的标准）[1] 如此看

---

〔1〕 ［美］博西格诺等著，邓子滨译：《法律之门》，华夏出版社 2002 年版。

来，一般人会质问律师是不是很卑鄙？他们怎么不主持正义？其实这是对律师的误解。律师不能伪造、歪曲事实。然而，律师可以从他的当事人利益角度解读法律，因为法律是公开的，法官应当有足够的智慧来判断。律师就是这样在为正义努力：那就是在全力维护他的当事人的利益以及他本人的利益最大化的过程中为实现社会正义努力。

从结论出发寻找根据的办案思维方式要求，律师应从现存事实入手逐渐展开分析，在这个过程中，分析现存事实与发现新的事实及对法律的分析是交替进行的，最终目的是实现"从结论到根据"的逻辑推理。律师要从己方当事人能够胜诉这一结论出发建构事实，这是保证律师能够得出自己所期望的案件结果的前提条件。当然，最初关于案件事实的建构仅仅只是初步的，它是律师工作的方向而已。在律师初步完成对案件事实的建构之后，就应开始艰苦的收集证据、证明事实的工作。律师收集证据的活动带有强烈的目的性，而且其唯一目的就是建构自己所期望的事实。当然，在证据收集中发现的各种情况或变化，又反过来要求进一步调整事实的建构。当事人向律师陈述的事实，需要律师运用法律原则和理论予以支持。律师所建构的事实是与其将要主张的适用于案件的法律理论相一致的，正是这一事实保证律师所主张的法律理论能够适用于案件。

（二）从案件事实到法学原理

从案件事实到法学原理，这是律师进行法律研究的第二步工作。在第一步"从结论出发寻找根据"的工作中，从结论出发构建了案件事实，并根据构建的案件事实寻找到相应的法律根据，接下来的工作就是从案件事实到适用法律的法学原理分析。绝大多数情况下，案件的事实一旦确定，适用于该案的法学原理和法律也随之确定。这是因为，绝大多数案件中争论的焦点仅仅是事实而非法律。确定性是法律的根本性质之一，法学原理通过提供纠纷的类型化解决形式，为解决纠纷提供了最大限度的适用范围。例如：

> 王某从某食品批发商店购买了30箱啤酒，用卡车将啤酒运回家中，当王某卸货至第25箱时，其中一瓶啤酒突然爆炸，酒瓶碎片飞进王某的左眼，致使王某的左眼球受伤，后经医治无效左眼失明。王某在运输和搬动啤酒的过程中没有任何过错，于是王某向某食品批发店要求赔偿。但批发店称啤酒瓶的爆炸可能是由于生产厂家生产时质量不合格所致，自己并没有过错，于是让王某向厂家索赔。王某聘请了律师，欲向法院提起诉讼。律师接受委托后，经过调查取证查明：王某眼睛受伤致残确系啤酒质量不合格所致，因此王某的受伤与啤酒质量瑕疵有因果关系；王某在搬运过程中并没有任何过错，王某有受损害之事实，而啤酒又是该食品批发店出售的。

以上案件事实一经确定，律师便可从案件事实到法学原理进行以下法律研究分析：

1.《产品质量法》第31条规定："因产品存在缺陷造成人身、他人财产损害的，受害人可以向产品的生产者要求赔偿，也可以向产品的销售者要求赔偿。属于产品的生产者的责任，产品的销售者赔偿的，产品的销售者有权向产品的生产者追偿。属于产品的销售者的责任，产品的生产者赔偿的，产品的生产者有权向产品的销售者追偿。"

2.《消费者权益保护法》第11条规定，消费者因购买、使用商品或者接受服务受到人身、财产损害的，享有依法获得赔偿的权利。第41条和第42条还规定，经营者（包括生产者、销售者、运输者和保管者）因产品缺陷承担以下民事责任：经营者提供的商品或者服务，造成消费者或者其他受害人人身伤害的，应当支付医疗费、治疗期间的护理费、因误工减少的收入费用等，造成残疾的还应当支付残疾者生活自助费、生活补助费、残疾赔偿金以及其抚养的人所必需的生活费用等；造成消费者或者其他受害人死亡的，应支付丧葬费、死亡赔偿金以及由死者生前抚养的人所必需的生活费等费用。

以上这些规定说明，在我国因产品瑕疵致使人身、财产损害的民事责任属于侵权责任的范畴，并且实行严格责任制度（即无过错责任制度）。同时根据以上法律规定得出这样的结论，即无论是产品生产者还是产品销售者，都应当首先向受害人承担责任，然后可向造成产品缺陷者追偿。

为此，律师代理当事人王某以食品批发店为被告提起民事诉讼。经过审理，人民法院最终根据《民法通则》第122条、《产品质量法》第30～32条、《消费者权益保护法》第41条作出以下判决：①食品批发店承担民事赔偿责任，赔偿原告王某医疗费、误工补助费、致人伤残费、生活补助费用共30 000元，自本案判决生效之日起10天内履行完毕；②诉讼费用由被告食品批发店承担。

律师对案件的法律研究，尤其是所进行的从案件事实到法学原理的法律分析，就是预见将具有确定性的法学原理运用到具体事实的结果，确定了案件的事实，也就确定了案件的逻辑结论。

（三）从法学原理到法律规范

从法学原理到法律规范，这是律师对案件进行法律研究的第三步工作。司法实践中，有的案件并非事实与法学原理及法律的简单拼凑，需要律师通过对各种可能性的分析，通过对各种方案可行性的法理论证，以及通过对结果所可能导致的后果的反复衡量，才能得出最终结论。这就需要进行法律研究的第三步工作，即从法学原理到法律规范的法律研究。下边以具体案例说明如何从法学原理到法律规范进行法律研究。

2007年"五一"期间，赵某乘坐邯郸某客运公司的客车前往四川某地旅游，途经河南省境内时，邯郸某客运公司的客车与吉林省公民李某（吉林省某私有车主的雇员）驾驶的货车相撞，导致赵某多处受伤，花费医疗费及其他损失共计十二万余元。交警部门认定货车驾驶员负全部事故责任。事故发生后，赵某找到邯郸某客运公司要求赔偿，邯郸某客运公司称：交通事故是由吉林省公民李某违章驾驶货车引起，交警部门也认定货车驾驶员负全部事故责任，客运公司在本起交通事故中也是受害人，经济损失也十分巨大，且也未获得赔偿，因而拒绝赵某的赔偿要求，让其找吉林省公民李某赔偿损失。赵某聘请了律师准备提起诉讼，律师根据案件事实给赵某进行了以下法理分析：

1. 诉讼请求权的法理分析。本案是诉讼请求权竞合的案件，赵某可提起合同纠纷诉讼，也可提起侵权纠纷诉讼。所谓请求权竞合，是指某一具体事实的发生而导致数个法律规范要件成立时，依据不同的法律规范，产生了数个实体权利，相应地产生了数个不同的请求权。就本案而言，根据《合同法》第122条的规定，在合同违约和侵权赔偿相竞合时，当事人可以选择以合同纠纷的案由起诉，也可以选择以侵权纠纷的案由起诉。又根据最高人民法院《关于审理人身损害赔偿案件适用法律若干问题的解释》第11条的规定，雇员在从事雇佣活动中遭受雇佣关系以外的第三人侵害的，既可以要求雇主承担赔偿责任，也可以要求第三人承担赔偿责任。

2. 诉讼管辖权的法理分析。本案根据请求权的不同，可选择不同的法院管辖。《民事诉讼法》第24条和第29条规定："因合同纠纷提起的诉讼，由被告住所地或者合同履行地人民法院管辖"，"因侵权行为提起的诉讼，由侵权行为地或者被告住所地人民法院管辖"。根据以上法律规定，赵某如以邯郸某客运公司为被告提起合同纠纷诉讼，可选择邯郸某客运公司住所地的法院提起诉讼，如以吉林省公民李某或某私有车主为被告提起侵权纠纷诉讼，可选择吉林省公民李某或某私有车主住所地的法院提起诉讼，也可选择广西境内事故发生地的法院提起诉讼。

3. 经济成本法理分析。以邯郸某客运公司为被告提起合同纠纷诉讼，则由邯郸当地法院管辖，路途较近，诉讼成本低。以吉林省公民李某或某私有车主为被告提起侵权纠纷诉讼，路途十分遥远，诉讼成本较高，经济上很不划算。

4. 赔偿能力法理分析。邯郸某客运公司是国有大公司，显然要比吉林省公民李某或某私有车主赔偿能力强的多。

5. 举证责任法理分析。就举证责任而言，对原告来说合同纠纷的举证责任比侵权纠纷举证责任要容易承担。

6. 赔偿数额及范围的法理分析。侵权纠纷诉讼可同时提起精神损害赔偿，合同纠纷诉讼则不能提出该项请求。因此，侵权纠纷诉讼的赔偿数额及范围要比合同纠纷诉讼大和广。

经过律师以上的法学原理分析和指点，赵某选择了合同纠纷请求权。律师根据赵某选择的诉讼请求权，结合《合同法》第290条"承运人应当在约定期间或者合理期间内将旅客、货物安全运输到约定地点"的规定以及其他法律规定，以邯郸某客运公司为被告在邯郸某法院提起合同纠纷诉讼。法院经过审理，判决邯郸某客运公司赔偿赵某各项经济损失12万元。

以上案例就是律师进行法律研究时从法学原理到法律规范的典型运用。

二、法律研究的技巧

（一）构建案件事实的技巧

作为律师或诊所学生，对所面对的每一个案件，都应当以正确的分析方法进行研究，以理清法律关系，认定法律事实，从而得出正确的法律分析结论，给出最优的法律解决方案。诊所学生在课堂教学的时候，可能已经学会了老师传授的最经典的"三段论式"分析方法。[1] 笔者在这里给大家介绍一种更加简单的分析方法，虽然未必有"三段论式"分析方法那般体系严谨、逻辑严密，但更容易理解、操作。这种方法是笔者结合工作实践，归纳出来的一种方法，可以叫做"透视解剖法"或者"拨叶寻干法"。

当事人来找律师的时候，一般会有如下几种典型的开场方式：①"我跟人签了个合同，约定了违约金2万，现在对方没有向我及时供货，我该怎么把这2万元要回来？"②"我和我老公于某年某月某日结婚，结婚的当时……过了几个月……再到后来有了小孩……他家里人一直……结婚以后我……现在我也找过他们单位了……当地居委会也……派出所都有几次接警记录……"③"某某律师，我现在想在某某区搞块地投资下房产，你看该怎么操作？"

通常，我们比较喜欢当事人的第二种陈述方式，这种陈述方式尽管没有重点，但当事人会将所有他了解的相关信息都在第一时间完整地展示在你面前，尽管当事人无法区分重点与非重点，但在这样的"全部事实"面前，我们可以更迅速地利用自己的法律思维和法律分析方法来提供咨询意见。而第一种和最后一种都有较大的弊端。第一种陈述模式，当事人往往倾向于隐瞒更多的相关信息，而仅仅只关注对方违约或者侵权这一事实，而这种当事人面对的案件，往往是双方当事人都有过错或者都有违约事实存在，这就需要律师以合同为主线，一步一步引导

---

[1] 王洪：《法律逻辑学》，中国政法大学出版社2008年版。

当事人陈述真实情况;后一种情况完全属于那种领导式的问话了,没有任何有用的背景信息,没有任何依据或者来由,就好像你刚刚下飞机出了机场,就碰到一个来接机的陌生人拉住你问:我的兄弟下来没？其实,这三种类型的当事人,最后都需要律师针对每个人的性格特点,用循循善诱的方式引导他们讲出所有信息,以供进行法律分析使用。所以,在当事人陈述的时候,律师就要运用适当且有效的法律分析方法,来对案件本身进行剖析,以寻求更接近事实本身的"事实"。

当事人的描述,会因为个人教育水平、性格特点、内心欲望的不同而有不同,有些是遮遮掩掩,有些是"竹筒倒豆子",有些则是故作神秘试探。律师在这个时候,要以雾里看花的方法,先抓住当事人所陈述的事实主干,也就是"透视剖析"的方法,或者"拨叶寻干"的方法。也就是说,当事人的描述,不管多么毫无头绪或者多么欲说还休,首先,我们要确定法律问题的类型,是合同纠纷,还是侵权纠纷,然后细化到是买卖合同纠纷,还是劳动合同纠纷,是人身损害侵权,还是侵犯知识产权等。确认了案件的类型后,再根据该类型案例的一般规律,向当事人提出相关问题,确定核心事实,然后进行分析,给出初步的法律意见。这个时候,当事人会根据律师的初步法律意见,提出自己的一些顾虑或者看法（往往会有小算盘在里面叮当响,但不影响律师分析问题）,有经验的律师一定能从这里面嗅出苗头,从而以怀疑的立场揭示更加接近真实的"事实"。

我们以合同关系为例,该种法律关系主要表现为:①合同各方;②合同各方权利;③合同各方责任;④履约保证。那么,我们在向当事人了解事实的时候,就要从这几个方面去揭示事件真相的主要部分,也就是说,最开始从这几个切入点进行分析,逐步接近事件真实面目。就好像在对一个物体进行透视、解剖一样,通过某处或某几处切口,进入肌肤以下,直到脏腑骨髓之中,找到我们必须了解而又能够了解、必须揭示而又能够揭示的内容,以助于更准确地分析法律关系、预测法律后果。或者,对于律师来讲,在面对所有事实的时候,你应该拿一把大锯子,上来先把各种细枝末节锯掉,只剩下光秃秃的树干和主枝,这样案情的脉络就一目了然,法律关系和法律事实也昭然若揭。接下来,你要做的事情是把锯掉的这些东西一处一处还原,从中寻找其他对案件有影响或者有突破的蛛丝马迹,从而给出更准确或更务实的解决方案。

任何性质的案件,都有其共性。这个共性,对于律师来讲,就是同类案件的主干,比如合同案件,就该包括合同签订前的接洽和讨价还价（前期谈判）,合同的签订,合同的履行以及合同履行后的事宜等内容。这就是律师要从当事人的描述中先勾勒出主线,然后,再考虑合同各方在其中做了哪些事情,有哪些具体的法律事实和法律关系,各自对合同权责的影响如何等。这样,一个案件的形象就丰满起来,也就是给主干添枝加叶,一棵树就形成了。关键在于,作为一名律师如何去勾勒出树的主干，或者说，见到一棵树的时候，如何直接抓住树的本质，是灌木还是乔木？树干多粗？树枝多少？这棵树开花不开花？结果不结果？果实是甜还是苦？当然，要做到这一点，除了需要严密的逻辑、精湛的法律功底之外，还需要比较丰富的法律实务经验来协助自己直接把握案件的本质。因为不同类型的案件都有各自的特质，即使是同类型的案件，也会因为当事人各方、法律事实相关细节的不同而有不同。这就需要法律职业人有一种从归纳到演绎再到具体的能力，这种能力也需要利用足够的法律服务经验予以培养。

（二）法律检索的技巧

在进行法律检索前，需要对案件的情况进行基本的事实分析和法律分析，头脑中要形成对案件整体情况的认识，确定需要调研和检索核实的法律要点和法律问题。然后，制定检索计划，将所需要检索的法律问题列出清单，并要思考需查找和核实的每个法律要点对整个案件的重要性。接着要确定检索顺序，如管辖权问题、诉讼主体问题等，则需要立即核实，有的问题可以随着案件信息的展开逐渐获取。检索计划应清晰明了，要根据检索进度进行调整。检索计划制定完毕后，律师就应按照计划逐项开展检索核实工作，并在检索结束后，核对是否有遗漏的要点。具体讲，在法律检索中应掌握下列技能和技巧：

1. 掌握使用检索工具的技能。职业律师一般都拥有一套完备的法律检索工具，法律诊所的学生也应如此。古语云：巧妇难为无米之炊。法律资料的占有数量和准确性是非常重要的。要做到法官和对方律师所了解的资料，尽在掌握之中，而且最好要比他们再多了解一些。因为有时律师辩护的成败，就在于这多知道的一点。律师最常用的检索工具，就是专业法律数据库和网络了，专业的法律数据库能保证数据的权威性、全面性、准确性，更新速度快，对于法律法规的变动情况（如修订、修正、废止等）一目了然。而且除关键词和全文检索外，还有详尽的分类、发布部门、时效性、效力级别、专题、地域等复合检索方式，能够快速锁定所需资料范围。但是，要想掌握使用检索工具的技能，就要培养在最短时间内迅速找到所需资料的能力，这就需要每个律师或诊所学生都应是一位"巧妇"。那么，如何成为"巧妇"呢？首先，要熟练使用电脑和网络。随着电脑和网络的普及，律师办案的智能化和现代化程度也逐渐提高，使用笔记本电脑和制作PPT文件都是律师提高工作效率和提升自身形象的需要。一些律师事务所已经开设内部局域网，购买在线数据库，并开展网上分析和讨论案例的工作。可以说，使用现代办公设备已经是律师的基本技能之一。其次，要掌握检索工具的使用技巧。配备了专业的法律检索工具，就需要熟知检索方法和检索技巧，学会综合使用各种检索手段。

2. 检索所有相关的法律法规。这是检索的第一步和基本要求，根据检索计划中的法律要点和问题，调研和查找所有相关现行有效的法律、法规。这里要强调的是检索法律、法规资料的全面性，以免遗漏。值得指出的是，拥有了完备的检索软件或者网络资源，并不一定就能够全面准确地检索出相关法律、法规。因此，在法律检索中，培养良好的检索习惯是非常必要的。这就要求：①在制订检索计划后，先有针对性地去检索有关的法律、法规。这时律师或诊所学生不妨从自己熟悉的基本法条入手，把握好基本法律对相关问题的原则性规定或者规定的方向。然后，可以以基本法条为线索，检索对基本法条起到具体细化作用的较低级别的法规和司法解释。不同的法律、法规之间要互相印证，已检索到的相关法律、法规中提及的其他法律、法规，也很有可能与问题相关，必须仔细留意。②养成检索时访问相关主管部门的官方网站的习惯，这是获取更全面信息的一个便捷方法。我国各个政府部门，尤其是国家和省区市这一级别的政府部门，基本上均设有官方网站，用于政务公开，并经常设有相关的"办事指南"栏目，通常会载明有关事项的办理依据、所需文件和办事流程，而此"依据"常常就是我们所要检索的相关法律、法规。③作为职业律师要确定自己擅长的服务领域，并要把该领域的法律资源悉数掌握。随着法律服务的专业细化，做全能律师是不可能的，律师要在专业的服务领域有所建树，需要建立自己的资料库。资料库的建立主要做以下工作，要将常用资料分类建库，并经常更新；要对法律变动情况，如新颁、废止、修订、修改、修正等做注释；要将司法解释、类似案例、新闻报道以及专家评论等及时添补入库，作成摘要形式，以备查询，以保证法律资料不过时、不陈旧。法律诊所的学生虽然还无法确定自己擅长的专业服务领域，但也应逐渐向这方面努力。

总之，占有丰富、全面的法律、法规资料是律师或诊所学生做出专业分析的必要前提和基本条件。如缺乏相关法律、法规基础，律师或诊所学生以后的法律研究就如同无源之水，而且很可能得出不正确的结论，不仅不能为当事人提供有价值的建议，甚至还可能被当事人认为是律师或诊所学生工作中的严重失误。

3. 确定相关法律、法规之间的关系。法律、法规的应用过程并不是生搬硬套的过程，因此，在较为全面地搜索出相关法律、法规的基础上，律师需要对此进行分析，确定具体的法律规定之间的关系，方能准确地运用所检索出的法律、法规分析和解决所面临的问题。关于法律、法规之间的关系包括以下几个方面：

（1）法律、法规的适用性。即分析该法律、法规是否适用于所需解决的法律问题，这种对法律、法规适用性的分析不仅包括法律条文本身是否有效，还包括其与所要解决的法律问题是否匹配，条文本身能否适用于该问题。一般地，有以下几种情形需要注意：①法律、法规本身已失效，不具有适用性。这种情形往往比较容易分辨，许多法律检索工具对法律、法规的时效性都已做出了明确注释。但不排除有些法律检索工具更新不及时的情况，在此提醒律师和诊所学生，对于已经被认定为"无效"的法律、法规，在研究过程中肯定不能再适用了。而对于尽管没有被认定为"无效"，但对其有效性存在疑问的条文，则要进一步检索，才能得出确定的答案。事实上，对于已失效而不再适用的法律，律师或诊所学生在检索法律、法规的阶段就应将其剔除。无论如何，在分析阶段律师或诊所学生仍需要对这一问题加以注意。②法律、法规本身未失效，但其部分条文已被新法的规定所取代，事实上不再适用。我们常常可以在一些法律、法规的最后看到如下表述："本法之前制定的法律、法规的规定，与本法相冲突的不再适用。"在这种情况下，前法的时效性仍为现时有效，但是其中部分条文却因被后法的新规定所取代而不再适用。这并不意味着前法中与后法规定的事项相关的所有条文均不再适用，而只是与后法规定相冲突的条文不再适用。律师或诊所学生需要对这些法规的规定进行认真细致的分析方能作出判断。③法律、法规本身所调整和规定的事项并非是律师或诊所学生所需检索内容，但其部分条文，甚至是全部规定，却因为其他法律法规的准用而对律师或诊所学生所处理的问题是可以适用的。有一个较为典型的例子是：1986 年颁布的《企业破产法（试行）》（以下简称"旧破产法"）中关于破产还债制度的相关规定。旧破产法的第一部分即指出该法规定仅适用于全民所有制企业，然而根据最高人民法院《关于适用〈中华人民共和国民事诉讼法〉若干问题的意见》第 253 条的规定："人民法院审理破产还债案件，除适用民事诉讼法第十九章的规定外，并可参照《中华人民共和国企业破产法（试行）》的有关规定"。从而可知，旧破产法中的破产还债规定对非全民所有制企业的破产还债案件也可适用。做好这一点，需要对法律、法规有着深刻地理解，并且注意相关法规之间的联系。

综上所述，律师在法律检索的基础上，对法律的适用性进行缜密细致的分析，从而作出全面正确的判断，方能保证在解决问题时不会错误地适用过时的法律规定，也不会漏掉应该适用的法律规定。

（2）法律、法规的优先性。在一个法律体系中，尽管立法者希望不同法律、法规相互之间是协调和融洽的，保证法律体系内部的协调性和一致性。但是，由于立法时机的不同，客观情况的变化，立法机构的多元化，不同法律、法规之间不可避免地存在矛盾和冲突，这是成文法难以避免的缺陷。为了克服这一缺陷，在冲突中找到具有现实意义和可操作性的方法，法律的位阶理论应运而生。法律的位阶理论严格维护成文法律在效力上的差异。根据位阶理论，可以对法律、法规进行阶梯状排列。处于下位的法律、法规，不得与处于其上位的法律、法规发生矛盾和冲突，否则无效。因此，在讨论某一具体的法律、法规的效力时，必须同时涉及处于其上位的相关法律、法规的内容，在比较的基础上确定其效力。

在英美法系中，判例与宪法、制定法之间的关系，同样是法律位阶理论面对的最主要问题。卡多佐的以下论述具有代表性："法官从哪里找到体现在他的判决中的法律？这些渊源有时很明显。适合此案的规则也许是宪法或制定法提供的。如果情况如此，法官就无须再费力追寻了。这种对应一经确定，他的职责就是服从。宪法高于制定法，而一个制定法——如果与宪法一致——则高于法官的法。在这个意义上，法官制定的只是第二等的法律，并且它从属于立法者制定的法律。宪法的效力高于制定法，制定法（只要不与宪法冲突）效力高于判例法，正是这一法律的位阶理论，在确立了不同法律形式之间的效力差异时，也确立了判例法调整的主要方向和范围。"

在大陆法系中，成文法的位阶并不像英美法系中那样简单。大陆法系中一般以成文法的制定机构在职权上的差异，细致地区分不同法律的效力[1]。当然，按照这一理论，一部法律的效力取决于其制定机关的地位：地位较高的机关，制定出的法律就有更大的效力。当然，制定法与习惯法相互之间的关系，也是法律位阶理论研究和探讨的问题。

我国的法律位阶，《立法法》作了明确的规定。以行政诉讼中涉及的主要法律、法规为例，其位阶大致包括如下若干层次：①最高位阶的是宪法；②仅次于宪法位阶的是全国人大及其常委会制定的法律和作出的立法解释，如《行政诉讼法》、《行政复议法》、《行政处罚法》、《行政检察法》、《国家赔偿法》、《立法法》等；③针对法律的司法解释，如最高人民法院《关于执行〈行政诉讼法〉若干问题的解释》、最高人民法院《关于人民法院执行国家赔偿法几个问题的解释》、最高人民法院《关于审理行政赔偿案件若干问题的规定》、最高人民法院《关于民事、行政诉讼中司法赔偿若干问题的解释》、最高人民法院《关于行政诉讼证据若干问题的规定》等；④国务院制定的行政法规，省、自治区、直辖市的人民代表大会及其常务委员会以及省、自治区的人民政府所在地的市，经济特区所在地的市和经国务院批准的较大的市的人民代表大会及其常务委员依法制定的地方性法规，民族自治地方的人民代表大会制定的自治条例和单行条例；⑤国务院各部、委员会、中国人民银行、审计署和具有行政管理职能的直属机构依法制定的部门规章，省、自治区、直辖市和较大的市的人民政府依法制定的地方政府规章；⑥其他规范性文件。

值得指出的是，不同的法律、法规由于位阶的不同，对于同一事项的规定在适用的优先性上会存在很大的差别。在这种前提下，在所有具有适用性的法规之

---

[1]　朱景文主编：《法理学》，中国人民大学出版社2008年版。

中判断出哪些法律、法规在现实生活中能够获得优先适用，是律师在法律研究阶段的一项重要任务。需要强调的是，这里所提及的优先性判断并不是单纯的基于法理而作出的效力优先性判断，而是更加切合当事人在现实中的实际需要而进行的适用优先性判断。在中国由于某些历史和现实原因，现行法律体系较为混乱繁杂。不同的法律、法规对于同一事项的规定时常会出现不一致和矛盾的现象。在这种情况下，如果只是基于"上位法优于下位法"等基本法理原则做出判断，所得出的结论往往在现实中是行不通的，而且对当事人的利益保护不力。上级立法机关所制定的基本法律往往是原则性和框架性的，可执行性低。而实施细则、暂行规定、适用意见等地方性法规、规章、立法解释、司法解释是下位法，但它们可操作性却较强。如果因为基本法律位阶高而认定其应当优先适用，则可能会导致在实际办事过程中无从操作的情况发生。由于位阶较低的法律往往可执行性较强，相关法律事项的执行机关往往是依据位阶较低而不是较高的法律规定办事。在这种情况下，假如律师不是从承认这一点的立场出发处理法律问题的准备工作，而是期望用书本上的法理观念改变办事机关的做法，结果只能是给当事人造成较高的成本和导致较高的风险。

（3）对被代理人是否有利。这一标准的判断较为简单，在此不再多作分析。律师只有将对自己当事人有利的和不利的条款全面地进行分析，并在此基础上作出准确的判断和机智的决策，方有可能最大程度地维护被代理人的合法利益。

总之，就实质而言，任何法律、法规都是人们的行动指南。因此，为了能准确地运用法律、法规指导当事人的行动，律师必须在全面检索法律、法规的基础上，分析法律、法规之间的关系。通过这些分析，律师方能正确地对当事人行为的后果和风险进行初步预测，并进一步进行法律研究，进而得出正确的结论。

（三）善于使用已有的判例

我国是大陆法系国家，并未实行判例制度。法院已生效的裁判在法律上对于今后的审判并不具有拘束力。而且在司法审判实践中，不同地区的法院在具体法律问题的处理上确实存在着差异。虽然中国上下级法院之间不是领导与被领导的关系，上级法院的裁判对于下级法院没有约束力，但是长期以来形成的错案追究制度，导致下级法院对于上级法院裁判的"服从"成为一种"常态"。因此，在律师或诊所学生处理诉讼业务过程中，如果能够找出最高法院或上级法院对类似案件作出的裁判，对于目前案件的处理就更加能够成竹在胸。在司法实践中，上至最高人民法院，下至基层人民法院，判决越来越多地呈现出遵循先例的倾向。可以肯定，判例在包括最高人民法院在内的上级人民法院对下级人民法院审判指导中的功能，必然不断得到加强。其实，通过对司法经验的总结和对先例的遵循提高司法审判的质量和效率，是一条现实道路。所谓上级法院对下级法院的审判指导，应当理解为最大限度地将各级法院业已确定的司法判决，作为一种法律资源予以充分运用。就目前而言，我国"判例"的主要形式包括：①最高人民法院以文件的形式公布的判例；②最高人民法院对具体案件所作的"批复"；③最高人民法院公布的典型案例；④最高人民法院编辑的《人民法院案例选》；⑤《人民司法》每期的司法信箱对具体案件的答复；⑥《中国审判案例要览》中收录的案例；⑦各省、自治区、直辖市高级人民法院出版公布的《裁判文书选》。如何发挥上述各种形式的判例在司法审判中的指导作用，既需要理论界认真地关注和研究，也需要在司法实践中积极实践，大胆探索。

（四）关注学术观点和社会舆论

法律是对现实生活的抽象总结，因此与现实生活相比，法律必然具有某种程度上的滞后性以及不全面性。在现实生活中，总是会有某些事项未能得到规范，某些事项的规范不尽适时等，这些现象在面临社会转型的中国尤其明显。而当现行法律、法规无法给出明确的行动指南，或者给出的行动指南明显不合理时，律师可以借助法律、法规以外的力量来作出判断和决策，并可以借助它们来影响案件的主管和裁判人员。这些力量主要是国内权威学术观点和较有影响力的社会舆论。需要注意的是，权威学术观点以及比较有影响力的社会舆论主要是在诉讼类事项中较有影响力，尤其是后者更是如此。

有影响力的社会舆论在概念和表现方式上很难具体界定。在界定社会舆论是否有影响力时，事件和舆论所影响的地域范围是一个值得注意的因素。例如，在一些案件中，当地主要媒体对于某一事件带有倾向性的报道，导致了当地民众对此事的关注并产生较为一致的看法。假如这种民众意见达到一定强度并以外在形式表现出来，就可称为是在当地有影响力的社会舆论。而新浪、搜狐等大型门户网站就某些专题或事件开展大型的讨论或投票，如果关注和加入的人数达到一定的数量并且意见的争论也达到一定的激烈程度，那么我认为这其中的主流观点也可以算作是一种有影响力的社会舆论。无论如何，对于有影响力的社会舆论，不能够生搬硬套地引用，应当按照个案的情况来具体界定。

第三节　法律研究的技巧训练

一、法律研究的内容与技巧练习

【案件材料】

2008 年 5 月 15 日和 6 月 5 日，吴某分别借给姚某 10 万元和 5 万元，姚某当即向吴某出具借条两份，口头约定与银行相同的利率，而后姚某将此款均转交给了请其代为借款的张某。当吴某索要借款时，姚某认为，张某才是真正的借款人，因为他没有拿到一分钱。

【要求】

（1）讨论本案的争议焦点。

（2）讨论本案的法律关系。

（3）讨论本案的主体、内容、客体等要素。

（4）讨论本案如何具体运用法律检索技巧？

（5）如何进行法律分析？

（6）运用何种技巧进行法律分析？

二、法律研究的目的与技巧练习

【案件材料】

2008 年 3 月间，赵女士的弟弟赵某通过母亲卢某，向赵女士借款 7 万元，用于交纳新购住宅楼的首期付款等相关费用。赵女士便带着儿子凯凯及弟弟赵某的女友秀秀前往银行取款，回家后交到了弟弟赵某手中。碍于同胞之情，姐弟二人一直未提欠条之事。2008 年 8 月，赵女士的弟弟赵某因病去世。为讨回借款，赵女士向某区人民法院提起诉讼，要求由被告秀秀偿还欠款 7 万元整。一审过程中，赵女士提供了证人、证言、银行业务凭证、房产首付款及其他费用的收据等多项证据，被告秀秀对赵女士弟弟赵某借款事实也均予以确认，法院一审判决被告秀秀偿还借款 7 万元。被告秀秀不服，以"借款事实不清，证据不足"为由，向市中级人民法院提起上诉。

【要求】

（1）讨论本案的性质。

（2）讨论赵女士的一审请求权是否成立。

（3）讨论本案上诉人秀秀的上诉请求权是否成立。

（4）讨论本案影响法律研究目标确立因素。

（5）运用何种技巧？

三、法律研究计划的制定与技巧练习

【案件材料】

2007 年 11 月 28 日晚 5 时，李某应朋友郑某之约到某市区一家饭店喝酒，同去的还有杨某等 5 人。晚 10 时许，喝过酒的李某在驾驶摩托车回家途中，发生交通事故不幸死亡。事故发生后，死者李某的亲属认为郑某和杨某明知李某是驾驶摩托车外出，仍要求其饮酒，在饭后也未对其驾车行为履行劝告义务，遂将郑某、杨某诉至法院，要求 2 人对李某死亡造成的损失承担 50% 的赔偿责任，赔偿十二万余元。被告郑某、杨某辩称，死者李某系成年人，应知道酒后驾车存在安全隐患，两被告在饮酒时没有对死者进行劝酒，在死者驾车离开时也进行过提示，在事故发生后，两被告已经主动救济死者亲属 2000 元，故不同意承担赔偿责任。李某的亲属到法律诊所请求提供法律援助。

【要求】

（1）制定法律研究的计划。

（2）分析案件的性质，建构案件事实。

（3）进行法律检索和分析。

（4）制定代理策略。

（5）运用何种技巧？

四、法律研究的步骤与技巧练习之一

【案件材料】

李菊系李龙和陈凤夫妇之女。2008 年 6 月 22 日，李菊骑自行车行走过程中，被一辆客车撞伤致死。经交警部门认定，肇事客车负事故全部责任，死者李菊不负此事故的责任。事发后，李菊的丈夫宋威与肇事客车所有人几次交涉后，双方达成赔偿协议，肇事方给付死亡赔偿金 9 万元。李菊的父母已年近六旬，女儿的死亡给他们精神上带来了很大的创伤，故一直没有参与事故的索赔。在得知 9 万元死亡赔偿金被女婿占为己有后，李菊的父母认为，死亡赔偿金系女儿的遗产，作为父母有权继承。为此，他们多次找女婿交涉，均未果。无奈之下，李菊父母到法律诊所寻求法律帮助，欲将女婿告上法庭，要求对全部死亡赔偿金进行依法继承。另外，诊所学生经调查还查明：李菊与丈夫宋威无子女，夫妻共同财产还有 60 万元。

【要求】

（1）讨论本案如何从结论出发寻找根据？

（2）讨论本案如何从案件事实到法学原理进行分析？

（3）讨论本案如何从法学原理到法律规范进行分析？

（4）讨论运用何种技巧？

五、法律研究的步骤与技巧练习之二

【案件材料】

某市烟草专卖局根据消费者投诉，对刘某涉嫌经营非法卷烟的商店进行监控，发现刘某经常从家中提取大量卷烟，送往其商店隔壁的缝纫铺进行秘密销售。该局遂予以立案。经过数日外围的查证，2008 年 1 月 9 日，该局执法人员持烟草管理行政执法证及检查证，对刘某的住宅、商店以及相邻的缝纫铺进行检查。在刘某母亲在场的情况下，从刘某的住宅检查出 8 个品种的卷烟计 50 条。经现场勘验，发现所有卷烟既无防伪标志，又无当地烟草公司印章，遂予以暂扣。在刘某的商店及隔壁的缝纫铺未查获假烟。刘某不服，向法院提起行政诉讼，并到某律师事务所请求律师提供法律帮助。刘某欲请求法院确认被告侵入住宅行为违法。

本案中涉及的法律、法规提示：

（1）《烟草专卖法实施条例》第49条规定："烟草专卖行政主管部门查处违反《烟草专卖法》和本条例的案件时，可以行使下列职权：①询问违法案件的当事人、嫌疑人和证人；②检查违法案件当事人的经营场所，依法对违法生产或者经营的烟草专卖品进行处理；③查阅、复制与违法活动有关的合同、发票、账册、单据、记录、文件、业务函电和其他资料"。第50条规定："烟草专卖行政主管部门或者烟草专卖行政主管部门会同有关部门，可以依法对非法运输烟草专卖品的活动进行检查、处理。"

（2）《宪法》第39条规定："中华人民共和国公民的住宅不受侵犯。禁止非法搜查或者非法侵入公民的住宅。"

（3）《刑法》第245条规定："非法搜查他人身体、住宅，或者非法侵入他人住宅的，处3年以下有期徒刑或者拘役。"

（4）《刑事诉讼法》第109条规定："为了收集犯罪证据、查获犯罪人，侦查人员可以对犯罪嫌疑人以及可能隐藏罪犯或者犯罪证据的人的身体、物品、住处和其他有关的地方进行搜查。"

（5）《民事诉讼法》第224条规定："被执行人不履行法律文书确定的义务，并隐匿财产的，人民法院有权发出搜查令，对被执行人及其住所或者财产隐匿地进行搜查。"

【要求】

根据以上案件事实及法律提示，讨论以下问题：

（1）有人认为："刘某藏匿假烟的地方是供刘某一家生活的场所，所以它的主要功能是住宅。相关法律中，允许对公民住宅权利进行侵犯的，只有《刑事诉讼法》中规定的涉嫌犯罪的情况以及《民事诉讼法》中规定的涉及被执行人不履行法律文书确定的义务并隐匿财产的情况。本案涉及的香烟市场秩序（即使涉及犯罪也应该由侦查部门执行），这一价值不包括在上述情况中。所以被告侵入住宅行为违法。"你认为上述观点正确吗？

（2）有人认为："法律是要保护住宅的，但是对于住宅的保护必然也是有限制。对个人住宅之权利与相关公共利益的比较，应从两个方面来分析：①住宅中藏匿的物品是什么？本案中是假香烟，以它为基准，较其性质轻微的比如劣质文具，较其性质恶劣的比如毒品、军火等，性质的不同往往可以影响人们对利益衡量的结论。②住宅中藏匿的物品数量。比如只有一条假烟和一箱假烟自然有所不同，同样影响利益衡量的结论。"你认为上述观点正确吗？

（3）有人认为："本案审理中，法官对本案进行价值判断自然受限于已有法律之规定，由于没有找到直接授权行政机关因为行政违法对公民住宅进行检查的法律条文，法官在进行利益衡量时可以参照以宪法为核心的有关公民住宅保护相关法律条文体系中所体现出某种价值倾向，通过相关法律搜索和整理，进而认为利益衡量的结果是在本案中法律对刘某住宅的保护之利益要高于法律对烟草局对香烟市场秩序维护之利益。"你认为上述观点正确吗？

（4）假如你代理本案，如何从案件事实到法学原理进行分析？

（5）假如你代理本案，如何从法学原理到法律规范进行分析？

（6）运用何种技巧对本案进行法律研究？

六、法律研究的综合技巧练习

【案件材料】

2008 年 8 月 3 日，原告张青到被告某市美加乐购物中心有限公司超市玉器专柜购买了一只翡翠手镯，价格为人民币 760 元。购买时，原告问过营业员手镯是否纯天然翡翠，营业员当时说如有假以一赔十。原告便要求营业员在购物发票上写明"纯天然玉镯 A 货翡翠，单价 2280 元，金额 760 元，特价，假一赔十"。2008 年 3 月 12 日，原告将此手镯拿到某市质量技术监督检测所黄金珠宝质量监督检验站鉴定，结果为非天然翡翠。原告遂到被告处要求赔偿，当时，被告店里的一位营业员汤某即要求原告把购物发票和手镯给她，原告把发票和手镯给了营业员后，营业员仅将手镯退还给原告，后来却以发票找不到为由未将发票退还给原告。为此，原告向某市工商局消费协会投诉举报，浦江县消费者协会对此事实进行了调查。2008 年 3 月 26 日，某市工商局城南工商所对被告单位翡翠手镯进行抽样检验，鉴定结论：产品质量不合格，标识不合格。2008 年 4 月 16 日，原告向浦江县人民法院起诉。

【要求】

（1）讨论本案如何进行事实调查？

（2）讨论本案法律检索与法律分析的关系如何？

（3）讨论法律检索是否影响对案件事实的建构？

（4）讨论法律分析是否影响对案件事实的建构？

（5）讨论法律研究中是否考虑或利用了法律位阶理论？

（6）讨论法律研究中是否查找了相关案例？如何应用？

（7）讨论法律研究的步骤是否与计划相一致，或有所调整？为什么？

（8）讨论是否检索到已有的判例？如何善用？

（9）讨论社会舆论对本案的影响？

（10）运用何种技巧对本案进行法律研究？

七、课堂综合模拟案件材料及要求和安排

（一）案件介绍

【案件材料一】（一班用）

郑州的甲乘同乡乙的出租车去石家庄办事，途经邯郸时，乙的出租车与青岛市工商银行的汽车发生交通事故（工商银行司机负全部责任）。甲在事故中受重伤昏迷住院抢救，虽已花费 20 万元医疗费保住性命，但已经成植物人。事故发生后，甲的亲人多次找乙要求赔偿无果，便来到法律诊所请求法律帮助。

【案件材料二】（二班用）

甲，女，84 岁，有私房一处。甲的孙子乙 21 岁，乙急需用钱，欲背着甲将房子卖掉换钱。乙趁甲不备，偷出甲的房产证，并以甲的名义制作了全权委托其售房的授权委托书。乙找到朋友丙告知欲将祖母房子卖掉。甲房估计价值 10～12 万元，乙说 5 万元即卖，丙同意购买，乙以甲的名义签订了房屋买卖协议，而后两人到房管局办理过户手续。房管局听信了乙的解释，认为甲同意卖房，于是将原房产证收回，给丙颁发了新的房产证。丙持房产证限定甲在一定期限内搬家时，甲才知道自己的房子已经被卖掉。无依无靠的甲来到法律诊所寻求帮助。

（二）课堂模拟要求和安排

1. 将 4 名学生分为 1 个小组，2 名学生扮演律师（代理人），1 名学生扮演当事人，1 名学生担任观察员，分别进行模拟演练。模拟演练的具体要求是：由当事人陈述案件事实，并与代理人共同进行法律研究，观察员进行观察并作出评估报告。然后，按以上模拟演练的具体要求，每个班各抽一个小组上台进行模拟演练，除观察员做出评估报告外，全体学生可发表自己的评估意见。学生课堂模拟演练时间 50 分钟，教师点评 50 分钟。

2. 法律研究内容：

（1）分析案件性质，确定法律研究方案。

（2）构建案件事实，进行法律检索和法律分析。

（3）制作代理策略。

3. 代理人要制作法律研究计划（扮演律师的学生负责完成并上交），计划内容是：

（1）计划人。

（2）计划目标（即研究本案的诉讼策略和技巧）。

（3）当事人的真实愿望是什么？

（4）需要进行哪些法律检索？

（5）如何进行法律分析？

4. 法律研究计划及实施的评估（观察员负责完成并上交）：

（1）法律研究计划的评估：是否明确了当事人的愿望？是否制定了法律研究的时间表？法律研究计划执行情况如何？

（2）法律研究计划实施的评估：是否在事实调查的基础上展开法律研究工作？如何协调法律检索和法律分析的关系？法律检索和法律分析如何影响对案件事实的构建？

（三）教师综合点评

第 五 章

法律咨询的理论与技巧

◆　重点问题

1. 法律咨询的特征
2. 法律咨询的解答原则
3. 法律咨询的步骤
4. 法律咨询的技巧

第一节　法律咨询概述

一、法律咨询的概念和特征

（一）法律咨询的概念

咨询，即征求意见。《辞海》中，咨即"商量"，询即"请教询问"。在中国古代"咨"和"询"原是两个词，后来逐渐形成一个复合词，具有询问、谋划、商量、磋商等意思。咨询是通过某些人头脑所储备的知识经验和通过对各种信息资料的综合加工而进行的综合性研究开发。咨询产生智力劳动的综合效益，起着为决策者充当顾问、参谋和外脑的作用。[1]"国家事务，无论大小，均应先予以咨询，然后实施，据此免于失误和失策。"足智多谋的诸葛亮在其著名的《前出师表》中一语道破咨询的作用。随着经济社会发展和科学技术进步，社会专业化分工越来越发达，专业领域越来越多，专业知识越来越丰富。咨询作为一项具有参谋、服务性的社会活动，在军事、政治、经济、法律等领域中发展起来，已成为社会、经济、政治生活中辅助决策的重要手段，并逐渐形成一门应用性科学。各种咨询公司的出现，表明咨询活动已逐渐社会化、专业化，成为智力密集型的头脑产业。咨询业将随着社会进步、发展而繁荣、发达。咨询不再是简单的征求意见，而已发展成提供智力成果的系统工程。

法律咨询是咨询的一种形式，是咨询业务中很重要的一种业务。现代经济生活和社会生活非常复杂，涉及诸多领域。在每一社会领域之中，法律已涉及社会

---

〔1〕　王立民、牟逍媛主编：《诊所法律教育研究》，上海交通大学出版社 2004 年版。

生活的各个方面，法律因素无时无刻不存在，我们举手投足都可能涉及法律，法律已发展成为一个庞大的科学系统。法律法规浩如烟海，法律分工越来越细，就是从事法律的专业人士也不可能精通全部法律。法律的专业化要求越来越高，法律咨询已成为法律专业人员的一项重要的服务内容。面对社会生活和经济生活之中出现的各种法律问题，无论是企业还是个人，或是由于没有受过专门法律训练、缺乏法律常识，或是由于不可能拥有各种领域的专家和技术人员（包括法律专业人才），不可能对这些法律问题自己进行处理。因此，法律服务是现代社会中必要而紧迫的中介服务业务，而法律咨询在法律服务业务中占有很重要位置。所谓法律咨询，就是指由专门设置的法律服务中介机构或有执业证照的专门法律工作人员或其他法律专业人员，针对有法律疑难、法律困惑的咨询者提出的法律问题，进行答疑、解析、指引，以帮助咨询者明白其所处法律疑境的法律问题实质、解决这些问题的出发点、途径以及程序、解决这些问题时应注意的问题及可能出现的情况、解决这些问题应具备的证据和资料以及对该法律问题之解决结局作可行性预测和分析的活动。如果咨询者因主观、客观原因，以至于不能亲自办理这些问题又必须提供法律服务的，法律服务中介机构具有执业证照的专门法律工作人员在征得其同意的情况下，在已经获得咨询信息的基础上，应不畏艰难和斟酌利弊，于时机成熟时果断地为咨询者承担法律代理业务。

（二）法律咨询的特征

1. 形式的多样性。形式的多样性主要是指法律咨询的形式多种多样。目前，法律咨询的形式主要有以下几种：

（1）电话法律咨询。电话法律咨询是最传统的法律咨询方式。比如，广播电台举办的"法律咨询"节目和司法行政机关的"148"法律服务专用电话。各地广播电台与律师联合举办的"法律咨询"节目，以案说法及听众打来热线电话进行法律咨询等形式的活动，在社会上取得了很好的普法效果。"148"法律服务专用电话是司法行政机关与电信部门合作，利用现代通讯条件，发挥自身的职能优势，为群众和社会提供的一种最方便、最快捷的法律服务手段。其根本宗旨和目的是：把法律交给群众，送法律服务走进万家。"148"法律服务专用电话，采用法律服务专职人员值班，通过电话向广大群众和社会组织，提供便捷、高效的法律咨询和各方面的法律服务，为广大群众排忧解难，在全社会营造一个人人知法、懂法、守法、依法办事的良好氛围。

（2）来信法律咨询。来信法律咨询也是一种传统的法律咨询方式。比如，某些报纸与律师或某些法律专业部门联合开办的"法律信箱"或"律师信箱"，通过解答群众来信的方式，向群众解答法律问题，以及向社会大众进行普法教育。再如，有些城市的街道办事处都分别与辖区的律师事务所签订"法律进社区"协议，确保每个社区都能配备一名律师，负责社区居民的法律咨询事务。然后，在每个社区里都设有一个法律咨询信箱，平时居民有法律上的疑难问题，都会在这个小小的信箱里留下咨询信件，由社区律师负责解答，提供法律上的服务。

（3）在线法律咨询。网络服务发展的迅速，使得网络法律咨询也得到兴起。在线法律咨询是以互联网为载体，网络媒体为平台，这就要求咨询者要有一定的网络知识，能够操作文字输入工具和一些网络搜索工具，来找到相应的提供法律服务的网络平台来进行法律咨询。在线法律咨询需要网络的传递，在互动性上与传统的面对面法律咨询及电话法律咨询有差距。咨询者提出的问题需要有一段时间的延时才能得到律师的回答。目前，网络在线法律咨询一般是免费的，律师们大都向网络阵地上迁移，相信随着网络市场的开发，在线免费法律咨询也会向有偿化发展，律师们和咨询者也会慢慢的适应这种形式。

（4）来访法律咨询。来访法律咨询，是指由律师或其他法律专业人员及专门机构当面接待受访群众为其提供法律咨询意见的活动。比如，当事人到律师事务所咨询。再如，有的市及各区县的律师机构和法律援助中心结合实际情况，采取多种形式，组织律师积极参与政府信访接待工作，每周定期在法律援助中心和信访部门设立接待窗口，对涉法信访问题给予法律指导，义务为上访群众解答法律咨询，进行法律宣传教育，帮助群众通过合法途径解决矛盾纠纷，解答来访弱势群体的涉法问题，为符合援助条件的经济困难群众提供法律援助。

电话法律咨询和来信法律咨询及在线法律咨询由于受沟通方式的限制，只适用于内容简单、事实清楚的事项，咨询的内容也仅限于提供、解释法律法规的规定、解释法定程序、提示注意事项、告知当事人寻求救济的途径。上述法律咨询一般不提供特定的、具体的处理意见。本章所述的咨询，是指正式的来访咨询。

2. 服务内容的广泛性。所谓服务内容的广泛性，是指其法律方面内容的广泛性，包括法律咨询对象的广泛性与提供法律咨询服务内容的广泛性。从法律咨询服务的对象看，既包括国内的国家机关、企事业单位、社会团体、其他组织和公民，也包括国外的公民、法人和其他组织等。从服务的内容看，从国内法到国际条约、国际惯例，从家庭生活到国家的大政方针，凡是有关法律、法规等方面的问题，如对具体法律条文的解释，对现实生活中遇到的法律问题提供具体意见，对已经开始诉讼的当事人提供法律建议或意见等方面，都可能通过法律咨询给予帮助，通过法律咨询提供解决具体问题的法律意见。

法律咨询是律师业务的主要部分，也是律师向社会各界提供法律服务的一种重要方式，不仅服务内容具有广泛性，而且还具有法定性。《中华人民共和国律师法》第28条规定的律师可以从事的法律咨询业务有：①接受自然人、法人或者其他组织的委托，担任法律顾问；②接受刑事案件犯罪嫌疑人的委托，为其提供法律咨询等；③接受委托，提供非诉讼法律服务；④解答有关法律的咨询，代写有关法律事务文件。由此可见，法律咨询不仅是律师的法定业务范围，而且内容也很广泛。其法律咨询的内容不仅包括涉及诉讼法律纠纷事务的咨询，更主要的是非诉讼的法律事务的咨询。当事人咨询的事项可能是处于法律冲突中准备或已进入诉讼程序中的如离婚诉讼、人身损害赔偿、债务纠纷等诉讼中自己如何应对；也可能是非诉讼事务，如怎么办理企业工商登记事宜、如何签订合同等，而且越来越多的当事人进行相关社会活动中为了使自己行为符合法律规定，规避法律风险，也往往向律师进行咨询，要求进行法律论证、评估。非诉讼的法律事务咨询，正成为律师咨询的主要部分，也是律师业拓展的新业务领域。请律师不再等同于打官司，咨询也不仅为解决法律纠纷，还为了追求法治社会中合法、安全、高效有序的生活。

法律咨询列入律师的法定服务范围，司法部、财政部等部委制定了咨询相关的收费标准，而非专业法律人士提供法律咨询等法律服务是不允许收费的，否则是违法的。

3. 解答咨询内容的非法律约束性。律师或诊所学生开展咨询业务活动，一般与询问人之间不订立合同关系，主要是就来访者提出的各种各样的法律问题给予解答，亦不用办理其他手续。因此，律师或诊所学生解答有关法律问题的询问不论是口头的，还是书面的，都只是向咨询者提供法律服务，就咨询者而言，律师或诊所学生提供的咨询意见并不具有法律约束力。这与律师或诊所学生接受委托担任代理人不同，律师或诊所学生担任代理人的依据是委托人与律师事务所或法律诊所之间所订立的委托合同及授权委托书，律师或诊所学生在授权范围内所进行的各种行为，对委托人具有法律约束力。

4. 法律咨询的最终决策人是当事人。法律咨询的主体是指咨询活动的参与者。一方是咨询成果的提供者，一方是需要法律帮助的当事人。提供咨询服务的可以是自然人个体或单位，接受咨询的当事人可以是自然人个体或单位。实践中对大型项目法律评估、论证等咨询活动，咨询主体一方大都是律师事务所或律师集团，由律师群体完成咨询活动并对咨询服务质量负责。

律师或法律诊所的学生提供法律咨询业务时，尽管与当事人之间在地位上平等，但双方在咨询中的作用不同，咨询中法律事务或法律纠纷的最终处理的决策人是当事人，而不是提供咨询成果的律师或法律诊所学生，对此律师或法律诊所学生应有明确认识。当事人是咨询事务的利益相关方，依法有处置的权利，律师或法律诊所学生只是接受咨询向当事人提供咨询报告和建议，不应越权处理当事人事务，对此律师或诊所学生应有明确认识，尊重当事人对自己的权利和义务独立处置的权利。

二、法律咨询的目的与计划

（一）法律咨询的目的

咨询目标是咨询目的实现的方向和量化标准，咨询目的能否实现必须在对咨询目标进行利弊得失评估后才能确定。如果当事人咨询时目的不明，必致目标存在变化。律师或诊所学生在提供法律咨询实践中会发现，有些当事人能够准确清楚地表达他们的愿望，咨询目的明确，这时律师或诊所学生极易与当事人就咨询目标和欲实现的目的形成一致的认识，所进行的咨询活动极为有效。然而，当事人是否准确地表达了愿望，当事人的思路和行为是否符合他们的愿望，实现愿望是否能真正达到当事人期望达到的目的，这需要律师和诊所学生们进行识别和确认。识别确认当事人的目标是进行综合材料分析前必须完成的任务。

当事人咨询目的可能是不确定和可变化的，这要求在咨询互动中予以识别确认。有些当事人到诊所咨询之时，对自己咨询目的并不确定，自己还处于犹豫之中。这就要求提供法律咨询服务的律师或诊所学生对当事人的咨询目的要明确，并帮助当事人对不同目标进行分析，引导当事人用足够的时间来确认目的，劝当事人慎重处理自己所涉事务，并可在当事人确立目的后再进行详细的咨询安排。例如某女发现其爱人与第三者有不正当关系，一气之下不顾爱人道歉、忏悔来到律师所要咨询离婚，在咨询中她谈到自己与爱人是同学，自由恋爱结婚，婚后感情很好，爱人对她也很好，显示出对婚姻的留恋，但又说如果不离婚自己面子过不去，自己受到了极大侮辱，无法在同事面前抬头，离婚后又怕影响孩子成长。这种情况下，如果说当事人的目标是离婚还不如说当事人知道律师经手这样案例多，见多识广，想听取一下律师介绍他人遇到这种情况下都是如何处理的，不同处理结果又怎么样。有经验的律师在识别了当事人的上述目的后，便会安抚当事人情绪，将处理过相似案例向当事人客观地介绍，讲明不同处理不同后果的利弊，让人当事人冷静后作出决定，而不会急于为当事人作离婚咨询，书写起诉状。不然所做工作既可能是无用的，也是不负责任的。

法律咨询的实践中，当事人咨询的目标不仅多样，而且咨询的目标也存在变化。古语云："欲得其上，适得其中；欲得其中，适得其下。"当事人来咨询，往往开始时一是不懂法，对目标要求太高；二是抱着侥幸心理希望得到更大的不切实际的利益；三是不信任律师，不愿一步讲清自己的目标；四是目标多样性，自己不确定。这几种情况在咨询中普遍存在，应针对不同情况采取不同的处理方法。对不懂法提出的法律无法支持的目标，律师应明确地答复当事人目标得不到支持，无法实现，让当事人重新考虑；对当事人不切实际的太高要求，律师应劝说其予以放弃，并告知无法实现后当事人会支付很高成本并且不利于问题解决；对不愿讲清自己目标的人，律师应告知如果不讲清咨询的目标，这种咨询不会对他有任何帮助，并应以自己诚恳的态度去与当事人建立互信关系；对目标多样的当事人，应询问当事人最大和最关切目标是什么，审查多样的目标是否一致，能否并列存在，不能同时存在或有冲突的，应帮助当事人选择一个可行的目标。诊所学生务必注意，不要期待当事人一见面就清楚准确地表达自己的咨询目的，要从当事人言谈举止中揣摩其真实意图，提炼出其咨询目的并表达出来，求得当事人确认，这是做好法律咨询的前提和保障。

在法律咨询中，各种因素影响着当事人的咨询目标，将其调整正确应注意以下几个问题：

1. 注意目标的最有利和利益的最大化。因为正确的咨询目标，应当是对当事人最有利的目标，可以使当事人权利最大化的目标。当然，目标最有利和利益最大化的前提，应具有合法性并符合社会公共道德要求。同样一个案件，可能存在多种请求。这些请求有时当事人只有选择权，每个不同请求需要当事人准备证据不同、结果不同、裁判标准不同，这时候就应对不同方案、不同请求进行比较，坚持当事人利益最大化原则。

2. 注意目标的可实现性。目标是最有可能实现的目标，现有证据、法律支持最有力的目标，也许不是最高但应是最有保障的目标。在司法实践中，提出了最大化的主张，怎么将此主张实现，必然涉及救济方式和途径的选择问题。只有救济方式和途径正确，才可以使目标确定的利益得以实现。有的案件可以通过正当信访，要求相关部门解决，也可以通过调解、协商、诉讼解决。即使在诉讼中也存在救济方式的选择，如可以起诉甲，也可以起诉乙，这时就应该考虑哪种途径较易实现和效率较高，且成本低。例如，笔者曾接待这样一个咨询案例，几位农村土地承包户来咨询，他们承包了村里果园，但因品种问题，生产的苹果无效益，他们便更新品种，将原果树部分更换，但因村干部想出卖果园，便借机起诉他们要求终止合同，他们合同未到期，不欠承包费，承包中投入大，更换果品花费大，不同意解除合同，这些情况下，因为维护承包关系的稳定是党和政府的基本政策，又因原告一方是村委会，如果行政正常干预一下，也许对案件处理更有利。为此，笔者建议他们向农工部门及乡政府反映一下，并同时准备好应诉工作，结果农工部门接到信访后，派人调查后认为群众利益应予维护，承包合同应予保护，做通村委会工作后，原告撤诉了，这样达到了"不战而屈人之兵"的效果，撤销判决，使当事人利益得到最大限度的维护。

3. 目标要符合当事人的心愿。当事人目的的实现，便是当事人的最大利益，在一些案件中当事人的可能提出的方案，并非最大利益的方案，这时学生应向当事人讲清，如果当事人坚持自己主张，那么应在作好记录的情况下，尊重当事人的意见，因为法律的原则是，权利可以放弃，当事人有权选择自己的主张和权利，律师或诊所学生只有建议权。

同样的案件，不同的当事人有不同的诉求，追求的价值目标也不一样，律师或诊所学生在讲清自己的理由后应尊重当事人的意愿，不能凭自己的判断代替当事人的判断。实践中有这样一个案例：某律师为张某故意伤害案（轻伤）辩护，律师与张某接触中发现张某可能有精神病，便自己决定申请法医鉴定，结论是张某行凶时处于精神病状态，法院据此判决张某无罪，谁知张某反而对某律师不领情，说某律师你把我毁了，我打伤人住上两年监狱出来还可以讨个媳妇，你作个鉴定说我有精神病，我可能找不到媳妇了。在这个案例中，律师的行为在法律与职业道德上无可指责，但却因以律师的目标判断取代当事人的目标而致当事人不领情。

（二）法律咨询计划

计划是实现目的之前提，是否经过深思熟虑制定法律咨询计划是咨询活动成败的关键。唐代韩愈《进学解》中"行成于思"，"业精于勤"的名言，恰如其分地说明了制定法律咨询计划的必要性。诊所学生制定法律咨询计划时，除应在计划中列明计划人外，咨询计划中还应包含以下内容：

1. 了解案件事实，综合整理信息资料。需要向当事人了解所咨询的案件事实，需翻阅与案件有关的其他材料，包括事实调查的资料、法律条文的检索结果和研究资料、所有同案件有关的记录中的法律或非法律的细节等，都要在计划中予以列明。作为进行法律咨询的律师或其他法律专业人员及机构来讲，掌握受访者咨询问题所涉的资料是提供法律解答意见的前提，而根据掌握的资料所反映的事实进行法律研究则是正确提供法律解答意见的保证。如果说，制定会见计划的主要目的是为获取信息做准备，制定法律咨询计划的主要目的则是运用获取的信息作出决定。因此，律师或其他法律专业人员及机构进行法律咨询时，务要尽可能多地掌握事实资料，并结合已知的资料寻找相应的法律依据。

了解案件事实和综合整理信息资料时，为使案件资料一目了然，可准备若干信息表，如表格、图示等（见表1）。

表1　案件信息表

序号	时　间	信　息	来　源	证　据	备　注
1	2008 – 3 – 11	王某因交通事故住院治疗	2008 年 10 月 20 日会见时当事人陈述	住院病历和诊断书及医疗单据	其他待了解事项
2	2008 – 10 – 14	伤残鉴定	法定鉴定部门鉴定	鉴定书	对方当事人无异议
3	……	……	……	……	……

2. 列出需要了解和决定的事项。需要了解的事项有：当事人要咨询哪些问题，咨询的主要目的是什么，案件的基本事实，法律规定如何，等等。需要决定的事项有：当事人咨询的哪些问题需要作出明确解答，哪些内容需要做出决定，等等。只有明确了上述问题，才能做到准备充分，解答正确。例如：

来访当事人陈述："我于 2008 年 1 月租赁了王某门面房五间，租期两年，月租 3000 元。7 月份，王某将该房出售给李某，双方办理了房屋过户登记手续。现在李某以自己是新房主为由，让我在 15 天内搬出。请问：李某能要求我搬走吗？"

在该案例的法律咨询中需要了解的问题是：①来访者是否要求继续租赁房屋？②与王某是否存在房屋租赁事实及期限和有无租赁合同？③王某与李某进行房屋买卖时李某是否知道房屋已出租的事实？④相关法律规定如何？如果通过调查了解到：来访者要求继续租赁房屋，且与王某签订了两年租期的房屋租赁合同，买房时王某向李某出示了租赁合同。则经过法律研究又知道我国《合同法》第 229 条规定："租赁物在租赁期间发生所有权变动的，不影响租赁合同的效力"。最高人民法院《关于贯彻执行〈中华人民共和国民法通则〉若干问题的意见》第 119 条第 2 款规定："私有房屋租赁期内，买卖、赠与或者继承发生房屋产权转移的，原租赁合同对承租人和新房主继续有效。"也就是说，出租人在租赁合同存续期间出售租赁物的行为不影响租赁合同的效力，承租人与买受人之间租赁关系自买卖成立时继续生效。明确了上述事实和法律规定后，就可以作出"来访者有权继续租赁房屋，李某不能要求其搬家腾房，但自房屋所有权转移之日起，来访者应向李某交纳租金，直至合同期满或解除"的法律解答意见。

3. 设计询问提纲。询问提纲中要根据案件情况及当事人的情况对询问进程作出安排。比如，本次法律咨询采用何种方式进行，是主动解释还是等待当事人的询问，是直接与当事人讨论，还是引导当事人进行讨论。再如，本次法律咨询从何处入手，是先向当事人解释相关法律规定，并运用法律规范分析当事人所涉案件事实及咨询目标，还是讨论案件事实后，再用法律规范分析案件事实及当事人的咨询目标。

询问提纲中要包含程序和实体两部分内容。询问当事人是在当事人陈述基础上有针对性的调查，这要求律师或诊所学生在清楚法律关系性质，明确当事人的咨询目标，并对相关法律进行准备的情况下，列出咨询提纲。如郭甲被李乙打伤，派出所就赔偿问题调解不成，让郭甲起诉到法院解决，郭甲想了解如何打官司，能赔偿多少钱的咨询。在该法律咨询案例中，咨询目标是清楚的，即打官司让李甲赔偿。法律关系也是清楚的，即人身损害赔偿之诉。律师或诊所学生应列出以下询问提纲：

程序部分调查提纲主要内容有：①伤情：轻伤、重伤、轻微伤，有无法医鉴定，是民事诉讼还是刑事附带民事诉讼；②伤害时间，出院时间，是否超过 1 年的诉讼时效；③李乙什么地方人，伤害行为或地点在哪里。

实体部分调查提纲主要内容有：①伤害发生时间、地点、方法，谁能证明；②医疗费：病历，诊断，鉴定，单据发票；③误工费：是否住院，住院天数，工资证明；④护理费：护理依据，护理人员，工资证明，护理天数；⑤交通费：单据发票，用途；⑥住宿费：单据发票，用途；⑦住院伙食补助费：住院天数，补助标准；⑧营养费：医疗证明，营养标准；⑨伤残情况：有无伤残，等级，证明，是否要配制残疾器具，用具标准，证明；⑩是否要后续治疗，护理，依据；⑪有无被抚养人，年龄，户口，其他抚养人情况；⑫是否提出精神损害抚慰金，提多少。

列出上述询问提纲后，律师或诊所学生便可以按此提纲有条不紊地向郭甲进行询问，并应在询问中作出记录。

4. 制定备选方案，注明利弊得失。律师或诊所学生进行法律咨询时，应准备若干可供当事人选择的方案，并注明每一种方案的利弊得失，以确保当事人在选择方案时对各种因素给予充分的考虑。同时，还应当注明哪些结果是必然的，哪些结果是预测的，哪些结果有待于进一步调查研究，以及哪些结果取决于什么样的行动步骤。例如，来访者陈述："不久前，我买了一套整体橱柜，付钱的时候我签了一个由橱柜公司提供的合同，由于时间匆忙，我并未仔细阅读其中的内容。橱柜安好后我发现，该公司使用的材料不好，橱柜门出现了脱落现象。我找到该公司要求修理，但该公司告诉我，我们的合同中约定：橱柜安装完毕后，公司不再承担任何责任。所以，不同意给我修理。请问：合同中有这样的条款橱柜公司是否就没有责任了？我该怎么办？"根据我国《合同法》第 40 条规定，格式条款具有该法第 52 条和第 53 条规定情形的，或者提供格式条款一方免除其责任、加重对方责任、排除对方主要权利的，该条款无效。故应明确告知来访者：橱柜公司提供的合同中的"橱柜安装完毕后，公司不再承担任何责任"免责条款，因免除了其应负责任，属于无效条款。另外，如果这个橱柜真的有质量问题，根据《合同法》第 111 条的规定，你可向来访者提供以下解决方案：可以合理要求橱柜公司承担修理的违约责任；可以合理要求橱柜公司承担更换的违约责任；可以合理要求橱柜公司承担退货的违约责任；可以合理要求橱柜公司承担减少价款的违约责任。并向来访者分析每一种解决方案的利弊得失以及可行性。

为使每一个备选方案利弊得失明了清楚，结合律师或诊所学生的工作习惯，可根据案件的具体情况制定备选方案表（见表 2）。

表 2　备选方案

序号	方案	利	弊	实现条件	成功率	当事人意见
1	调解	减少诉讼拖累，降低诉讼成本，有利执行	可能放弃部分赔偿请求，减少赔偿数额	双方虽然均同意调解，但数额上有较大差距	60%	希望通过调解实现索赔目的
2	诉讼	事实清楚，证据充分，法律规定明确，索赔数额请求合理、合法	诉讼拖累，执行困难	经过漫长的诉讼过程	胜诉100%，执行20%	调解不成的必然之路

5. 建立信任关系的准备。诊所学生是未来的法律人，但还不具有律师法律咨询技巧，在法律咨询中更应在合法限度内为实现当事人的利益而努力，更应对当事人所咨询的案件尽职尽责，进而促进与当事人之间信任关系的建立。

三、法律咨询的解答原则与社会功效

（一）法律咨询的解答原则

律师或其他法律工作者解答法律咨询，是向咨询者进行法律、政策宣传教育的一种最直接、最容易见效的方式，所以及时、有效地帮助咨询者提高认识和增强法制观念，为国家司法机关密切联系人民群众起到了桥梁和纽带的作用。在弄清事实真相的基础上，应严格依照国家法律、政策的规定，对咨询者的询问作出准确的解答。当人民群众的合法权益受到非法侵害而提出法律咨询时，应当支持受害者的正当要求、认真负责地为受害者提供多种形式的法律帮助，依法保护当事人的合法权益；对于因民事、经济、行政方面的问题已经发生纠纷的法律咨询，律师或其他法律工作者应当在辨明是非的前提下，对咨询者多做说服教育、劝解调停的工作，为其提供合法解决的途径，促使纠纷能够得到正确、合理的解决，尽力防止矛盾的激化，以免造成不良影响。因此，律师或其他法律工作者解答法律咨询必须遵守以下原则：[1]

（1）坚持以事实为根据，以法律为准绳的原则；坚持伸张正义、抑恶扬善的原则；坚持息讼解纷的原则。

（2）具有关心群众、热心为人民群众提供法律服务的思想，要有对工作高度负责的精神。

---

〔1〕　贝思德教育机构编著：《律师口才训练教程》，西北大学出版社 2002 年版。

（3）律师或其他法律工作者在接待来访中要注意文明礼貌和坚持谦虚谨慎、平易近人的工作作风。

（4）律师或其他法律工作者在解答法律咨询时，要有良好而流畅的口语才能，回答问题要清楚、准确，并提出解决问题的建议。

（5）律师或其他法律工作者在解答法律咨询时，必须依照法律的规定来解答，决不能感情用事，违背国家的法律和党的政策，乱出主意。

（6）律师或其他法律工作者解答法律咨询后，如果发现确有错误，应当主动予以纠正。

（二）法律咨询的社会功效

以律师提供法律咨询为例，法律咨询作为律师一项主要业务，随着社会大众法律意识的提高，其社会功效越来越重要。法律诊所教育就是培养诊所学生的律师职业技能，因此，诊所学生提供法律咨询也应起到律师咨询的社会功效。法律咨询的社会功效应体现在如下几个方面：

1. 宣传教育的作用。法律咨询就是当事人对所涉及法律事务在法律上定位的主动询问，对相关法律规定的主动学习和了解。咨询中律师或法律诊所的学生必然针对当事人咨询事务所涉及的法律规定向当事人宣讲，讲清法律规定，阐明法律含义，提示法律后果。在这个过程中当事人接受法律知识，并对自己行为作出法律上的判定，知道法律上是非对错，一次咨询活动便是一次生动的法律宣传教育活动。例如，张某因听信传言，认定邻居李某在村里造谣其偷东西，便在气愤中手持铁锨跑到李某家将其打伤。李某哥哥回家后听到此事便找到张某家又将张某胳膊打骨折，法医鉴定为轻伤，公安机关依法将李某哥哥刑事拘留。李某大喊冤枉，前来咨询，认为张某打人在前，其哥哥属正当防卫，公安机关抓人错误。这时法律诊所学生便可依据刑法知识，告诉李某什么是正当防卫，即正当防卫必须是对正在进行的不法侵害进行防卫。本案中张某对李某侵害是不法侵害，符合防卫对象条件，但李某哥哥打张某时，张某已回家，他对李某的不法侵害已停止，不属于正在进行的不法侵害，所以李某哥哥的行为不属于正当防卫。学生把法律规定向李某讲清后，李某明白了什么是正当防卫，也清楚了他哥哥的行为不属于正当防卫。公安机关拘留他哥哥行为正当，为他积极赔偿张某，妥善解决案件创造了条件。从以上案例中可以看到，法律咨询的宣传教育作用独特而明显。

2. 化解社会矛盾，稳定社会秩序的作用。在一些怀有偏见的人群中，认为律师唯恐天下不乱，个个调词架讼，好从中渔利，而事实上律师是社会矛盾的润滑剂，是化解社会矛盾、稳定社会秩序的重要力量，律师群体是建设社会主义法治国家的一股主要力量。争取自己的权利自由，是一个法治国家公民的基本素质，争取自己的自由权利并不会带来社会动荡，而会维护法律秩序、维护社会的有序运行。胡适先生说："争你自己的自由就是争国家的自由，争你自己的权利就是争国家的权利。因为自由平等的国家不是一群奴才建造得起来的！"法律咨询，可以让当事人清楚自己的法律上的权利义务，明白是非。能使社会矛盾在法律介入下自行解决或通过法律程序公权力的介入而有序解决，让社会不安定因素得到清除。现在法院审理民事案件主张重在调解，要求案结事了，强调的便是矛盾的解决。例如，甲、乙双方发生交通事故，甲将乙撞伤，因双方均非故意都愿通过协商解决赔偿问题，都委托丙调解，调解中甲乙对赔偿数额差距较大，难以达成一致意见。最后甲、乙、丙三方同到律师事务所咨询。律师听清事故过程后，宣读了相关交通安全规定，分析指出甲应负主要责任，乙方也有责任。并根据最高人民法院关于审理人身损害赔偿的司法解释，列出赔偿项目和计算方法，算出赔偿数目后，按比例划分，甲、乙双方差距缩小，在丙方劝解下，甲、乙双方达成调解意见。咨询活动使双方清楚了自己的权利义务，化解了社会矛盾，稳定了社会秩序。法律咨询能够为当事人维护自己的权利提供一个有效途径，使问题能够纳入法律轨道解决，避免矛盾的拖延、激化。

3. 为当事人行为提供法律依据，保证当事人行为的合法性，规避法律风险，维护社会关系的稳定性，有利于社会经济、生活、文化等各方面社会活动有序运行。市场经济是法治经济。现实生活中法律已无处不在，我们吃、住、行、求学、求职、谋发展及人的生、老、死、葬等都受到法律的调整。为了保证行为的有效性，避免法律风险，人们在生活、工作中有重大决定和行动时都进行必要的法律咨询。我们的行动合法吗？我的合同有效吗？我的主张法律保护吗？我行为的法律后果是什么呢？法律咨询便提供了当事人得到答案的途径，可以说法律咨询为社会建立法律秩序起到了巨大而独特的作用。

第二节 法律咨询的基本技巧

一、法律咨询的步骤

法律咨询的步骤，就是咨询从开始到结束的流程，即从当事人与律师或法律诊所学生见面开始到作出咨询报告的过程。律师在法律咨询的实务操作中，一般按下面几个步骤进行：咨询双方身份介绍确认——咨询双方权利义务告知——咨询者陈述询问——对法律关系的确认——判决及相关法律、法规的准备——咨询者目的确认——针对性调查——证据证明力的调查——综合整理信息资料——得出咨询报告——咨询报告的评估和建议。整个咨询活动是阶段性，也是开放性的、可反复的，目的是律师应该尽最大可能查清相关事实，掌握案件的全部关联信息，在确认当事人目的后作出咨询报告并提出建设性意见，维护咨询者最大利益，提供高质量的咨询服务。诊所法律教育就是培养学生的律师职业技能，诊所学生为当事人提供法律咨询时，应参照律师法律咨询的实务步骤进行。

1. 介绍和确认双方的身份。当事人到律师事务所去咨询，有的当事人是慕名而去，指出就要找某律师进行咨询，这种情况下一般应满足当事人的要求。当事人如无此要求，律师所接待人员应接待当事人，问清咨询哪方面法律问题后，根据律师事务所律师的专业分工，安排相关专业律师接待当事人，提供法律咨询。根据律师业务发展，现在较大的律师事务所都进行了相应的专业分工，便于适应社会需求，向社会提供专业、准确、高效的法律服务。

律师接待咨询的当事人，应当热情、礼貌、文明。首先向当事人介绍自己姓名，出示律师证件，表示愿意接受当事人咨询。然后询问当事人姓名、住址，了解当事人是否是案件当事人，如是几位来访者还须弄清彼此的关系。在一些涉及隐私的案件中，有些当事人不愿告知自己姓名，只希望就案件事实进行咨询，这时律师要向当事人讲明律师有义务保守当事人隐私和商业秘密，打消当事人顾虑，而且也应尊重当事人的意愿，不可让当事人为难。这是律师职业道德要求，也是自我保护的要求。在此环节中有两点要特别注意：一是律师办公场所一定要整洁、规范，律师言语一定要文明热情，并将自己相关专业经历向当事人简单介绍，以便于与当事人建立信任良好关系，使咨询活动顺利进行；二是律师一定要尊重当事人要求，严守当事人隐私。

2. 告知双方的权利和义务。律师咨询，如果是有偿服务，应首先向当事人说明律师咨询是要收费的，在当事人听清楚并表示接受收费方式后再开始咨询的相关活动。在此阶段，律师一定要讲清收费标准，防止因收费问题与当事人产生不愉快。律师在询问当事人之前还应告知，当事人必须实事求是，提供案件真实情况，当事人对事实和证据真实性负责，律师只是在当事人所述案件事实基础上提供咨询服务，提供法律意见，并讲明法律意见只供参考。切忌对法律建议结果的大包大揽，不负责地迎合当事人。在律师执业中，有些律师不能全面考虑案情，只听了当事人一面之词便匆匆得出结论，说你打官司吧，一定能赢，结果在诉讼中出现了律师咨询中未掌握的关键事实，导致当事人败诉，这时有些当事人找到律师事务所闹事、要求赔偿。咨询中律师一定要注意用语的准确，并切实对当事人负起责任。这样既能维护律师形象，又能保护当事人合法权益，还能防范律师的执业风险。笔者曾办理一件因宅基地所有权的行政纠纷案件，咨询时即告知当事人，要如实陈述案件事实，如未能如实告知造成损失自行承担。当事人陈述了某机关侵占其宅基及房屋的事实，并提供了自己多年来主张权利的证明。笔者根据当事人陈述的事实及提供的证据，建议其提起行政诉讼，状告县政府。案件历经波折，后法院查出 1965 年一份判决，证明当时当事人父辈曾提出诉讼，且法院已作出判决，撤销了当事人土改时房产土地证书，致使当事人对行政诉讼无主体资格而败诉。当事人诉讼花费较大，但因笔者咨询时已告知其陈述案件不实的风险，并作出笔录，当事人虽然不高兴，但因风险告知在先，对笔者的工作还是给予了肯定。以上案例正是由于律师咨询前的告知，才避免了不必要的麻烦。

3. 当事人陈述。在清楚双方权利、义务后，一般应请当事人陈述并提出问题。这阶段律师应首先提醒并告知当事人，法律咨询要求当事人围绕下列事项进行陈述：你咨询什么事情？要解决什么问题？想达到什么目的？简单地说就是什么事？想怎么样？为什么？并要求当事人把事情几个因素交代清楚——谁？什么时间？什么地点？什么事？怎么证明？然后应该耐心听取当事人介绍。在此阶段律师应当注意既要耐心听取当事人介绍，尊重当事人，又要主动引导当事人围绕与法律事务相关的事实介绍，不能由当事人信马由缰，漫无目的地将与案件无关的陈年旧事慢慢道来。如何主动引导当事人叙述事实，这将在下一步中具体阐述。这里需要强调一点，律师一定要有耐心，态度要诚恳，打断当事人无关话题时，一定要注意方式，注意语言的技巧。当事人来咨询可能是满怀冤屈，也可能是满腹无奈，也可能是痛彻心脾，这种情况下，倾听可以平复当事人的心情，如果粗鲁地打断当事人叙述，不利于双方建立互信关系，不利于咨询活动顺利进行。如果当事人话题跑远了，你可以客气地说，你的心情我理解，今天你想咨询问题，先把有关的事情说一说，其他事情随后再说，以便我能尽快给你个答复。而不能说，别说了，说这么多都是废话，没有用。尊重是建立互信的关键。法律诊所的学生，大都是青年人，特别要注意这一点。

4. 询问相关事实。上述章节中，有专门一章介绍事实调查相关问题，有些方法技巧当然可以运用到对当事人的调查中。在本章节中，我们仅限于咨询活动中询问当事人案情时应注意的方法，作简单介绍。律师或诊所学生对当事人询问是掌握案件事实的最基本最主要的方式。一般咨询中律师不会就相关事实向他人或单位去调查了解，相信当事人并以当事人讲述的事实作为进行咨询报告的事实依据。在这种情况下，律师根据咨询目的的需要全面了解相关事实是十分重要的。要达到上述要求，律师或诊所学生应注意下列事项：

（1）实体和程序内容都要询问。有可能进入诉讼的案件事实分为两部分，一是有关案件实体的相关事实，二是有关案件程序部分的事实。初步进入法律服务领域的人员往往注重对实体部分事实的调查而忽略程序部分事实的调查。经验丰富的的资深律师都清楚，程序部分事实是十分关键的。程序决定的是解决问题的途径，只有途径正确才可以高效正确地处理问题。此外，有关时效是否超过的事实也应调查清楚。没有对程序和时效问题的正确掌控，可能让实体法上应胜诉的案件败诉。这要求提供法律咨询的律师或诊所学生在询问当事人时，要了解事情该由什么部门处理，走什么样程序，是否有复议前置和仲裁前置要求，应该不应该由法院受理，什么地方法院受理，什么级别的法院受理，应提起民事诉讼，还是行政诉讼，起诉、仲裁是否超过了时效，有无时效中断事由等一系列事实要了解清楚。案件实体部分事实调查应尽可能完整，问清事实发生的时间、地点、人物、内容，并应要求当事人印证上述事实的相关证据作出说明，这也为下一步工作做了铺垫。

（2）围绕案件事实和当事人咨询目标询问。在此要强调的是，询问应围绕法律关系和当事人的咨询目标，以及根据实现该目标的法律要求的事实条件去进行，掌握相关法律且与当事人互动中启发当事人，让当事人为满足事实条件去搜取相关事实证据。诊所的学生应该掌握这种方法。例如，某女到诊所来咨询要求离婚，如果你只问当事人你怎么能证明你们夫妻感情已破裂，当事人可能东拉西扯不得要领，因为她不清楚，法律上如何算做夫妻感情破裂，这时需要律师或诊所学生根据相关法律规定予以启发，并进行具体询问。《婚姻法》第32条第1款规定："男女一方要求离婚的，可由有关部门进行调解或直接向人民法院提出离婚诉讼。"第2款规定："人民法院审理离婚案件，应当进行调解；如感情确已破裂，调解无效，应准予离婚。"第3款规定："有下列情形之一，调解无效的，应准予离婚：①重婚或有配偶者与他人同居的；②实施家庭暴力或虐待、遗弃家庭成员的；③有赌博、吸毒等恶习屡教不改的；④因感情不和分居满2年的；⑤其他导致夫妻感情破裂的情形。"根据以上这些规定，诊所学生应向当事人询问的问题是：对方是否同意离婚？有无通过非诉讼方式到有关婚姻管理部门进行调解离婚的可能？对方有无重婚或与他人非法同居的行为？如对方有与他人重婚或非法同居行为是否有证据证明？对方是否有家庭暴力行为？如有是否报过警、验过伤及是否有证据证明？对方是否实施过虐待或遗弃家庭成员的行为及有无证据证明？对方有没有赌博或吸毒等恶习的行为及有无证据证明？是否分居了及分居了多长时间？等等。这样根据法律规定的调查，可以最大限度地收取核对当事人有利的事实，而不至于遗漏主要事实。要做到这一点，需要经验和勤奋，也需要对法律规定的熟悉掌握和运用，还需要恰当的询问方法。

5. 初步确认法律关系及适用的法律。所谓法律关系的确认，是指律师或诊所学生听取当事人陈述事实，提出自己想要达到的目的后，初步对案件的性质及法律关系进行的判断。该阶段的法律关系判断得准确与否，是关系到能否查清相关事实及能否作出准确咨询报告的关键，也是衡量一个律师或诊所学生咨询技能高低的重要标志。在初步确认案件的性质及法律关系后，就应围绕这个法律关系去寻找适用的法律和法规，进而去调查事实，审查相关证据，综合分析后作出咨询报告。在律师实务中，可以发现受过不同训练的律师的不同执业风格。一般理论基础雄厚的律师，接受咨询、代理诉讼都能准确定位法律关系，明确确认争议焦点，点明案件胜负关键，做起案件来节奏明快轻松、效率高，少做或不做无用功。相反，缺乏理论功底的律师，往往对待大量事实无法取舍，有时纠缠无关轻重的事实，花费大量人力、物力，效率低，结果也不理想。对此，诊所的学生们应形成这样一种理性思维，即每接受一案件，无论咨询、代理，都要先确定这是个什么样的法律关系。事实上，对法律关系的认定准确与否往往决定案件的成败。例如：

> 某老人刘甲有 3 个女儿，老伴去世，刘甲与大女儿、三女儿商量，把房产过户到了三女儿名下，办理了赠与手续。二女儿、女婿知道后，提出异议，说房产虽在刘甲名下，但现房产系二女婿一套房，刘甲一套房换取的，该房中应有二女婿 1/3 份额，对此事实，单位房管科出具证明，换房人出具证明，刘甲也认可。这种案件事实，咨询时二女婿代理人认为应提出合同撤销之诉，请求撤销刘甲与三女儿间的房产赠与合同。这种情况下，二女婿的代理人就混淆了合同撤销的法律关系和合同无效的法律关系。该案是因刘甲无权处分房产，其与三女儿的赠与合同应是无效的。主张无效之诉，二女婿便可胜诉，但因为误认法律关系，提出合同撤销之诉，因二女婿非合同当事人，又非法律规定的其他可提出合同撤销的主体，他没有起诉的资格，最终法院驳回了二女婿的起诉。使本可以一审解决的问题，二女婿不得不再行起诉。

可见，法律关系判断对咨询结果是十分重要的。

法律关系的确认解决的是案件性质的问题，即什么事情，这关系到解决问题的法律准备和途径选择。确定法律关系后，便应该就此进行相关法律、法规的搜集准备。这种法律的准备是长期的，不可能靠一事一时具备这种能力。作为律师或诊所学生应在系统学习的基础上，不断对新颁布的法律进行学习和必要培训，并注意在实践中总结各类案件涉及的法律知识，注意生活中、新闻报道中的相关案例，判决中法理论述、法规运用。俗话说："业精于勤，荒于嬉。"法律、法规作为调节社会的工具，随着社会发展变化，法律的修改、变化，新法规制定的颁布是十分频繁的，要成为一名好律师，只有不断丰富自己的法律知识，提高自己的业务能力。本阶段所说相关法律、法规的收集是指对围绕确认的法律关系所涉及的法律、法规和司法解释尽可能全的收集。只有在大脑中将相关案件事实的信息收集全面，相关法律知识收集齐全，才可能根据经验进行逻辑推理得出准确的法律意见。举例说明：一对母女来到律师事务所，咨询离婚的相关问题。这样的咨询法律关系是明确的，当事人要求解除的可能是合法的婚姻，也可能本身就是无效不受保护的婚姻。咨询者应当对什么是合法婚姻，什么是无效婚姻的法律规定清楚。并根据规定对当事人进行有针对性的询问，在确认婚姻关系效力后再分别对待。对有效婚姻的解除和法律规定应该清楚，同时与婚姻纠纷在一起的往往又涉及夫妻共同财产的处理、孩子抚育的问题，对这些问题所涉及的法律规定，律师也应全部掌握。

法律关系的确认指导着律师或诊所学生对法律、法规的收集，但平时对法律、法规的积累，法学理论修养又是正确确认法律关系的前提。如何能正确确认法律关系？只有靠勤学习，勤思考，勤训练。诊所学生们应养成一个好的思维习惯，遇到问题首先想一下这是个什么法律关系，应将案件事实纳入什么样法律关系中去处理，而且在平时学习中对相近的法律关系的彼此特征、区别点搞清楚，只有这样才能在司法实践中搞清问题，为解决问题打下一个良好基础，这也是成为一名合格律师的重要条件，成为一名优秀律师的必备素质。例如：

商人李甲开车到复兴商场购物，将轿车停入车位后，向管理人员交费1元，购物后从商厦出来发现车辆丢失，向商场索赔无果，来咨询如何维权。这是一件在现实生活中发生的案例。李甲称我存车交钱与商场建立了有偿保管合同，商场管理人员疏于管理，致使车辆丢失，理应赔偿。他将法律关系定位为保管合同，因保管方未尽责任，应赔偿。而商场方辩称，1元钱非车辆保管费而是车位占用费。商场提供车位已尽到合同义务，没有保管责任，车辆丢失商场无责任，不应赔偿，商场主张本案系车位有偿使用合同，而非车辆保管合同。

从这个案例中可以看到，不同法律关系的界定，案件结果是截然不同的。律师或诊所学生作为一方当事人的法律帮助者，这种情况下你的法律修养能否充分去论证自己观点去说服裁决者，维护当事人合法权益，便十分重要。生活是复杂多样的，法律不可能细化到能解决每一个纷争。不可能法律上的判定如同数学题2＋2＝4那样准确。这便是法律的魅力和成为一门学科的理由之一。达芬奇学画鸡蛋，同一个鸡蛋从不同角度去画就会有不同的形状，它和画平面图是不一样的。律师和诊所的学生就该为咨询者提供出最好的一面，法律关系便是决定图案的视角。同一件事实站到什么角度去审视，用什么方法去处理，可能效果有很大差异。这要求律师和诊所学生具有开放视野和丰富的理论知识和实践经验。

6. 告知举证责任和证明标准[1]。案件事实或者说事情的真实情况是不同于

---

[1] 江伟主编：《民事诉讼法》，高等教育出版社2007年版。

法律事实的。两者可能一致，也可能基本不一致，也可能截然相反。因为法律上讲的是法律事实，也就是根据所能证明的事实。在进行法律咨询时，律师或者诊所学生仅根据当事人陈述的事实去作出咨询报告是不够的，也可能无法实现当事人的咨询目标，无法维护当事人的合法权益。律师或诊所学生还应当对证明事实的证据进行调查、评判。律师或诊所学生在进行这项工作时，应向当事人讲明法律规定的"谁主张、谁举证"的一般举证规则，要求当事人对自己主张的事实提供证据予以证明，如果没有足够证据来证明，那么可能要承担对其不利的法律后果。还应向当事人讲明，由于案件性质的不同，当事人的举证责任及证明标准也不同，应区别对待。具体到民事案件、刑事案件、行政案件的证明标准是不同的。刑事案件讲的是无罪推定，存疑不诉，用俗话说就是只要不能确切地证明嫌疑人是犯罪人、不能排除嫌疑人不是犯罪人的可能性就不能对嫌疑人科罪量刑。行政诉讼要求被告行政机关对其做出的具体行政行为承担举证责任，如果被告无法提供认定事实和适用的证据便应承担不利后果。关于民事诉讼案件的举证责任和证明标准，最高人民法院《关于民事诉讼证据的若干规定》第63～68条也作了详细的规定。律师和诊所学生，应当根据法律规定的举证责任和证明标准，对当事人的证据的证明力进行评判，最后得出结论。证据的证明力可能存在以下三种情况：①证据确实充分，相互一致，足可证明当事人主张的事实；②证据确实，但不充分，不完整，形不成完整的证据链条，还应补充；③证据不确实，不充分，无法证明当事人主张的事实。针对以上三种不同情况，律师应向当事人讲明，并提出相应建议。证据的调查和证据证明力的评判是咨询中的关键一环。该环节中往往因对证明力的误判而为当事人出具错误的咨询报告，使当事人利益受到损害。诊所学生一定要加强平时的理论素养的训练，提高自己对证据的把握能力，以便练就一双火眼金睛，将来能更好地服务社会。

7. 评估和选定方案。前面已谈到，在法律咨询的整个过程，律师与当事人一直处于互动中，交流着信息，当事人在接受律师信息后，思想会发生变化，相应改变自己主意，调整着目标。律师在接受信息后，随着对法律关系确认和法律研究的深入，也会一步步调整自己的方案。这时，律师或诊所学生应在确认法律关系和适用的法律及当事人的咨询目的后，对当事人的咨询目的进行法律评判，并在互动中引导当事人确立正确的目标和选定最佳方案。

（1）对咨询目的进行法律评判。目的能否得到法律支持应进行目的的法律评判。这里的法律评判包括两项内容：一是当事人的目的是否属于法律解决的问题，如果目的本身不在法律调整范围，那么目标一定达不到，律师应明确告知，让当事人调整目的。二是目的得到法律支持保护的可能性判断，帮助当事人确认或调整其目的。例如，陶某与无儿子的老人柳某达成赡养遗赠协议，当初柳某女儿张某无异议，协议履行了 17 年，陶某对柳某极尽赡养义务，受到邻里好评，但因柳某年事已高，又因承包地被征用补偿六万余元，在女儿张某鼓动下，柳某要解除遗赠抚养协议，气愤难平的陶某来律师事务所咨询，说自己不贪图柳某什么，她要解除协议可以，陶某要求柳某女儿上门道歉并赡养他母亲 17 年，否则陶某不会善罢甘休。陶某的心情是可以理解的，但他的主张是超越了法律范畴的，法律无权强制柳某女儿张某赡养陶某母亲 17 年。对此要求，律师明确告知陶某，最高人民法院《关于贯彻执行〈中华人民共和国继承法〉若干问题的意见》第 56 条的规定："抚养人或集体组织与公民订有遗赠扶养协议，抚养人或集体组织无正当理由不履行，致协议解除的，不能享有受遗赠的权利，其支付的供养费用一般不予补偿；遗赠人无正当理由不履行，致协议解除的，则应偿还抚养人或集体组织已支付的供养费用。"根据该规定，本案因遗赠人违约无正当理由致协议解除，陶某可以要求柳某偿还 17 年来支付的供养费用。为此，律师建议陶某调整目的，维护自己合法权益。这个阶段要注意只能对自己十分清楚的问题才能下结论；不清楚、不准确的要在掌握相关法律、法规后再下结论。

（2）评估方案。进行方案的评估，就是对每个方案的利弊、成本、风险、成功率分析。评估方案时，律师或诊所学生应当将各个方案的利弊、理由、风险详细向当事人介绍。介绍方案应当注意的问题有三：

第一，分析方案时要尽量做到周密、全面、完整。每种方案都应当是一个完整的计划，而不仅限于某个环节，某个阶段。如果无法明确以后发生的事，应当力求合理的预测，并针对预测做出准备。

第二，分析方案时要有弹性。鉴于咨询中只是听了当事人一面之词及导致后果的种种不特定因素的存在，在分析方案时要掌握好分寸，每个方案都可能因矛盾另一方的不同对待可能有不同结果。预测结果应思广益，大胆心细又要留有余地，预防不测、被动，给选择的方案留有空间。

第三，对当事人极力追求的目标或极力要避免发生的事要特别留意，分析时对此作出重点说明。当事人因案情不同，价值观不同，追求和忌讳的事情是不同的。有人就为了个"理儿"、"一个说法"、"一个面子"，对金钱看得轻淡；而有些人维护自己在金钱方面利益是第一位的，可能对人情面子的东西不那么在意。因此，分析方案时应针对当事人关注点详加说明，也便于当事人最终决断选择。举例说明：

  李某给张某开车送货时，被高某相向行驶的大货车致伤，高某承担事故主要责任，李某治疗花费近三万元，现来到律师所进行咨询。根据法律规定，李某与张某系雇佣关系，雇员在工作中受伤，雇主张某理应承担赔偿责任，而且张某财力雄厚，又是本地人，如调解不成诉讼成本也低，举证也容易，执行也有保障，而且张某承担的是全部责任。李某与高某之间是侵权的赔偿责任，高某经济能力差，而且承担的是部分赔偿责任。

律师将上述两个方案告知后，李某可以选择让张某或高某赔偿。当然站在经济角度告张某更有利，但因张某没有过错，平时双方关系良好，受伤后张某又到医院看望，如果告张某可能损害双方关系。这也正是李某所不愿意看到的，他宁愿经济上吃点亏，也不愿损害二人关系。这时律师一定要注意当事人的价值追求，不能自以为是。

分析评估方案时，学生应提醒当事人各方案之间的关系，不要将方案孤立地看待。如方案之间可能存在首选、次选或主要方案、替代或备用方案的关系；前一种方案的实施状况是否影响、如何影响后一种方案的实行。同时，应当确保当事人明确其他方案的价值所在，提示那些被当事人忽视的方案的益处。

（3）选定最佳方案。经验丰富的律师会尽可能为当事人提供多种备选方案。备选方案中需要考虑法律因素和非法律因素。法律因素是指影响或决定特定案件成败的实体法和程序法的规定；非法律因素是指本案件相关的来自社会的、家庭的、经济的，政策的、文化的、习俗的、心理的、身体的等各方面的影响。客观地说，在现实法律实务中将社会不正之风，司法腐败都应考虑在内，有时对矛盾另一方当事人的情况、性格都应进行评估，绝对不能忽略当事人提供的非法律因素。选定最佳方案分为三步：①确定若干解决方案，评估每一个方案的利弊、成本、风险、成功率。②比较后选定最佳方案。作为律师或诊所学生，应当始终以委托人的利益为出发点，不要为赚取律师费而一律建议委托人用诉讼解决问题。事实上，很多案件采用调解、协商或仲裁的方式解决更加符合委托人的利益。例如，面对委托人遭遇"第三者"时，律师的第一反应通常是提起重婚自诉。一旦起诉的办法决定下来并付诸实施，就会发现这种办法实际并不理想，有可能破坏两个家庭，即已经对委托人没有感情一方因为犯重婚罪而入狱，不但无法挽回其心，而且使得其和第三者新建立的家庭解体。因此律师在提出解决方案时，应当将各种解决方案的利弊告知委托人，包括时间、成本、结果等，当然委托人主要为了经济利益，律师应当提供最经济的解决方案。③如果委托人的目的不在经济利益，则应当选择符合当事人的目的的解决方式。

8. 作出咨询报告。本阶段是要综合所有的案件材料，包括事实调查的资料，法律条文的检索结果和研究资料，所有同案件有关的记录中的法律或非法律的细节。根据对证据的调查和证据证明力的判断，作出咨询报告。对能否实现当事人咨询目的，综合整理信息资料后的咨询报告有三种：①咨询目的可以实现报告；②咨询目的不可能实现的报告；③咨询目的不能实现，但可以调整目的后维护当事人利益或减少当事人损失的报告。咨询报告根据具体情况，可以是口头形式，也可以是书面形式。

（1）咨询目的可实现的报告。对于咨询目的可以实现，如果律师或诊所学生出具书面咨询报告，应在报告中写明的内容包括以下几部分：第一部分写明咨询的时间、地点、当事人陈述的事实，咨询目标；第二部分写明证明案件事实的相关证据及证明力；第三部分写明当事人咨询目标可以实现的法律依据；第四部分写明当事人实现咨询目的的路径和结果。举例如下：

法律咨询报告

2008年6月28日当事人李大兴，男，27岁，汉族，某某市某某区某某人，到本法律诊所咨询储蓄纠纷一案，本诊所指派甲学生进行接待并告知其相关权利义务。李大兴称其于2007年元月10日在某银行（住所地某某市某某路某某号）办理了一张太平洋借记卡，与银行建立了储蓄合同关系，在2008年5月15日李大兴发现自己卡内的资金无端短少了××××元，因此向公安机关报案。经公安机关侦查，原来是犯罪分子在自动银行门禁系统上安装了盗码器，窃取了李大兴借记卡上的住处和密码，然后复制成伪卡，凭伪卡在异地盗窃了李大兴卡内的资金。现犯罪人无能力赔偿李大兴，李大兴认为银行有责任赔偿其上述损失，因与银行交涉未果，前来咨询银行是否有责任赔偿他损失，他如何维护自己权益。（第一部分）。

诊所学生根据李大兴对案件事实陈述并对其进行了相应调查和询问。李大兴证明上述事实证据有：①某银行太平洋借记卡，证明双方当事人之间存在储蓄合同关系；②证人某某的证言，证明证人陪同李大兴到自动银行刷卡准备取款的经过；③接受刑事案件登记表，证明李大兴向公安机关报了案；④接报回执单，呈请立案报告书，呈请移送案件报告书，证明李大兴向公安机关报案的经过；⑤某某市某某区人民法院判决书，证明犯罪分子张某盗窃李大兴信用卡的事实被司法机关确认；⑥某银行太平洋借记卡对账单，证明李大兴损失数额。诊所学生经审查上述证据认为，上述证据均真实有效，并形成完整证据链，基本可以证明李大兴的事实主张，司法机关也应予认定（第二部分）。

诊所学生分析后认为，本案系储蓄合同纠纷，是因他人窃取卡内资金而主张，李大兴按要求妥善保管了自己借记卡和密码，也未委托他们人使用，其对借记卡售出后密码泄露没有过错。银行未能履行保障交易场所安全的义务，是犯罪分子使用盗码器得逞的主要原因。而且李大兴发现借记卡内资金短少后马上报警，并及时采取了相关措施，起到了防止损失扩大的义务。根据《中华人民共和国商业银行法》第6条、《中华人民共和国合同法》第60条第2款、第107条的规定，银行在储蓄合同中，负有保障交易场所安全、防范犯罪发生，向储户及时通知犯罪手段和保障存款人合法权益不受侵犯的义务。因某银行未尽到相关义务导致李大兴损失，应承担赔偿责任，李大兴的主张应受法律保护。（第三部分）

　　根据上述对事实、证据、相关法律的审查判断，我们得出结论是李大兴要求某某银行赔偿资金损失××××元的主张是合法的，应受到法律保护，建议如果通过与某某银行协商不能解决，应到某某银行所在地某某人民法院起诉，通过法律途径解决。（第四部分）

以上是一份比较完整的咨询报告，当然在具体法律实务中，律师或诊所学生可以根据当事人要求和案件实际情况，作出调整。

（2）咨询目的不能实现的报告。经过对资料的综合分析后，得出结论认为当事人的咨询目的根本无法实现，这时应当如实告知当事人，但应注意告知的技巧。当事人是个庞大而多样的群体，什么样的性格的人都有，并非都是理智和有控制力的人，诊所学生在告知结果时应采用细致、得体的做法，特别是针对受到重大打击的当事人。

方法一，三思而行，委婉告知，先不急于表态，先表示对当事人的情况表示理解或表示问题不容易解决，打个伏笔，给自己留一段思考的时间，想想看是不是当事人所有的目的都无法达到，还是主要目标无法达到，次要目的有希望。只要有一线希望，应当将它找出来，告诉当事人。同时，利用思考的时间将当事人无法达到目的的理由整理归纳一下，以谨慎、严密具有逻辑性和说服力的方式表达出来。

方法二，解释理由。在作出否定结论之前，耐心细致详实地解释原因、理由，分析整个案情，让当事人感觉到否定性的结论是深思熟虑的结果。

方法三，倾注同情。回绝当事人的请求后，并未万事大吉，应以同情的心态关注当事人的反应。当事人无法达到目的是由各种各样原因造成的，包括来自社会的、经济的、法律的、文化的、习俗的等各方面的局限，而其本身不一定有过错。对当事人失望、沮丧、不满、愤怒的情绪给予理解和同情，是缓解当事人情绪的常用办法。但切忌因为当事人情绪激动而改口，那样可能会使当事人产生误解而迁怒于代理人，适得其反。

（3）调整目的后可维护当事人利益的咨询报告。有些法律咨询，咨询目的虽不能实现，但调整当事人的目的后可维护其合法利益或减少其经济损失。这类法律咨询可能有两类情况，一种是将目的调整后，可实现合法的利益。另一种是虽不能实现咨询目的，但调整目的后可减少经济损失。第一种情况当事人可能比较容易接受，但最终决定应由当事人选择。第二种情况，诊所学生应当提出建议，讲清理由，供当事人参考。以下举例予以说明。

范某某到法律诊所咨询，说 2007 年 8 月 10 日，某市出现雷雨大风天气，风力达 10 级，该市部分广告牌刮倒，甚至将市区北部菜场附近停放的货车掀翻，当时他在街道沿某单位临街围墙避风行走，被倒塌的围墙砸伤，在医院住院治疗花费四万五千余元，且还需二次手术费 15 000 元，医院出具了诊断证明、医疗费单据及 "120" 记录，都可证明他受伤的原因和损失。他来咨询时认为，根据《民法通则》第 126 条的规定：建筑物或者其他设施以及建筑物上的搁置物、悬挂物发生倒塌、脱落、坠落造成他人损害的，它的所有人或者管理人应当承担民事责任。因此，他要求某单位承担全部责任。

接待调整后，诊所学生发现，对此伤害可以说范某某没有责任。但因当天特殊天气，是大风致使围墙倒塌，范某某又没有证据证明某单位围墙存在质量问题，安全隐患，要求根据过错责任让单位承担全部责任理由不充分，无法得到法律支持。但是本案中 10 级大风也够不上不可抗力，围墙倒塌应属于意外事故，某单位不承担部分责任，也不公平。认为本案应适用《民法通则》第 132 条的规定：即适用公平责任原则，要求某单位承担部分责任，这样虽然不能获得全部赔偿却可得到部分补偿，弥补部分经济损失。经过充分说理后，范某某接受建议，再次到某单位协商赔偿事宜，得到妥善解决。

对不同情况可以出具不同的咨询报告，但在出具咨询报告中应注意的问题和坚持的态度应是一致的。一是对当事人认真、负责、热情、诚恳；二是事实清楚，法律引用准确，说理充分；三是讲明咨询报告仅是一家之言，是建议，切忌大包大揽，包打胜负，将自己置于被动地位。说话做事讲究策略，留有余地，这既是一种谦虚的态度，也是职业的要求。

二、法律咨询的技巧[1]

（一）以流畅言辞洞开话题

法律咨询过程，是法律咨询解答者施展其才华、表现其知识和理论蕴涵、说服别人和教育别人的过程。因此，以流畅言辞洞开当事人的话题也是制胜的关键因素。法律工作者在法律咨询过程之中要现身"说法"，关键就体现在这个"说"和"法"字上。所谓"说"，就是指口语表达，要求言辞流畅。所谓"法"，就是指法律知识和法律理论。这就要求法律工作者善于控制特殊的对象，善于驾驭特殊的时间和利用特殊的环境，以事实为根据，以法律为准绳，语锋敏锐、口齿伶俐、表达清楚、鞭辟入里，充分调动自己的语言才能，言词符合法律规定和原则，言辞标准、流畅，

---

〔1〕 秦甫编著：《律师办案艺术》，法律出版社 1996 年版。

语音平缓,语调适中,打好一场胜利的言词防御战、遭遇战和攻坚战。在法律咨询的实践中，有的咨询者羞愧难当，不好开口；有的咨询者性格内向，沉闷寡语；有的咨询者半遮半掩，不好直说；有的咨询者抑郁寡欢，痛哭流涕。提供法律咨询的律师或诊所学生，应该寻找合适的话题，循循善诱，逐渐开导，把咨询者的话匣子打开。这是法律咨询工作的第一步，也是对提供法律咨询者的基本要求和必须掌握的技巧。下边以一个律师的咨询实例予以说明。

　　律　师：请坐。请问您有什么事？

　　当事人：律师，我有重要的事情需要你帮忙。但是我又不知从何说起。

　　律　师：慢慢说、慢慢讲。到底发生了什么事？

　　当事人：律师，不知你能不能帮助我？我只是想到你这里来了解了解情况，没有别的什么意思。我害怕我一旦对你讲出来以后，对我不好。我真是烦死了！我真是不知道该怎么办才好。

　　律　师：对律师讲，是最安全、最可靠的。我们律师遵守法律和法规办理业务，对当事人提供的一切材料和证据，都对外保密；一旦泄漏出去，我们就违背了国家的法律和法规，违背了《律师法》，是要受到法律惩处的。这一点你完全可以放心。

　　当事人：那你首先必须答应要帮助我。

　　律　师：在我的业务范围之内和能力范围之内，我一定会帮助你的。你不是寻求帮助来了吗？现在可以帮助你的人就在你面前，你为什么还要犹豫呢？

　　作为法律咨询解答者，遇到上述咨询当事人，如果能够按照这样的谈话思路，去打开当事人的话题，消除咨询者的疑虑，就能为咨询成功奠定良好的基础。

　　（二）区别对待和通俗易懂

　　热情诚恳的语言，通俗易懂的言语，适用于一切形式的法律咨询。在法律解答中，区别不同的对象，是为了更好地选择与对象相适应的接待方式和解答方法。要求语言通俗易懂，是为了使咨询者听得懂和记得住，知其所以然。

　　1. 针不同对象区别对待。律师或诊所学生在法律咨询中，要做到针不同对象区别对待，采取相应的方法和技巧。具体讲有以下几个方面：①从年龄、性别上加以区别，采取相应的方法和技巧。一般来说，对年老的咨询者讲话时，声音要稍高些，速度要慢些，但态度要谦和，听话要有耐心；接待女性咨询者，要注意掌握女性一般有话不直说的特点，区别其反映或询问的内容，细心地开导，然后加以解答。②从性格和神色上加以区别，采取相应的方法和技巧。有些咨询者神色慌乱，有些咨询者性格桀骜而放纵，有些咨询者神情抑郁而沉痛，有些咨询者目光狡黠而圆滑，不一而足。对于这些咨询者，律师或诊所学生应以冷静沉着的态度稳定对方的情绪，通过观察对方的神色来推测问题的性质和事情的严重程度，通过聆听对方话语来体察他的性格为人和知识程度。据此相应调整咨询的先后次序，确定解答前发问的方向、重点、详略和谈话的语气基调，选择合适的解答方式和策略。③从思维和口语表述的差异上加以区别，采取相应的方法和技巧。有些咨询者思路清晰、语言简明流畅，有些咨询者思维缓慢零乱、语言重复啰嗦，表意不明。这就要区别对待。对于思路清晰，语言流畅的咨询者，可以不问或少问，根据他陈述的情况归纳一下，即可作出简明扼要的回答；对思维缓慢，表意不清的咨询者，应当适时地插入适当的问话，引导他抓住重点、说出中心问题。④从社会成分上区别，采取相应的方法和技巧。对于机关、企事业单位、社会团体等部门工作的来访咨询者，适宜于采用商量、讨论的语气解答问题；对于有过错的青少年咨询者，适宜于采用鼓励、劝导的方法解答问题；对于咨询的高级知识分子，应当照顾他们的自尊，尽量采用建议、释义的方式解答问题；对于咨询的工人、农民，适宜于用朴实无华、通俗合情的分析、比喻、说明的方法来解答他们所提出的问题。

2. 通俗易懂。要求法律咨询中解答的通俗易懂，是因为法律解答不是法律研讨，必须使用通俗易懂的语言，使咨询者易懂易记，知道其意思是什么。解答之中，不宜乱用或滥用法律术语和名词，法言法语是专业行话，在群众中间最好少用少说，因为咨询者不一定能够全部听得懂；如确必须使用时，也应以人们日常生活中通常的说法深入浅出地解释清楚。使用通俗语言，并不是说可以在解答中随意使用方言俗语，应将二者严格地区分开来，也即要使用净化的通俗语言。例如，在下面这则律师的谈话就比较的晦涩难懂，令咨询者费解："根据法律，你持有的汇票为瑕疵票据，缺乏绝对必要记载事项，没有金额和受款人记载，出票人又没有授权补记，因此银行不予承兑是有法律依据的。"律师应该将什么是瑕疵票据、什么是绝对记载事项、什么是授权补记，用通俗易懂的语言解释清楚。相比之下，下面这则谈话则显得比较易懂："根据我国《票据法》的规定，你持有的汇票是无效票据，银行不予承兑是有法律根据的。原因有三点，一是这张汇票上没有记载确定的金额，也没有记载受款人的名称；根据相关法律规定，缺乏这两项事项中其中之一的，该汇票就是无效票据。二是出票人对于空白汇票，应该授权代理人补记。你的汇票既没有出票人的授权，又没有对空白事项加以补记，因此是无法弥补了。三是银行表示拒绝承兑，现在唯一的办法就是向法院提起诉讼，要求出票人偿付你的损失。"

在法律咨询实践中，有的咨询者往往只顾自己叙述方便，总是谈得漫无边际，眉毛胡子一把抓，个别甚至讲得海阔天空，不分主次，认为什么都重要，抓不住纲领和要害。为了让咨询者的叙述尽量省略去不必要的过程和枝节，避免讲得冗长和零乱。把他们的陈述引到案件的关键问题上来，把握案件的要害，法律咨询的解答者应在必要时设问引路，向咨询者提出问题，让其围绕案件关键问题进行回答。这就要求解答咨询的法律工作者必须使用通俗易懂的语言，以平等谈话者的身份出现，而不是以高高在上的身份出现。因为，双方只有在平等的身份和使用平等语言的基础上才能达到彻底沟通，实现法律咨询的目的。

（三）敏捷思维和机智应变

人类思维是相对于感性而言的，是在感性材料积累的基础上进行的理性化处理，是人脑对于客观事物间接的和概括的反映，是通过概念、判断和推理等形式能动地反映客观世界，又能动地反作用于客观世界，并在一定条件下起主要的决定作用。思维形式有逻辑思维和形象思维之分，法律工作者进行法律咨询的思维形式应该主要是逻辑思维。为此，提供法律咨询的法律工作者，应该从咨询者陈述的事实与证据，做到据事说理、认定性质、分清责任、据实析理，作出自己的业务判断和法律判断；遵循提出问题、分析问题、综合问题、指明问题的性质并提出解决问题的办法，进行推理思维。在和咨询者的谈话过程之中，应充分地调动自己的逻辑判断和逻辑思维能力，一方面要仔细聆听、边听边记、适时发问、鞭辟入里、细微观察、明辨真伪；另一方面又要善于对咨询者的谈话内容进行理性整理，包括概括和总结，去伪存真、善于分析、把握分寸、捕捉重点、寻找关键，以敏捷的思维对咨询者谈话的内容及时而又准确地得出自己的业务判断和法律判断，然后引证论据、旁征博引，对咨询者进行解答、说服和教育。

我国战国时齐国晏婴出使楚国，楚王为羞辱他人矮小，故意让他从小门进入，晏婴与楚王展开了一场"从狗洞是进狗国"的精彩之辩，何尝不是机智应变的最好佐证呢？严格地讲，应变能力是理性思维能力的特殊外在表现形式。应变能力是应付能力、对付能力、对待能力和对答能力等方面能力的综合，例如随机应变、随机应对、随机应战等。应变能力，是能够适时变通、灵活动用的能力，是指法律工作者在法律咨询时，遭遇到意外的非正常阻碍、干扰或者虽属正常性却是意料之外的情况之下，采取紧急的有效措施，平息、安定、排除意外，并能继续进行咨询谈话的一种才能。在法律咨询之中，作为法律工作者应以机智的应变和平缓的语言，从细节入手提问，不遗漏任何细节的考虑，明察秋毫，寻找突破口、关键点，把握案情的性质和解决的关键。对于善意提问者所提出的易于解答的问题，经过思索之后，迅速作出准确答复，并继续进行原来的法律咨询工作；对于善意提问者提出的不宜当场回答的问题，可以告诉提问者待咨询工作结束后个别回答，或可以就提问的实质性基本观点作出简要回答；对于恶意提问者所提的问题，也可以拒绝回答或针锋相对地给予答复。当发觉自己说的不够完整时，在适当时机要不露痕迹地予以补全，并注意改正的效果；如果自己说的离题了，要有迅速拉回来的能力；如果自己说错了，在归纳时应予以巧妙地补救。

法律咨询中的应变能力，要求法律工作者必须镇静、敏感、巧妙、以正压邪、以理抑情、以实论理、以理服人，在谈话时必须要有坚实的知识基础、果断的判断和处理、准确的思维和应变、迅速的反应能力、灵活的反应速度、话锋细密、直切主题、不遗不漏、旁敲侧击，进而准确而又全面地把握事实。这样，才能进行好法律咨询工作，才能为咨询者提供正确、合法、可靠而又可操作的处理意见。

（四）明察秋毫，从有知推无知

解答法律咨询，需要在观察的基础上，采用仔细聆听和适当发问相结合的方法，听明白对方问内容的全部内涵。善于答的人，必须首先善于听和善于问，听和问是答的前提和依据，只有听全了才能答准确。对于任何咨询者来说，提供解答的法律工作者都不能简单地听其一面之词。不仅要在善于听和善于问的基础之上，要开动脑筋用心地去记，还要对所听之内容进行整理并综合分析。发问要语言细密、不遗不漏、话锋严格、明察秋毫，从有知推无知，作出准确而又全面的分析和综合。听是为了正确地答，问是为了更好地听。问的形式主要有三：①使用引导式发问。这种发问方式要求用简洁明快的语言进行提示性的询问，循序渐进地引导咨询者的叙述，以尽可能快的速度引向法律问题的中心和关键，以省去许多不必要的周旋和许多多余的谈话。例如，对于因民间借贷引起纠纷的当事人咨询，在咨询者繁杂冗长的抱怨之中，提供咨询的法律工作者可以适时地插问："您说某甲借了你的钱，有什么证据吗"，"除有这些证据之外，还有什么证据吗"，等等。②使用澄清式发问。即通过环环相扣的重叠式问句，以符合严格逻辑的修辞语句，了解和澄清咨询者疏忽、遗漏、存在错误理解和错误认识或避而不谈、秘而不宣的情节和细节，使有关案情的客观全貌能够得以还原和保真。例如，在上面所举案例中，可以问："您和某甲的借据是什么时候立的"，"当时有其他人在场吗"，"还有没有其他约定"，"是不是签完字就借给了他款"，等等。③使用限制式发问。即通过铿锵有力、理直气壮、符合法律和政策的提问，明确咨询者与解答者之间的责任，阐明一切解答都是在假设咨询者反映的情况属实的情况下作出的，如果咨询者故意隐瞒某些重要情况，解答则无效，法律工作者对自己的解答将不负任何责任。例如，在上面所举案例中，如当事人过于啰嗦，则可以适时地插话："您应该尽量说些与你们借款有关的事情"，"您不要过分埋怨他，说出所有对你有利的事实。""您所说的是否全部属实，您是不是还遗漏了一些事实，比如说，对你不利的一些事实"，等等。

律师进行法律咨询的实践中，常常巧妙和灵活地运用上述三种发问方式，细致入微地进行法律咨询工作。因为实践中确实存在这样的情况：有的咨询者故意回避对自己不利的情节，不作叙述；有的咨询者故意夸大其辞，杜撰对方的责任和过失情节，甚至是故意地谩骂和侮辱；有的咨询者还别有用心、别出心裁，故意编造一些有利于自己的情节和证据，杜撰一些不利于对方的情节和证据；有的咨询者则避实就虚，故意将实质性问题隐瞒不谈，而对一些非实质性的琐碎情节则大加渲染、夸夸其谈，以争取对自己有利的说辞。这就要求律师必须听问结合、发问细密、话锋严格、明察秋毫、从有知推无知，力争作出准确而全面的分析。从有知中推无知，发现隐藏在谈话内容和话题背后的事实和材料，洞烛天机，明察真相，是对律师进行法律咨询的特殊要求。在这种情况下，实际上是律师和咨询者之间展开了一场口才战和反口才战、思想战和反思想战、心理战和反心理战，由此从细微处见宏大、从虚伪中见真实、从无知中见有知，透过咨询者叙述中的表面现象，看到隐藏在背后的实质现象和真实事实。

总之，全面而真实地了解和掌握案件的全部事实和证据材料，是法律工作者进行好法律咨询的关键性环节。否则，则会导致法律工作者提供错误的法律意见，使整个咨询工作陷入失败，影响法律工作者的声誉。全面而真实地了解和掌握事实和证据材料，则要求法律工作者综合运用上述各种方法和途径，情真意切地展开与咨询者的谈话。这一过程既是考验法律工作者解答咨询的经验和水平的过程，又是考验法律工作者是否有敏捷的思维、机智的应变、犀利的语锋、平缓的语调、周密的话题的过程；既是考验法律工作者口才的过程，又是考验法律工作者的观察力、理解力、洞察力和顿悟力的过程。法律工作者必须综合运用自己的各种能力和充分发挥自己的各种水平，才能为法律咨询工作的顺利进行打下坚实的基础，才能使法律咨询工作取得良好的效果。

（五）有的放矢，答其所问，对症下药

法律咨询的实践中，咨询者提出的法律问题的范围往往是很广的，涉及所有的法律领域，这就要求提供法律咨询的律师或诊所学生在解答时，要有的放矢、答其所问、对症下药。

1. 在法律咨询中要有的放矢。法律工作者要把握问题的实质和关键，围绕这个实质进行谈话。咨询者的提问往往带有主观随意性，信马由缰，不着边际，有时几个问题甚至多个问题搅和、掺杂在一起，忽东忽西、令人不可把握。这就要求提供咨询法律工作者必须综合分析，从一大堆问题之中抽象出一个或几个关键性、实质性的问题，然后利用自己的才识和所掌握的现有证据材料，围绕这一个或几个关键性、实质性的问题进行解答和说明。这里有一事例，虽然不是讲法律咨询，但对于如何切入话题、把握话锋、针锋相对，提高法律工作者解答口才的水平，还是有裨益的，相传古希腊的大雄辩家普罗泰哥拉曾与跟他学法律的学生们立约：学成之后帮别人打赢了官司再来交学费；打不赢官司，就不用交。有个学生出师3年，却分文未交。难道名师之下，竟非高徒？是赢了官司却赖账吧？普罗泰哥拉便状告该学生言而无信，要求法庭索回学费。学生听说之后，进言道:"老师呀你想想看,不管这场官司是你赢还是我赢,我都不该交学费给您的:您赢,则我输,按约我不交;若我赢,您输,则老师告状无效,我更不该交。"普罗泰哥拉答:"学生呀你再想想看,不管这场官司是你赢或我赢,你都必须交学费给我:你赢,我输,则按约须交;我赢,你输,则法院判你交费,你又如何能不交呢?"由以上事例可见,法律工作者在解答、说明的过程中,一旦找准或明确了问题的关键和实质,就可以由表及里、由外入内地进行释理说法,即先从非实质性、非关键性的问题说起,进行层层"剥落",将非实质性、非关键性的问题予以说明以后,马上放弃,接着论证实质性、关键性的问题,最后使得问题的实质和关键在咨询者的意识中形成牢固的概念。

2. 在法律咨询中要答其所问。咨询者提出什么问题,就要回答什么问题,绝不能漫无边际、夸夸其谈。这就叫做答其所问。在解答问题的时候,一定要把握住问题的重心、中心,就这个问题展开论述,寻找的证据和资料也必须是与这个问题相关,并且能够起一定的佐证作用和能够说明这个问题的证据和资料,引用的法律理论和法律法规必须是与这个问题相关,并且能够说明和解决这个问题的法律理论和法律法规。提出问题、讨论问题、研究问题、思考问题、解答问题、解决问题,这是法律咨询工作的一条主线,这条主线始终都牵动着一个相同的问题,离开了这个问题,便偏离了法律咨询工作的基本宗旨和目标。因此,要围绕问题进行解答。当然为了使解答更为有力、更具说服力、更加丰富、材料更加全面,也应把问题的范围放宽到一定的限度,在这个限度之内引经据典、旁征博论,以力求解答详实、充分、全面而具有说服力,但是这个限度必须严格把握,绝不能无度宽泛,否则便失去法律解答的实质要求。

3. 在法律咨询中要对症下药。提供咨询的法律工作者要针对咨询者提出的不同的问题,作出不同的解答和提供不同的解决方法。问题的关键和实质一旦清楚了之后,就应该使用"剥落"法,使这一被暴露的关键性问题或实质性问题得到合适而恰当的处理办法、解决办法,以期能够利用这些处理办法、解决办法,通过司法途径或非司法途径,把问题消灭在萌芽状态或使已经尖锐的问题变得不再尖锐,最终予以根除。

(六)冷静处理,沉着对答

有的咨询者情绪不稳,或急躁,或悲痛,或失望,或忧郁。此时提供法律咨询的工作者应该热情接待,取得共鸣,冷静处理,沉着应答。对于情绪不好的咨询者,应该让他先冷静下来,慢慢讲清案件的原委,再讲述具体的解决办法。下面举一律师对某位单位钱款被诈骗而前来咨询的银行工作人员的询问方法予以说明。

律　师:请您把被骗的经过详细地叙说一遍好吗?不要着急,慢慢说。

当事人:我太着急,说不清楚。我不知从什么地方说起。

　　律　师：请先坐下来，喝口饮料，仔细想想，再慢慢说。

　　当事人：事情是这样的。今年×月×日，我们单位信贷科科长张某和外人勾结，在没有取得我们银行信贷会议同意的情况下，擅自从我行贷出20万元给其同伙李某，俩人合伙用这笔钱炒股。今年4月股市出现熊市以后，俩人都栽进去了，然后以低价把手中持有的股票抛售出去，携余款外逃了。律师，你说该怎么办呢？

　　律　师：（冷静地分析了一会儿案情）你们银行往外放款，都要经过哪些程序？

　　当事人：我们审查了对方的贷款申请之后，要派信贷员到对方单位进行资信调查，形成调查报告，然后交银行贷款会议研究之后才能决定；在我们放款之前，要与对方签订借款合同和抵押合同，否则是不会放款出去的。

　　律　师：这笔"贷款"最后是怎么出帐的？

　　当事人：这个我们还没有调查清楚。

　　律　师：这件事情肯定跟你们银行的出纳人员有关。这样，第一，你先回去，在银行上下不要张扬被骗一事，稳住人心；第二，赶快向公安局报案，并提供张某和李某出逃的所有线索；第三，让公安局进驻你行，对所有出纳人员进行审查，一旦发现情况，再跟踪处理。这件事情事关重大，一定要秘密通知银行全体知情人员，不要慌张，以免打草惊蛇。切记、切记。

（七）明晰案情，晓之以理

　　事实是案件的基础，法律是基于事实而适用的，了解案情、掌握事实是极为重要的因素，在大多数情况下具有决定意义。若在事实上有疏漏和不确切之处，或有含糊其辞和不正确的情况，对于咨询的成败就会产生疑虑。但是有关案件的一切资料并不都是必需的或重要的，有的材料可能对案件是没有意义的。律师在收集材料信息时，必须以把握事实为出发点，分出主次，进行认真的筛选，大量没有必要和不相干的细节应当被略去。在搜集大量事实材料的基础上，总会发现决定案件的关键点，这一关键点是从一大堆混杂的细节中选择出来的。咨询律师或其他法律工作者应该尽可能多地了解案情的相关资料和证据，从已经掌握的材料和证据之中进行筛选，去伪存真、去粗存精，争取掌握事实材料中的关键点。在与当事人的谈话中，要克服当事人的心理障碍，把握当事人的心理特征，分辨虚实和真伪，切中要害，寻找突破口，全面而真实地掌握案件的事实材料，进而做到明晰案情。下面也以某律师接待一起民事损害赔偿案件咨询的谈话为例，予以说明。

　　当事人：律师，请帮助我治治那小子！他竟然敢拿木棍打我，还把我打成腿部骨折！这是我的医院诊断证明和所有的医疗费用证明，请您过目。

　　律　师：他为什么打你？

当事人：他嫌我跟他姐姐谈恋爱，关他屁事。你说对不对？

律　师：你和他姐姐是什么时候谈恋爱的？

当事人：我们已经谈了十几年啦。她死也是我的人啦！

律　师：你是不是对她不好？

当事人：她对我好就行。

律　师：那你们为什么不结婚？

当事人：国家提倡晚婚，咱得响应号召，你说是不是？

律　师：他在哪里打的你？

当事人：在他们家。

律　师：你去他们家干什么？

当事人：去看丈母娘呗。

　　一个善于分析、分辩虚实和真伪的律师，从这则对话中不难发现咨询者其中绝大多数陈述都是假的。本案的事实情况是：该男青年与女青年谈恋爱，后女方发现男方品行不端，便表示要断绝恋爱关系；男青年不死心，某日身带匕首进行威胁，当即被女青年的弟弟用木棍打倒，造成腿部骨折。

　　律师或其他法律工作者在法律咨询过程之中，在明晰案情的基础上，还需对当事人晓之以理，使用心理学方法，通过语言媒介，给咨询对象以帮助、启发和教育。下边也以某律师接待一起婚姻纠纷案件咨询的谈话为例，予以说明。

当事人：我与他实在过不下去了。我们感情上合不来，我们经常吵架。律师，请帮助我与他离婚吧。

律　师：你和他为什么吵架？

当事人：他不顾家务，到处乱跑；他心里根本没有这个家。

律　师：你爱人是干什么工作的？

当事人：他干个体。

律　师：干个体比较辛苦，工作没有时间性和节奏性。你是不是该多体谅体谅他？

当事人：我体谅他，谁体谅我？我必须与他离婚！

律　师：离婚是你的自由和权利，你完全可以凭自己的意志提出这个请求。不过，法律规定夫妻感情确已破裂的，才可以判离。你认为你和他的感情已经破裂了吗？

当事人：我们的感情已经完全破裂。如果不是由于我们的孩子，我早就和他离婚了！

律　师：其实我认为你们的感情没有破裂。你回去再好好考虑考虑，如果决意要离婚再来找我代理好吗？

在这则对话中，律师巧妙地运用了心理学方法，通过晓之以理，使咨询对象的认识、情感和态度有所变化，解决其在生活中、工作中出现的法律问题。

第三节　法律咨询的技巧训练

一、洞开当事人话题技巧训练

【案件材料】

死者许静平，男，26 岁。2008 年 6 月 5 日晚上 9 时左右，骑摩托车行驶至 107 马头路段时（107 线 11M＋13M 处），由于下雨及对面来车灯光的影响，加之许静平车速过快，避让措施不当，导致连车带人撞倒在公路上堆放的沙堆中，当即人车分离，许静平头部着地不省人事，一起同行的张某、王某发现后立即打电话呼救，邻近的卫生院及时赶到对许静平进行了抢救，因伤势严重送至市级某医院治疗，经治疗无效，于 2008 年 6 月 9 日死亡，共花费医疗费 4453.68 元，尸体检验费 500 元。因当时未能及时报案，交警部门未能出现场，证据灭失，公安交警部门无法查清事实而对此交通事故无法认定，亦无法查清该沙堆究竟是谁堆放。许静平父亲前来法律诊所咨询。

附带说明：①事故路面由某县公路局负责养护，许静平所骑摩托车无牌照，个人又未取得摩托车驾驶证，驾驶中未戴头盔，车速太快；②许静平无兄弟姐妹、母亲早亡；③许静平父亲系农民、文盲、老实淳朴、不善言辞，加之老年丧子痛不欲生；④许静平父亲想知道谁应负赔偿责任？能赔偿多少钱？

【要求】

将 4 名学生分为 1 个小组，每组 1 名学生扮演当事人，2 名学生扮演律师，1 名学生担任观察员。教师巡回观察各组演练情况。会见练习时间 20 分钟（含观察员评估时间），教师 5 分钟点评。

观察员对"律师"为"当事人"提供法律咨询的情况进行以下评估：

（1）律师语言技巧运用如何？是否以流畅言辞洞开当事人的话题？

（2）律师采取何种方式对待当事人？

（3）语言通俗易懂的技巧是如何运用？效果如何？

（4）律师对案件中有利当事人信息或不利于当事人的信息是否了解？分别了解哪些？

（5）是否了解了本案法律关系性质及适用的法律？

（6）是否了解当事人的咨询目的和诉讼请求？如何评价和解答？

（7）律师认为以何种视角对法律法规进行整理对当事人更有利？

（8）法律法规准备的是否充分？

二、冷静处理和明晰案情技巧练习

【案件材料】

某甲为一私营砖瓦厂法定代表人,已将其厂以每年8万元的租金租赁给某丙经营近1年。某甲见砖瓦行情上涨,遂隐瞒已与某丙的合同情况,又与外地商人某乙商谈每年40万元的租赁承包意向,并要求某乙做好生产准备,某乙遂组织工人40人到某甲处报到准备上班。某甲即告知某乙,准备与丙某解除合同,保证2个月内将砖瓦厂交乙租赁。但某丙不同意解除合同,被某甲强行夺回砖瓦厂,并交于乙经营。某丙来咨询如何维护自己权益。

附带说明:丙因案件所致情绪不稳、急躁、悲痛、失望、忧郁,且产生心理障碍。

【讨论】

(1) 该案是什么样的法律关系? 应采用什么样的解决方案?

(2) 通过什么途径解决问题对某丙更有利?

(3) 诉讼中该提出什么样的请求?

(4) 向谁主张权利更有利?

(5) 方案的合法性是否有保障?

(6) 如何使当事人的利益最大化?

(7) 是否还有其他更切实、可行、见效快的解决方案?

【要求】

将4名学生分为1个小组,每组1名学生扮演当事人,2名学生扮演律师,1名学生担任观察员。教师巡回观察各组演练情况。会见练习时间20分钟 (含观察员评估时间),教师5分钟点评。

观察员对"律师"为"当事人"提供法律咨询中运用技巧情况进行评估:

(1) 是否运用了冷静处理技巧? 效果如何?

(2) 沉着对答技巧运用怎样? 效果如何?

(3) 明晰案情技巧运用怎样? 效果如何?

(4) 咨询中是否晓之以理? 该技巧运用怎样? 效果如何?

三、机智应变和明察秋毫技巧练习

【案件材料】

当事人吴军来法律诊所咨询,说2008年4月26日,刘建军到其物资有限公司的办公室向其出具欠条,载明"今欠吴军煤款壹拾伍万元叁仟元",欠条署名为"某某仪器有限公司"及刘建军,落款时间为"2008年4月26日"。后来,刘建军之妻钱瑛于2008年5月初替丈夫归还吴军借款5万元,余款一直未付,经多次催要未果。吴军前来法律诊所咨询,问他该怎么办,告谁,怎么告?

附带说明:吴军以上陈述的情况属实。

【讨论】

（1）确认本案的法律关系。

（2）怎么确认给付义务主体？

（3）查清什么问题可以确认刘建军欠款为个人行为，并列出调查提纲。

（4）查清什么问题可以确认欠款是职务行为，并列出调查提纲。

（5）怎么确认起诉的原告，是单位还是吴军个人？

（6）怎么确定管辖法院？

（7）怎样审查本案时效问题？

（8）怎么样构思询问提纲？

（9）本案被告可能出现的抗辩理由是什么？如何抗辩？

（10）本案中关键案件事实是什么？

附带说明：吴军以上陈述的情况虚假，所谓"今欠吴军煤款壹拾伍万元叁仟元"并非刘建军所写，所谓"刘建军之妻钱瑛 2008 年 5 月初替丈夫归还吴军借款 5 万元"是假，实际是刘建军之妻钱瑛与吴军生之间生意上的往来款项。吴军是别有用心，故意编造一些有利于自己的情节和证据，杜撰一些不利于对方的情节和证据。

【要求】

将 4 名学生分为 1 个小组，每组 1 名学生扮演当事人，2 名学生扮演律师，1 名学生担任观察员。教师巡回观察各组演练情况。会见练习时间 20 分钟（含观察员评估时间），教师 5 分钟点评。

观察员对"律师"为该"当事人"提供法律咨询中运用技巧进行以下评估：

（1）律师咨询中是否做到明察秋毫？

（2）从有知推无知的技巧运用如何？

（3）律师在听与问中是否做到敏捷思维？

（4）机智应变技巧运用如何？

四、课堂综合模拟演练

（一）案情介绍

【案件材料一】（一班用）

当事人赵某陈述：2007 年 8 月初，本县地税局以其装饰材料门市未按时缴纳税款为由，强行将其门市 36 件货物装上汽车准备拉走。赵某爬上车要求清点货物，被地税局工作人员甲从汽车上推下，赵某摔成轻伤（经鉴定）。赵某出院后来到法律诊所寻求帮助。赵某还陈述："其未按时缴税的原因是今年纳税总额比去年增加近十倍，地税局工作人员也不给明确的解释。

赵某想知道：

（1）能否要回被拉走的货物？

（2）自己住院的损失由谁赔偿？

（3）地税局工作人员甲应承担什么法律责任？

【案件材料二】（二班用）

甲某 2006 年 6 月将自己的私房一套租给乙某居住，租期 5 年。2007 年 2 月甲某妻子得重病住院治疗花费十余万元，甲某向丙某借款 8 万元。2007 年 5 月甲某对乙某说："因自己无钱还债，决定将租给乙某的房屋以 9 万元的价格卖掉，问乙某是否购买。"乙某称："如 8 万元卖，他就买。"甲某看乙某无诚意，于2007 年 9 月问丙某是否愿意以 9 万元购买已租给乙某的房屋，丙某当即表示同意，并与甲某签订房屋买卖协议并公证。随后，甲、丙二人到房管局办理了房产过户手续。丙某拿到房产证后，通知乙某限期搬出房屋，被乙某拒绝。丙某又让甲某将乙某赶出房屋也被甲某拒绝。

丙某想知道：

（1）甲某是否有义务将乙某赶出房屋？

（2）他与甲某的房屋买卖合同是否有效？

（3）他是否有权让乙某限期搬出房屋？

（二）课堂模拟要求和安排：

1. 4 人一组，2 名学生扮演律师，1 名学生扮演当事人，1 名学生担任观察员，进行课堂模拟训练。每组制订一份法律咨询计划，由扮演律师的学生完成。（上交）

2. 抽两个小组（每班一个）上讲台模拟演练，时间共计 100 分钟（含观察员评估和学生评议），教师点评 30 分钟。制作咨询记录，由扮演律师的学生完成。（上交）

3. 观察员进行评估，并制作评估记录（上交）。评估以下内容：

（1）是否进行了事实调查，哪些事实是明确的，哪些事实是不明确的？

（2）是否进行法律研究和法律分析？

（3）初步确定了几种备选方案？

（4）是否了解了当事人的咨询目标？

（5）咨询中是否体现了"当事人中心主义"的咨询模式？

（6）提供了几种选择方案，是否进行了利弊分析？

（7）当事人是否在备选方案中进行了选择？

（8）当事人对咨询步骤是否满意？

（9）运用了哪些技巧？

（三）教师综合点评

第 六 章

谈判的理论与技巧

◆ **重点问题**

1. 谈判的特点
2. 谈判的构成要素
3. 谈判的模式
4. 谈判的技巧

第一节 谈判概述

一、谈判的概念和特点

（一）谈判的概念

谈判是由"谈"和"判"两个字组成的，谈是指双方或多方之间的沟通和交流，判就是决定一件事情。按照最一般的认识，谈判是人们为了协调彼此之间的关系，满足各自的需要，通过协商而争取达到意见一致的行为和过程。美国谈判学会会长、著名律师杰勒德·I. 尼尔伦伯格在《谈判艺术》一书中所阐明的观点更加明确，他说："谈判的定义最为简单，而涉及的范围却最为广泛，每一个要求满足的愿望和每一项寻求满足的需要，至少都是诱发人们展开谈判过程的潜因。只要人们为了改变相互关系而交换观点，只要人们是为了取得一致而磋商协议，他们就是在进行谈判。"从本质上说，谈判的直接原因是因为参与谈判的各方有自己的需要，或者是自己所代表的某个组织有某种需要，而一方需要的满足又可能无视他方的需要。因此，谈判双方或各方参加谈判的主要目的就不能仅仅以只追求自己的需要为出发点，而是应该通过交换观点进行磋商，共同寻找使各方都能接受的方案。在日常生活中，很多方面都需要谈判，例如：如何从领导那里得到更重要的任务；如何使自己的薪资待遇有更大的提升机会；如何与客户、竞争对手进行沟通；甚至谈恋爱也是一个谈判的过程。可以说，小到我们身边的一件小事，大到中国加入 WTO，都是一个谈判的过程，谈判在生活中无处不在。也就是说，只要人们为了改变相互关系而交换观点，只要人们是为了取得一致而磋商协议，他们就是在进行谈判。谈判通常是在当事人之间进行，也可以是当事人在律师或其他人的帮助下进行，他们或者是为了自己，或者是代表着有组织的团体。因此，可以把谈判看做人类行为的一个组成部分，人类的谈判史同人类的文明史同样长久。

　　谈判是律师办理法律事务的一项基本技能，是将法律知识、法律技能和人际交往融合在一起并最终达到预期目的的一个过程，是律师日常职业生涯中不可缺的一部分。[1] 在律师接受委托之前就开始了谈判，即律师需要就委托案件的授权范围、收费事项等与当事人进行谈判。接受委托后，律师代理当事人向公司讨要工资，是谈判；律师代表当事人要求房地产开发商修改商品房买卖合同中的某些条款，是谈判；律师代表著作权人与侵权人就侵权的赔偿额进行讨价还价，更是谈判。在案件进入诉讼程序后，律师的谈判更加重要：律师必须代表当事人与法官进行谈判，让法官认同己方主张的事实以及己方的法律适用观点，以争取到对自己当事人有利的判决。在诉讼中，律师也依然要与对方进行谈判，因为我国诉讼法规定民事案件都应当进行调解。律师谈判能力越强，越能争取达成调解协议。总之，对于律师来说，谈判是如此寻常。总的来看，所有法律服务都只有一个目的，那就是解决当事人的问题，而解决问题的最佳手段正是谈判。

　　谈判不仅是解决冲突和争端的最佳方法和手段，也是维持良好商业合作关系或其他关系的唯一途径，因为绝大多数商业合作关系的建立或民事纠纷的最终解决都是通过协商谈判实现的。如从事商务谈判的律师，他们往往花费大量的时间就各种类型的合同和其他交易安排进行谈判，他们在谈判商务合同时，正在考虑在合同中约定这样的条款，即在发生合同纠纷时，运用一系列包括谈判、调解在内的纠纷解决方法，而不仅限于诉讼判决或仲裁裁决。如代理民事纠纷案件的律师，他们也往往花费大量的时间和精力通过谈判的途径解决当事人之间的纠纷问题，使纠纷各方当事人在不伤和气的情况下解决问题，既实现了当事人的心理平衡，又有利于和谐社会的建立。当然，谈判并非都能取得圆满的结果，谈判破裂的情形也时常发生。诉讼是律师的传统业务和常规手段，律师没有理由排斥诉讼，相反，诉讼有时还可作为谈判的筹码，增强己方的优势，只不过不应轻易使用它，应当将其作为最终的、不得已的解决方案，在穷尽一切非诉方式后方宜对簿公堂。即使已经进入诉讼或仲裁程序，他们仍在通过法庭或直接向对方寻求谈判的时机，期望达成法院调解或庭外和解协议以解决纠纷。

　　作为市场主体的企业和个人，他们在商务活动中更多的是需要具有解决问题、打破僵局，并且能够根据自己良好的专业知识为经济发展提供整体框架能力

---

　　[1]　贝思德教育机构编著：《律师口才训练教程》，西北大学出版社 2002 年版。

的商务律师。随着经济的发展，法律建议和商业建议之间的界限已经模糊不清，律师逐渐被认为是市场经济中既能帮助客户徜徉于法律系统之中，同时又能通过对人、对工作环境、对问题和挑战的理解来达成目的的一个不可替代的人。良好的谈判技能已成为衡量律师服务质量的主要依据。如何设局，如何挖掘和分析案情，如何陈述事实，如何沟通和妥协等谈判所涉及的各个方面都依赖于律师的谈判技能。此外，律师参与或代理谈判（也称之为法律谈判）的一个显著特点在于律师是代理当事人在进行谈判，所以如何处理好与当事人之间的关系，成为谈判是否能顺利进行的关键，也体现着律师的智慧和代理技能。市场经济条件下商务律师的新模式，就是在一个团队里具有合作精神的问题解决者。由此看来，不具备谈判知识、未掌握谈判技能的律师就不是一名合格的律师，不能在谈判中取胜的律师就无法成为一名成功的律师。

（二）谈判的特点

解决纠纷的途径有多种，如诉讼、仲裁、调解、谈判等，在这几种解决纠纷的途径中，诉讼以其强制性、终局性和权威性位于整个纠纷解决机制的核心，是纠纷解决的最终救济途径。但谈判与诉讼、仲裁、调解相比较，通过谈判达成和解可以为涉及的当事方提供诸多好处，不仅优势明显，而且具有以下特点：

1. 时间的节省性。诉讼程序繁杂，可能涉及的阶段有一审、二审，有的还可能启动再审、执行等，在每个阶段，又需经过各种法定期限，一个案件从起诉到执行完毕，短则需要数月至一年，长则可能达数年之久，耗费的时间成本巨大；民事仲裁虽然比诉讼快捷，但仲裁也有一定的程序要求，且法律还赋予人民法院对仲裁裁决的司法监督权。如《仲裁法》第58条规定："当事人提出证据证明裁决有下列情形之一的，可以向仲裁委员会所在地的中级人民法院申请撤销裁决：①没有仲裁协议的；②裁决的事项不属于仲裁协议的范围或者仲裁委员会无权仲裁的；③仲裁庭的组成或者仲裁的程序违反法定程序的；④裁决所根据的证据是伪造的；⑤对方当事人隐瞒了足以影响公正裁决的证据的；⑥仲裁员在仲裁该案时有索贿受贿，徇私舞弊，枉法裁决行为的。人民法院经组成合议庭审查核实裁决有前款规定情形之一的，应当裁定撤销"。此外，仲裁机构没有强制执行权，其作出的裁决还有赖于人民法院的执行。仲裁机构仲裁的程序性和人民法院对仲裁裁决的司法监督性，决定了民事仲裁的耗时性。民事调解虽然比诉讼、仲裁快捷、省时，但也需第三方作为中间人居中调解，调解员还需要通过单独会谈等方式对纠纷各方进行疏导工作。而谈判则是当事人各方的直接对话，消除了一切中间环节，因此要简便、快捷得多，最为关键的是谈判减轻或消除了双方的对立情绪，达成的协议双方更容易顺利履行。当然，恶意谈判的除外。

2. 成本节约性。诉讼、仲裁要交付诉讼费或仲裁费，执行还需交付执行费，还因程序的漫长、烦琐引起的误工、交通等费用，还需要必要的鉴定费等；民事调解也需要发生居中调解人的必要费用；而谈判则不需要发生上述费用，成本则要低廉得多。

3. 减少结果的不确定性。谈判与诉讼、仲裁、民事调解相比，诉讼、仲裁必须以确凿、充分的证据为支撑，需要查明的是法律事实。而民事交易中当事方常常忽略了证据的制作、收集和保存，其证据能够证明的法律事实往往与客观事实大相径庭甚至截然相反，从而招致败诉的结果，虽感冤屈亦不能伸张；有的案件法律关系并不十分明确，不同的法官、仲裁员常会存在不同的认识，当事方及其律师认为可以胜诉的不一定必然胜诉或胜裁，结果难以预测；中国是一个人际关系盘根错节的社会，加上司法、仲裁不公甚至司法、仲裁腐败现象不仅未予根除，在有的地方甚至还相当严重，如果遇上了"未审先判"的法官或"未审先裁"的仲裁员，诉讼、仲裁的风险就更为巨大；民事调解需要中间人的居中协调，调解的成败与否一定程度上还取决于调解员的个人能力。而谈判则不然，谈判进程及结果均由谈判各方自行掌控，虽然也不可完全预测，毕竟主动性要大得多。

4. 各方需求的满足性。谈判与诉讼、仲裁比较，当事人的利益需求有时由于涉及不同的法律关系，或涉及仲裁协议的有无，往往通过一个诉讼或仲裁不能得到全部满足。实践中，某项纠纷打两个甚至三个官司的情况时有发生。如甲认为父亲的房屋应由其与弟弟乙共同继承，但乙却采用不当手段取得该房屋的所有权，并通过房产部门的违法登记和颁证，甲就必须先经过一个行政诉讼程序，由法院撤销房管局违法颁发房产证的具体行政行为后，才能再通过民事诉讼程序，解决房屋的继承问题。而谈判则要灵活得多，可将双方关切的不同利益通过"一揽子方案"得到解决。当然，民事调解也可采用"一揽子方案"解决问题。

5. 关系的维系性。若是诉诸法律对簿公堂，或者进行民事仲裁，双方因此而产生的感情裂痕很难得以消弭。谈判则可创造相对和缓甚至友善的气氛，不至于使双方业已建立的商业合作关系毁于一旦，有时还可进一步增进双方友好关系。民事调解虽然也可以使纠纷和平解决，但对维系合作关系而言，却比不上谈判的效果。

二、谈判的目的与计划

(一) 谈判的目的

谈判的种类很多，有外交谈判、政治谈判、军事谈判、经济谈判、文化谈判、科技谈判、体育谈判、宗教谈判等。不同的谈判者参加谈判的目的是不同的，外交谈判涉及的是国家利益；政治谈判关心的是政党、团体的根本利益；军事谈判主要是关系敌对双方的安全利益。而律师参与的当事人的商务谈判，或律师代理当事人解决某种纠纷进行的谈判目的则十分明确，一般是为实现以下目的而谈判：①谈判者以获取经济利益为基本目的，在满足经济利益的前提下才涉及其他非经济利益。②谈判者为实行某种行为权利，如无行为能力人的监护权、专利使用权、商家独家买断某种商品的权利。③谈判者为实现某种自主权利，比如，邻里之间对"晚归"或"噪音"的限制；雇主对雇员工作种类的选择权的限制等。④谈判者为满足某种心理需求，如消费者要求商家道歉，因为消费者对商品质量不满，或者对商家的服务态度、责任心不满意，认为只有道歉才意味着商家承认自己的错误，只有承认错误，才能满足己方的心理需求。再如，争取"探视权"的谈判，也是为了满足一种心理需求。⑤谈判者为了名声信誉。⑥谈判者为了维持某种关系等。

　　谈判的目的不是击败对方或驳倒对手，也不是要证明自己比对手更高明，而是为了取得更多的利益。实践中，有些谈判的代理人，常把令对手屈服作为谈判的目的，把委托人对自己的交代忘得一干二净，这种谈判风格无助于谈判目的的实现，甚至直接影响谈判目的。举例如下：

　　A 律师曾经与某一大型律师事务所的律师 B 先生进行过一次谈判。A 律师的委托企业 X 公司是一家 IT 服务公司。X 公司向其顾客 Y 公司提供 IT 服务。Y 公司的代理人就是 B 先生。B 先生自恃在一流的法学院念过书，对于协议上的条款是否语言通顺都非常考究。对 A 律师提出的协议书，B 先生一一进行更正，其实，也只是对语言是否通顺之类的更正，而且对更正的原因进行了大幅说明。全是一些跟 Y 公司的利益毫无瓜葛的套话。因为 B 先生这种虚荣心，Y 公司不仅花费了大量时间，而且多支付了很多律师费，A 律师很同情 Y 公司这种遭遇。尽管同情，但只要协议书中的条款内容没有大的问题，A 律师都会一一接受。B 先生看到自己的要求全部被接受，露出了胜利的喜悦之情。A 律师并不在意，反而感到高兴。因为在重大的分歧上，A 律师可以以此为条件换来对手的让步。这个时候，A 律师得到来自 X 公司的要求。他们要求 A 律师在协议中加入："如果因 X 公司提供的 IT 服务使 Y 公司电脑系统发生故障，并对 Y 公司造成商业上的损失的话，X 公司不承担一切赔偿责任。"Y 公司是一家大型金融机构，如果出现"因 X 公司提供的 IT 服务，造成了 Y 公司电脑系统故障，目前公司已经停业三天了，请赔偿这三天内应得的利润"之类的情况，X 公司就苦不堪言了。如此一来，A 律师就把谈判的目标集中在这一问题上，并最终达成了这样的条款："因 X 公司的责任造成电脑系统故障的情况下，X 公司无偿负责维修"。回避了"承担一切赔偿责任"字句。当然，为了达成这样的条款，A 律师也作出了让步。比如说，为了满足那位自命不凡的律师 B 先生的虚荣心，不得不更正了部分协议，也因此不得不抑制住自己作为律师的虚荣心。不过，所谓律师的虚荣心根本不值得一提。为了能够达成真正想要得到的目标，对于这些细枝末节的要求，可以毫不犹豫地全盘接纳。多亏了这些，A 律师才会达成 X 公司的要求，他们对这一结果也非常满意。

前述案例说明，律师 B 先生为了证明自己比对手更高明，为了显示自己击败对方或驳倒对手的"能力"，一味地专注于条款是否语言通顺的考究之中，而忽视了谈判的真正目的。A 律师将满足律师 B 先生虚荣心作为谈判的交换条件，成功地减轻了 X 公司的责任范围。因为，"无偿负责维修"与"承担一切赔偿责任"是两个差别极大的责任概念。由此可见，在进行谈判时，应该强化自己对谈判目的的意识，并应考虑如何完成这一目标是十分重要的。

此外，谈判并不是无休止地讨价还价，也不是要蛮横不讲理。谈判应是互惠互利的，没有胜败之定论，成功的谈判每一方都是胜者，谈判应是基于双方或多方的需要，寻求共同最大利益的过程。在这一过程中，每一方都渴望满足直接与间接的需要，但必须顾及对方的需要，谈判才能成功。之所以把谈判对方称做对手，而不称为敌手，道理是显而易见的。能把谈判对手变成为朋友，正是老练的谈判家的高招。谈判中的互惠互利是各方认定自身的需要，然后探寻对方的需要，然后与对方共同寻找满足双方需要的条件和可行途径；满足自身需要和预测对方需要应成为整个谈判的中心，把对方视为问题的解决者，既给对方以温和，又对原则坚持，摆事实，讲道理，由互相对立的局面，改变为同心协力的一体，通过协调人际关系达成协议。

（二）谈判的计划

与会见、事实调查、法律研究一样，律师或诊所学生参与谈判，也应当制定谈判的计划，都是谈判计划的计划人。在模拟法律诊所教学中，扮演律师的学生就是谈判计划的计划人。谈判计划主要包括以下内容：

1. 谈判的主题和目标。谈判的主题是指参加谈判的目的，而谈判目标则是谈判主题的具体化，整个谈判活动都是围绕主题和目标进行的。谈判的主题必须简单明确，最好能用一句话加以概括和表述。比如，"以最优惠的价格引进某项技术"、"我方在合理的范围内愿意达成赔偿协议"等。至于什么样的条件才算优惠？合理的范围是什么？那是谈判目标的问题。另外，谈判主题是我方公开的观点，不一定非得和对方经过磋商的谈判主题完全一致。

谈判目标是对主要谈判内容确定的期望水平。以购买机器设备的谈判为例，一般包括技术要求、验收标准、技术培训要求、价格水平等。当其他条件满足时，则以价格为其代表。一般说来，谈判目标要有弹性，如果在谈判中缺乏回旋余地，那么稍遇分歧就会使谈判流产。因此，作为一个谈判者，在谈判准备阶段，首先要考虑的问题，就是为什么要进行谈判？想实现什么样的目标？谈判者在准备阶段中确定的目标，是指在一定环境和条件下，通过谈判来实现的结果。确定谈判的目标，不应仅停留在原则性的讨论，而应当拟订具体、明确的目标。如果目标是空的，甚至是模糊的，确定的任务就很难完成。要明确在谈判准备阶段的目标，我们首先还必须明确预期目标的概念。预期目标是谈判者单方希望达到理想目标，它体现了谈判者主观价值。但预期目标并不一定会被实现，往往在谈判的讨价还价中被打折扣。尽管如此，在谈判准备阶段最先设定的是预期目标，并应作出详细的说明，而这种说明应是具体的、准确的，不能含糊不清。对于谈判的预期目标，可以分三个步骤来进行。首先，提出预期目标的详细资料和说明。其次，我们还应该明确阶段性目标。阶段性目标是指谈判者在谈判中要完成的阶段性任务，它体现着谈判者阶段性的愿望，谈判的阶段性目标必须实事求是，科学地体现预期层次性和系统性，谈判的阶段性目标要依据实际需要，建立在谈判阶段性基础上。尽管谈判的阶段性目标是预期目标的基础，但要求谈判阶段性的确定必须准确、具体并应有灵活性和回旋余地。最后，谈判者要通过谈判努力争取实现目标，它体现着谈判的实现价值。谈判的实现目标可能与谈判的预期目标相一致，也可能有一定的差距，这要依谈判中各种主客观条件、双方努力的程度和策略的及目标的调整等各种因素相互作用的结果而定。一般说来，谈判前预期目标定得愈高，实现率就愈小，预期目标定得愈低，实现率就愈大。

通常，谈判目标分为最高目标、中间目标和最低目标三个层次。最高目标是一个理想的目标境界，是谈判者希望达成的目标，既应努力争取，必要时也可以放弃。谈判者能力的高低，在很大程度上体现在最高目标的实现程度上。中间目标是力求争取实现的期望值，也是谈判者乐于达成的目标，是谈判人员根据对各种客观情况的分析，经科学论证、预测、决策后所确定的谈判目标，是一种保证基本利益的目标，只有在迫不得已的情况下才能放弃此目标。最低目标是达成交易的最低期望值，在谈判中必须保证最低目标的实现，否则，谈判将没有意义。

当然，要具体确定某个项目的谈判目标是一件复杂的事情，主要依据对许多因素的综合分析才能作出判断。首先，要对谈判双方各自优势、劣势进行分析。例如，如果对方是我方唯一选择的合作伙伴，则对方处于十分有利的地位，我们的目标水平就不要定得太高。反之，如果我方有许多潜在的买主（或卖主），那么对方显然处在较弱的地位，我们的目标水平就可相应定高些。其次，要考虑今后是否会与谈判对手保持长期的业务往来。如果这种可能性很大，就要着眼于与对方建立友好、持久的关系，对于谈判目标的确定应本着实事求是的态度，确定合理的水平。此外，交易本身的性质与重要程度、谈判与交易的时间限制等因素在制定具体谈判目标时也是必须考虑的。

2. 谈判的地点和时间。谈判地点的选择并不是一件随意的事情。恰当的地点往往有助于取得谈判的主动权。根据地点的不同，谈判可分为三种形式，即主场谈判、客场谈判和主客场轮流谈判。

3. 谈判的议程和进度。谈判的议程是指有关谈判事项的程序安排。它是对有关谈判的议题和工作计划的预先编制。谈判的进度是指对每一事项在谈判中应占时间的把握，目的在于促使谈判在预定的时间内完成。在谈判的准备阶段中，我方应率先拟定谈判议程，并争取对方同意。在谈判实践中，一般以东道主为先，经协商后确定，或双方共同商议。谈判者应尽量争取谈判议程的拟定，这样对己方来讲是很有利的。谈判议程的拟定大有学问。首先，议程安排要根据己方的具体情况，在程序上能扬长避短，即在谈判的程序安排上，保证己方的优势能得到充分的发挥。其次，议程的安排和布局，要为自己出其不意地运用谈判手段埋下契机，对一个经验丰富的谈判者来讲，是绝不会放过利用拟定谈判议程的机会来运筹谋略的。最后，谈判议程的内容要能够体现己方谈判的总体方案，统筹兼顾；要能够引导或控制谈判的速度以及己方让步的限度和步骤等等。典型的谈判议程至少包括以下三项内容：①谈判应在何时举行？为期多久？若是一系列的谈判，则分几次谈判为好？每次所花时间大约多少？休会时间多久？等等。②谈判在何处举行。③哪些事项列入讨论？哪些不列入讨论？讨论的事项如何编排先后顺序？每一事项应占多少讨论时间？等等。

4. 初步确定的谈判策略。谈判的策略，是指谈判者为了达到和实现自己的谈判目标，在对各种主客观情况充分估量的基础上，拟采取的基本途径和方法。谈判策略确定的第一步是确定双方在谈判当中的目标是什么，包括最高、最低、中间目标的目标体系；在交易的各项条款中，哪些条款是对方重视的，哪些是他们最想得到的，哪些是对方可能做出让步的，让步的幅度有多大，等等。第二步，确定在我方争取最重要条款的时候，将会遇到对方哪些方面的阻碍，对方会提出什么样的交换条件等等。第三步，针对以上情况，我们采取怎样的策略。

以上谈判计划的制定，有赖于对双方实力及其影响因素的正确估量和科学分析，否则，谈判计划就没有什么意义。

三、谈判的构成要素及模式

（一）谈判的构成要素[1]

谈判作为一种协调往来关系的沟通交际活动，它是一个有机联系的整体。为了完整地认识和把握谈判活动，很有必要较为深入地分析一下谈判的构成要素。

---

[1] Robert M. Bastress, Joseph D. Harbaugh, *Interviewing*, *Counseling*, *and Negotiating*: *Skills for Effective Representation*, Aspen Publishers, 1990.

一般地说，谈判由以下要素构成：

1. 谈判的主体。从谈判主体所处的关系角度看，谈判主体包括谈判的关系主体和行为主体两大类。

（1）关系主体。所谓关系主体，是指有资格参加谈判，并能承担谈判后果的自然人、法人组织或其他组织。关系主体的特征有三：①必须是有行为能力和谈判资格的人。②必须是谈判关系的构成者。谈判的代理人不是谈判关系的构成者，因而不是谈判关系的主体。③必须直接承担谈判后果。谈判代理人是受一方谈判关系主体委托与另一方或多方进行谈判，因而不承担谈判后果。

（2）行为主体。所谓行为主体，是指通过自己的行为完成谈判任务的人，行为主体的特征有二：①必须是亲自参加谈判的自然人。法人或其他组织无法亲自参加谈判，不能成为行为主体。委托别人谈判的自然人不直接参加谈判，也不是行为主体。②必须通过自己的行为来直接完成谈判任务。谈判的关系主体如是自然人并直接与对方谈判的，同时也是行为主体。而委托他人代己谈判的，不是行为主体。

谈判活动归根到底是谈判人员之间进行的一场语言心理战。古今中外，成功的谈判不胜枚举，失败的谈判也数不胜数。有的谈判在轻松的气氛中就达成了互惠互利的协议，有的谈判则在紧张压抑的状态中马拉松式地拖延着。所有这些，一方面，固然与谈判议题有关，但另一方面，这与谈判人员的素质和修养也是息息相关的。在现代社会生活中，为了实现成功圆满的谈判，谈判人员应当具备多方面的良好素质与修养，比如，充满自信，刚毅果断，有理有节，精明机智，豁达大度，深谙专业，知识广博，能言善辩，如此等等，都是每个优秀的谈判人员所需要具备的。

2. 谈判的议题。所谓谈判议题，就是指在谈判中双方或多方所要协商解决的问题。这种问题，可以是立场观点方面的，也可以是基本利益方面的，还可以是行为方面的。一个问题要成为谈判议题，大致上需要具备如下条件：①它是双方或多方的共同性问题。也就是说，这一问题是双方共同关心并希望得到解决的，如果不具备这一点，就构不成谈判议题。②它要具备可谈性。③谈判议题必然涉及双方或多方的利害关系。谈判议题不仅是谈判的构成要素，而且在一定程度上还影响着谈判的模式。如生产商与销售商关于经销产品的谈判，就极易营造合作式谈判。如果双方是一次性接触，"一锤子买卖"，很难有再次合作的可能，并且难以找到可供选择的、利益转化的途径，容易形成对抗局面。

3. 权利。所谓权利，是指法律赋予的或未被法律禁止的可以做或不能做的一种资格。它是法律对法律关系主体能够做出或者不做出一定行为，以及其要求他人相应做出或者不做出一定行为的许可与保障。例如，法律不禁止人们为个人谋取利益，但不允许在为个人谋取利益的时候侵害他人的利益或社会利益；允许人们有言论自由，但不允许道听途说、恶意诽谤。否则，情节轻微的为社会所不齿，情节严重的为法律所不容。谈判必须在法律规范下进行，在遵守法律规定的前提下，扩大本方的利益，这样才能保证所达协议的合法性。权利之所以是谈判的要素，就是参与谈判各方必须清楚，一旦谈判失败，法律权利将在法定救济途径中起到决定作用，这是所有谈判者始终需要考虑的问题。

4. 约束谈判的其他条件。谈判活动作为一个有机整体，除了以上三个方面的要素之外，还得考虑一些对谈判具有重大影响的其他因素。有的学者把这些因素称之为谈判约束条件。谈判约束条件归纳起来大体上有如下几个方面：是个人之间举行的谈判还是小组之间举行的谈判？谈判的参加者是两方还是多于两方？某一方的谈判组织内部意见是不是一致的？作为谈判的代表人物他的权限究竟有多大？谈判的最终协议是否需要批准？是否还有与谈判议题相关联的问题？谈判有没有时间上的限制？秘密谈判还是公开谈判？等等。以上几个方面，不同程度地影响、制约着谈判的进行，所以，我们也把它作为谈判活动的构成要素。

（二）谈判的模式[1]

谈判者进行谈判的目的是寻求满足各方利益的解决方案，但由于谈判者的风格不同，以及谈判议题等其他因素的影响，必然导致谈判的模式也不相同。概括地讲，主要有两种谈判模式：一种是合作式谈判，另一种是对抗式谈判。

1. 合作式谈判。所谓合作式谈判，是指基于合作前提或合作目的或其他共同的利益，在谈判中自觉自愿地融入合作关系的谈判。合作式谈判的主要特点有三：一是谈判直接。对于合作谈判，因为合作双方需要直接了解对方的意图，所以一般表现为合作双方的直接见面，而不需增加中间环节。这样做，一方面可以避免中间环节的干扰，提高谈判效率和成功的概率；另一方面又可以降低费用。二是双方利益基本一致，对抗性小。由于合作双方，都是因为看中对方的优势，或市场或劳动力，比如一方有现成的厂房和熟练工人，而另一万则有技术设备和资金，双方合作可以取长补短，在利益上是一致的。因此，为达到合作的目的，合作方会极力以"好言相劝"，谈判的气氛上也是和谐融洽的，双方对抗性较小。三是谈判面广且深。如经济合作谈判，合作谈判各方首先注意的是合作目标的可行性。为研究可行性，合作双方的谈判人员要分析研究双方专家提供的政策、经济、能源、资源、劳动力、市场、地理文化等方面的资料和信息，要去伪存真，得出营利的结论，力争通过共同努力"将馅饼做大"，使各方都得到最大

---

[1]　李傲：《互动教学法——诊所式法律教育》，法律出版社 2004 年版。

利益。

2. 对抗式谈判。对抗式谈判是陷入冲突的当事人基于维护各自利益的考虑，为占有利益而进行的谈判。谈判各方完全不考虑对方的需要和利益，例如，关系不佳的劳资双方进行谈判，重点不在议题，而是双方的负面关系。在关系信息方面，双方的恶劣关系公开、清楚；在事实信息方面，少有交换，只是一连串的提出条件及遭受拒绝；在程序信息方面，难以达成谈判如何进行的共识。对抗式谈判表现为：谈判当事人之间是对立关系，各方均认为本方争取的利益越多，意味着对方失去的越多。当然，谈判模式与谈判者的个人因素有关，谈判者的人际交往与沟通能力，有时会直接影响谈判的模式。实践中，有的谈判专家善于利用幽默缓解紧张情绪，将友好的幽默作为化敌为友的良方。也有的谈判专家利用自己的谈判技巧和艺术，有效地将对抗式谈判转变为非对抗式谈判，甚至转变为合作式谈判。

第二节　谈判的策划与实施

谈判是一个过程，有谈判准备、谈判开局、谈判磋商、谈判终局四个阶段组成，每一个阶段的工作步骤及工作方法是不同的，应进行以下策划与实施。

一、谈判准备阶段的工作策划

要进行某种利益的谈判，就应为谈判做好准备工作，"凡事预则立"讲的就是这个道理。谈判各方为谈判进行一系列筹划、酝酿工作的过程就是我们所说的谈判的准备阶段。谈判的准备阶段不应受到忽视，因为有谋才有成。其实，谈判能否获得满意的成果，往往取决于准备阶段的筹措谋划工作是否充分。一个优秀的谈判者，会注意谈判准备阶段的每一项细微的工作，而谈判的整体方案也是在这一个阶段中就已经开始运筹了。具体讲，在谈判准备阶段应进行以下策划工作：

（一）进行可行性分析

可行性分析，又称可行性研究，是指在进行谈判之前，对可能影响谈判的主客观因素，进行调查研究，预测成败得失，以确定其是否可行，为谈判选择方案奠定基础。谈判准备阶段的可行性研究主要包括以下几个方面：

1. 信息的研究。在谈判工作开始之前，对各种信息资料的掌握要全面。因为对与谈判有关的信息的研究是建立在对有关信息资料的搜集与整理的基础上的。掌握的信息资料越全面，分析得越充分，谈判成功的可能性就越大。这些信息主要包括：①法律方面的信息。这主要是指谈判议题与内容所涉的相关法律规范，因为一切谈判都是"在法律的影子之下进行"，法律规定的某一方的权利不仅是己方谈判中的筹码，且一旦谈判失败，法律权利将在法定救济途径中起到决定作用，这是所有谈判者始终需要考虑的问题。这就要求谈判人员必须具有很强的法制观念，对有关的法规和细则都必须有很充分的了解，利用法律来维护自己的权益。②文化环境的信息。谈判人员应该充分了解谈判对方的人文背景及生活环境，以便于研究对方的性格爱好，尊重对方的风俗习惯，这对于维持良好的谈判气氛是十分有益的。③谈判对方的信息。如谈判对方的诚意、对我方的态度，以及对方谈判者的资历、地位、谈判风格等信息情况。这样，可以使我们尽量做到对对方了如指掌，便于适当采取不同的谈判策略，控制谈判的局势。④谈判话题的信息。例如，在合同谈判中，我们谈判的问题可能是一种商品、一个技术项目或是一种劳务等。这样，谈判人员必须对所谈判的论题有较为专业和较为全面的知识。如交易的是商品，那么对商品的性能特点、工艺流程、原材料供应状况、质量标准，价格水平及市场供应状况，需求状况、企业产品市场占有率与市场需求等情况了如指掌。这样，不论是作为卖方或是买方都可以自如地介绍商品或提出质疑。⑤正确评价自己的信息。正确评价自己，可以使谈判者保持清醒的头脑。在谈判活动中做到避实就虚，以己之长补己之短。正确评价自己，就是要正确估价自己的实力，了解自己的弱点，明确自己的利益目标等。

2. 方案的比较与选择。凡是要用谈判手段来解决的问题，谈判各方总是存在着或多或少的分歧，谈判正是要寻找解决这些分歧的最佳方案。谈判之前，谈判者应当拟划出各种解决问题的方案，进行比较、选择，看哪一种方案更能获取最大利益，并能让对方接受，同时还要分析、预测对方可能提出的方案和这些方案对己方利益有何影响以及应付的手段和方法。另外，方案的比较与选择还包括己方将派出什么人员、采取哪些手段、运用何种方法等。

3. 谈判的价值构成分析。谈判价值构成是谈判者讨价还价的依据，也是谈判者研究方案、选择方案的基础。谈判的准备阶段要研究的核心问题就是分析预测双方谈判的价值所在，以及起点、界点、争执点。进而分析双方之间是否存在谈判的协议区，幅度多大，并由此决定谈不谈和如何谈的问题。如果谈判者不想因盲目谈判而给己方造成不良的后果，就应在可行性研究中，重视对谈判价值构成的分析。

4. 各种主客观情况预测。可能影响谈判效果的其他各种主客观因素很多，很难一一列举。可行性研究，就是要根据已知的情况，预测未来的种种情况，推知和预测愈是正确，其现实性就愈大，选择方案就愈科学。情况本身也在不断发展、变化，情况预测应当对一切可变因素加以周密的分析，并根据预测对各种可变性作出假设，才能进行科学的推理。对各种可能发生的情况进行预测，是为了对这些情况进行分析，从而为比较和选择方案、考虑应付的方法提供依据。因此，情况的预测工作，是谈判准备阶段必不可少的，从某种意义上看，情况的预测工作往往决定谈判的方案比较与选择工作的成败。

5. 综合分析作出结论。综合分析就是在信息资料的搜集、方案的列举、价值构成的分析和各种主客观情况预测的基础上，进行总体研究、调整。作出结论，就是在总体研究及各种准备工作完成的基础上，分析谈判是否可行，并确定谈判方案。对没有可行性或没有利益的谈判，作出不谈判的结论；对可以谈的谈判，作出采取何种谈判方案的结论。这是谈判准备阶段可行性研究的归宿，它要求充分反映和体现上述工作的精确性，是可行性研究成果的结晶。所以，它必须建立在科学的基础之上。但是，这时的结论或方案的确定，还仅仅是初步的，它还应随着谈判的发展，不断加以补充和修正。

（二）了解谈判对象

成功的谈判，不仅在于能够充分地认识自己，也在于准确地预测对方。只有对对方有一个清楚的了解，才能更好地进行谈判工作。下面以律师参与的企业间的商务谈判为例予以说明。

1. 要对对方有一个总体的认识。这主要包括如下内容：①对对方企业总体能力的认识。因为总体能力是整个企业活动力的体现。②对对方企业经济活动的认识。如对方企业的概况、对方企业生产或出售的产品、对方企业的工业设施等，因为这些可以反映企业的实力。③对对方企业财务状况的认识。对对方财务状况，可通过对其有关资料进行分析，观察其过去的经营情况，展望它的发展趋势，并对其潜力或隐患进行预测和了解。了解对方企业财务的状况的基础是财务报表，通过财务报表，我们可以得到有关企业财力状况的各种数据，通过对这些数据加工整理、分析、比较，结合企业的实际情况，我们可以对企业的财务状况作出评价。

2. 要对对方进行探察。因为要了解对方的详细情报，就要亲自去探察。例如，在谈判之前，可以派出一般人员到对方企业去摸索情况、收集情况或者非正式地就谈判事宜进行接洽，看看对方的基本主张和方案有没有新变化和新内容是己方所不了解的。往往借助这种方式，能获得许多对谈判有利的信息，使己方免于处于被动之中。

3. 进行假设预习。在完成可行性研究并经过进一步探察之后，应在已知的情况下对一些初步形成的谈判方案与构想，进行假设推理和预备练习。从中发现问题，拟定对策，直到己方的谈判方案逐渐成熟完善。这种工作需要在尽可能多地占有信息和资料的基础上，找来助手，拟设谈判对手，进行实战演习，这会使谈判者进一步了解并熟悉对方，尽可能地把可能出现的问题预料在先，做到胸中有数，避免谈判时出现失误。谈判的预习不应拘泥于死板的会议或组织讨论的方式。一场生动的排练，比十次苦思冥想仍拿不定主意的会议讨论更有效。但是，假设预习有时会因信息和资料不准，或认识和判断不当，而步入歧途。因此，谈判者应尽力戒用假设预演结果来代替尚未开始的谈判结果。谈判者在心理上应有所防范，最好不要把全部精力附着在一套谈判方案上，还应有应变的方案为后盾，才会防止由于假设预习的错误而陷于歧途的被动局面。

（三）拟定谈判议程[1]

所谓谈判议程，是指对有关谈判事项的程序安排。关于谈判议程由谁确定，并无定法。在谈判实践中，一般以东道主为先，经协商后确定，或双方共同商议。也有单方面主动提出的，这就需要对方同意方能成立。谈判者在谈判的准备阶段中，可根据情况，争取主动、率先提出谈判议程，并努力得到对方的认可。具体讲，拟定谈判议程应注意以下问题：

1. 拟定的议程要扬长避短。谈判的议程安排依据己方的具体情况，在程序上能避己所短，扬己所长。就是在谈判的程序安排上，保证己方的优势能得到充分的发挥。例如，在购销合同谈判的议程中，可以先安排对己方的优质产品进行鉴别，让事实来加强己方的议价能力，这就是程序上给己方提供了先声夺人、扬己所长的机会。避己所短，就是在谈判的程序安排上，摒弃对己不利的因素。例如，当己方对某种信息尚未获取或某种话题尚不宜触及以及某种情势尚无定局时，可以安排在最后或必要的时间洽谈，以避免使己方陷于被动。另外，还应回避那些可能使对方难堪，因而导致谈判失败的话题，这一切在拟定谈判议程时，理当有所安排。

2. 议程的安排要预留契机。议程的安排和布局，要为自己出其不意地运用谈判手段埋下契机。对一个谈判者来说，是不应放过利用拟定谈判的机会，来运筹谋略的。谈判是一个技术性很强的工作，为了使谈判在不损害他人利益的基础上，达成对己方更为有利的协议，可以随时卓有成效地运用谈判技巧，但又不为人觉察，这才是高手。在谈判议程的拟定时，能否为手段的运用创造有利的条件，而又不弄巧成拙，这是一种艺术。

3. 议程的安排要统筹兼顾。谈判议程的内容要能够体现己方谈判的总体方案，要统筹兼顾，要能够引导或控制谈判的速度和方向以及让步的限度和步骤等等。一个好的谈判议程，应该能够驾驭谈判，成为己方纵马驰骋的缰绳。但是应当指出，无论谈判的议程编制得多么好，都不会是一劳永逸的事，也不可能使谈判的每一步都不会失利。所以，谈判者决不应放弃在实际谈判中步步为营的努

---

[1] 贝思德教育机构编著：《律师口才训练教程》，西北大学出版社2002年版。

力，尽管有时己方可能在局部失利，但是如果己方能够争取编制出一个好的谈判议程，就会牢牢地把握主动权。

二、谈判开局阶段的工作策略

谈判的开局阶段是指谈判准备阶段之后，谈判双方进入的面对面谈判的开始阶段。谈判开局阶段中的谈判双方（或多方）对谈判尚无实质性的感性认识。各项工作千头万绪，无论准备工作做得如何充分，都免不了遇到新情况，碰到新问题。由于在此阶段中，谈判各方的心理都比较紧张，态度比较谨慎，都在调动一切感觉功能去探测对方的虚实及心理态度。所以，在这个阶段一般不进行实质性谈判，而只是进行见面、介绍、寒暄，以及谈判一些不很关键的问题。这些非实质性谈判从时间上来看，这只占整个谈判程序中一个很小的部分。从内容上看，似乎与整个谈判主题无关或关系不太大，但它却很重要，因为它为整个谈判定下了一个基调。此阶段谈判人员可采用以下工作策略：

（一）创造和谐的谈判气氛

要想获得谈判的成功，必须创造出一种有利于谈判的和谐气氛。谈判气氛的形成与变化，将直接关系到谈判的成败得失，成功的谈判者无一不重视在谈判的开局阶段创造良好的谈判气氛。谈判者的言行、谈判的空间、时间和地点等等都是形成谈判气氛的因素。要想形成一个和谐的谈判气氛，就要把谈判的时间、环境等客观因素与谈判者自身的主观努力相结合，应该做好以下几方面的工作：

1. 谈判者要在谈判气氛形成过程中起主导作用。形成谈判气氛的关键因素是谈判者的主观态度，谈判者积极主动地与对方进行情绪、思想上的沟通，而不能消极地取决于对方的态度。例如，当对方还板着脸时，你应该率先露出笑脸，主动地握手，主动地关切，主动地交谈，这些都有益于创造良好的气氛。如果谈判者都能充分发挥自己的主观能动性，一定会创造出良好的谈判气氛。

2. 心平气和，坦诚相见。谈判之前，双方无论是否有成见，身份、地位、观点、要求有何不同，一旦坐到谈判桌前，就意味着双方共同选择了以磋商与合作的方式解决问题。因此，谈判之初就应心平气和，坦诚相见，这才能使谈判在良好的气氛中开场，这就要求谈判者摒弃偏见，全心全意地效力于谈判，切勿在谈判之初就以对抗的心理出发，这只能不利于谈判工作顺利进行。

3. 不要在一开始就涉及有分歧的议题。谈判刚开始，良好的气氛尚未形成，最好先谈一些友好的或中性的话题。如询问对方问题，以示关心；回顾以往可能有过交往的历史，以密切关系；谈谈共同感兴趣的新闻；幽默而得体地开开玩笑等。这些都有助于缓解谈判开始的紧张气氛，达到联络感情的目的。

4. 不要刚一见面就提出要求。如果这样，很容易使对方的态度即刻变得比较强硬，谈判的气氛随之恶化，双方唇枪舌剑，寸步不让，易使谈判陷于僵局。

由此可见，谈判尚未达成必要的气氛之前，不可不讲效果地提出要求，这不仅不利于培养良好的谈判气氛，还会使得谈判基调骤然降温。

（二）正确处理开局阶段的"破冰"期

我们把谈判涉入问题前的准备时间，称之为"破冰"期。谈判开局的准备时间与谈判前的准备阶段不同，它是谈判已经进入的开始阶段的短暂的过渡时间，谈判的各方见面、寒暄、握手、笑谈等都是在此期间进行的。正确把握"破冰"期，有利于谈判期的自然过渡，但应如何来把握"破冰"期呢？"破冰"期是谈判开局阶段的准备，那么这种准备时期应该把握多长时间为宜呢？这需要根据谈判的具体情况而定。通常情况下，"破冰"期一般可控制在全部谈判时间的2%～5%为宜。长时间或多轮谈判，"破冰"期可以相对延长，例如，谈判双方在异地的大型会谈，可用整天的时间组织观光、沟通感情、增进了解，为正式谈判创造良好的气氛。"破冰"期是走向正式谈判的桥梁。如何掌握好"破冰"期的"火候"，也是谈判者的一种艺术，成功的谈判者无一不正确处理好"破冰"期。"破冰"期延续得长了，会降低谈判效率，增大成本投入，甚至会导致谈判者乏味，产生适得其反的后果；"破冰"期进行得短了，会使谈判者感到生硬，仓促，谈判起来，没有"水到渠成"的感觉，达不到创造良好开端的目的。至于"破冰"期究竟进行到何种状态才算适宜，这不仅要以时间的长度加以考虑，更重要的是靠谈判双方面的经验、直觉来相互感应。但"破冰"期应注意以下问题：

1. 行为、举止和言语不要太生硬。"破冰"期应是感情自然流露，谈判双方的言行、举止都应当是随和而流畅的，切不可语言生硬、举止失度。如说话粗俗、拉拉扯扯等不良行为，都不利于创造"破冰"期的和谐气氛。

2. 不要紧张。许多性格内向或初涉谈判者，由于心情紧张，在面对谈判对手时，手足无措，不知说什么好，很不自然，这不利于创造"破冰"期的和谐气氛。

3. 说话不要唠叨。有些谈判者虽然快言快语，但却唠唠叨叨，一句话重复很多遍，在这惜时如金的谈判桌前是最惹人反感的。特别是在谈判的一开始，即刻会给人留下不好的印象，谈判者在"破冰"期内的用语必须注意效果，简洁、精练。

4. 不要急于进入正题。在创造气氛中我们已经谈到，谈判者初见面时不宜急于切入正题，而应首先沟通感情、增进了解，否则便犯了"破冰"期大忌。俗话说："欲速则不达"，就是告诉我们办任何事情都要循序渐进，不可心急，谈判亦是如此。

5. 不要与谈判对方较劲。"破冰"期内的交谈，一般都是非正式的，通常采用漫谈的形式。因此，语言并不严谨。谈判者不可对对方的每一句话都仔细琢磨，这会影响感情交流。如对方有哪句出言不周，切不可耿耿于怀、立即回敬，这只能弄巧成拙、招致蔑视。

6. 不要举止轻狂。"破冰"期是展示双方气质、姿态的第一回合。谈判是一种文明竞争的方法。你在谈判举止的第一印象，是影响对方对你所持态度的关键因素，如果谈判者在谈判的一开局就举止轻狂，甚至锋芒毕露地炫耀自己，这在富有经验的谈判者面前，就是一个初涉谈判的小丑形象。当然，要很好地度过谈判"破冰"期，不要忘了微笑的幽默。

（三）探测对方情况和了解对方虚实

在谈判的开局阶段，不仅要为转入正题创造气氛，做好准备，更重要的是，谈判的双方都会利用这一短暂的时间，进行事前的相互探测，以了解对方的虚实，所以，这段时间也被称为探测期。在这一期间，主要是借助感觉器官来接受对方通过行为、语言传递来的信息，并对其进行分析、综合，以判断对方的实力、风格、态度、经验、策略以及各自所处的地位等等，为及时调整己方的谈判方案与策略提供依据。当然，这时的感性认识还仅仅是初步的，还需在以后的磋商阶段加深认识。老练的谈判者一般都以静制动，用心观察对手的一举一动，即使发言也是诱导对方先说，而缺乏谈判经验的人，才抢先发表己见，主张观点。实际上，这正是对方求之不得的。如果谈判者不想在谈判之初尽多地暴露弱点，就不要急于发表己见，特别不可早下断语。因为谈判情势的发展，往往会使你陷于早下结论的被动。正确的策略是：在谈判之初最好启示对方先说，然后再察言观色，把握动向。对尚不能确定，或需进一步了解的情况进行探测，这就涉及谈判正式开始时的启示、察言观色、探测等方面的问题。具体做法是：

1. 要对方先谈谈看法。要想提请对方先谈谈看法，可采取几种策略，灵活、得当地使对方说出自己的想法，又表示了对对方的尊重。具体策略有三：①征询对方意见。这是谈判之初最常见的一种启示对方发表观点的方法，如"贵方对此次合作的前景有何评价"、"贵方认为这批冰箱的质量如何"、"贵方是否有新的方案"等。②诱导对方发言。这是一种开渠引水，启示对方发言的方法。如"贵方不是在传真中提到过新的构想吗"、"贵方对市场进行调查过，是吗"、"贵方价格变动的理由是……"。③使用激将的方法。激将法是诱导对方发言的一种特殊方法，因此运用不好会影响谈判气氛，应慎重使用。如"贵方的销售情况不太好吧"、"贵方是不是对我们的资金信誉有怀疑"、"贵方总没有建设性意见提出来"。在启示对方发言时，应避免使用能使对方借机发挥其优势的话题，否则，则使己方处于被动。

2. 注意对方发言。当对方在谈判开局发言时，应对对方进行察言观色。因为注意对方每一句话的意思和表情，研究对方的心理、风格和意图，可为己方所作的第一次正式发言提供尽可能多的信息依据。在谈判桌上，不仅要注意观察对方发言的语义、声调、轻重缓急。还要注意对方行为语言，如眼神、手势、脸部表情，这些都是传递某种信息的符号。优秀的谈判者都会从谈判对手起始的一举一动中，体察对方的虚实。

3. 要对具体的问题进行具体的探测。在有些情况下，察言观色并不能解决问题，这就要进行一些行之有效的探测了。例如，要探测对方主体资格和阵容是否发生变化，可以问："××怎么没来?"；要探测对方出价的水分，可以问："这个价格变化了吧?"；要探测对方的资金情况，可以问："如果 C 方要我们付现金呢?"；要探测对方的谈判诚意，可以问："据说贵方有意寻找第三者?"；要探测对方有否决策权，可以问："贵方认为这项改变可否确定"，等等。此外，谈判者还可以通过出示某些资料，或要求对方出示某些资料等方法来达到探测的目的。

（四）注意防止两种倾向

1. 切忌保守。因为人们在陌生的环境中与他人发生联系时，处事往往是较为谨慎小心的，所以，谈判的开局阶段，谈判者通常是竞争不足，合作有余，更易保守，唯恐失去一个合作的伙伴或一个谈判的机会。如果因此一味迁就对方，不敢大胆坚持己方的主张，结果必然会被对方牵着鼻子走。开局阶段的保守，将会导致两种局面：一是一拍即合，轻易落于对方大有伸缩的利益范围，失去己方原来应该得到的利益；二是谈判一方开局就忍让，迁就对方，使对方以为你的利益要求仍有水分，而把你的低水平的谈判价值保守点作为讨价还价的基础，迫使你做出更多的让步。所以，在谈判的开局阶段要敢于正视对方，放松紧张心理，力戒保守。为了防止谈判开局中的保守所导致的上述两个局面，就必须坚持谈判的高目标。谈判目标定得高低，将直接影响谈判的成果，没有远大的目标，就没有伟大的创举。只有将谈判的目标定在一个努力弹跳能摸到的位置，才是恰当的。在谈判开局中，坚持在一个高目标的基础上进行，就会避免出现不利情况，使谈判者在以后的谈判中获得适合的利益。

2. 切忌激进。我们强调谈判的开局要有一个高目标，但高目标不是无限度地高，更不能把己方的高目标建立在损害对方利益的基础之上。如果谈判一方单纯考虑自己的利益，而忘记了谈判是双方或多方的合作。由于自己的要求过高而损害别人的利益，则会出现两种不利的局面：一是对方会认为你没有诚意以至于破坏了谈判的必要性。因此，谈判者在开局阶段，不仅要力戒保守，而且也要防止因提出过分的要求而破坏谈判的气氛；二是对方为了抵制过高的要求，也会"漫天要价"，使谈判在脱离现实的空中楼阁中进行，只能导致徒劳无功，浪费时间。这就是所谓的"以其人之道，还治其人之身"，使谈判陷于僵局。在谈判的开局阶段，谈判者既要有一个高目标，又要防止不切实际地"漫天要价"。在处理谈判开局阶段中的竞争与合作、索取与退让的关系以及把要求的目标限定在一个科学、适度的范围内的过程中，我们应科学地分析和预测彼此价值要求的起点、界点、争取点，从而找到谈判的协作区，以决定开局中的利益要求的限度。

三、谈判磋商阶段的工作实施

谈判的磋商阶段，是指谈判开局阶段任务的完成和议题的深入的中心阶段，即指谈判开始之后到谈判终局之前，谈判各方就实质性事项进行磋商的全过程。谈判的磋商阶段是谈判的实践阶段，这不仅是谈判主体之间的实力、智力和技术的具体较量阶段。而且也是谈判主体之间求同存异、合作谅解、让步的阶段。由于此阶段是全部谈判活动中最为重要的阶段，故其投入精力最多、占有时间最长、涉及问题最多。所以，在此阶段应做好下面几个方面的工作：

（一）合理提出条件

提出条件，又称报价，是指谈判磋商阶段开始时提出讨论的基本条件。但这一阶段并不是单指一方的报价，同时也指对方的还价。因此，报价、还价运用得是否科学、合理，关系到整个谈判过程的利益得失。那么，需要解决下面一些问题：

1. 谁先报价。谈判双方在结束了非实质性谈判后，将话题转入正题，即提出各自的交易条件。那么谁先报价呢？先报价是否有利呢？很难一概而论，因为先报价与后报价可以说各有利弊。一般而言，先报价的有利之处在于：①先行报价对谈判的影响较大，它实际上是为谈判划定了一个框框或基础线，最终协议将在此范围内达成，比如买方报价某货物购进价为1000元，那么，最终成交价不会低于1000元，而如果卖方报价为1000元，则最终成交价不会高于1000元。②首先报价，如果出乎对方的预料和设想，往往会打乱对方的原有方案，使其处于被动地位。先报价的不利之处在于：①对方了解到我方的报价后，可以对他们自己原有方案进行调整，这等于使对方多了一个机会，如果我方的交易起点定得太低，他们就可以修改先准备的定价，获得意外的收获。②先报价，会给对方树立一个攻击的目标，他们常会采用集中力量攻击这一报价，迫使报价方一步步退让，而报价方有可能并不知道对方原先方案的报价，处于被动。那么，在谈判磋商阶段，究竟应由谁先报价为宜呢？这要根据谈判的不同性质的需要来决定，不过，在己方比较了解对方的需要或底盘的情况下，争取率先报价比较有利，而反之最好请求对方先报价，这可为己方作个出价参考。另外，一些己方占有绝对优势的谈判，如拥有谈判地位的产品，拥有多角谈判的选择性等，己方如率先报价能够进一步强化优势，主导谈判。

2. 如何进行报价。在报价时，应遵循如下原则：①对卖方来讲，开盘价必须是"最高的"；相应的，对买方而言，开盘价必须是"最低的"，这是报价的首要原则。②开盘价必须合乎情理。我们说对于卖方开盘价，也即是报价要高，但绝不是漫天要价，毫无根据，而应该是合乎情理，如果报价过高，又讲不出道理，会使对方感到你没有诚意，甚至于不予理睬，扬长而去。对于买方来说，也不能"漫天杀价"，这会使对方感到你没有常识，而对你失去信心，或将你一一攻倒，使你陷于难堪之境。所以无论是买方或卖方在报价时都要有根有据，合乎情理。③报价应该坚定、明确、完整，不加解释和说明。开盘价要坚定而果断地提出，这样才能给对方留下认真而诚实的印象，如果欲言又止、吞吞吐吐，就会导致对方产生怀疑。报价时非常清楚，并不加过多的解释、说明。因为对方听完你的报价，肯定会对他感兴趣的问题提出质疑，这样我们可以根据对方的兴趣所在有针对性地进行解释和说明。否则，会被对方找出破绽，抓住把柄。

3. 如何还价。谈判就是要对各不相同的主张和条件进行磋商，而谈判的双方一拍即合，也就无需深入的讨论。所以，谈判的磋商阶段中，一方报了价，另一方就可能会还价，要还价，就要讲究还价的科学、策略。首先，在还价之前必须充分了解对方报价的全部内容，准确了解对方提出条件的真实意图。要做到这一点，还价之前设法摸清一下对方报价中的条件哪些是关键的、主要的；哪些是附加的、次要的；哪些是虚设的或诱惑性的；甚至有的条件的提出，仅仅是交换性的筹码。只有把这一切搞清楚，才能进行科学而策略的还价。为了摸清对方报价的真实意图，可以用点时间来逐项核对对方报价中所提的各项交易条件，探询其报价根据或弹性幅度，注意倾听对方的解释和说明。但勿加评论，更不可主观地猜度对方的动机和意图，以免给对方反击提供机会。其次，准确、恰当地还价应掌握在双方谈判的协议区内，即谈判双方互为界点和争取点之间的范围，超过此界线，便难以使谈判获得成功。最后，如果对方的报价超出谈判协议区的范围，与己方要提出还价条件相差甚大时，不必草率地提出自己的还价，而应首先拒绝对方的报价。必要时可以中断谈判，给对方一个出价，让对方在重新谈判时另行报价。此外，还可以用以下几种方法处理报价与还价之间的巨大差距：一是由己方报价取代对方不实际的报价；二是对对方的报价附加条件进行限制，例如，在购销合同谈判中，买方可以以卖方提出的高价格为基础谈判，但必须规定提高货物的质量；三是建议对方放弃此问题上的报价，改由在其他问题上报价；四是对方"漫天要价"，己方"就地还价"。

（二）正确驾驭谈判的议程

在谈判磋商的过程中，谈判双方或多方各自以自己利益出发，唇枪舌剑，左右交锋，竭力使谈判向有利于自己的方向发展。这就难免发生激烈竞争和严重的对峙，甚至这种激烈竞争和严重的对峙会直接影响谈判议程的顺利进行。所以，在这一方面，应注意以下几个问题：

1. 对谈判有一个正确的评估和调整。这是指在谈判磋商阶段，对谈判计划、谈判方案、谈判人事安排以及谈判的其他方面，根据谈判的发展变化，进行分析、判断、重新调整。这项工作之所以重要，是因为无论前面的工作做得如何充分、仔细、全面，都无法穷尽实际谈判过程中的每一个细节，并适应每一种变化。谈判一旦进入实战阶段，必然会出现始料未及的新情况、新变化。如果谈判者不想在谈判中墨守成规或处境被动，就应当伴随谈判磋商阶段的讨价还价、信息交流，不断调整原定计划中的不适之处。要做好评估调整工作，可以从下面几个方面进行：

（1）研究对方的报价资料，判断其真假虚实，对己方的报价重新认识、调整。

（2）整理谈判资料档案，把谈判中新获取的资料信息随时收入档案，并撤出那些已被证明是虚假的、无用的信息资料。

（3）结合新情况和新问题，修改或制定新计划、新方案，并在谈判人员中进行论证，反复调整。

（4）根据报价过程中结束的情况，重新评价双方是否存在谈判的协议区，协议区有多大，以决定谈判是否应继续下去，如果继续下去，应如何调整谈判的起点、界点和争取点等。

（5）认真总结前面的经验教训，堵塞工作漏洞，调整工作方法，确保谈判向更有利于己方进行。

（6）根据需要调整相关谈判人员，既要保证谈判团体的相对稳定性，又要保证谈判团体的活力。

2. 把握谈判局面，合理驾驭谈判的议程。谈判过程中，如双方发生争执，使双方剑拔弩张，可能会超过慎重的界限，破坏谈判的气氛，或者争论起来不着边际，失去控制。因此，应注意驾驭谈判局面，控制谈判过程，如能很好地做到这一点，就会赢得谈判中的主动地位。具体做法是：

（1）对前面的工作进行回顾和总结，这可以提醒或引导对方认识所处的谈判阶段，拨正双方谈判的议题。

（2）强调双方共同的利益。谈判双方在分歧加大时，可以利用强调共同利益的策略，来暗示两败俱伤的后果。

（3）拨正议题。如果谈判偏离了正常航道，可以及时进行拨正，例如，"你举的例子很有参考价值，不过，我们是否先就此批货物的价格取得共识"。

（4）更换相关人员。有时为了控制局面，可以考虑变更相关的谈判人员，使相互不让步的议题暂时搁置。

（5）控制进度。谈判中所涉及的问题有的三言两语就可结束，有的则几天、几个月也谈不完。谈判应根据需要，没谈透的问题应拉回再谈，无需再谈的议题就应跳过去。

（6）临时休息。这样可以调节精力、时间和气氛，有时还可利用个别交谈的机会，破解难题。

3. 寻找方案，打破出现的僵局。谈判在进入实质的磋商阶段之后，谈判各方往往会由于某种原因而对某个议题僵持不下，陷于进退两难的境地，即谈判的僵局[1]。谈判之所以陷于僵局，一般不是因为各方之间存在不可解决的矛盾，而多数是由于各方基于感情、立场、原则等主观因素所致。所以，谈判者在谈判开始之后，在维护己方实际利益的前提下，应尽量避免由于一些非本质性的问题而坚持强硬的立场，以免导致谈判的僵局。一旦谈判陷于僵局，谈判各方应探究原因，积极主动地寻找解决的方案，切勿因一时陷于谈判的僵局而终止谈判。打破出现的僵局，可采用以下一些办法：

（1）更换话题。谈判过程中，由于某个议题引起争执，一时又无法解决，这时谈判各方为了寻求和解，可以变换一下议题，把僵持的议题暂时搁置，等其他议题解决好，再在友好的气氛中讨论，解决僵持的问题。

（2）更换谈判的主谈人。有时谈判的僵局系主谈人的个人因素所造成的。僵局一旦形成，主谈人的态度便不易改变，有时会滋生抵触情绪，有损谈判。此时应考虑更换主谈人，新的主谈人以新的姿态来到谈判桌上，使僵局能得以缓解。

（3）暂时休息。谈判各方由于一时冲动，在感情上"较劲"之时，应当从谈判的实际利益出发，考虑暂时休会，等气氛缓和下来再谈。在冷静、平和的气氛中，谈判各方才会为了自身的利益求同存异。

（4）寻找其他解决的方案。谈判各方均在坚持自己的谈判方案，且互不相让时，谈判就会陷于僵局。此时，解决的最好的办法是：放弃自己的谈判方案，也建议对方放弃其谈判方案，共同来寻求一种可以兼顾各方利益的第三种方案。

（5）由各方专家单独会谈。谈判者可依据谈判僵局所涉及的专门问题，提请有关专家单独会谈。例如，涉及法律问题，可由双方律师单独会谈；涉及技术问题，可由双方工程师、技师单独会谈。同行之间会谈，可以避免不少麻烦，也容易找到共同点，有助于产生解决问题的新方案。

---

〔1〕 William Ury, *Getting Past No: Negotiating with difficult people*, New York: Bantam Books, 1991.

4. 适当让步。把握谈判的时机，作出适当的让步，可以有效形成谈判的合意，促成谈判的达成。如果谈判的和解时机已经到来，谈判的一方或各方仍互不相让，谈判也会失败。在谈判中让步是要讲策略的，否则就会失误，常见的让步策略有：

（1）理想的让步方式。谈判中的让步，应遵守步步为营的原则。

（2）互惠的让步方式。这是指以本方在某一问题上的让步，来换取对方在另一问题上的让步。能否采取此种方式，与我们采用的谈判方式有关，要做到灵活掌握。如以交货期限上的让步，来换取对方在价格上的让步。

（3）丝毫无损的让步方式。这实质上是一种高姿态的让步方式，比如对方要求我方在某些方面让步，而且理由非常充分，但我方确实不想让步，这时可以采取的一种让步方式是：承认对方的要求是合理的，从感情上我们愿意做出让步，但确有实际困难，请对方原谅，这样可以给对方一种心理上的满足，促成对方让步。

（4）长、短期利益相结合的让步方式。这种让步方式一般使用在具有长期合作要求的谈判者之间，由于谈判双方有的对远期利益感兴趣，有的对近期利益感兴趣，这样，谈判双方可以相互作出让步，有的取远期利益，放弃近期利益，有的取近期利益，放弃远期利益。

四、谈判终局阶段的工作方法

谈判在历经了准备阶段、开局阶段、磋商阶段之后，谈判的终局阶段也就到来了，这也是谈判的结束阶段。谈判的终局阶段可根据谈判的结果分为假性败局、真性败局、和局三种，对谈判中出现的以上三种局面，可采取以下不同工作方法。

（一）假性败局的工作方法

假性败局是指谈判各方在谈判过程中，经过一再讨价还价之后，由于各种主客观原因，未能达成协议的暂时性谈判的终止。从形式上看，谈判已经结束，但却存在重新谈判的可能性。谈判的假性败局与谈判的僵局之间有些类似之处，都具有暂时性，僵局如果得到破解可以促成和局，否则会导致败局（真性败局）。假性败局的原因消除后，重新谈判也可以促成和局，反之会转化为真性败局。造成谈判假性败局的原因很多，有的是由于谈判各方之间的利益冲突暂时未找到解决的方案，有的是客观条件不具备，还有的却是基于谈判策略上的考虑。根据造成谈判假性败局原因的性质可以分为客观性谈判假性败局与主观性谈判假性败局两种。客观性假性败局是指谈判各方在谈判过程中，由于有阻碍谈判成功的客观原因，影响谈判不能达成协议而暂时终止的谈判。客观性假性败局一旦出现，谈判者就应找准原因，采取相应的处理方法。除了确属客观条件制约，暂时无法恢复的谈判外，谈判者应该主动、积极地寻找时机，重新谈判。由于与谈判僵局的类似性，破解僵局的一些方法，也可以变通地用于处理客观性假性败局。主观性假性败局是指谈判各方在谈判中，由于意见分歧而暂时终止谈判，以求达到重新谈判，获取利益之目的。主观性假性败局与客观性假性败局都是谈判的失败，而且都存在重新谈判的可能性，两者的不同点在于：客观性假性败局是由于在谈判中发现客观条件不具备，或谈判各方意见相左，一时又找不到解决方案的不得已的失败；主观性假性败局则是由于谈判者未能达到谈判目的，而有意终止谈判，以此向对方施加压力，迫使对方作出让步，谈判再次进行时，会达成有利于己方的协议。

（二）真性败局的工作方法

真性败局是指谈判各方进入谈判之后，由于种种原因而未能达成协议，最终结束了谈判。谈判失败是经常发生的，会给各方的物质、精力等造成损害。谈判的目的在于成功而不是失败，谈判者应当尽力避免谈判的败局产生，同时，也不能因为恐惧失败而不敢谈判或放弃谈判。问题是在于如何防止谈判的败局，这就需要对谈判中可能导致败局的种种原因作好充分的分析和预测，以找到防范的措施。能够导致谈判败局的原因很多，要想防止由于谈判中各种原因造成的失败，就必须精通谈判理论，掌握谈判技术，运用谈判技术，并注意谈判是否有悖于法律，对方是否有诚意等。

（三）和局的工作方法

谈判的和局是指谈判各方在谈判过程中经过磋商取得一致意见，签订协议、终止谈判的结局。谈判的和局，就是谈判的成功，它标志着谈判的各方都是胜利者。谈判的和局，是谈判各方协商一致努力争取的结果。因此，谈判的和局与谈判各方之间相互让步分不开。当然，所谓让步并非绝对平均，谈判者总是立足于对自己有利，或付出代价也"划得来"的前提下结束谈判。谈判的和局必然表现为：谈判的各方就谈判的事项达成协议，且这种协议一般来说应是书面的。因为，在谈判和局中，最主要的工作就是为协议的签署把好关。签订协议应注意以下问题：

1. 起草协议应从实际出发，反映谈判所解决的实际需要，切忌照搬、照抄别人合同或标准性格式。

2. 注意协议条款的法律适用问题。如在一些涉外谈判所达成的协议内容中，一般都涉及不同国家的国内法、国际惯例、公约或国家之间的条约。这些法律、惯例、公约、条约，对谈判协议的格式、内容、当事人的权利义务、国际支付等都有不同的规定。因此，在谈判的终局阶段签订合同时，应明确适用何国法律。

3. 注意违约责任条款的拟订。违约责任条款是对违约方违约后的惩罚条款，也是对守约方在违约方违约后所得补偿的约定。实践中，我们常见一些协议没有违约责任条款，致使守约方的权益无法得到保护。违约责任可由合同各方在合同里面作详细约定，比如对于延迟交付货物或者交付货款的可以约定延迟履行违约金。还可以约定一条总的违约条款："任何一方违反本协议导致本协议无法继续履行的，违约方需赔偿守约方违约金人民币××万元，该违约金不足以弥补守约方实际损失的，违约方应赔偿守约方所有实际损失。"需要指出的是，合同法对损害赔偿的范围进行了规定，即当事人一方不履行合同义务或者履行合同义务不符合约定，给对方造成损失的，损失赔偿额应当相当于因违约所造成的损失，包括合同履行后可以获得的利益，但不得超过违反合同一方订立合同时预见到或者应当预见到的因违反合同可能造成的损失。

4. 注意协议条款的明确和准确。实践中经常出现的纠纷问题是因合同条款不明确、不全面、不准确而形成的。经常出现的模棱两可的条款有："合同签订后 30 日内交货"，"验收合格后付款"，"按相关标准验收"，"发生纠纷双方友好协商解决，协商未果则仲裁解决"，"木箱包装"，"送货到需方所在地"等。这些条款都是独立条款，在执行时要靠双方的意会和再协商才能履行，一旦意会有分歧或协商不成，便会纠纷骤起。上述条款的问题是：①"30 日内交货"时间不准确。有这样一个案例，双方签订购买 20 吨钢材，上午签订合同后，下午供方即要求送货，原因是货占用租来的仓库，是付费的，但需方也无地方存放，要求过 20 天再发货，致使纠纷发生。②"验收合格后付款"，不知"后"多少天。③仲裁条款约定不明确，这样的约定必然导致仲裁条款无效，之后又引起了管辖权纠纷。④"木箱包装"太笼统，三合板木箱和真正原生材木箱差别太大。⑤"送货到需方所在地"不明确。需方的营业地、生产厂所在地、标的物使用地有时不是一个地方。

5. 合同的每一个细节都不能忽视。合同中的每一个字都非常重要，每句话都是对权利义务的界定。我们经常听到因为一个字所形成的合同纠纷，虽然不可思议，但的确是存在的。有人曾经向笔者咨询过这样一个案子，说甲方给乙方写了一张条子，内容是"还欠款一万元"。结果乙方向法院起诉要求甲方还钱。甲方辩称："我是欠乙方一万元，但已经还清了，我给他打的条子明明写着还欠款一万元，他怎么还和我要！"由于"还"字的多音多义，在这里引出了纠纷。真可谓是一字之诉了。此外，下面一些合同条款用语也常容易引起纠纷，务必注意：

（1）以"前"或"后"限定期限。如"×月×日前交货"、"×月×日后付款"等。合同期限应当明确，几月几日就是几月几日，不能含糊。鲜活商品要规定到分钟。曾经有一个鱼苗买卖合同，规定×月×日运到，结果在规定日的晚上运到交货地，鱼苗全部死亡。司机说上午他检查时还好好的。

（2）以"有关"、"相关"等词作定语。如"按有关标准验收"，"执行相关规定"等。产品标准和国家的法律、法规是很多的，有一些产品，标准与标准是不一样的，有一些法律和法规相互间也有冲突。由于双方对"相关"的理解不尽一致，往往导致纠纷。某单位购买一批阀门不能使用。原因是采购单位执行的是石油系统通用的美国石油学会制定的标准，而供货方执行的是中国的国标。纠纷就不可避免了。

（3）以"普通"、"特殊"等词替代标准。如"普通包装"、"特殊材料"等。包装和材料都是有标准的，不能以普通和特殊替代。

（4）验收条款不明确。验收方法中应明确规定验收时间、地点，验收手段，验收标准，由谁验收，验收发生争议由谁仲裁等，不能简单说一句"由×方按质量标准验收"就完了。

（5）标的物数量不明确。有些合同标的在规定数量时，还要包括计量单位和计量方法，即使是购买设备，也要明确整机、辅件、配件、工具的数量，不能只简单规定"××设备一套,"或"钢材××吨"，这都容易引起纠纷。

（6）标的物名称不标准。例如，不少工业用品有多种名称，有的名称属于包容与被包容关系，在理解上可能产生歧义，如氧气有医用氧和工业氧之分，医院买氧气用于医疗，只能买医用氧，如仅写氧气，则很可能被供方理解为工业氧。塑料管和PVC管也不一样。老百姓钢与铁不分，废钢、废铁是一回事，工厂则有严格区分，机床是车、铣、刨、磨床子的统称，只说机床就不能区分哪个品种等。不少合同纠纷是因为名称不清导致的。当需方收到货物才发现此物非彼物，纷争就发生了。

第三节　谈判的技巧

一、互利型谈判技巧

互利型谈判是建立在互利互惠、彼此合作的基础之上的。在这种谈判中，可尝试运用以下技巧：

（一）开诚布公

这是指谈判人员在谈判过程中，持诚恳、坦率的合作态度向对方吐露己方的真实思想和观点，客观地介绍己方情况，提出要求，以促使对方进行合作，使双方能够在坦诚、友好的氛围中达成协议。当然，开诚布公，并不意味着己方对自己的所有情况都毫无保留地暴露给对方，因为百分之百地"开放"自己是不可能的，也是不现实的。因此，如何采用这一技巧，必须视具体情况而定。

（1）并不是在任何谈判中均可以使用这一技巧。适用这一技巧的前提是，双方必须都对谈判抱有诚意，都视对方为己方唯一的谈判对象。

（2）注意使用的时机。通常是在谈判的探测阶段结束或者报价阶段开始。因为，在此阶段，对方的立场、观点、态度、风格等各方面情况，我方已有掌握和了解，双方是处于诚恳、坦率而友好的谈判气氛中。这时提出我方要求，坦露我方观点，应是较为行之有效的。

（3）适用这一技巧，应针对双方洽商的具体内容介绍有关情况，不要什么问题都涉及。如果你在某一方面有困难，就应针对这一方面进行侧重介绍，使对方了解你在这方面的难处以及解决的方案。因为这易唤起对方的共鸣，认为你很有诚意，但应使对方感到，只要双方通力合作，就能战胜困难，并使之受益。这样，才会使双方能更好地合作。

（二）适时休会

这是指在谈判中遇到某种障碍，谈判一方或双方提出中断谈判，暂时休会的一种技巧。这能使谈判人有机会重新思考和调整对策，促进谈判的顺利进行。休会技巧运用得当，能起到调节谈判人员的精力、控制进程、缓和谈判气氛的功效。采取休会技巧应掌握以下时机：

（1）当谈判出现低潮时。谈判人员如果出现疲劳状况，精力难以集中，显然不利于谈判，可适当休息后再继续谈判。

（2）在会谈出现僵局时。由于谈判各方的分歧加大，造成出现僵持不下的局面时，可采用休会的技巧，这能使双方有机会冷静下来，客观分析问题，而不至于一味沉浸于紧张的气氛中，不利于问题有效地解决。

（3）在一方不满现状时。如果对方出现不满情绪，为避免对方采取消极态度对待双方应有合意的谈判时，就应进行休会，调整气氛和情绪。

（4）在谈判出现疑难问题时。如出现难以解决的新情况，休会后，各自进行协商，提出处理办法是一种很好的避免谈判障碍的方法。

（三）以退为进

以退为进，这既是谈判的策略，又是谈判的技巧。其具体做法主要有：一是替己方留下讨价还价的余地。如果己方是卖方，报价要高些。如果己方是买方，还价应低些。但无论何种情况，报价务必在合理的范围内。二是不要急于坦露己方的要求，应诱导对方先发表其观点和要求，待机而动。三是让步有策略。可以先在较小的问题上让步，让对方在重要的问题上让步，但让步不要太快，因为对方等得愈久，就会愈珍惜。四是在谈判中遇到棘手问题时，应表示出愿意考虑对方的要求，使对方在感情上有被接受的感觉。

（四）润滑策略

这是指谈判人员在相互交往过程中，互相馈赠礼品，以表示友好和联络感情的策略，但在使用此策略时，应注意下面一些问题：①所赠礼品应不带功利性，而完全是为了联络感情。否则，会给对方一种"行贿"的感觉，使对方警觉，也破坏了己方的形象。②要尊重谈判对方的风俗习惯及个人兴趣，使对方感到意外的惊喜。③馈赠礼品也要选择适当的时机和场合，使对方感到很自然，易于接受。

（五）假设条件

这是指在谈判的探测阶段，提出某种假设条件，来试探对方的虚实，提出假设条件可以从两方面考虑：①在己方认为不太重要的问题上提出假设。如果对方对此问题反应敏感，则说明他对这一问题比较重视。②在我方认为比较重要的问题上提出假设条件，但应注意提出时机。如果对一个已经商讨多时，几乎可以定下来的问题，就不应再提假设条件，这会打乱已谈妥的方案。只有在双方出现分歧，均在设想解决方法时，提出假设条件，往往能收到好的效果。同时，在提出假设条件之前，应对假设成真后可能产生的结果有正确的估计。否则，一旦假设条件变成现实，或对方努力地实现这一假设条件时，而你又有其他的变动和要求，则会处于非常被动的局面。

（六）私下接触

私下接触是一种非正式会谈的方式。在谈判过程中间除休息时间，如果谈判者有意识，有目的地与对方私下接触，不仅可以增进双方友谊，融洽双方关系，还可以得到谈判桌上难以得到的东西。私下接触的形式有很多，如聚餐、游玩、打球、看戏等。在这些活动中能够创造一种轻松愉快的气氛，利于获得更多的信息，有时甚至直接促成了谈判的达成。双方关系越热，合作的时间越久，运用私下接触的效果就越好。

（七）有限权力

这是指谈判人员使用权力的有限性，权力受到限制的谈判者比大权在握的谈判者处于更有利的地位。当谈判双方就某些问题进行协商，一方提出某种要求，企图逼迫对方让步时，另一方反击的技巧就是使用有限权力，可向对方宣称：在此问题上，他无权向对方做出这样的让步，或无法争论既定事实。这样，既维护了己方利益，又给对方留了面子。当然，有限权力也不能滥用，过多使用这一技巧或选择时机欠妥，会使对方怀疑你的身份、能力。如果对方认为你不具有谈判中某些主要问题的决策权，就会失去与你谈判的兴趣与诚意，这样双方只会浪费时间，无法达成有效协议。

二、对己方有利型谈判技巧[1]

对己方有利，并不意味着要以损害对方利益为代价，而是指在谈判中，谈判者应在不断争取己方利益的同时，也应兼顾对方的某些利益。在此基础上，尝试运用以下技巧：

（一）声东击西

这是指在谈判中，一方出于某种需要而有意识地将会谈的议题引到对己方并不重要的问题上，借以分散对方的注意力，达到己方目的。在谈判的过程中，只有更好地隐藏其真正的利益，才能更好地实现谈判目标。尤其是在你不能完全信任对方的情况下，使用这种技巧可实现以下目标：①尽管双方所讨论的问题对我方是次要的，但采用这种策略可能表明，我方对这一问题很重视，进而提高该项议题在对方心目中的价值，一旦我方做出让步后，能使对方更为满意。②作为一种障眼法，转移对方的视线。如我方关心的可能是货款支付方式，而对方的兴趣可能在货物的价格上，这时声东击西的做法是力求把双方讨论的问题引导到订货数量上、包装运输上，借以分散对方对前述两个问题的注意力。③为以后的真正会谈铺平道路。以声东击西的方式摸清对方的虚实，排除正式谈判可能遇到的干扰。④把对某一议题的讨论暂时搁置起来，以便抽出时间对有关的问题做更深入的了解，探知或查询更多的信息和资料。⑤延缓对方所要采取的行动。如发现对方有中断谈判的意图，可运用这一技巧，做出某种让步的姿态，作为缓兵之计。这样，一方面以继续谈判来应付，另一方面则另找其他对策。

（二）先苦后甜

这是指在谈判中己方为了达到自己预定的目的，先向对方提出苛刻要求，然后再逐渐让步，求得双方一致的做法，以此来获得己方的最大利益。例如，买方想让卖方在价格上作出让步，但买方又不愿增加订购数量，于是，买方采用了"先苦后甜"战术。即除了价格以外，买方同时在品质、运输条件、交货和支付条件等几方面，提出了较为苛刻的合同条款，作为洽谈的蓝本。在针对这些条款的讨价还价中，买方尽力使卖方感到，在好几项交易条件上，买方都忍痛做了让步。当转到价格谈判上时卖方已感到占了不少便宜，因此，买方往往不费多少口舌就能获得卖方的价格让步。但是，任何策略的适用都有一定限度，在运用此策略时，起先提出的要求不能过于苛刻，"苦"要苦得有分寸，不能与通行的惯例和做法相距太远。否则，会使对方觉得缺乏诚意，中断或退出谈判。在谈判中运用此策略时还要注意，提出比较苛刻的要求，应尽量是对方掌握较少的信息与资

---

〔1〕 李傲：《互动教学法——诊所式法律教育》，法律出版社2004年版。

料的某些方面，尽量是双方难以用客观标准检验、证明的某些方面。否则，对方很容易识破你的战术，采取应对的措施。

（三）最后期限

这是指在谈判过程中，规定最后期限的策略。这可以有效地督促双方的谈判人员振奋精神，集中精力。因为，随着期限的迫近，双方会感到达成协议的时间很紧，会一改平时的拖沓和漫不经心的态度，努力从合作的角度出发，争取问题的解决。在谈判中，某一方提出最后期限，开始并不能够引起对方十分关注，但是随着这个期限的逐渐迫近，提出期限一方不断地暗示，表明立场，对方内心的焦虑就会不断增加。尤其是当其负有签约的使命时，他会更加急躁不安，而到了截止日期，不安和焦虑就会达到高峰。因此，在谈判过程中，对于某些双方一时难以达成妥协的棘手问题，不要操之过急地强求解决，需要善于运用最后期限的力量，规定出谈判的截止日期，向对方开展心理攻势。必要时，我方还可以做出一些小的让步，给对方造成机不可失、失不再来的感觉，以此来说服对方，达到我方之目的。

（四）疲劳战术

谈判中如果遇到趾高气扬，十分自得的谈判者。当他们以各种方式来表现其居高临下、先声夺人的挑战姿态时，"疲劳"战术是一个十分有效的策略。"疲劳"战术能使趾高气扬的谈判者感觉疲劳生厌，并能逐渐磨去他的锐气，从而扭转不利和被动的谈判局面。采用"疲劳"战术，首先要求做好思想准备，开始时，对对方盛气凌人的要求应采用回避、周旋的方针，到了后期，即使我方已在谈判桌上占了上风，也不要盛气凌人，而应采取柔中有刚的态度，切忌不要以硬碰硬，因为这会引起对立，致使谈判破裂。

（五）出其不意

这是指在谈判中突然改变手段、观点或方法，使对方惊奇而保持压力的一种方法。这种技巧在谈判中常被使用，因它能在短时间内产生一种使对方震慑的力量，形成压力。在遇到令人惊奇的情况时，克服震惊的最好办法是让自己有充分的时间去想一想，多听少说或暂时休会。谈判不是宣战，也不是在法庭上打官司，在没有适当准备之前，最好不要有所行动。

（六）得寸进尺

这是指一方在争取对方一定让步的基础上，再继续进攻，提出更多的要求，以争取己方更大的利益。这一策略的核心是一点一点地要求，积少成多，以达到自己的目的。运用此策略有一定的冒险性，如果一方压得太凶或要求太高，会激怒对方，使其固守原价，甚至加价，以进行报复，从而使谈判陷于僵局。因此，只能在具备一定条件的情况下，才能采用此策略。

三、讨价还价的谈判技巧

讨价还价是谈判中一项重要的内容，一个优秀的谈判者不仅要掌握谈判的基本原则、方法，还要学会熟练地运用讨价还价的技巧，这是促成谈判成功的保证。具体讲，讨价还价时可采用下列技巧：

（一）投石问路

要想在谈判中掌握主动权，就要尽可能地了解对方的情况，尽可能地了解掌握某一步骤，对对方的影响以及对方的反应如何，投石问路就是了解对方情况的一种战术。以商务谈判为例，在价格阶段讨论中，想要试探对方对价格有无回旋的余地，就可提议："如果我方增加购买数额，贵方可否考虑优惠价格呢？"，然后，可根据对方的开价，进行选择比较，讨价还价。投"石"目的是为了进一步了解对方，而且还要使对方难以拒绝。

（二）抬价与压价

在谈判中，通常是不会一方一开价，另一方就马上同意，双方拍板成交的。都要经过多次的抬价、压价，才相互妥协，确定一个一致的价格标准。由于谈判时抬价一方不清楚对方要求多少，在什么情况下妥协，所以这一策略运用的关键就是抬到多高才是对方能够接受的。一般而言，抬价是建立在科学的计算，精确的观察、判断、分析基础上的。当然，忍耐力、经验、能力和信心也是十分重要的。在讨价还价中，双方都不能确定双方能走多远，能得到什么。因此，时间越久，局势就会越有利于有信心、有耐力的一方。压价可以说是对抬价的破解。还以商务谈判为例，如果是买方先报价格，可以低于预期进行报价，留有讨价还价的余地。如果是卖方先报价，买方压价，则可以采取多种方式：

（1）揭穿对方的把戏，直接指出实质。比如，算出对方产品的成本费用，挤出对方报价的水分。

（2）制定一个不断超过预算的金额，或是一个价格的上下限，然后围绕这些标准，进行讨价还价。

（3）用反抬价来回击，如果在价格上迁就对方，必须在其他方面获得补偿。

（4）召开小组会议，集思广益思考对策。

（5）在合同没有签订以前，要求对方做出某种保证，以防反悔。

（6）使对方在合同上签署的人越多越好，这样，对方就难以改口。

（三）递减式价格让步

价格让步的方式、幅度直接关系到让步方的利益，理想的方式是每次做递减式让步，它能做到让而不乱，成功地遏止了对方能产生无限制让步的要求，这是因为：①每次让步都给对方一定的优惠，表现了让步方的诚意，同时保全了对方的面子，使对方有一定的满足感；②让步的幅度越来越小，越来越困难，使对方感到我方让步不容易，是在竭尽全力满足对方的要求；③最后的让步方式不大，是给对方以警告，我方让步到了极限。

（四）最后报价

最后出价的时间应掌握好时机和方式，因为如果在双方各不相让，甚至是在十分气愤的对峙状况下最后报价，无异于是发出最后通牒，很可能会使对方认为是种威胁，危及谈判顺利进行。当双方就价格问题不能达成一致时，如果报价一方看出对方有明显的达成协议的倾向，这时提出最后的报价，较为适宜。当然，最后出价能够帮助，也能够损害提出一方的议价力量。如果对方相信，提出方就胜利了，如果不相信，提出方的气势就会被削弱。此时的遣词造句，见机而行，与这一策略的成功与否就休戚相关了。

四、谈判中的几种特殊技巧

在谈判中，对方的底限、时限、权限等内容均属机密，谁掌握了对方的这些底牌，谁就会赢得谈判的主动权。因此，在谈判初期，双方都会围绕这些内容施展各自的探测技巧，下面就有关技巧作一些介绍。

（一）火力侦察法

即用此技巧先主动抛出一些带有挑衅性的话题，刺激对方表态，然后，再根据对方的反应，判断其虚实。下面以商务谈判为例进行说明：

比如，客户说："你的价格太贵"。那么，我们可以说："我是货真价实。就怕你一味贪图便宜，商业中流行着这么一条准则，叫做一分钱一分货，便宜无好货"。实际上，刚才这一系列的话，就是一个火力侦察。首先谈到的是货真价实，就怕对方一味贪图便宜，这是很有挑衅性的一个话题；一分钱一分货，便宜无好货，通过抛出这段话之后，再看对方的反应，看看他到底是不是真的认为价格太高，可以从中探究出他的价格承受能力。因此，火力侦察就是抛出"炮弹"，对准"敌人"，就像打仗一样，先把炮弹打过去，敌人从什么地方跑出来了，就说明敌人在什么地方。

再如，甲买乙卖，甲向乙提出了几种不同的交易品种，并询问这些品种各自的价格。乙一时搞不清楚对方的真实意图，甲这样问，既像是打听行情，又像是在谈交易条件；既像是个大买主，又不敢肯定。面对甲的期待，乙心里很矛盾，如果据实回答，万一对方果真是来摸自己底的，那自己岂不被动？但是自己如果敷衍应付，有可能会错过一笔好的买卖，说不定对方还可能是位可以长期合作的伙伴呢。在情急之中，乙想：我何不探探对方的虚实呢？于是，他急中生智地说："我是货真价实，就怕你一味贪图便宜。"我们知道，商界中奉行着这样的准则："一分钱一分货"、"便宜无好货"。乙的回答，暗含着对甲的挑衅意味。除此而外，这个回答的妙处还在于，只要甲一接话，乙就会很容易地把握甲的实力情况，如果甲在乎货的质量，就不怕出高价，回答时的口气也就大；如果甲在乎货源的紧俏，就急于成交，口气也就显得较为迫切。在此基础上，乙就会很容易确定出自己的方案和策略了。

（二）聚焦深入分析法

先是就某方面的问题做扫描的提问，在探知对方的隐情所在之后，然后再进行深入，从而把握问题的症结所在。例如，甲卖乙买的一笔买卖交易，双方谈得都比较满意，但乙还是迟迟不肯签约，甲感到不解，于是他就采用这种方法达到了目的。首先，甲证实了乙的购买意图。在此基础上，甲分别就对方对自己的信誉、对甲本人、对甲的产品质量、包装装潢、交货期、适销期等逐项进行探问，乙的回答表明，上述方面都不存在问题。最后，甲又问到货款的支付方面，乙表示目前的贷款利率较高。甲得知对方这一症结所在之后，随即又进行深入，他从当前市场的销势分析，指出乙照目前的进价成本，在市场上销售，即使扣除贷款利率，也还有较大的利润。这一分析得到了乙的肯定，但是乙又担心，销售期太长，利息负担可能过重，这将会影响最终的利润。针对乙的这点隐忧，甲又从风险的大小方面进行分析，指出即使那样，风险依然很小，最终促成了签约。

（三）示错印证法

探测方有意通过犯一些错误，比如念错字、用错词语，或把价格报错等种种示错的方法，诱导对方表态，然后探测方再借题发挥，最后达到目的。例如，在某服装买卖柜台，当某一位顾客在摊前驻足，并对某件商品多看上几眼时，早已将这一切看在眼里的摊主就会前来搭话说："看得出你是诚心来买的,这件衣服很合你的意,是不是?"察觉到顾客无任何反对意见时，他又会继续说："这衣服标价150元,对你优惠,120元,要不要?"如果对方没有表态，他可能又说："你是今天第一个客户,我也想开个张图个吉利,打折求本卖给你,100元怎么样?"顾客此时会有些犹豫，摊主又会接着说："好啦,你不要对别人说,我就以120元卖给你。"早已留心的顾客往往会迫不及待地说："你刚才不是说卖100元吗? 怎么又涨了?"此时，摊主通常会煞有介事地说："是吗? 我刚才说了这个价吗? 啊,这个价我可没什么赚啦。"稍做停顿，又说，"好吧,就算是我错了,那我也讲个信用,除了你以外,不会再有这个价了,你也不要告诉别人,100元,你拿去好了!"话说到此，绝大多数顾客都会成交。这里，摊主假装口误将价涨了上去，诱使顾客做出反应，巧妙地探测并验证了顾客的购买需求，收到引蛇出洞的效果。在此之后，摊主再将涨上来的价让出去，就会很容易地促成交易。

（四）夸张法

夸张法是对谈判对手所关心的兴趣点以夸张的方式进行渲染，从而引起谈判对手的兴趣或注意。应该注意的是，夸张要以现实可能为基础，即夸张不能偏离实际情况太远。例如，甲的 10 岁儿子触摸某厂家生产的电冰柜中电死亡，经鉴定是因插座电源线与地线串电致电冰柜带电而产生中电死亡事故，电冰柜生产厂家没有责任。甲的律师对电冰柜厂方代表讲："甲的儿子死亡虽然与你们的电冰柜没有关系，但甲确实可怜。因为电源插座没有厂名、厂址、商标，是个三无产品，又无从何处购买的证据，甲无法就儿子死亡一事向生产商或销售商索赔。如果甲达不到索赔目的势必要闹下去，这样影响面扩大势必会影响你们的产品声誉及在本地区的销售，我建议你们厂家还是出于人道给予适当的救济"。最后经过再次谈判，厂家给了甲 5 万元救济款，使甲得到了一定的补偿。

（五）示范法

若要使对方对你的谈话发生兴趣，你就必须使他们清楚地意识到他们接受你的建议后会得到好处。这种说法相当富有哲理，但在实际谈判活动中，它又往往被人们所忽略。比如，在销售产品时，为了尽快引起对方的兴趣，你可以在谈判的开局就向对方介绍你的产品具有哪些优点，同时还必须证明你的产品确实具有这些优点。将杯子扔到坚硬的地面上看它是否能被摔坏，这种方法比任何口头宣传都更具有说服力。如果你的油漆没有异味，那你就不必费口舌，让对方亲自闻一闻，然后再让他闻一闻气味浓重的竞争产品。为了证明你的小型装置坚固耐用，可以让对方用各种非规范的方法进行操作，看他能否把小型装置弄坏。示范的结果就会堵住对方的嘴，使他无话可说。在事实面前，他只能相信这种产品质量可靠。如果你想说服对方安装空调器，就让他们到两间不同的办公室走一走，体验一下。其中一间安有空调设备，室内空气清新，凉爽宜人；而另一间没有空调设备，室内空气混浊，大有令人窒息之感。因此，示范是谈判者向对方提供的一种有说服力的证据。

（六）利益诱惑法

利益诱惑法是指在不影响本方根本利益或不违背法律的情况下，对谈判对手所关心的"兴趣点"进行较大程度的利益让步，以此来引起对方的兴趣或注意。例如，甲 15 周岁，故意伤害致乙重伤，进行附带民事赔偿谈判时，乙的律师对甲的父母及律师讲："甲所犯罪行是 3 ~ 10 年有期徒刑，但甲未成年，具有法定的从轻或减轻情节，如果双方达成民事赔偿的调解协议，可让受害人向法院出具一个建议法院对甲减轻量刑的申请材料，这样甲就有可能获得法院在 3 年以下的减轻量刑。否则，法院判决甲 4 ~ 5 年有期徒刑，对甲将来的发展甚至娶媳妇都有影响。"乙的律师通过这样的利益诱惑法，使乙的索赔目的得以实现。

（七）拒绝法

谈判中的拒绝技巧与前边讲的讨价还价的技巧有所类似，但也不完全相同。前边所述讨价还价的技巧主要是从商务谈判的角度讲的，下边以民事赔偿为例从另外的角度进行阐述。

谈判中不仅充满了让步，同时也充满了拒绝。如果说，没有让步就没有谈判的话，那么，没有拒绝不仅没有了让步，同时也就没有了谈判。首先，让步的本身也就是一种拒绝，因为让步是相对的，也是有条件或有限度的。试想难道会有人愿作无条件、无限制的让步吗？所以，一方的让步既说明他答应了对方的某种要求，同时也意味着拒绝了对方更多的要求。例如，在甲与乙的损害赔偿谈判中，甲方报价索赔数额 10 万，乙方报价赔偿 6 万。当甲方让步到 9 万时，实际上拒绝了乙方的 6 万；而乙方让步到 7 万时，也意味着拒绝了甲方的 9 万。所以说让步中蕴涵了拒绝。其次，拒绝本身也是相对的。谈判中的拒绝绝不是宣布谈判破裂、彻底失败。拒绝只是否定了对方的进一步要求，却蕴涵着对以前的报价或让步的承诺。而且谈判中的拒绝往往不是全面的，相反，大多数拒绝往往是单一的、有针对性的。所以，谈判中拒绝某些东西，却给对方留有在其他方面讨价还价的可能性。就拿上例来看，假定讨价还价进行下去，在第二轮让步中，甲方让步到 8.5 万，乙方让步到 7.5 万；在第三轮让步中，甲方再让步到 8.2 万，乙方让步到 7.8 万时，形成了僵局。双方拒绝再在赔偿数额上做任何让步了。此时，甲方的 8.2 万既是对乙方 7.8 万的拒绝，同时也是一种新的承诺，即可以在此赔偿数额上达成协议。乙方的 7.8 万也同样蕴涵了这两层意思。假定为了打破僵局，乙方用"附加条件让步法"提议：如果甲方能在达成协议的当天一次给付赔偿金，乙方可以考虑把赔偿数额再提高到 7.6 万元，甲方同意乙方的提议，双方握手言和，达成赔偿协议。可见，拒绝绝非意味着关上了所有的大门。

谈判中的拒绝，说是"技巧"也好，"艺术"也好，是指拒绝对方时，不能板起脸来，态度生硬地回绝对方。相反，要选择恰当的语言、恰当的方式、恰当的时机，而且要留有余地。

第四节　谈判的策略与技巧训练

一、谈判目的与技巧练习
【案件材料】

服装厂与纺织厂签订了一份布料购销合同，约定纺织厂向服装厂提供10 000米高档布料，分两次在 3 个月供货，服装厂收到全部货物后向纺织厂支付 100 万元价款。纺织厂在提供了第一批布料后发现，服装厂资产状况严重恶化，涉及大量诉讼案件，已均系败诉方，已无能力履行 100 万元给付义务。而且，还发现服装厂在不断以低价向外转移财产。纺织厂便决定停止向服装厂供货，并要求其提供担保。服装厂则认为纺织厂的行为构成违约，要求其承担违约责任。纺织厂找到李律师咨询："首先，纺织厂是否违约？其次，纺织厂行使的是何种权利，该权利应依照何种程序行使？"。李律师解答："纺织厂只要有足够的证据证明服装厂丧失了履行合同的能力，就可以根据《合同法》的规定行使不安抗辩权，中止履行合同，其行为不构成违约。纺织厂行使的是不安抗辩权。不安抗辩权的行使必须遵循法律规定的程序要求，即纺织厂应有足够的证据证明对方的偿债能力降低，才能通知对方暂时中止履行；中止合同后，可要求对方在合理期限内提供担保。如果对方仍未恢复履行能力或者未提供适当担保的，中止履行的一方才可以解除合同。"

【要求】

（1）你认为李律师的解答是否正确？

（2）纺织厂委托你与服装厂进行谈判，请制定一份谈判计划。

（3）你如何实现谈判的目的？

（4）你在谈判中可采用哪些技巧？

二、谈判策略与技巧练习

【案件材料】

澳大利亚A公司、德国D公司与中国C公司，谈判在中国合作投资滑石矿事宜，中方C公司欲控制出口货源，但又不想为该合作投入现金，只想用人力与无形资产投入。A公司和B公司代表来华欲参观考察矿山，C公司积极派人配合并陪同前往，整个日程安排周到，准备有效，在有限的时间里满足了A公司和B公司该次访问的要求。双方在预备会和小结会上对合作投资方式进行了讨论。

A公司：我公司是较大的滑石产品的专业公司，产品在国际市场占有相当份额，尤其在精细滑石产品方面。

B公司：他们在中国投资过，但失败了，正在纠纷中，但他们认为中国资源丰富，潜在市场大，很想找一个合作伙伴再重新干。

C公司：贵公司算找对人了。谢谢贵方这么看重我公司，贵方欲与我公司怎么合作呢？

A公司：我公司计划在中国找一个有信誉、有能力的大公司，一起投资中国矿山。

C公司：我公司是出口滑石的公司，若要投资则需集团审批，据我集团的近期发展规划看，这个行业不是投资重点。

B公司：贵公司的情况，我们理解，不过A公司却有诚意在中国投资，由于第一次的失败，使这次投资十分犹豫。

C公司：的确，中国是个投资环境不平衡的地方。有的地区发达，有的地区不发达，要钱时，说得很好，钱到手后就不是那么回事了，尤其是采矿投资，与地质条件关系很大，而当矿床跨越不同村镇时，还会发生所有权的问题。过去我们已遇到这类的问题，作为外国投资者需要解决地质探测，矿山合伙人选择，国家政策，人文，商务法律，市场等问题。这些均影响投资成本和成败。

A公司：贵公司讲的正是我们担忧的，我们希望像贵公司这样的公司可以解决这些问题。

C公司：我公司是国际化的公司，按国际规范进行工作，尽管我们是中国人，但我们认为，使中国企业按国际标准与外国投资者合作是中国经济发展的重要条件。

B公司：若贵公司能参与合作，将是有意义的。

C公司：刚才我们已谈到贵方这样投资的问题所在，但我们十分赞赏贵公司对中国投资的勇气，作为中国公司，我们很愿意提供帮助，不过，我方将不以现金投入，而可以以我们的商誉和服务作为协助解决上述问题的义务投入。

A公司：贵方这种投入也是有意义的。

C公司：如贵方认为是有价值的，那么我方建议贵方可以将它罗列出来，并予以作价。当贵方与中方矿山谈判合资时，我方可与贵方作为一方谈判。我方在合资企业的股份，将从贵方所占份额中划出。

B公司：贵方的建议可以考虑。

C公司：若贵方同意我方合作的方式，那么，请贵方提供协议方案以确定双方关系，便于以后的工作。

C公司：待我回国汇报后，将书面回答贵方。

A、B公司代表回国后三周，给C公司来电，同意C公司以其商誉和服务入股。C公司为保出口货源和不出现金入股的方案谈判成功。

【讨论】

（1）C公司在谈判中运用了什么策略和技巧？

（2）A、B公司的谈判呢？

（3）A、B、C公司的谈判结果如何评价？

三、谈判技巧练习之一（语言技巧训练一）

【案件材料】

有一位教徒问神甫："我可以在祈祷时抽烟吗"？他的请求遭到神甫的严厉斥责。而另一位教徒又去问神甫："我可以吸烟时祈祷吗"？后一个教徒的请求却得到允许，悠闲地抽起了烟。这两个教徒发问的目的和内容完全相同，只是谈判语言表达方式不同，但得到的结果却相反。

【讨论】

语言表达技巧对谈判效果的作用？

四、谈判技巧练习之二（语言技巧训练二）

【案件材料】

一个农夫在集市上卖玉米，因为他的玉米棒子特别大，所以吸引了一大堆买主。其中一个买主在挑选的过程中发现很多玉米棒子上都有虫子，于是他故意大惊小怪地说："伙计，你的玉米棒子倒是不小，只是虫子太多了，你想卖玉米虫呀？可谁爱吃虫肉呢？你还是把玉米挑回家吧，我们到别的地方去买好了"。买主一边说着，一边做着夸张而滑稽的动作，把众人都逗乐了。农夫见状，一把从他手中夺过玉米，面带微笑却又一本正经地说："朋友，我说你是从来没有吃过玉米咋的？我看你连玉米质量的好坏都分不清，玉米上有虫，这说明我在种植中，没有施用农药，是天然植物，连虫子都爱吃我的玉米棒子，可见你这人不识货！"接着，他又转过脸对其他的人说："各位都是有见识的人，你们评评理，连虫子都不愿意吃的玉米棒子就好么？比这小的棒子就好么？价钱比这高的玉米棒子就好么？你们再仔细瞧瞧，我这些虫子都很懂道理，只是在棒子上打了一个洞而已，棒子可还是好棒子呀！"他说完了这一番话语，又把嘴凑在那位故意刁难的买主耳边，故作神秘状，说道："这么大、这么好吃的棒子，我还真舍不得这么便宜就卖了呢！"农夫的一席话，趁此机会，把他的玉米棒子个大，好吃，虽然有虫但是售价低这些特点表达出来了，众人被他的话语说得心服口服，纷纷掏出钱来，不一会儿功夫，农夫的玉米销售一空。

【讨论】

在本案例中农夫的哪些语言艺术，使问题由不利转向有利的？

五、谈判中的报价与还价技巧练习之三

【案件材料】

有一次，一位售楼代表与一位已看过三次楼的顾客谈价，售楼代表开价24万，顾客还价20万元，业主底价是23万元，这位售楼代表一见顾客还价在业主底价之下，就急了，大声对顾客说："说实话，业主的底价23万，20万是不可能成交的，你看23万买不买？"最后，这位顾客咬定21万，高过这个价不买，由于中间有2万元的差距，结果是徒劳一场。

【讨论】

（1）这位售楼代表在还价过程中到底有没有做错什么呢？

（2）本案中各方应该采取哪些技巧？

六、课堂综合模拟练习

（一）案情介绍

【案件材料一】（一班用）

甲骑自行车过十字路口，疏于四处观察就从东向南猛转弯。一旅游车从西向

东开来，一场车祸即将发生。司机乙技术过硬，遇事镇静，紧急刹车，使甲免于葬身轮下之祸。但因乙刹车过猛，造成车上一乘客丙手臂骨折，花掉医药费用 5000 元。丙要求司机乙赔偿，乙反对，认为此肇事始于甲，应由甲赔偿。甲反对，认为自己只是违反了交通规则，应由交通法规处理，而对丙的损失没有赔偿责任。甲、乙、丙三方均委托律师代理对赔偿事宜进行谈判。

【案例材料二】（二班用）

甲系乙所拥有所有权的三间房屋的租户。该年 10 月，乙对甲说，因需用钱，欲出卖这五间房屋。甲表示愿买。甲、乙签订房屋买卖协议，约定价格为 16 万元，12 月底前交清房款。甲按照双方协议约定于 12 月底前交清了全部购房款，但并未及时到房管局办理房产权过户手续。几天后，乙亲戚丙要求乙将房屋卖给自己，并愿出 20 万元购买。乙心动，便对甲说："该房价提到 20 万元，若买就必须再补交 4 万元。否则，将房子卖给丙。"甲坚决反对，认为自己与乙已签订合同，并已全部交清了购房款，房屋已属自己所有，乙无权再要 4 万元，更无权将房子卖给丙。随后，乙不顾甲的反对便又将该房以 20 万元价格卖给了丙，并到房管局办理了房屋过户手续。然后，丙便求甲腾房，甲不允，认为自己已购买该房，丙无权要求他腾房。为此，甲、乙、丙三方均委托代理律师为卖房、购房、腾房纠纷进行谈判。

（二）课堂模拟要求和安排：

1. 将 4 名学生分为 1 组，由 3 名学生分别充当甲、乙、丙的代理律师进行谈判，另 1 名学生担任观察员。抽 2 个小组（每班一个）上讲台模拟演练，时间共计 100 分钟（含观察员评估和学生评议），教师点评 30 分钟。

2. 代理甲、乙、丙的律师分别制作谈判计划。（"律师"分别完成并上交）

3. 观察员制作评估报告。（观察员完成并上交）

（1）谈判是否按计划进行？

（2）谈判计划还有哪些需要完善的地方？

（3）谈判前是否进行了模拟，是否查阅了相关法律规范？

（4）谈判采用了哪种模式？各采取了哪些技巧？结果如何？

4. 共同制作协议书。（"律师"共同完成并上交）

（三）教师综合点评

民事调解的理论与技巧

◆ **重点问题**

1. 民事调解的特征
2. 民事调解的类型
3. 民事调解的步骤
4. 民事调解的技巧

第一节　民事调解概述

一、民事调解的概念和特征

（一）民事调解的概念

人类社会普遍存在着矛盾，民间纠纷就是这种矛盾的表现形式之一。民间纠纷发生后，就需要社会的干预，以达到纠纷的妥善解决，进而实现社会的和谐。解决民间纠纷的方式有多种：①通过诉讼途径解决（在我国诉讼中也可进行调解解决）；②调解解决；③纠纷的双方或多方通过谈判解决；④通过暴力方式解决等。前三种方式是和平解决民间纠纷的途径，最终可实现社会和谐的目的。第四种解决民间纠纷的方式最终可能使纠纷升级或发生质变，现代社会人们基本放弃这种纠纷解决方式。

调解解决民间纠纷的方式比诉讼要悠久的多，无论是东方还是西方，早在古代就已经有了调解的实践。据资料记载，中国人、犹太人和某些教派信徒是最早使用调解方式解决民间纠纷的人。中国的调解文化源远流长，运用调解来解决民事纠纷在中国古代由来已久，最早可以追溯到原始社会。在我国西周和东周时期的铜器铭文中便记载了不少调解。发展至明清时期，调解已成为常用的基本手段。受儒家"和为贵"、"中庸"、"息讼"等思想的深刻影响，调解在解决民事纠纷方面发挥着其他争议解决方式所不可替代的作用。由于血缘关系、地缘关系的紧密联系，古代经济发展程度和诉讼制度的局限，以及古代诉讼制度所造成的官僚化倾向和诉讼给当事人带来的不便，民众对调解具有相当程度的亲和力。专制国家的民事纠纷的解决也逐渐借鉴民间解决纠纷的方式，使调解逐渐成为一种法律化的解决问题的方法。

我国香港和台湾及内地的学者都对调解的概念进行了深入的研究。在香港，调解被定义为是"一种自愿的、非约束性的、私人的争议解决程序"，在该程序中第三人帮助当事人达成他们自己商定的和解方案。我国台湾地区学者认为，调解是由调解员积极介入协商，使当事人双方了解自己的立场和争议之所在，并进一步寻求解决方法。《中国大百科全书》（法学卷）对"调解"的含义作了如下解释："双方或多方当事人之间发生民事权益纠纷，由当事人申请，或人民法院、群众调解组织认为有和好的可能时，为了减少诉累，经法庭或者群众调解组织从中排解疏导、说服教育，使当事人互相谅解，争端得以解决，是谓调解"。调解是暴力、自力救助或者诉讼的替代措施，又被称为"替代性纠纷解决"方式，调解程序的前提是当事人自愿选择调解作为救济途径。在我国，现代意义的调解则有了新的发展。中华人民共和国成立后，"人民法院审理民事案件，应当注重进行调解"的思想一直在我国司法实践中贯彻执行。我国《民事诉讼法》除授予人民调解委员会调解职能外，还设立专门的章节制定了人民法院调解所遵循的基本原则，从程序法的角度使法院调解制度更加严谨、合理。概括地讲，调解是在中立的第三人的组织下，由发生冲突的当事人基于自愿而进行协商的过程，旨在缓解冲突，并谋求能够满足他们共同利益的解决方案。在我国内地一般将调解定义为：在第三方的主持下，在查明事实、分清是非的基础上，依据法律，充分说理、耐心疏导，促使纠纷双方对争议的问题进行平等协商、互相谅解、消除隔阂，帮助他们自愿达成协议，解决纠纷的活动。

（二）民事调解的特征[1]

调解的本质特征是尊重当事人的意志，在互相理解的基础上达成共识，从而使纠纷得到圆满解决。因此，在我国，民事调解不是简单和稀泥，除尊重当事人的意志外，还具备以下特征：

1. 当事人的自愿性。在民事调解中，当事人自愿调解不仅是诉讼中民事调解和民间民事调解及行政中民事调解都应遵守的基本原则，也是民事调解的首要特征。民事调解中当事人的自愿性主要包括两个方面的内容：①选择以调解的方式来解决纠纷必须是出于当事人自愿，也就是说，只有在产生纠纷的双方或多方当事人都同意的情况下，才能主持并进行调解活动。②调解达成协议必须出于双方当事人自愿，不能带任何的强制，不能把调解人员自己的意志强加于当事人，迫使其接受调解协议。因为作为人来讲都有一种自主心理，这种心理的特征就是

---

〔1〕 黄进、宋连斌、徐前权：《仲裁法学》，中国政法大学出版社 2007 年版。

抗拒被影响和被强制，如果自主权遭到侵犯，即时地反应就是可能产生逆反心理。而在这种逆反心理的作用下就可能出现两种情况：一是拒绝接受劝说不愿转变态度，使调解不能达成协议；二是即使在外力的强制下"达成协议"，这个"协议"也不是当事人真实的意思表示，其心理不能获得平衡，事后会发生反悔或拒绝履行"协议"，从而导致纠纷没有得到实质上的解决。当然，在调解中坚持自愿原则并不排斥在必要时对当事人进行必要合理的劝说和引导。

2. 当事人的心理平衡性。让当事人获得心理平衡，既是民事调解应遵循的一项原则，也是民事调解的特征之一。心理平衡，是人们追求公正、合理的心理在获得满足时的一种心理状态。当事人一旦心理平衡了，一般会表现出积极的态度，如果心理不平衡，往往会萌发出如何来满足这种心理追求的动机，并作出相应的行为反应，如果是在心理不平衡的情况下勉强达成调解协议，多数都会反悔或不履行协议，导致调解最终无果。而当事人的心理能否获得平衡要受到各种因素的影响，主观方面要受到自身需要、法律意识、道德观、价值观等的影响；客观方面要受到对方当事人的态度和行为表现、调解人员的劝说、疏导方式方法以及社会风气等因素的影响。调解员必须明白"让当事人获得心理平衡"是民事调解的一个重要特征，在民事调解中务必重视对当事人心理的疏导，并作为一项工作目标，从而更为自觉地调整自己的工作思路和工作方法。

3. 调解人员的中立性。调解员以中立的第三人的身份参与调解程序，这种调解人员的中立性是取得当事人信任的前提，是调解程序得以顺利进行的保障。中立性要求调解员在调解过程中，对当事人不偏不倚，一视同仁；对争议事项公正客观，实事求是；在态度、语言、行为上不表现出倾向和偏好；对任何意见和建议不强迫、不施压、不妄加评判。

4. 调解人员的保密性。调解员必须履行为当事人保密的义务，除得到当事人的同意或基于特殊法律规定或公共政策的要求的情况外，调解员不得披露当事人要求保密的内容。当事人在同意接受调解时，调解员会明确其保密义务。当事人还可以就保密性问题制定自己的规则，提出具体要求，当事人可以主动解除调解员对己方相关事项的保密义务。调解员在与任何一方当事人单独会面中涉及保密性问题的，由当事人掌握需保密的范围。保密原则使当事人最大限度地披露个人信息、主张、请求，有助于调解员全面掌握案情，帮助当事人寻求能满足各方需要的最佳解决方案。民事调解的保密性是调解的保障原则，是调解员应当履行的义务，也是取得当事人信任的基础。调解员在调解的过程中会多次重申保密原则，使当事人充分信任，获得更多有助于调解的信息。不同国家、不同地区、不同的调解机构或调解事项，规定了免除调解员保密义务的例外情况，如涉及重大刑事犯罪的事实、涉及家庭暴力特别是涉及虐待儿童的情节时，调解员有义务及时向有关机关报告。调解员在向当事人说明保密义务的同时，也要说明保密义务免除的例外情况。

5. 合法性。民事调解中坚持合法性是我国法治原则的要求，只有坚持依法调解才能做到以法律为准绳，才能分清是非和责任，纠纷才能真正得到解决，才能维护社会正常秩序，保障社会安定。否则，调解就失去了积极的社会意义。可以说，在我国民事调解的合法性既是诉讼中民事调解、行政中民事调解、民间民事调解、人民调解、仲裁调解、社团调解必须坚持的原则，也是民事调解的重要特征之一。当然，道德规范、亲情融化、友情回忆等在民事调解中也起着至关重要的作用。虽然民事调解的目的是重在解决纠纷、平息争端，民事调解中也可能掩盖一些非法行为，但民事调解中必须坚持调解方式、方法、结果等方面的合法性。因为一旦调解失败或一方不履行调解协议，最终的救济手段就是诉讼，违法的调解协议不会受到法律的保护。

6. 必要的查明事实、分清是非性。首先，查明事实、分清是非，是诉讼调解必须遵循的一项原则。因为该原则是诉讼调解的基础，这也是"以事实为根据，以法律为准绳"原则在调解中的贯彻实施，既是调解工作进行的前提，也是调解顺利开展的根本保证。诉讼调解不是简单的当事人处分权的运用，还有法院的审判权的行使。审判权要求审判人员在主持调解过程中必须查明案件基本事实，分清双方争议的是非曲直，明确当事人各自的责任，然后确定双方当事人的权利义务。其次，查明事实、分清是非也是行政调解、民间调解、仲裁调解和人民调解及社团调解必须遵循的一项原则，这是仲裁法和人民调解法律规范及其他法律规范的要求。最后，民间调解中的邻里调解、家庭调解，虽然没有具体法律规范的要求，但也应遵守这项原则。因为，只有基本的事实清楚，是非分明后，双方达成的协议，才能让当事人自觉地履行。在调解中，必要时需要调解人员劝说双方当事人互谅互让，以达成协议。但这种谅解与让步只能在法律规定的范围内作出，不能违背法律，不得损害国家、集体、他人的合法权益。如当事人在协议中对物权的处分，必须要查明其是否享有处分权，这种处分的行为是否会给他人的权益造成损害，不能凭当事人双方的确认就随意进行处分。

二、民事调解的目的与计划

（一）民事调解的目的

1. 侧重于解决纠纷，而非让单方赢得胜利。[1] 与诉讼相比，民事调解有以下优势：①民事调解可以减少诉讼程序的对抗性，有利于在化解民间纠纷过程中

---

〔1〕　章武生等：《司法现代化与民事诉讼制度的建构》，法律出版社2003年版。

兼顾各方当事人的综合、长远利益并构建友好的人际关系；②民事调解可以最大限度地优化纠纷解决的效益，快捷、简便、经济地解决纠纷，有利于减少当事人的诉讼之累，减少当事人在诉讼中付出的经济成本和道德成本；③民事调解有利于当事人充分行使处分权，充分调动并发挥当事人自行调节纠纷的主观能动性；④民事调解有利于当事人实际、主动、充分履行法律义务和道德责任，避免"执行难"现象的发生；⑤民事调解有利于弥补实体法律规范的漏洞，回避诉讼中举证困难的问题，通过协商和妥协实现"双赢"的结果。因此，民事调解与诉讼相比，更侧重平息当事人之间的争端，而非让一方当事人赢得胜利。

2. 实现各方当事人对道义、亲情、友谊、名誉等多重价值的追求。民事案件纷繁复杂，法律关系交叉，涉及的社会因素方方面面，如处理不当，社会效果和法律效果都不会太好。因此，调解员要想把民事纠纷案件调解好，需要做大量艰苦细致的工作。从某种程度上讲，民事调解与法院判决、仲裁裁决相比，更能实现各方当事人对道义、亲情、友谊、名誉等多重价值追求的目的。例如，法院在审理一起赡养纠纷案件中，原告刘某因早年作风不检点，名声狼藉，临近暮年，老伴病逝，刘某因年老体衰，无力维持日常生计，而刘某膝下四子，均以老父名声不好，令众弟兄在乡邻面前抬不起头为由拒不尽赡养义务。立案后，法官不考虑社会效果，草草判决了事，刘老汉的生活问题并未得到彻底解决，因为子女对老人的赡养是需要亲情和道德观念的约束，并非单纯的一纸法律判决就能解决问题。后来，该案经过居委会工作人员一次次分别做当事人的思想工作，分析和明确指出了刘某早年确有过错的事实，但不能以此对抗自己应尽的赡养义务，一次次的调解，一次次耐心细致地做思想工作，使四被告终于转变了思想，承认了不尽赡养义务的过错，圆满调解了该赡养纠纷案件，达到了良好的社会效果和法律效果。

3. 不在于分清是非对错，而在于实现当事人之间的和解。人民群众在共同生活中由于各自的思想利益不同，难免发生各类纠纷，这些纠纷尽管不是根本利益的冲突，但都牵涉到当事人之间的权益，如果得不到及时妥善的解决，将会导致人民内部不团结，造成不良社会影响和引发不稳定因素。由于调解不受法律制度的约束，不必拘泥于法律规定的刻板程序，争议双方有机会向调解人全面、自由地表达各自的观点，讲述事情的来龙去脉，使调解人了解"内情"，协助当事人双方寻找到最符合他们意愿的解决方式。另外，调解的目的不在于分清是非对错，而在于实现当事人之间的和解。这样，通过调解员的耐心细致的思想工作，以使当事人双方通过法律法规和思想伦理的教育达到互谅互让，在不伤感情、不失和气情况下改善人际关系，增进友情，促进邻里团结和家庭和睦，进而增强人民内部的团结，构建和谐社会。

（二）民事调解的计划

为了较好地完成民事纠纷的调解工作，就必须制定一个科学完备的民事调解计划，对急需了解的事实和案件的基本情况，以及需要进行的法律研究和调解程序的准备等问题制定计划。主要包括以下内容：

1. 了解事实和熟悉案情。"知己知彼，百战不殆"。要想调解成功，必先收集有关信息，了解纠纷的性质、起因和经过，了解双方当事人的个性，找准当事人的认识误区和问题症结。这个过程是调解的基础环节，如果盲目介入，不但不容易搞好调解工作，反而会因对整个过程和当事人的情况缺乏了解，使调解工作陷入被动，甚至恶化。民事纠纷产生的原因不外乎以下几个方面：①利益冲突所致。例如，因物质利益或其他利益的竞争，导致心理上的满足程度的失衡引起的冲突。②信息冲突所致。例如，因信息的缺乏或对信息的误解，及对信息认同的差异、评估的差异等引起的冲突。③结构冲突所致。例如，因针对单方不平等地占有或瓜分资源，进行歧视性的控制或不平等的独断等原因引起的冲突。④价值冲突所致。例如，因对生活的习惯、理想的追求、宗教的信仰等不同的价值观引起的冲突。⑤人际冲突所致。例如，因缺乏理解和沟通、情感上的错觉，导致经常性的否定反应引起的冲突。因此，在民事调解之前，应当了解事实和熟悉案情，掌握以下必要的资料：纠纷产生的原因是什么？当事人之间的关系如何？当事人的纠纷中最大或最根本的矛盾是什么？案件是否适合调解或有无调解的可能？当事人是否真的有诚意并积极配合调解？当事人是否另有隐情而表面上同意调解实质无调解的诚意？本次冲突的性质是积怨已久之后的爆发还是临时性的爆发？当事人之间是否存在共同利益？哪些共同利益可以缓解双方的紧张关系或有利于纠纷的解决？等等。

2. 研究法律。民事调解不像法院的判决或仲裁裁决那样完全以事实为根据，以法律为准绳，需要道德的评判或亲情的说教等。也就是说，法律不是民事调解中唯一的决定因素，但这并不等于说法律在调解中不起作用。民事调解中，尤其是民间调解，往往是当事人对法律途径解决纠纷的成本与非法律途径解决纠纷成本的总体衡量之后的选择。对纠纷的当事人来讲，法律离民事调解并不遥远，民事调解不成的结果即是诉讼，因为诉讼是解决纠纷的最后救济途径。因此，在民事调解的过程中，当事人的法定权利和义务，以及法律的相关规定，无时无刻不在影响着双方的意见，影响着民事调解的进程。这就要求调解员应具备必要的法律专业知识，以便在调解过程中适时地向当事人提供法律信息，使当事人作出理智和客观的决定，进而保证民事调解结果更加公平和更具备专业水准。

3. 确定调解员和对调解员进行分工。诉讼中的民事调解由审判长和合议庭其他成员负责进行，审判长不仅是案件审理的总指挥，也民事调解的总指挥，合议庭其他成员配合审判长进行调解。行政调解一般由行政机构指定某些工作人员担任调解员，如是两名以上调解员的，由他们根据案件情况进行分工。民间调解中，调解员可以是由调解中心指定（例如人民调解），也可能是当事人共同选定。在大学法律援助中心或法律诊所的调解案件中，调解员一般由法律援助中心或法律诊所指定某些学生担任调解员，诊所学生应采用合作的方式进行调解。诊所学生应当商定如何分工，如谁做开场白、谁记录、谁提开放式问题、谁提封闭式问题、谁为主、谁补充等。

4. 确定民事调解参加人。对于诉讼案件的参加人，相关程序法有明确规定。例如，根据《行政诉讼法》的规定，行政诉讼参加人是指参加行政诉讼的当事人以及与当事人诉讼地位相似的人，包括当事人（原告和被告）、共同诉讼人、第三人和诉讼代理人。劳动争议仲裁案件的参加人，是指参加仲裁活动，依法享有仲裁权利，承担仲裁义务的个人或用人单位。根据《劳动争议仲裁委员会办案规则》的规定，仲裁参加人包括劳动争议当事人、代理人和与劳动争议处理结果有利害关系的第三人。民事仲裁的参加人，根据《仲裁法》的规定，是指有仲裁协议并属于仲裁委员会的受理范围的案件中各方当事人及其诉讼代理人。对于未经诉讼、仲裁的民事纠纷调解案件，当事人可能带其他与案件无直接关系的人来参加调解，如亲戚、朋友、邻居等他们信任的人。究竟哪些人能够参加调解，哪些人参加调解更有利于问题的解决，这是调解员需要考虑的问题。一般来说，调解员需先了解，真正的权利、义务关系人是谁，真正做决定的人是谁，他们无疑应当参加调解，而其他无直接关系的人（包括证人），常常由于过分考虑保护一方当事人的利益而给调解带来障碍，所以不主张他们参加调解。必要时调解员可以限制各方无利害关系人的出席人数。总之，确定调解参加人应以有助于解决争议为出发点。

5. 调解时间、地点的安排。关于调解时间的安排，应事先征得各方当事人的同意，并与各方当事人共同协商确定。同时要注意调解当中时间应充裕，要能够使当事人从容地表达意见和充分交换意见。关于调解地点的安排，一般应安排在调解员的工作场所，如诊所学生进行民事调解应安排在法律诊所，也可安排双方或多方当事人共同指定的场所，一方当事人居住或工作所在地点不宜安排为调解地点。调解地点应当干净、整洁、安静，并应有恰当的庄严气氛，以体现调解员的认真态度与对调解的重视程度。

6. 调解预案。调解预案是根据纠纷调解活动的目的和目标，在进行预估分析的基础上制定的调解备选方案。比如，对于群体性纠纷要制定应急预案。只有在科学的基础上，通过充分的预估分析，调解员才能做到胸有成竹。预估分析要运用马克思主义哲学普遍联系的观点，以多元因素决定论、系统理论等为理论依据，寻找纠纷产生的深层次原因，对症下药，找到解决纠纷的办法。在预估分析的过程中，调解员应当注意：①处理好调解方向与调解时机问题。②解决问题的先后顺序。要注意问题的"轻、重、缓、急、难、易"，可根据抓主要矛盾和先重后轻、先急后缓、先易后难的原则来决定。③个性化原则。预案要考虑双方当事人的个性心理特征、实际经济水平、风俗习惯等内容。④避免简单归因。要注意纠纷成因与当事人所处的生活环境的关联性，可以从社会心理学的从众心理理论出发，合理选择、邀请当事人的亲戚、朋友和领导、同事参加调解，对当事人施加正当影响。

7. 调解计划的开放性。调解计划要针对各种可能发生的情况做充足预测和防备，并针对当事人的特点、当事人之间的关系、纠纷的性质做出相应的预案。调解员应基于调解程序的灵活性和调解内容的广泛性，做到审时度势、随机应变。

三、民事调解的类型

社会矛盾的复杂性决定了民事纠纷也是复杂的，因而解决的方式也是多样的。在我国，民事调解的类型主要有以下几种。

（一）诉讼调解

诉讼调解在国内素有"优良传统"的美誉，在国外，则被誉为"东方经验"，它对解决民事纠纷起到了很大的作用。诉讼调解不仅是我国民事诉讼的重要制度之一，而且在刑事附带民事诉讼和行政诉讼中民事赔偿部分都涉及诉讼调解的问题。

1. 民事诉讼调解。民事诉讼调解，是指在人民法院的主持下，在当事人互谅互让的基础上，就民事权利义务或诉讼权利义务问题达成协议，合情、合理、合法地解决民事争议的诉讼活动。民事诉讼调解是我国民事诉讼法的一项重要的基本原则，是法院行使审判权的一种方式，在民事诉讼制度中占有重要位置。做好民事诉讼调解工作，对于及时化解矛盾，促进社会交易的正常流转，具有十分重要的现实意义。《民事诉讼法》第9条规定："人民法院审理民事案件，应当根据自愿和合法的原则进行调解[1]；调解不成的，应当及时判决。"这说明法律赋予法院在审理案件中对案件进行调解，争取用最和平的、不激化矛盾的方式解决纠纷，为创造和谐社会发挥重要的作用。民事诉讼调解的价值利益体现在诉讼当事人和人民法院不拘泥于通常的诉讼程序，可以简化流转环节，降低诉讼成本。加上它便利及高效率的功能优势，使得案件的审结具有迅速和便利的特点，

---

〔1〕 江伟主编：《民事诉讼法》，高等教育出版社2007年版。

能够相对低廉和简便地解决纠纷，当事人能以较低的代价获得较大的利益。它适合于特定的社会关系、特定主体和特定纠纷的解决，能以常识化的运作程序消除诉讼程序给当事人带来的理解困难，以通情达理的对话和非对抗的斡旋缓和当事人之间的对立，既着眼于解决当事人之间的现实纠纷，又放眼其未来的合作与和睦相处；它不局限于当事人现有的诉讼请求，可以就请求之外的内容进行调解，当事人能达成一个比诉讼请求更为广泛的调解协议，尤其是在处理农村各类纠纷时更是如此，这是判决所无法比拟的。

2. 附带民事诉讼调解。附带民事诉讼，是指在刑事诉讼过程中，司法机关在解决被告人刑事责任的同时，附带解决由遭受损失的被害人或者人民检察院提起的，由于被告人的犯罪行为所引起的损失赔偿等民事责任而进行的诉讼活动。刑事附带民事诉讼解决的是犯罪行为所引起的民事赔偿问题，应由被告人对犯罪行为付出刑罚和民事赔偿的双重代价。按照罪责自负的原则，这一代价应当由被告人本人承受。最高人民法院《关于刑事附带民事诉讼范围问题的规定》第4条规定："被告人已经赔偿被害人物质损失的，人民法院可以作为量刑情节予以考虑。"由于该规定为被告人积极赔偿提供了酌情从轻处罚的法律依据，所以在附带民事案件审理中，法官要坚持"调、判"结合，"情、法"并用的原则，向被告人及其亲属辨法析理，讲明利害关系，由被告人赔偿或由其亲属自愿代为赔偿被害人的经济损失，以取得被害人的谅解。鉴于被告人积极赔偿的主观愿望和具体行动，包括在调解中的重大妥协和让步，法院在量刑时可以作为酌定情节予以考虑。在审判中彰显人性化，宽严相济，贴近民生，有利于增进人民内部团结，维护社会公平正义。因附带民事诉讼是就民事权益提出的请求，它本应通过民事诉讼程序予以解决，但立法上出于诉讼经济的考虑，而将其与刑事之诉一并审理。所以，在程序上附带民事之诉具有依附性质，必须遵循刑事诉讼的特点。

3. 行政诉讼调解。行政诉讼调解，是指行政诉讼过程中，在人民法院主持下，当事人各方自愿对争议的行政行为所确定的有关内容通过协商，达成共识，从而解决争议的一种诉讼活动和结案方式。虽然《行政诉讼法》第50条规定："人民法院审理行政案件，不适用调解"，但该法第67条规定："公民、法人或者其他组织的合法权益受到行政机关或者行政机关工作人员作出的具体行政行为侵犯造成损害的，有权请求赔偿。公民、法人或者其他组织单独就损害赔偿提出请求，应当先由行政机关解决。对行政机关的处理不服，可以向人民法院提起诉讼。赔偿诉讼可以适用调解"。行政诉讼调解制度是一种完全不同于民事诉讼调解制度的全新类型的调解制度。从法律赋予行政机关的权力看，行政诉讼中并非任何争议的行政行为都可适用调解，依法行政的法治原则要求行政机关不得任意处分行政职权，不同的行政行为和不同类型的行政案件使行政诉讼的调解受到限制。因此，行政诉讼中引入调解制度，并不等于说能像民事诉讼那样进行完全调解，而只能实行有限调解。

（二）民间调解

所谓民间调解，是指由民间组织或个人主持的，以民间通行的各种社会规范和法律规范为依据，通过对纠纷当事人进行说服、劝解，促使他们互相谅解并自动消除纷争的活动。民间调解的本质特征，就在于非官方性质的民间力量作为第三方介入到纠纷解决当中，促成当事人达成纠纷解决的合意。在中国，出于历史与现实的各种原因，民间调解极为发达，种类繁多，作用极大。在现代，我国的民间调解一般包括：仲裁调解、社团调解、人民调解、邻里调解、家庭调解，以及其他中间人组织的民间调解，如律师调解等。

1. 仲裁调解。仲裁组织属于群众性组织（行政仲裁除外），不具有司法权和行政权，故其进行的调解亦属于民间调解的范围。仲裁机构的职能是解决法律允许的民商事纠纷，在纠纷发生的事先或事后书面订立仲裁协议时约定，纠纷发生后，一方当事人可提请双方约定的仲裁机构进行仲裁。仲裁决定有两种，一是裁决，二是调解。调解和裁决具有同等法律效力，如一方当事人不履行仲裁机构调解文书确定的义务，对方当事人即可申请人民法院强制执行。在一般情况下，仲裁当事人既然自愿选择了仲裁方式，都会自动履行裁决或调解确定的义务。中国的仲裁机构有两种类型：一种是涉外性质的，如中国国际经济贸易仲裁委员会和中国海事仲裁委员会；一种是按地区设立的，如北京、南京、上海、广州、石家庄、邯郸、青岛、大连等仲裁委员会。所有这些仲裁委员会都可对仲裁当事人进行调解，都可对纠纷作出调解书。只是两个涉外仲裁组织，为了使达成的调解协议在境外顺利执行，故在双方当事人达成调解协议之后，将调解内容，用裁决的方式表达，仍作裁决书。

2. 人民调解。人民调解是由遍布全国各地的人民调解委员会进行的调解，其人员之多，组织之大，分布之广，在世界上是绝无仅有的。这种调节方式也被誉之为"东方经验"或"中华民族的创举"。人民调解的本质特征同民间调解的本质特征完全一致，因此，人民调解是一种民间调解。但同时，我们又不应该把人民调解和民间调解完全等同起来，必须看到两者还是有区别的。最主要的区别，就在于作为纠纷解决参与者的中立第三方的产生办法不同。《宪法》第111条规定，居民委员会、村民委员会设人民调解委员，委员由居民选举产生。这是宪法意义上的人民调解，由此决定了人民调解的自治性。这种自治性，又是同村（居）民委员会通过村（居）民直接选举产生的根本制度相联系的，而其他民间调解的调解员的产生办法并没有明确的制度予以规范。

人民调解是社会主义中国的特有产物，其性质与其存在的环境和自身特点密不可分。首先，具有社会主义性，是社会主义类型的组织，来自广大群众，又为全体人民的根本利益服务。其次，具有群众性，其组织遍布全国各地，调解员人数极多，在全世界是最大的群众调解组织，调解员来自群众，拥有广泛的群众基础。再次，具有政治性，是群众性自治组织，这在宪法中已经定性。民事诉讼法也明确规定，人民调解委员会是在基层人民政府和基层人民法院指导下，调解民间纠纷的群众性组织。民事诉讼法的这一规定，也说明人民调解具有很强的政治性。

3. 社团调解。社团调解即社会团体进行的调解，这些社会团体是群众性组织，对自己的成员负责，如果成员间或者成员和其他个人、单位间发生纠纷，团体就会派员出面进行调解，解决争议。目前这种社会团体主要有妇联、工会、共青团、社区组织等。这些社会团体不具有行政职能，对纠纷的调解只能采取法制宣传，思想教育，正面进行引导的方式，故属于民间调解的一种。

4. 邻里调解。在社会生活中，人们都是聚群而居的，相邻关系密切而又重要，一家有事，四邻相助，所谓"远亲不如近邻"，是指邻里互助的重要。但是，在长期生活中，难免产生矛盾，发生纠纷。为了和睦相处，团结安定，其他邻人即会进行调解，规劝双方当事人谅解、让步，以团结为重。因为是近邻，平时都很了解，这种调解往往既及时，又容易成功，是民间调解的重要组成部分。

5. 家族调解。由于历史原因，中国人特别是广大农民极为重视家族关系，有些地方还是聚族而居，同宗同姓的人关系极为亲密，家族中的长者，特别是德高望重的长者，有的还是名实相符的族长，在家族中起着重要作用。一旦家族成员中发生了纠纷，族长就会主动干预，进行调解。族长或长者既了解情况，又有很高威信，其调解成功率也是很高的，发生纠纷的族员也会心悦诚服地服从调解的结果。

6. 其他民间调解。其他民间调解，是指仲裁调解、人民调解、社团调解、邻里调解、家族调解之外，由律师或其他中间人主持的调解，解决民事纠纷的活动。这种民间调解尤以律师为主，通过律师参与民间纠纷的调解，实现对纠纷进行法律上的限定和评价，最终将纠纷转化为法定模式，从而确定权利的救济方式。

当今社会，调解不再是政治压制法律意识的表现，而是法制化了的解决纠纷的手段。社会成员之所以愿意采用这种手段，是因为他们感到它公平，快捷，更符合实际，并且能够创造法律和平。但不可否认，民间纠纷复杂的法律关系，使非法律专业人员越来越难以胜任，迫切需要律师职业群体提供专业的法律服务。纠纷调解的成功率和当事群众的满意度往往取决于调解员的权威、经验和技巧。有学者认为，作为中立第三人的调解员，其权威性并非源自制定法的明确赋予，而是基于其自身的"社会优势",如职位优势、文化优势、品德优势和辈分优势等。在国外实践中,很多国家对担任调解员作了较高的资格要求,从事调解工作的律师、专家等人员必须经过专门的培训才可以被列入备选名单。比如,美国的法院调解中,调解员尽管存在专职和兼职之分,但通常都由法律界很有地位的律师和退休法官担任。随着我国城市化进程的加快和社会结构的迅速变化,第三人基于血缘关系、熟人社会获得"社会优势"的基础逐渐弱化,其德高望重的优势在新的社会环境下也逐渐失去了用武之地。现实中,人民调解组织化解纠纷的作用逐渐减弱,很大程度上源于当事人对调解员不信任和对社区调解机构缺乏认同感,这与人民调解组织的"草根性"对调解员的素质和能力要求不高是息息相关的。而律师职业有两个显著特征:一是执业活动的广泛性,二是在执业过程中的相对中立性。这些职业特征,使律师在社会成员中具有较强的公信力和亲和力。律师独立的"民间性"中介身份,与纠纷当事群众具有平等的地位,可以打消群众"官官相护"的顾虑,使他们易于和群众交流,其法律意见也易于为群众接受。律师"权威"地宣讲法律法规和政策,可以引导群众理性客观地认识各种利益关系,培养理性合法表达诉求的意识,保证群众矛盾纠纷得到及时化解,合法利益得到及时维护。

（三）行政调解

就目前而言,我国行政机关依法可以调解的种类很多。可以说,行政机关在行使行政管理职能过程中,所遇到的民事纠纷,基本上都可以进行调解。但主要常指的行政调解有以下几种:

1. 基层人民政府的调解。调解民事纠纷一直是我国基层人民政府的一项职责,这项工作主要是由乡镇人民政府和街道办事处的司法助理员负责进行。司法助理员是基层人民政府的组成人员,也是司法行政工作人员。他们除了指导人民调解委员会的工作和法制宣传外,还要亲自调解大量的纠纷。

2. 国家合同管理机关的调解。国家规定的合同管理机关,是国家工商行政管理总局和地方各级工商行政管理局。原国家工商行政管理局（现已更名为国家工商行政管理总局）1997年11月3日的第79号令制定发布了《合同争议行政调解办法》（以下简称《办法》）。《办法》第6条规定:"工商行政管理机关受理法人、个人合伙、个体工商户、农村承包经营户以及其他经济组织相互之间发生的以实现一定经济目的为内容的合同争议,法律、行政法规另有规定的从其规定。"也就是说,合同发生争议,法人之间和个体工商户。公民和法人之间的经济纠纷,都可以向工商行政管理机关申请调解。

3. 公安机关的调解。我国《治安管理处罚法》第9条规定,对于因民间纠纷引起的打架斗殴或者损毁他人财物等违反治安管理的行为,情节轻微的,公安机关可以调解处理。《道路交通安全法》第74条规定："对交通事故损害赔偿的争议，当事人可以请求公安机关交通管理部门调解，也可以直接向人民法院提起民事诉讼。经公安机关交通管理部门调解，当事人未达成协议或者调解书生效后不履行的，当事人可以向人民法院提起民事诉讼。"这是法律法规授予公安机关调解的权力，有利于妥善解决纠纷，增进当事人之间的团结。

4. 婚姻登记机关的调解。我国《婚姻法》第32条规定，男女一方提出离婚，可由有关部门进行调解或直接向人民法院提出离婚诉讼。同时，该法第31条规定，男、女双方自愿离婚的，应同时到婚姻登记机关申请。所以，婚姻登记机关也可以对婚姻双方当事人进行调解，这样有利于婚姻家庭的正常发展。

第二节　民事调解的基本技巧

一、民事调解的步骤

调解是一个过程，这个过程应当包括接案、受理、调解处理、签订调解协议、评估、结案等基本步骤。其中，受理纠纷，标志着调解组织与调解对象（当事人）之间正式建立了调解关系。评估阶段考察、评价调解过程的质量因素。而调解处理则是整个调解过程的核心阶段，通过当事人对解决纠纷的认知和调解员水平能力的发挥，决定着整个纠纷调解工作的成败。

（一）接案

接案是调解活动的开端，也是整个调解过程的基础和起点。在接案过程中，调解员要与纠纷各方当事人面谈，初步了解纠纷的成因和形成过程，以及纠纷各方对解决问题的态度和看法，并做好资料收集工作，为受理纠纷做好前期准备工作。在此阶段，通过会谈，调解员应当认真倾听当事人对纠纷的陈述，通过"望、闻、问、切"的沟通方法，初步了解当事人的个性心理特征，把握纠纷的脉络，以便于分析案情，制订调解计划。对于情绪化的当事人，调解员应当做好心理疏导工作，防止矛盾纠纷激化，预防犯罪。在接案过程中，调解员应当注意是否需要紧急介入的问题。遇到紧急情况，如涉及自杀、暴力倾向等问题时，调解员要注意观察辨别当事人的思想动态，采取预警应急措施，主动介入，提早预防。对于有可能酿成群体性事件的纠纷，调解员也应当及时做好疏导和上报工作，防止矛盾纠纷激化。

接案时要注意资料的收集工作，主要收集当事人的个人资料或单位资料（如营业执照复印件、法定代表人证明材料、法定代表人的授权委托书等），以及调解对象的心理状态和调解对象所处的社会环境等资料。对于各方当事人的个人资料或单位资料，调解员应当做好登记备案工作。

（二）受理

受理是调解中心（人民调解、社团调解、法律诊所调解等）根据纠纷各方的申请，决定是否介入纠纷的调解过程。在此阶段，调解员应当告知当事人在调解中应当享有的权利和承担的义务。在受理阶段，调解员应当根据纠纷的内容、类型、性质等，明确是否属于民事调解的受理范围。下列纠纷不能受理：法律、法规规定只能由专门机关管辖处理的，或者法律、法规禁止以民间调解方式解决的纠纷；人民法院、公安机关或者其他行政机关已经受理或者解决的纠纷。下列纠纷不适宜受理：不属于发生在公民与公民之间、公民与法人和其他社会组织之间涉及民事权利义务争议的纠纷；一方当事人主体不适格的纠纷；违反法律、法规强制性规定的纠纷。一方当事人主体不适格的纠纷，如某房屋租赁纠纷中，几名房客由一人出面签订房屋租赁合同租赁住房，房东和其他房客请求解除房屋租赁合同，但出面签订合同的房客不接受调解或者因故不能参加调解等等。违反法律、法规强制性规定的纠纷，如赌博引起的追偿赌债的纠纷等。对于不符合受理条件的纠纷，调解员应当告知当事人依法提请有关机关受理或者到人民法院起诉。

（三）调解处理[1]

调解处理是调解过程的核心阶段，是对当事人进行说服教育、规范劝导，促使纠纷各方平等协商、互谅互让，自愿达成协议和履行协议的过程。从一定角度来说，它也是一个对当事人进行心理矫正和行为矫正的过程。该阶段的工作可按以下顺序进行：

1. 开场白。当事人到场后，调解员应介绍相关情况。具体讲，开场白应介绍、说明、告知以下事项：

（1）调解员的自我介绍。

（2）介绍调解参与人，核对调解参与人姓名、身份，确定调解参与人在本案中的地位等。

（3）说明调解员在调解中的作用是帮助当事人寻求解决方案，调解员的立场是公正的，调解员没有作出决定的权力。

（4）说明调解属于非正式诉讼程序，不适用证据规则。

（5）说明当事人有充分表达意见的机会，律师可以参加，共同努力寻找解决方法。一方当事人发言时，另一方当事人要认真听取对方意见，避免插话。

（6）说明发言、提问的次序和规则，以及调解持续时间和预计次数。

---

[1]　宋冰编：《程序、正义与现代化：外国法学家在华演讲录》，中国政法大学出版社1998年版。

（7）说明单独会谈的目的和运用规则。

（8）告知调解的原则，并解释保密原则的法定例外情况。

（9）告知当事人的权利和义务。权利有：自主决定接受、不接受或者终止调解的权利；不受压制强迫，表达真实意愿，提出合理要求的权利；自愿达成调解协议的权利。义务有：如实陈述纠纷事实；遵守调解规则；不得加剧纠纷、激化矛盾；自觉履行调解协议。

（10）告知调解协议的形式及效力。调解协议采用书面的形式，合法的民间调解协议具有合同的效力。

总之，开场白的作用是打破僵局，明确调解员的工作目标、工作程序、基本规则，并初步建立起调解员与当事人之间的信任感。

2. 各方当事人陈述。开场白结束后，由按照事先确定的发言顺序由各方当事人进行陈述。在当事人陈述时，调解员应注意以下事项：

（1）倾听。善于倾听是一门非常重要的社交艺术，它能赢得倾诉者的好感和信任。但是，调解中的倾听不是被动地、无目的地、消极地去听，而是要抱着一种积极的态度认真并有回应地去倾听，用鼓励的方式收集信息。既要倾听到当事人陈述的事项，又要注意当事人陈述背后隐藏的信息，以发现新的线索，为调解工作创造有利的条件。因此，在倾听过程中，首先，要了解当事人纠纷的背景资料。其次，要边倾听边思考，分析纠纷产生的根源，分清主次矛盾，并根据当事人的性格特点、道德观念以及案件的性质和难易程度，积极思考调解方法，制定和调整调解策略。

（2）理解。理解的一个重要功能是使当事人争斗、对抗或逆反的情绪放松下来，因为被他人肯定常常比被他人否定更容易使当事人平静心绪。这就要求在倾听的同时，应当设身处地去理解当事人的心绪、处境、请求。但需要注意的是，理解不是一味地附和，更不是全盘接受。特别是针对一方当事人对对方当事人表露出的带有怨恨情绪的语言，或指责、评判的过激语言，不应直接表示理解和接受，否则可能使对方当事人认为调解员有失中立。

（3）观察。观察是一种有目的、有计划的知觉活动，是通过陈述者的语气、神态和情绪洞察其真实意思。在调解时我们会发现，有时当事人之间真正的矛盾并未体现在语言上或请求事项上，而是反映在语气、神态和情绪上。因此，要注意观察细节，包括当事人说话中表露出的语气和神态，以及语言中流露出来的所有的情绪。观察这些无法用语言表达的细节，是为了发现真正有价值的信息，是为了找出矛盾症结，进而对症下药。

3. 调解员小结，并通过行使调解权与当事人建立信任关系。在当事人陈述结束后，调解员要用中立性语言作一个小结。小结的目的之一，是核对相关事实，确认有无遗漏；小结的目的之二，是认同双方当事人的感受，使当事人确认被理解；小结的目的之三，是找出争议焦点与主要矛盾所在；小结的目的之四，是明确双方主要争取的利益，要达到的目的。在小结时，要求双方当事人转化语言，剔除伤害性、诋毁性、片面性的话语，代之以就事论事的、客观的、中立性的语言。小结应该只反映问题，不夹杂情绪，为下一步的调解打下基础。

调解员应通过小结或通过行使调解权的方式与当事人进一步建立信任关系。调解员能否与各方当事人建立信任关系，是民事调解能否顺利进行的前提和保障，如果调解员最初没有与当事人建立起信任关系，调解关系不可能形成；如果最初建立的信任关系不能维持，那么已经形成的委托关系也可能夭折。这就要求，调解员要通过认真、积极地倾听，通过仔细的观察，通过对问题的理解和分析，通过对矛盾的清晰认识和对纠纷的中立态度，以及对双方情绪的化解和对调解节奏的有效控制，使自己与当事人逐步建立起信任关系，以保证调解工作的顺利进行，并取得成果。

4. 解决具体问题。民事调解的根本目的是解决纠纷，因此能否在调解中致力于解决具体问题事关调解成败。调解员应当明白，诉讼与调解的最大区别是诉讼着眼于过去，调解着眼于未来。调解员在了解矛盾冲突经过之后，应控制当事人之间的相互指责与怨恨的情绪、语言和行为，将注意力集中在正在发生的问题和矛盾上，不必过多地分析事实和评判对错，切忌陷入矛盾纠葛之中。如何解决具体问题没有固定的顺序可循，调解员应根据具体的案件情况和当事人的差异情况，运用下面的调解方式进行工作：

（1）先易后难，先眼前后长远。在解决矛盾的顺序上，应首先解决那些容易的、新近发生的事情。新近发生的事情往往是矛盾激化的导火索，虽然可能是短期或眼前利益，但显得迫在眉睫，难以逾越。如果这个导火索是双方情绪不稳定时做出的过激行为或决定，在当事人略微平静后，比较容易自我纠正。先解决简单容易的矛盾，虽然未触正题，但有助于缓解双方的对抗情绪，使双方感受到调解已有进展。

（2）回忆过去。如果双方当事人曾是同学、朋友、亲戚或者过去曾有过良好的关系等，可以通过询问过去的情况唤起当事人的回忆，这种方式实际上利用了原有的关系资源，能唤起他们对原有良好关系的渴望，有助于抑制冲突情绪和当事人之间矛盾的解决。

（3）换位思考。换位思考就是角色换位地思考问题，其实质就是设身处地为他人着想，即想人所想，理解至上。人与人之间少不了谅解，谅解是理解的一个方面，也是一种宽容。调解人员应使当事人换位思考，促进当事人彼此了解，角色换位是指在转变当事人认识的时候，让当事人想像自己处于对方角色的情况，站在对方的立场、角度认识问题、体验情感。鉴于彼此之间的利益纠葛，当事人在情绪激动、不够理智的情况下，其认知范围受到限制，思路狭窄，如被侵权方当事人往往提出不合实际的补偿要求，而侵权一方则千方百计减少或推卸自己的责任。有的侵权方开始答应给对方一定的补偿，但时间一长，就想逃避补偿的责任，伤害了对方的感情和自尊。如果试图通过调解解决问题，则需要让双方当事人互谅互让，都站在对方的角度，设身处地为对方着想，使思维跳出只看到自己利益的小圈子，才真正有利于彼此理解，并达到和解的目的。

（4）消除误解。所谓当事人之间的误解，是指一方当事人对另一方当事人的愿望和行为产生的不一致或不相符的看法。当事人之间的误解容易使彼此产生失望、压抑、苦恼、忧虑、愤怒等情绪，进而形成双方的纠纷。这就需要调解员积极努力，能消除当事人之间的误解。首先，调解员要向当事人耐心地了解并冷静地分析误解产生的原因。只有弄清原因，才能找出有效的办法去消除误解。如因传递信息不准确，就需及时澄清事实。其次，要劝导当事人正确对待误解，善于解"误"，而不是以误对误。如他人因误解而伤害自己，自己也凭一时冲动而伤害他人，结果是隔阂加大，矛盾加深，误上加误，于人于己都不利。

（5）打破僵局。在调解中，有的当事人碍于情面，不愿公开在对方当事人面前妥协，因而出现谁都不愿让步，致使调解出现僵局，如果处理不好，就会使纠纷双方不欢而散，打破此种僵局的最好方式是采用背靠背谈话。另外，在调解中有的当事人"认死理儿"，如一方非让对方赔钱不可，另一方"要钱没有，要命一条"，使得调解陷入僵局。调解员此时不该硬碰硬地去和他们"较真儿"，而应考虑可否另辟蹊径。比如，合同纠纷案件，解除合同是一种解决办法，变更合同也是一种解决办法，赔偿经济损失还是一种解决办法。诊所学生在进行民事调解时，要善于发掘当事人的各种愿望，通过尝试各种方案，以及不断提出建议的方法打破调解中的僵局。

（6）寻找各自需要的利益作为调解的基础。调解员应当牢记：当事人才是案件的主角，调解中应注意调动当事人主观能动性。当事人的利益、需要、愿望，其本人最清楚；当事人也是对案件想得最多、关心最多、投入最多的人。解铃还需系铃人，当事人是解决问题的重要资源。所以，应当充分发挥当事人的主观能动性，鼓励其开动脑筋，提出多种可行性方案。相信调解是"双赢的战略"的人士认为，如同"没有两个人的指纹是完全一致的"一样，也没有两个人的利益和需要是完全一致的。调解就是要寻找出不同个体的不同需要，从而使"分享一块利益"变成分"类别地同享利益"。有一个著名的例子：母亲只有一个橘子，姐弟两人都坚持要，母亲没有简单地平均分配，将橘子一分为二，而是分别与姐弟两人谈话，发现弟弟要橘子是为了吃，姐姐要橘子是想用橘子皮做灯笼。

于是母亲小心地将橘子皮剥下来给姐姐，将橘子瓣给了弟弟，两人的愿望都得到了满足。

（7）寻找共同利益作为调解的基础。寻找共同利益，就是在调解中协调好双方当事人，寻找他们共同利益的结合点，提出双方都能接受的调解方案。

（8）诉讼预测。调解员要使当事人明白民事调解是解决纠纷的较为经济的途径之一，如果调解失败，当事人要么放弃争议，要么诉诸于法律。调解员针对调解不成提起的诉讼活动进行预测，包括时间、精力的投入，经济支出，可能的法律后果等，以便让当事人更充分地进行衡量和选择，更积极地面对调解程序。

（9）单独会谈。单独会谈，或称"私下会晤"、"背对背调解"，是指在调解过程中，调解员与某一方当事人及其代理人私下会谈的方法。单独会谈是为了实现以下目的：①调整情绪。如当事人双方各持己见、相持不下时，可考虑使用单独会谈，将当事人暂时隔离，放松当事人过于紧张的情绪。再如，当事人之间互怀强烈的不满，难以自控时，单独会谈可以让当事人发泄情绪，一吐为快，又避免让对方知晓，从而加剧矛盾。②平衡机会。例如，当一方当事人伶牙俐齿，咄咄逼人，另一方当事人不善言辞，沉默寡言，调解将很难继续。为了获得沉默一方的真实信息，避免一面之词形成的偏听偏信，同时平衡当事人双方的心态，避免因当事人语言表达能力不同造成的不公，调解员可考虑使用单独会谈的方式，使双方表达信息的机会尽量均等。③了解隐情。如一方当事人可能有难言之隐，不希望对方或外人知道，这些信息只有通过单独会谈才能够获取。④试探反应，防止唐突提议。如一方当事人在单独会谈中提出建议，调解员无法确定对方当事人的反应时，可以避免让提议方直接向对方提出，而由调解员与对方单独会谈试探其反应。⑤摸清底线。实践中，各方均在场的调解桌上当事人亮出的底线，常常不是真正的底线，所以有经验的调解员不会轻信当事人宣称的"底线"。而调解员在单独会谈中，往往能探测到当事人真正的底线。⑥打破底线。调解桌上，如果两方底线差距过大，调解员此时可采用单独会谈法，分别做工作，力争打破底线。⑦讨论解决方案。当事人在单独会谈时往往会畅所欲言，调解员可通过单独会谈的方式，分别与各方当事人充分地讨论，设计多种解决民事纠纷的方案。

（四）签订调解协议

民事调解有两种结果，即协议达成或调解失败。无论协议达成或调解失败，都将终止调解程序。如果协议达成，则需签订书面民事调解协议。所谓民事调解协议（诉讼调解和仲裁调解除外），是指在发生纠纷案件时，调解员接受非诉讼案件当事人的委托，主持调解活动达成协议所制作的一种具有法律性质的文书。合法的调解协议，当事人应当履行。调解协议达成后，一方当事人又反悔的，另一方当事人可以按协议中的约定到仲裁机构申请仲裁或向人民法院起诉。民事调解协议的格式如下：

民事调解协议

当事人：姓名 性别 年龄 民族 籍贯　工作单位 职务 住址 居民身份证号（当事人是法人或其他组织的，除单位名称、住址外，还应列明法定代表人或负责人姓名及职务和单位住址）

委托代理人：

调解员：

当事人：姓名 性别 年龄 民族 籍贯　工作单位 职务 住址 居民身份证号（当事人是法人或其他组织的，除单位名称、住址外，还应列明法定代表人或负责人姓名及职务和单位住址）

委托代理人：

调解员：

见证人：

上列当事人于××××年×月×日发生××××纠纷，经×××方于×××× 年×月×日请求并经其他各方同意，于××××年×月×日在×××× 地点开始对纠纷进行调解。调解前，已告诉各方当事人有关调解的性质、原则、效力和参与调解的权利、义务。经调解各方当事人认同纠纷的简要事实、争议事项、各方责任和纠纷造成损害情况如下：

……

经调解，各方当事人自愿达成以下协议：

……（应按：一、二、三、四、五、六分条列出）

本协议书具有民事合同性质，受法律保护。各方当事人应当按照协议自觉和及时履行协议的义务，不得擅自变更或者解除本协议，否则将承担法律责任。本协议生效后可能引起的民事诉讼将由签订地基层人民法院管辖，法律另有规定的按照规定。

当事人签名：

委托人签名：

见证人签名：

调解员签名：

××××年×月×日

（五）评估

评估是指运用科学的研究方法和技术，系统地评价调解工作的调解结果，总结整个调解过程，考察调解过程的介入是否有效、是否达到了预期目的与目标的过程。它是整个调解活动中的一个重要环节。评估的类型主要可以划分为过程评估和结果评估两种。过程评估是对整个调解过程的检测，它对工作过程的每一步骤、每一个阶段分别作出评估，关心的重点是工作中的各种步骤和程序怎样促成了最终的调解结果。结果评估是指调解活动最终完成的形态，它是在工作过程的最终阶段进行的评估。评估的方法主要有基线测量法、当事人满意度测量法、比较分析法、个案反思法等。

（六）结案

结案是调解工作的最后一个阶段。在结案阶段，我们的主要任务是回顾总结工作、解除调解关系、作好结案记录等。对于调解不成功的纠纷，应当及时转介到主管部门或上级有关部门处理，或者告知当事人到人民法院起诉。

民间的人民调解、社团调解、诊所调解，应制作结案记录，结案记录的内容包括：基本资料、纠纷事实和情节、纠纷成因、调解请求和根据、主要问题及分歧、问题分析、预估与方案、调解处理过程、工作评估、反思与建议等。

二、民事调解中的几种技巧

民事调解技巧是一个非常现实的问题，只有调解的愿望而无调解的技巧，调解就是一句空话，充其量也不过是纸上谈兵，是无法完成错综复杂的各类案件的调解工作的。而要完成这一愿望与技巧统一，需要我们付出艰苦的努力。然而，调解工作是以人为本的工作，而人的性格又各有不同，总体来说，可分为直爽刚烈和孤僻抑郁两大类。因此，在调解工作中，既要严格遵循工作程序和原则，又要根据当事人的性格、特点和类型具体分析对待，把握各个环节中的方法与技巧，科学地进行说服教育，不断更新自己的工作方法，才能取得好的调解效果，起到事半功倍的绩效。常言到：教书育人，唯有因材施教，方可桃李满天下，治病救人，唯有对症下药，方可药到病除。做调解工作也是如此，应针对纠纷性质及当事人性格特征，灵活地运用不同的调解技巧。

（一）情感感染

对重感情讲义气且直爽的人，要运用情感感染技巧。在调解处理纠纷过程中，遇到这一类当事人时，不要急于点题，这类人往往爱面子，先用一些触动情感的语言与其谈一些纠纷以外的事情，如生活、工作、学习、生意等，也可以用动情的语句提一些家常。然后，逐渐转入正题，由远而近，进行调解。用真情去叩动他（她）的心弦，这样，使他（她）信服你，也就非常自然地接近了与被调解人的距离，使得调解成功。

（二）以柔克刚

对刚烈、脾气暴躁、不怕扯破脸皮的人，要运用以柔克刚技巧。在调解处理纠纷过程中，遇到这一类当事人时，对当事人要热情主动。这一类人往往很傲慢，怕软不怕硬。调解人员要掌握当事人的心态，以诚相待，轻言细语地利用朋友式的语言谈一些让当事人感兴趣的事情，不要硬碰硬，切忌居高临下，要采取"和风细雨、耐心开导"，也不要急于让当事人表态。否则，即使当事人明知自己错了，也会心服口不服。你把他（她）当作朋友看待，把道理讲透，他（她）就很容易听取你的意见，乐于接受你提出的调解方案。

（三）先守后攻

对乐于听奉承话，爱戴高帽子的人，要运用先守后攻技巧。在调解纠纷时遇到这一类当事人，要多说一些好听的语言，多举几个当事人曾经做过的有益事情的例子，先表扬他（她）的长处，使他（她）产生自豪感。然后，趁机指出他的缺点与不足，再举一些开始并没有引起重视，导致后果比较严重的例子让当事人比较一下，有比较就有鉴别。这时，见缝插针，鼓励他（她）改正缺点，弥补过失，做一个受人尊重的人。这样一抬一拉，举一反三，让当事人联系自身认真进行思考，他会在调解中顺利接受你的意见，达到预期目的。

（四）正义威慑

对惰性很强，遇事优柔寡断、缺乏自我主张的人，要运用正义威慑技巧。这类人员往往是情绪不稳定，对问题把握不准，在调解时，调解人员必须抓住他们的弱点，明确告诉这些当事人：案件的基本事实，法律的具体规定，对方当事人对处理问题的决心和态度，诉讼解决的最后结局。当然，运用的语言要有针对性和原则性，攻势要猛，让他们招架不住，促使他们积极配合调解人员的工作，把问题解决。

（五）亲情触动

对亲属较少、孤僻内向、想依靠外援的当事人，要运用亲情触动技巧。这类当事人，有事闷在心里，不善言谈和交往，遇到困难急盼亲朋好友相助。对于这类当事人，调解人员在调解前要对其亲朋好友进行摸底调查，找到他们最信赖的人做好工作，然后依靠他们去说服劝导。这时，趁热打铁，告知他们如果不听亲朋好友的规劝，使他们更加孤立无援。这种方法，往往见效较快。另外，还有些家庭矛盾是因一时之气或因鸡毛蒜皮的小事引起，致使矛盾越闹越深，双方都不愿放低架子，但从双方内心深处来讲，是愿意和好的。如赡养纠纷等，有的是父母与子女间矛盾，有的实质是兄弟间的矛盾。此时，可与子女沟通，让他们回想父母十月怀胎的苦楚、把他们拉扯大的艰辛、在他们成长过程中，父母所奉献无私的爱。鸦且有反哺之情，羊还报跪乳之恩，况且人乎。你们也在养儿育女，也深有体会。尊老爱幼、赡养老人是中华民族的传统美德，也是每个公民应尽的义务。血浓于水，于情于理触动子女的灵魂，情景交融，使其回顾过去亲情的可贵和目前反目成仇而带来的情感伤害，使双方能求大同、存小异，大事化小、小事化了，这样，调解便水到渠成了。

（六）理清思路

分析利弊得失，帮助当事人理清思路，也可作为调解的技巧来运用。调解中，如何能让当事人化干戈为玉帛，还需以法律规定为标尺，与当事人进行沟通交流，帮助当事人理清纠纷发生的来龙去脉，明了自身的言行举止有哪些不当之处，对对方的侵权行为，应怎样求助法律，利用法律武器维护自己的合法权益，而不能采取不理智的行为。调解人员分析利弊得失、细致入微的讲解常常带来良好的效果，能够避免一些无意义的争执。在实践中还应当注意调解人员的细致分析并不等于面面俱到，而是在有限的时间里，面对"剪不断，理还乱"的繁难的民事纠纷，善于化繁为简、化难为易，用通俗易懂的语言为当事人分析，让当事人听懂。

（七）背靠背谈话

背靠背法谈话，也称单独会谈，其含义和目的在本章前面已经介绍。在很多民事纠纷案件调解过程中，采用背靠背谈话技巧会取得一些意想不到的效果。通过找一方当事人谈话，进行沟通，可以了解案件的一些实质性问题，使调解员心中有数。只有知晓两方的情况，才能找准调解的突破口。如在调解民间借贷案件过程中，通过了解双方的经济承受能力后，可以背靠背做工作，与债务人谈时，可以谈到法律的规定，以及诉讼的预测，如谈到：如果债权人不让步，他必然向法院起诉，到那时债务人必须在判决生效后的一定期限内全部返还本息，否则法院采取一些必要的强制措施，作为债务人既丢了面子，又受到经济损失。与债权人谈时，可以讲一些债务人的实际困难或因天灾人祸造成目前不能及时清偿债务的现状，与其"鱼死网破"，不如与债务人订一个切实可行的还款计划，逐步清偿债务，或者减免利息，甚至放弃部分本金，以有利于债务的清偿。在双方的观点基本趋于一致时，再面对面地调解，便很容易达成协议，其中很多背靠背做工作时讲的一些道理是不能在面对面场合讲的，否则会取到相反的效果。

总之，调解工作是一项构建一个共同的思想道德体系，一个共同的社会稳定体系，一个共同的民主法治体系，一个共同的经济利益体系，以解决各类矛盾纠纷为目的的艰苦工作。也是疏导人际关系，倡导诚信友爱社会风尚，构建和谐社会，保持社会稳定的基础性工作。在调解工作中，要摸清当事人的思想动态，根据当事人的不同性格特点，对症下药，审时度势，以情动人，以理服人，促使问题和矛盾得到圆满解决。

第三节　民事调解的技巧训练

一、民事调解特征和类型与技巧练习

【案件材料】

2008 年 9 月 26 日，某市某镇村民李××（在某工业园区开快餐饮食店）14 周岁的儿子李×在与某镇村民王××（某工业园区某有限公司职工）6 岁的女儿王×玩耍过程中，李 X 对王×实施不法侵害，造成王×当场死亡。案件已由公安部门侦破。10 月 6 日，王××向某镇司法所提出要求李××解决李×对王×实施不法侵害致死的民事赔偿纠纷。6 日当天，某镇司法所工作人员会同当地派出所的工作人员对该纠纷进行了调解，7 日上午，王××提出了 40 万元的赔偿要求，司法所工作人员根据国家相关法律，提出按人身损害赔偿进行调解，提出了补偿死亡赔偿金 16.66 万元、丧葬费 1.5 万元、家属误工费 0.15 万元，共计 18.25 万元的补偿标准，王××在调解人员的教育说服下作了适当让步，到下午时提出了 25 万元的赔偿要求。在此情况下，调解人员通知肇事人家属李××来进行协商，李××起初只答应赔偿 16 万元，当日晚 9 时通过双方的协商，王××要求李××赔偿最少不少于 23.5 万元，李××只答应 20 万元的赔偿。当日调解工作暂时中止。10 日，某镇领导再次要求调解人员对此纠纷进行调解，调解人员通过电话、当面谈话等形式穿梭于双方当事人进行说服教育，通过大量的说服教育工作，双方终于达成一致，由李××一次性赔偿王××的女儿死亡赔偿金 16.66 万元、丧葬费 1.5 万元、家属误工 0.15 万元、精神抚慰金 4.75 万元，共计 23 万元的赔偿。

【讨论】

（1）该案民事调解是否体现了各方当事人的自愿性？

（2）该案民事调解结果是否实现了各方当事人的心理平衡性？

（3）调解人员是否坚持了中立性？

（4）该案民事调解是否合法？

（5）该案民事调解是否进行了必要的查明事实、分清是非？

（6）该案调解属于哪种类型的民事调解？与诉讼中法院调解的效力有何不同？

（7）该案的民事调解是否违背调解原则？该案民事赔偿部分调解结案后，李×是否还应承担其他法律责任？

（8）假如你是李××代理人可采用哪些调解技巧？你认为该案在何阶段进行民事调解对李××更为有利？

（9）假如你是王××代理人可采用哪些调解技巧？

（10）该案调解中调解员运用了哪些技巧？

二、调解目的与技巧练习

【案件材料】

2008 年 8 月 20 日下午，某村 72 岁老年妇女张老太到某县政府的垃圾填埋场地附近割草，由于填埋场原来的填埋坑挖了近三米深，废弃不用后坑内有积水，在未填埋部分漂浮有垃圾，上面生长杂草，杂草下面为比较稀薄的淤泥，缺乏安全意识的张老太在割草时陷入淤泥。傍晚时分，张老太家人发现其未归后，便到处寻找，在垃圾填埋场附近发现了张老太使用的三轮车和割好的青草，随后村干部及时组织人员对垃圾填埋场内进行抽水，到 23 日凌晨 1 时才找到张老太的尸体。24 日一早，县政府领导及时组织县综治、司法和卫生部门负责人研讨调解案，通过现场调查，决定不回避政府自身在废弃垃圾填埋场处理上存在的问题，将张老太溺水死亡问题定为人身损害纠纷来进行处理，根据最高人民法院《关于审理人身损害赔偿案件适用法律若干问题的解释》的规定进行补偿费测算，赔偿金额为六万多元。25 日下午，县环境卫生服务站请求某律师事务所调解，该律师事务所指派张律师进行调解，张律师征得张老太家人的同意，对张老太人身损害赔偿案件进行了调解。在张律师的调解下，县环境卫生服务站终于和张老太家人达成协议，由县环境卫生服务站一次性补偿张老太家人死亡补偿金和丧葬费 6.5 万元整，一起由废弃垃圾填埋场安全隐患造成的死亡事故得到顺利解决。

【讨论】

（1）政府有关部门补偿费测算为六万多元是否准确？

（2）假如该起人身损害发生在邯郸某县，请你根据相关规定计算赔偿的总额？

（3）政府有关部门对张老太的死亡应负全部责任还是主要责任？

（4）张老太家人是否实现了调解目的？

（5）县环境卫生服务站是否实现了调解目的？

（6）假如你是张老太家人聘请的代理人，如何参与调解？在调解中应该如何向张老太家人提出法律建议？

（7）假如你是张老太家人聘请的代理人，请你预测一下诉讼结果，看上述调解结果与诉讼结果相比，哪个对张老太家人更为有利？

（8）调解的目的之一是侧重于解决纠纷，而非让单方赢得胜利，但你认为本案调解结果是否实现这一目的？

（9）你认为本案调解结果实现了各方当事人对哪种价值追求的调解目的？

（10）调解的目的之一是不在于分清是非对错，而在于实现当事人之间的和解，你认为这一调解目的是否属于无原则和解？

（11）假如你是张老太家人聘请的代理人，可采用哪些调解技巧？

（12）假如你是政府有关部门聘请的代理人，可采用哪些调解技巧？

三、民事调解计划、步骤与技巧练习

【案件材料】

2008 年 2 月，建材公司与建筑队订立钢材购销合同（建材公司与建筑队过去曾有多次业务关系，双方履约情况较好），约定于 5 月 30 日前在建筑队施工工地交货。3 天后建材公司又与轧钢厂订立合同（建材公司与轧钢厂过去也有多次业务关系，双方履约情况也较好），由轧钢厂向建材公司提供一批钢材，5 月 30 日前送至建筑队施工工地。5 月 30 日建筑队未收到钢材，即向建材公司催货，建材公司立即催促轧钢厂，轧钢厂提出因原材料和燃料问题，本厂钢材产量下降，要求推迟 1 个月供货。当时市场上钢材紧缺，建材公司一时难以组织货源，建筑队因而停工待料造成经济损失 30 万元。建筑队要求建材公司赔偿损失，建材公司认为责任在轧钢厂，要求建筑队直接向轧钢厂索赔。

请根据下列提示进行工作：

1. 建筑队聘请某律师事务所张律师代理解决本案的赔偿事项，张律师认为：本案中轧钢厂与建材公司约定在建筑队施工工地交货，是向第三人履行交货义务，建筑队可以直接向轧钢厂索赔。故张律师以建筑队代理人身份，到轧钢厂协商赔偿事宜。轧钢厂法律顾问李律师接待了张律师，李律师认为：本案中包含两个合同关系，一个是建材公司和建筑队之间的购销合同，另一个是轧钢厂和建材公司之间的购销合同。轧钢厂与建材公司虽然约定在建筑队施工工地交货，是向第三人履行交货义务，但这并不能使第三人成为合同当事人。债务人未向第三人履行的，应当向债权人承担违约责任，即轧钢厂只向建材公司承担责任，而不需向第三人建筑队承担责任。因此，建筑队无权直接向轧钢厂索赔。

【讨论】

（1）你认为张律师和李律师谁的说法正确？

（2）你认为本案到底涉及几个合同关系？

（3）如通过诉讼解决本案纠纷，建筑队能否直接向轧钢厂行使请求权？

（4）如通过民事调解建筑队的损失可否由轧钢厂赔偿？

2. 假如轧钢厂、建材公司、建筑队三方请求法律诊所调解本案纠纷，诊所指派你和另外两名同学调解本案，请你们三位同学制订调解计划。

【要求】

将 4 名学生分为 1 组，另 1 名学生担任观察员，教师课堂抽 2 个小组的观察员对本组 3 位同学制定的调解计划进行评价发言。制订调解计划时间 10 分钟；观察

员评价发言时间总计6分钟；教师点评9分钟。观察员对以下事项进行评估：

（1）了解事实和熟悉案情情况如何？

（2）研究法律情况如何？

（3）调解员是否进行了分工，情况如何？

（4）如何确定民事调解参加人？是否合理？

（5）调解时间、地点的安排如何？

（6）是否有调解预案？

（7）调解计划是否具有开放性？体现在哪些方面？

（8）各方是否存在共同的利益？是否在调解计划中予以考虑？

（9）如何协调各方的观点和看法？

（10）如何在调解中利用各方过去成功相处的经验和益处？

（11）各方面临的主要矛盾是什么？计划如何解决？

（12）如何将问题按难易程度排序？

（13）针对具体情况有哪些切实可行的解决方式？

（14）能够促进双方理解的话题有哪些？

3. 将5名学生分为1组，1名学生担任观察员，1名学生担任调解员，3名学生分别担任轧钢厂、建材公司、建筑队代理人，课下进行民事调解的模拟演练。

【要求】

课堂由教师随意抽两个小组上台表演，两组上台进行民事调解的模拟演练的时间总计40分钟；观察员对调解情况进行评价发言，时间总计10分钟；全体学生可自由进行评价发言，时间总计10分钟；教师最后点评，时间40分钟。观察员对本组的演练，进行以下评估：

（1）开场白如何？

（2）各方当事人陈述时，调解员是否积极倾听？是否进行了认真的观察和给予理解？

（3）调解员是否进行小结？情况如何？

（4）调解员是否通过行使调解职权取得了当事人的信任？

（5）调解员解决具体问题的情况如何？如何先易后难、回忆过去、换位思考、打破僵局？

（6）寻找共同利益作为调解基础的方法运用得如何？

（7）是否进行了诉讼预测？效果如何？

（8）是否进行单独会谈？效果如何？

（9）是否签订调解协议？协议是否规范？

（10）调解中运用了哪些技巧？

四、调解步骤与技巧练习

【案件材料】

大名农场向多家果品加工企业寄送了水果品种简介及价目表。甲企业收到后，立即回电表示希望按照价目表所列价格购买苹果 100 吨，并要求一周内运至指定地点。农场收到电报后立即装车发货。第五天，大名农场将苹果运至指定地点。此时，当地水果已经大幅度降价，甲企业遂要求农场按市场价销售。遭到拒绝后，甲企业拒不收货，并表示自己不收货缘于双方合同不成立。大名农场则认为合同已经成立，要求甲企业履行合同。大名农场欲向法院提起诉讼，大名农场与甲企业均考虑到诉讼拖累问题，商定由当地某大学法律诊所进行民事调解，在调解中，甲企业的律师认为：大名农场向果品加工企业发出价目表的行为是要约邀请，并非要约，故本案中的合同是不成立的，但甲企业出于人道，可给予大名农场适当的经济补偿。大名农场的律师认为：大名农场向果品加工企业寄送价目表的行为属于要约邀请，即希望他人向自己发出要约的意思表示。本案中，甲企业向大名农场发出的回电，内容清楚、具体，属于要约，具有法律上的约束力；而大名农场接电后立即装车发货，并在约定时间运至指定地点，是以实际履行合同的行为进行了承诺（我国《合同法》规定：承诺应当以通知的形式作出，但根据交易习惯或者要约表明可以通过行为作出承诺的除外）。因此，双方的合同已经成立，合同自承诺生效时成立。甲企业应承担违约责任。

【讨论】

（1）你认为哪方律师的说法正确？

（2）调解员如何确立自己的立场？

（3）调解员的义务有哪些？如何体现和保证？

（4）如何进行开场白？

（5）需要收集哪些信息？

（6）如何进行小结？

（7）如何建立信任关系？

（8）如何寻找共同利益作为调解的基础？

（9）如何进行诉讼预测？

（10）如何换位思考和消除误解？

（11）是否需要单独会谈？

（12）是否要签订调解协议？

（13）假如让你调解本案可采用哪些技巧？

五、民事调解协议与技巧练习

【案件材料】

当事人：某县王岗镇卫生院

法定代表人：陶××，系该院院长

当事人：罗 A，男，12 岁，汉族，学生，住某县王岗镇小台村

法定代理人：罗 B，系罗 A 之父

纠纷经过：2008 年 7 月 2 日，罗 A 因左膝关节皮肤外伤到某县王岗镇卫生院进行治疗，当时由王岗镇卫生院的医生唐 A 对其进行了外伤口清创缝合治疗，同时注射了破伤风抗毒素。由于当时可见的伤情较轻，罗 A 没有进行住院治疗，仅在家中进行吊水消炎治疗，10 天后拆线，伤口愈合良好。拆线后，罗 A 出现发烧、肿痛症状，又在村卫生所唐 B 处进行消炎治疗，因无效，于 2008 年 8 月 6 日到某市第一人民医院诊治，诊断为化脓性膝关节炎。罗 A 在某市第一人民医院住院治疗 23 天，共花去医疗费 7882.10 元，加上先前治疗的费用，罗 A 累计花去医疗费 8524.10 元。

调解过程：罗 A 出院后认为王岗镇卫生院在对其治疗时严重不负责任，对其伤口清创不彻底，从而导致伤口内部发炎，引起化脓性关节炎，故要求王岗镇卫生院赔偿其全部损失 8524.10 元。而王岗镇卫生院认为，可能导致化脓性关节炎的原因很多，比如，患者以前有过关节炎病史，或有过创伤史，因此不能确定罗 A 的病情就是在王岗镇卫生院做手术引起的，同时王岗镇卫生院对罗 A 提供的医疗费票据，除某市第一人民医院的票据外均不认可。在调解过程中，王岗镇卫生院并不能证明罗 A 的病情与他们的治疗行为没有因果关系。

调解结果：经多次调解反复做双方的思想工作，2008 年 10 月 25 日最终双方达成调解意见：①由王岗镇卫生院一次性补偿罗 A 人民币 5000 元，其余费用罗 A 自行负担；②协议生效后双方永无纠缠。

分析：该纠纷系一起因医疗行为致人损害而产生的医疗赔偿纠纷，对此类纠纷，根据我国现行的法律法规和最高人民法院的有关司法解释，作为医疗单位的王岗镇卫生院应提供充分的证据证明罗 A 的病情与其治疗行为不存在因果关系，即：罗 A 的损伤不是他们的医疗行为所造成的，否则王岗镇卫生院就应承担赔偿责任。而在该起纠纷中，王岗镇卫生院虽然认为可能导致罗 A 化脓性膝关节炎的原因有多种，但其并不能证明该结果与他们的治疗行为不存在因果关系，因此王岗镇卫生院承担责任是应该的。在调解过程中，罗 A 自愿放弃对部分损失的要求，亦不违反法律规定，因此，双方达成的调解也是合法有效的。

【讨论】

（1）上述分析意见是否正确？按案例材料所给条件，每组制作一份规范的

民事调解协议书。

（2）该案在民事调解过程中运用了哪些技巧？

（3）如果让你调解本案可运用哪些民事调解技巧？

六、民事调解技巧练习之一

【案件材料】

2008年8月12日下午14时左右，某村村民报告，本村××组村民赵××在下午一时许，在××村××工地上做小工时，不慎从六米多高的脚手架上跌落，造成头部重伤，当时在场的工友将其送入县医院，但由于伤情严重，又转送市人民医院，后虽经全力抢救，无效，不治身亡。接到报告后，村调解委员会主任在第一时间向镇综治办和镇劳动保障服务站进行了汇报，并成立了由党支部书记、村民委员会主任、民事调解委员会主任组成的处理小组，同时与死者家属取得了联系，并根据镇政府要求到市人民医院协助镇里做好死者家属的安抚工作。到市人民医院后，死者家属要求将死者的尸体送回家后，再进行赔偿的处理，但按镇政府的要求，应将尸体先送市殡仪馆，再处理赔偿的事宜。当时死者家属情绪激动，非要运送回家。村处理小组分别对其家属做工作，对于他们要按习俗死者必须回家的要求，给予理解并同情。但由于天气炎热，如果赔偿不解决，你们也不可能办丧事，且放长了也不行，还不如送入殡仪馆，等赔偿问题解决了，再送回家按农村习俗办丧事。经过几个小时的劝解，家属终于同意将死者送入市殡仪馆。回到村里后，已经是晚上六点多了，吃了快餐后村处理小组又来到死者家中，对死者家属表示深切的同情，安抚其情绪，要他们面对现实，正确对待，不要因一时冲动做出丧失理智的行为，那样于人于己均无利。通过数小时工作，在晚上10时死者家属同意明天到镇司法所进行调解。

13日上午，村处理小组人员早早来到镇里，与镇司法所、镇劳动保障服务站人员共同探讨纠纷调处方案，经过查找相关法律依据，最后大家一致认为，本起事故应按雇佣关系按照人身损害赔偿来进行调解，并按政策测算出赔偿标准约10.2万元（由于赵××是单身，赔偿标准较低）。不久，死者家属十余人与雇佣方包工头陈跃飞来到镇司法所，在开始调解前，村调解主任了解到死者家属准备提出60万元的赔偿要求时，便要求他们要理性提出赔偿要求，如果不切合实际，反倒使对方认为没有解决纠纷的诚意，而不利于事情的顺利解决。在镇司法所开始调解时，死者家属降低要求提出了45万元的赔偿要求，雇佣方陈跃飞认为无法接受。在镇司法所人员和村干部再三做工作后，死者家属又提出了25万元的赔偿要求。镇司法所及时出示了按照国家政策测算的人身赔偿标准，死者家属提出虽然死者六十多岁了，但是家庭很多事情都需要他来照顾，要求雇佣方在国家规定之外再多作一些考虑。村领导小组又对死者家属做了大量的工作，要他们在国家政策赔偿标准之外可以加点，但也不能太多。经过反复地做工作，死者家属又提出了 18 万元的赔偿要求，并表示不可能再降。如果对方再不答应，就到对方的家中去闹。但雇佣方仍然表示无法接受。当死者家属听到后，要退出调解，要用自己的办法来解决此事。一场群体性事件即将发生，村和镇司法所及时对死者家属进行劝解，并对他们讲这是雇佣方提出的要求，并不是他说了算，就如同你们可以提自己的要求，但也不一定算数一样，这得由双方同意后才算数。如果凭意气用事，闹是闹不好的，闹到最后，还要谈的。如果触犯法律是要承担责任，所以，大家只有理性地谈，才是唯一的出路。等死者家属情绪较稳定时，又接着做其亲戚的工作，讲明，死者长期保存在殡仪馆，于情于理都不好，况且你亲戚也是都要上班做事的，不可能在这事上花太多的精力，不如坐下来谈，让对方多做些让步，将事情早点解决掉。在征得其亲戚的理解后，又要求他们做死者家属的工作，稳定情绪，见好就收。经过做双方的工作，双方又坐了下来。死者家属谈了谈在经济上困难的情况下，希望对方尽可能地给予照顾。雇佣方也在镇司法所的劝说下，也改变了态度，认识到死者对于其家庭的重要性，也充分认识到了死者家属的心情，表示在力所能及的范围内，多考虑一点，在双方都能互谅互解的基础上，死者家属又提出了 16 万元的赔偿要求，雇佣方在认真思考后，也终于同意了死者家属的要求，双方握手言和。在镇司法所调解人员的主持下，双方自愿达成了调解协议，并在协议上签了字。至此，在镇村两级调解人员经过不懈的努力下，终于使一起因赔偿纠纷引起易激化的群体性事件圆满地化解了。

【讨论】

（1）本案调解运用了哪些技巧？

（2）你从本案的调解中学到什么？

七、民事调解技巧练习之二

【案件材料】

池某的丈夫郭某在和他的两个兄弟合伙建房时发生意外，不幸亡故。经池某与合伙人协商达成了退股协议，郭某的大哥和大姐作了担保。因剩余的几万元未能如期给付，池某及其两名幼子的生活陷入困境，母子三人无奈提起诉讼，而几名被告对原告诉诸法律的行为非常不满。庭审中，原、被告更是针锋相对、互相谩骂。面对兄弟矛盾异常尖锐的局面，承办法官一改以往调解手段，从亲情入手，让双方换位思考，并用真实生动的事例教育感染在场的每一位。几个小时之后，双方为亲情所感动，更为法官的耐心、诚心和执着所感动，互谅互让达成了调解协议，纠纷得到彻底化解。

【讨论】

（1）法官在该案民事调解中运用什么技巧？

（2）你从本案的调解中学到了什么？

八、课堂综合模拟练习

（一）案情介绍

【案件材料一】（一班用）

李甲与王甲是同村邻居，又是同学关系。2008年5月的一天双方因浇地事情发生纠纷，并致互殴，互殴中王甲的门牙被李甲一拳打掉三颗，经法医鉴定为轻伤。

李甲的资料：今年由于天旱你们村浇地需要排队，本来轮到你家浇地，可王甲非要强行先浇他们家的地，你与王甲评理，王甲说他家里有事儿必须先浇地。你不同意，王甲先是出口骂你不够朋友，随又出手朝你身上打了一拳，你一时气愤，便朝王甲脸部猛击一拳，将王甲门牙打掉三颗。后来听说：王甲已构成轻伤，如向法院起诉，你就会因犯伤害罪被判处3年以下有期徒刑。你又后悔又害怕，后悔不该一时气愤打掉王甲的门牙，害怕自己被判刑坐牢。你想找人调解，赔偿王甲5000元，可又担心王甲要价太高自己赔不起。

王甲的资料：那天浇地时你母亲患病，你想早点浇完地回家照顾你的母亲。考虑到与李甲是同学关系才提出先浇自家地的，没想到李甲不讲同学情面，死活不肯。你非常生气，就骂李甲不够朋友，李甲也与你对骂，你便朝李甲身上打了一拳，没想到李甲向你脸部猛击一拳，打掉你门牙三颗。你住院已花医疗费6000元，将来安装假牙还需要大约6000元。更为重要的是，你还没有结婚，没了门牙肯定影响自己组织家庭，这种精神损失将是无法估量的。你的一个学法律的亲戚劝你向李甲索赔10万元，如李甲不给，就向法院起诉李甲，让他坐牢。你的另一个亲戚劝你不要索赔那么高，也不要向法院起诉李甲，因为都是乡里乡亲，真的把李甲送进牢房，两家将世代为仇。你的内心也很矛盾，也想找中间人调解一下，但你认为李甲赔偿数额必须在5万元以上。

【案件材料二】（二班用）

业主的资料：最近你雇了一个承建商来装修房子。承建商估计整个工程大约要花50 000元。装修工作开始后几周，承建商跟你说他碰到了一些问题，他必须重新排线，在一楼增加承重墙，再把一些管道换掉才能完成装修。因为承建商是你表姐的朋友，而且信誉也不错，你就说没问题，需要怎么做就怎么做。上星期你拿到了最后的账单，竟然要80 000元！你大吃一惊，并拒绝付款。这笔钱数额惊人，而且承建商的活做得一塌糊涂。窗子装得不对，墙上的涂料刷得不均匀，有一个房间的电话线根本不通！你绝对不会付这么多钱。你本来应该在开工时先付款25 000元，剩下的钱在完工时付清。装修开始时你手头现金不够，尽管你没有给付首期的钱，承建商还是开始工作了。你收到账单后的第二天，承建商来你家收钱。你出去了，但你妻子在家。你还没来得及跟你妻子说装修出的问题，也没有说认为最后那笔钱的数额太大了。你妻子以为你打算付这笔钱给承建商，就叫他去你叔叔的饭店，因为你叔叔正好欠你的钱。在承建商走之前，你妻子给饭店打电话，告诉你叔叔承建商要去取钱，请他把钱准备好给承建商。承建商刚走，你就到家了，并知道了付款的安排。你给叔叔打电话，叫他一分钱也不要给那个骗子承建商。后来听叔叔说，承建商到饭店得知你打电话叫你叔叔不要付钱时，气急败坏，又喊又叫。你仍然没付钱，装修出的问题也仍然没有解决。你刚刚听说，承建商扬言说要把你告到法院去。你有些吃惊，你还从来没有上过法庭。

承建商的资料：最近你受雇于一位业主，帮他装修房子。你估计工程大概需要 5 万元。装修开始后几周，你碰到了一些问题，你发现必须重新走电线，增加绝缘线，在厨房增加承重墙，再把一些自来水管道换掉才能完成装修工作。你把问题告诉了业主，他说没问题，需要怎么做就怎么做。上星期你把 8 万元的账单给了业主。业主被这个数目气疯了，说你是骗子。他说装修有问题，到处找茬，拒约付款。本来业主应该在开工时先付款 25 000 元的，完工时再付清余额，但开工时他手头现金不够。你虽没有拿到首期付款，还是开始工作了，因为业主的表姐是你的朋友。你把账单交给业主的第二天，你到业主家里再次去催款。业主出去了，但他妻子在家。你说明来意，她叫你去业主叔叔开的饭店拿钱。她当着你的面打电话给叔叔，告诉他你要去饭店，请他把钱给你。你信以为真，到饭店找到老板——业主叔叔。业主的那位叔叔对你说，他刚刚接到业主的电话，叫他一分钱也不要付给你，说你敲诈，而且活儿做得一塌糊涂。他当着许多客人的面说这些话，让你忍无可忍。你仍然没有拿到任何装修费。你把这件事告诉了一位律师朋友，他鼓励你到法院去告业主。但是你对这种做法犹豫不决，因为你从未去过法院，而且钱没有要回来，又得先花钱。但是你朋友说没别的办法。

（二）课堂模拟要求和安排

1. 将 4 名学生分为 1 组，每班抽 1 个组上台表演调解，2 名学生充当当事人，1 名学生充当调解员，另 1 名学生担任观察员。之后，教师点评。学生表演及评估 50 分钟，教师点评 50 分钟。

2. 每组交下列材料：

（1）调解计划（当事人学生与律师学生共同完成）。

（2）调解协议（当事人学生与律师学生共同完成）。

（3）观察员作出评估报告。评估内容：开场白如何？处理人际关系的能力如何？总结争议焦点能力如何？解决争议的战略如何？单独会谈的策略如何？起草协议的情况如何？

（三）教师综合点评

第八章

诉讼的理论与技巧

◆ 重点问题

1. 诉讼的特征
2. 诉讼代理的类型及权限
3. 刑事辩护与诉讼代理的区别
4. 诉讼中的技巧

第一节　诉讼概述

一、诉讼的概念和特征

（一）诉讼的概念

所谓诉讼，就是平时所讲的打官司，是司法机关在案件当事人和其他有关人员的参与下，按照法定程序解决案件时所进行的活动及活动中所形成的各种关系总和。分为刑事诉讼、民事诉讼、行政诉讼，以及刑事案件受害人提起赔偿而引起的刑事附带民事诉讼。民事诉讼是指人民法院在诉讼参与人的参加下，依照法定程序审理民事纠纷的活动，以及通过这些活动所形成的各种诉讼法律关系总和。这里所说的参与人，包括原、被告、共同诉讼参与人和第三人（通称当事人），还包括代理人、证人、鉴定人员和翻译人员等。这里的活动既包括人民法院的活动，如受理案件、调查取证、开庭审理、作出判决等，也包括诉讼参与人的活动、原告起诉、被告答辩、法庭辩论、律师代理、证人作证等。所说的诉讼法律关系，是指人民法院和一切诉讼参与人之间依法在诉讼过程中形成的诉讼上的权利、义务关系。刑事诉讼则是指审判机关、检察机关和侦查机关在当事人以及诉讼参与人的参加下，依照法律程序解决被追诉者刑事责任问题的诉讼活动，刑事诉讼是实现国家刑罚权的活动。行政诉讼俗称为民告官，是公民、法人或其他组织认为行政机关和行政机关工作人员的具体行政行为侵犯其合法权益时，依据行政诉讼法向人民法院提起诉讼，由人民法院审理并作出判决的活动。行政诉讼要解决的是行政行为合法性、正当性的司法审查及公民、法人面对行政行为时的司法救济问题。

民事诉讼、刑事诉讼、行政诉讼又因解决的问题不同也存在明显的区别：①诉讼的目的不同。民事诉讼所要解决的是平等主体之间的民事权利和义务的争议；[1] 行政诉讼所要解决的是国家行政机关的具体行政行为是否合法、正确问题；刑事诉讼所要解决的是涉嫌犯罪的人是否确实犯罪和犯什么罪以及应处何种刑罚问题。②提起诉讼的主体不同。民事诉讼中双方当事人都可以提起诉讼，原告起诉后，被告可以反诉；行政诉讼只能是由行政管理的相对人提起诉讼，行政机关始终处于被告地位，不能反诉；刑事诉讼除自诉案件由自诉人提起诉讼外，均由人民检察院提起公诉。③举证责任不同。在民事诉讼中，谁主张权利谁负责举证；在行政诉讼中，只由被告（行政机关）负举证责任；在刑事诉讼中，公诉人负有提供被告人有罪的证据，并加以证明的责任，被告人不负举证责任，但可以提出自己罪轻或无罪的材料为自己辩护。④适用的法律不同。民事诉讼主要适用《民法通则》和《民事诉讼法》；行政诉讼主要适用行政法律、法规和《行政诉讼法》；刑事诉讼主要适用《刑法》和《刑事诉讼法》。

（二）诉讼的特征

民事诉讼、刑事诉讼、行政诉讼都是在国家司法机关主持掌控下，在当事人和其他相关人员参与下，依照法定程序解决法律问题的活动。尽管三大诉讼有着各自的特征，但也有以下共同的特征：

1. 当事人参加的强制性。纠纷解决的方式有多种，如调解（诉讼外调解）、谈判、仲裁、诉讼等，这几种纠纷解决方式对当事人参加的强制程度有明显差别。调解、谈判虽可由一方提起，但因其"自愿"、"平等"的原则，在一方当事人申请调解时，对方当事人实际上仍有拒绝调解的权利。即使双方都同意调解或谈判，但调解或谈判中任何一方仍可拒绝。仲裁程序的提起以双方自愿达成的仲裁协议为前提，没有仲裁协议一方申请仲裁的，仲裁委员会不予受理，因为"合意性"是仲裁的一个重要特征，这个特征使得当事人参加是以"合意"为基础，没有这个基础，也就不存在当事人参加的强制性。而诉讼则不同，民事诉讼或行政诉讼是一方当事人起诉而提起，刑事诉讼除告诉才处理的案件外，诉讼程序是必须进行的，刑事诉讼中的自诉也是因一方当事人自诉而提起，诉讼一旦提起，被告人就必须应诉，原告也必须按诉讼程序要求参加。当事人参加诉讼是程序法的强制性要求，否则要承担不利的后果。

2. 程序的规范性和严格性。调解、谈判、仲裁、诉讼这几种纠纷解决方式虽然都要遵循一定的程序，但在程序的规范和严格程度上却有所不同。以人民调

〔1〕 江伟主编：《民事诉讼法》，高等教育出版社 2007 年版。

解为例，其首要目的是"及时调解民间纠纷、增进人民团结、维护社会安定"，因此，固定的、严格的调解程序并不是其本质要求。一般说来，为了达到及时解决纠纷、化解矛盾的目的，谈心开会、说服教育等方式都是允许的，而"认清事实、严格遵循实体法"的要求应该说不是人民调解所追求的目的。仲裁程序较调解、谈判要规范得多，如申请仲裁的各种要件、仲裁组织的组成、职责、开庭、裁决的程序等均为法律所规定。但仲裁亦具有一定的灵活性。在仲裁过程中，当事人的"约定"占重要地位，当事人可以就仲裁组织、仲裁员甚至仲裁程序达成约定。所以说"合意性"是仲裁的一个重要特征。诉讼的程序无疑是三者中最规范和最严格的。一旦诉讼开始，各方当事人及其他诉讼参与人就必须在法院的安排下，按诉讼法的规定进行一系列活动：被告答辩或反诉、审理前准备、庭审中的举证、质证、辩论直至接受判决。在这一系列活动中，当事人可以选择的余地很小。因此，我们可以说诉讼对"程序保障"的要求较调解、谈判和仲裁要高，具有较强的规范性和严格性。

3. 终结方式具单一性。调解可因当事人达成调解协议或调解不成而终结，谈判也是如此，其中达成协议的，可制作协议书，亦可不制作。仲裁终结的方式主要有三种：当事人和解撤回申请书、当事人经调解达成协议由仲裁庭制作调解书、仲裁庭作出裁决。前两种方式意味着当事人在仲裁过程中达成"合意"而使纠纷得到解决；最后一种方式是在当事人无法达成合意时由仲裁组织强制解决纠纷。由于仲裁的"合意性"特征，这三种方式可以说并无主次之分，也就是说，如果仲裁能以和解或调解的方式终结，未尝不是一件好事。因此，各国一般采取调解与仲裁相结合的方针，允许在仲裁过程中，经双方当事人请求或同意，在仲裁员和仲裁庭的主持下，由双方当事人自愿协商，达成协议，从而解决争议。诉讼程序的终结方式则单一而集中，一般都是在对事实进行认定的基础上按照实体法规定作出判决。尽管在诉讼中也存在民事和解和调解，但无疑判决具有最重要的地位：判决的确定性、强制力是其他任何诉讼终结方式得以达成的潜在后盾。虽然在我国调解结案的民事诉讼案件占了很大比重，但从本质上说，调解不宜作为民事审判权的主要运作方式。因此，在程序的终结方式上，诉讼的特征是更为单一和集中。

4. 解决纠纷最彻底的终局性。调解或谈判达成的协议，无论是否制作了书面协议书，均没有强制执行力，只能靠当事人自觉履行。仲裁程序是一裁终局，并且仲裁庭制作的调解书或裁决书具有强制执行力，一方当事人不履行时，对方当事人可申请有关法院强制执行。但被申请人提出证据证明裁决存在《民事诉讼法》第213条第2款情形之一的，人民法院经审查核实应裁定不予执行。因此，仲裁裁决书或调解书的终局性以及与此相关的强制执行力是不彻底的。而诉讼的生效裁判、调解书具有真正意义上的终局性和强制执行力：不经人民法院的法定程序，任何单位、个人均不得推翻；一方当事人不履行的，对方当事人可申请法院强制执行。尽管存在因裁判错误而提起再审程序的情形，但再审程序亦是民事诉讼程序的组成部分，也是由人民法院主持，按民事诉讼法的规定进行的。一个案件经过一审、二审甚至再审程序，这只是某一具体诉讼纠纷解决过程的阶段划分，而不能因此否定诉讼解决纠纷的终局性，从这个意义上说，诉讼解决纠纷具有最彻底的终局性。

二、诉讼的目的和计划

（一）诉讼的目的

诉讼的根本目的是惩治违法行为，保护合法利益。但三大诉讼有着不同的目的。刑事诉讼从本质上讲是国家行使刑罚权的活动，揭露、证实和打击犯罪，实现国家刑罚权，则是现代刑事诉讼的首要目的。但是，刑事诉讼在实现前述目的的同时，还具有保障人权的目的。也就是说，刑事诉讼具有打击犯罪和保障人权的双重目的，并且这两个方面结为有机的统一体，两者并重，缺一不可。行政诉讼也有双重目的，一是对行政机关进行司法监督，二是保护行政相对人的合法权益。行政诉讼中，法院在对行政机关的具体行政行为合法性审查后作出行政判决，对行政行为进行评价，并纠正违法行政行为。行政判决的种类包括维持判决、撤销判决、履行判决、变更判决等，直接表明对行政机关行政行为的监督，但是行政行为的对象是公民、法人或其他组织，因此法院判决对行政行为的监督最终会作用于相对人，通过督促行政机关做出合法的行政行为，保护公民、法人和其他组织的合法权益。民事诉讼以保护私权为主要目的，以维护国家秩序次之。民事诉讼在对私权的保护上主要是制裁民事违法行为，保护民事合法行为，通过实现这一主要目的，进而实现维护国家秩序的次要目的。

（二）诉讼计划的制定

这里讲的诉讼计划制定，仅指律师办理诉讼案件时的计划制定。法律诊所教育就是培养学生的律师职业技能，虽然诊所学生在办理诉讼案件时还不具有律师的某些执业权利，如会见权、阅卷权等，但诊所学生仍有参照和借鉴的意义。

制定诉讼计划是律师的一项主要业务和职业技能。所谓诉讼计划是指当事人和律师基于案件事实和相关证据，为实现诉讼主张而对诉什么，诉何人，向谁诉，如何诉等诉讼中可能遇到的问题进行准备和安排，是诉讼方案的制定及对诉讼中可能出现的问题的预测和预案准备，解决的是怎样打官司，如何诉讼的问题，是对即将进行诉讼的谋划，目的是为了确保诉讼目的的实现。诉讼计划一般包括：诉讼心理调整，诉讼请求的谋划，诉讼策略的制订，诉讼证据的收集，诉讼法院的确定，诉讼时机的选择及对方诉讼策略的预测和准备。

1. 诉讼心理的调整。诉讼计划在律师主导下，由律师和当事人共同完成，但最终决策权在当事人。律师在接受诉讼委托时，应当对当事人的诉讼心理进行了解和必要调整，这主要包括三项工作，确认当事人诉讼的态度，告知当事人诉讼风险，将当事人诉讼的心理调整到客观理智状态。了解当事人为什么要打官司，理智地分析诉讼是否可以避免，当事人诉讼中斗气成分有几何？是否要选择其他方式解决问题，只有在确认诉讼难以避免，当事人诉讼决心已下的情况下，律师进行的诉讼计划才是有意义的。制定诉讼计划时，应告知诉讼风险。诉讼作为解决纠纷的方式，往往是当事人不得已作出的选择，是解决问题的最后手段。诉讼本身就存在风险，律师要根据当事人提供的证据材料，对方的财产状况等，对案件的可诉性和可执行性实事求是地作出分析和判断，提示可能存在的诉讼风险，不要盲目乐观，更不要抬高当事人期望值，对现实司法中的不正常情况也应告知当事人，让当事人真正明白诉讼的风险，心理上有所准备。通过了解当事人诉讼心理，告知风险后，当事人仍要诉讼时，便应把当事人心态调整到一种理智客观的心态。使当事人明白诉讼胜负取决于案件事实和证据证明力，正确心态要做到知己知彼，对诉讼抱着一个客观、公正的心态，对诉讼中的困难要有充分准备，有最坏的打算，争取最好的结果，这是种比较理想的诉讼心态。

2. 诉讼请求的谋划。选择确定什么的诉讼请求，是诉讼计划中最为关键的一步。当事人为什么打官司，打官司想要什么样的结果也许是清楚的，但这种要求如何用法律语言（诉讼请求）表达出来，便是律师的责任了。律师有义务根据当事人介绍的案情和证据能力谋划出一个正确的诉讼请求。同样事实，诉讼请求谋划不当，可能当事人打官司的目的便无法实现。诉讼请求的谋划包括告谁和如何告以及告什么的问题。

3. 诉讼策略的确定。不同案件情况不同，请求不同，目的不同，当事人不同，诉讼策略也是不同的，诉讼策略是为诉讼目的服务的。为了从 A 到 B，目的是清楚的，两点之间直线距离最短，但可能 A、B 两点之间直线上有障碍，那为了从 A 到 B，便不能走直线，但可以走曲线，斜线，半圆，这便有了不同的路径。案情、证据、当事人情况都影响着诉讼策略的谋划，最低投入、最大收益应该是制定诉讼策略的原则，为了实现诉讼目的，可能出现不该告的告了，该告的没告，该向甲部门告的，却告到了乙部门，该要 10 万的实际要了 1 万，该要 1 万的却要了 5 万等。这些不正常的情况都隐藏着诉讼者巧妙的安排，是为了实现诉讼目的进行的前奏。诉讼策略的制定，要靠律师丰富的法律知识和诉讼经验，要靠对案件全面了解和对对方当事人性格的准确把握，只有做到知己知彼，因势利导，顺势而为，借形造势，以势制敌，才能运筹帷幄，决胜千里。

4. 证据收集的谋划。收集证据包括收集实体证据和程序证据，以及有利证据和不利证据。实体证据是诉讼请求能否成立的证据，程序证据包括当事人情况的证据、诉讼时效方面的证据等，有利证据是支持诉讼主张的证据，不利证据是否认请求的证据。收集有利证据是为了支持请求，收集不利证据是为了做到正确判断，防范对方收集到及制定相应对策。胜诉判决是为了实际执行，收集证据显示胜诉后无法执行，那么诉讼便没有意义。收集证据的方法是多种多样的，这是制定诉讼计划时必须做好的事情，因为诉讼一旦进入程序，对方知道成了被告，那么会设置重重障碍，使原本可以取得的证据都难再取得。

5. 管辖法院的确定。选择恰当的管辖法院也是诉讼计划中的事情，由于我国民事诉讼法及相关的司法解释所确立的管辖制度过于繁杂，以及目前司法实践中地方保护主义和维护部门利益的倾向仍较为严重的现实情况，使确定恰当的管辖法院成为诉讼计划中一项专业性和技术性较强的工作。选择管辖法院一般从五个方面考虑，①地域管辖，应尽量选择在当事人本地或较近的法院起诉，以节约诉讼成本，避免地方保护主义和个人因素干扰；②尽量避开专门法院审理内部部门为被告的案件，如铁路伤害事故，就尽可能选择地方法院管辖，避开铁路法院；③了解法院的执法环境和诉讼费收费标准；④根据级别分工，选择适当级别一审法院；⑤注意部分专业案件的特殊法律规定，如专利案件、海损案件都有特殊法律规定，应予遵循。

6. 对方诉讼策略的预测和应付方案。制定诉讼计划时就应预测，面对我们的诉讼的请求和证据，对方会提出什么样的反驳，又会提出什么样的证据，对方的应付策略是什么。我们可能有若干诉讼方案，对方应诉时也会有若干个应对方案。双方的方案都基于同一案件，经验丰富的律师，一般会预测到对方会有什么方案，因为律师清楚委托人的强项和弱项，便会知道对方什么样方案对我方最不利，那么制定诉讼计划时，便要考虑到这些，尽可能做到扬长避短，绝不把弱点暴露给对方，而且还要制定相应预案，如果出现了对我方不利的情况下，我们如何应对，如何让步，如何调整诉讼策略，以免被动。一个优秀的律师，有时对一个关键问题对方如何发问、我方如何回答都要进行准备。下面介绍一个案例：

　　20 世纪 90 年代，一名小女孩，在一家公园内走勇敢者的道路，不幸掉下过山桥身亡，王嵘律师为小女孩父母代理，对案件本身，王嵘思来想去，有个问题把自己难倒了，王嵘设想了对方律师会提问，作为父亲，带着女儿来到过山桥，你同意女儿走，去玩儿，你本人认为这过山桥是否安全，如果父亲说，我认为过山桥是安全的，那对方律师就可以说，你和其他游客一样，觉得过山桥安全，而且多年来过山桥也没有发生任何人身安全问题，所以你女儿身亡是件意外事故，凭什么出了意外事故，要公园赔偿呢？如果父亲说，我认为过山桥本来就不安全，那对方律师更有话说了，放任女儿缺乏安全的东西，你这个父亲是否履行了监护责任？为了破解这个难题，律师费了心思，结果开庭时，对方律师果然提出了上述问题，女孩父亲回答到，当时没有想过，现在想想太危险了，律师又问，你怎么会没有想到过呢，父亲回答，我当时能这么想吗，就像去商店买东西，我用得着担心商店房顶塌下来吗，这当然我用不着考虑，但是，现在女儿死了，你还能说不危险吗？律师的准备破解了对方预备下的一个难题，跳过了对方设置的一个陷阱。只有事先制定好应变的预案，才能做到"知己知彼，百战不殆"。

7. 诉讼时机的选择。选择什么时机提起诉讼，对案件的最终结果可能有不同的影响。选择时机可以从大环境和小环境两方面考虑。大环境指大的司法环境，如党中央、国务院正在全力清理拖欠农民工工资、工程欠款，那么类似这类案件就是起诉的好时机。小环境是指纠纷双方的具体情况。有些债务纠纷，看到对方根本没有能力，起诉只是白搭进诉讼费，就不能急于起诉。在对方有能力时，在对方最怕干扰影响时，起诉可能取得良好效果，这要根据小环境具体情况来确定，诊所学生可在今后的法律服务中慢慢琢磨。

三、诉讼代理的类型及权限

（一）诉讼代理的类型

诉讼代理是法律规定的由诉讼当事人授权或经人民法院指定，以当事人名义，代理一方当事人进行诉讼的制度。进行诉讼行为和接受诉讼行为的权限，称为诉讼代理权。享有诉讼代理权为当事人代理诉讼的人，称为诉讼代理人。诉讼代理的类型有三种：

1. 法定代理。法律上为无行为能力人设立的一种代理制度。行使法定代理权的人，称为法定代理人。法定代理权的发生，以亲权或监护权为基础，由法律规定。法定代理人与当事人处于相同的地位，享有当事人的诉讼权利，承担当事人的诉讼义务。法定代理权由于被代理人成年、解除监护、代理人丧失诉讼行为能力或死亡而消灭。

2. 指定代理。无行为能力人又没有法定代理人，或者他的法定代理人不能行使代理权时，法律规定由法院为其指定代理人的一种代理制度。被法院指定的代理人，称为指定代理人或特别代理人。指定代理人在诉讼中与法定代理人的地位相同，但不得处分当事人的实体权利。在被代理人或其法定代理人可以为诉讼行为时，指定代理人应当脱离诉讼，代理权即行消灭。

3. 委托代理。受当事人、法定代理人、法定代表人或诉讼中的第三人的委任的代理。这种诉讼代理人称为委托代理人。因这种代理权是由委托人的意思表示发生的，所以又称意定代理。当事人可以委托他的近亲属、律师担任委托代理人，也可以委托有关的社会团体、当事人所在单位推荐的人，以及经法院许可的其他公民，担任委托代理人。委托他人代为诉讼，须向法院提交授权委托书。委托代理人在授权范围内，代当事人为诉讼行为；但是在离婚案件中，确定离婚与否，必须由当事人本人表达意志，不能授权由委托代理人决定。委托代理人的代理权，因诉讼终结、解除或辞去委托、代理人丧失诉讼行为能力或死亡而消灭。委托代理的变更和解除，当事人应当书面报告法院，并由法院通知对方当事人。

律师或诊所学生进行的诉讼代理一般是第三种类型，即委托代理。

（二）诉讼代理的权限

这里讲的诉讼代理权限，仅指诉讼代理中委托代理的权限。在委托代理中，代理人在授权范围内可代理一切法律行为的，属于概括代理，又称一般代理或者全权代理。后者必须有明确授权，不能仅仅笼统地在委托代理合同中写上"全权代理"而无具体授权，否则只能理解为一般代理。

1. 一般代理。一般代理是根据委托人授权，只能代理当事人行使其一般诉讼权利的代理，包括下列内容：①代为起诉、应诉；②代理申请诉讼保全或证据保全；③申请回避，进行事实调查并向法庭提供证据（行政诉讼中，在诉讼提起后被告及其诉讼代理人不得收集证据），要求重新鉴定调查或勘验请求调解，法庭审理中进行举证、质证，发表代理意见；④申请执行。

2. 特别授权代理。特别授权代理是根据委托人授权，在代理当事人行使诉讼权利的同时，又可处理委托人实体权利的代理。包括下列内容：①代为承认对方当事人的部分或全部诉讼请求；②代为放弃、变更或增加己方当事人的诉讼请求；③代为和解；④代为反诉；⑤代为提出或申请撤回上诉。

律师事务所或法律诊所在与当事人订立委托代理合同时，除接受一般代理外，还可根据具体情况，接受特别授权代理中的一项或全部。

需要指出的是，行政诉讼中被告的诉讼代理人不得代为反诉，至于行政诉讼中代为和解问题，我国《行政诉讼法》第50条明确规定："人民法院审理行政案件，不适用调解。"但在行政审判实践中，法院以调解或者和解方式处理行政案件的现象却大量存在。只不过行政诉讼中的调解通常被称为"协调"或"和解"，并基本上都是以法院裁定同意当事人撤诉的方式结案。最高人民法院在2007年3月发布的《关于进一步发挥诉讼调解在构建社会主义和谐社会中积极作用的若干意见》中，明确指出：对行政诉讼案件，人民法院可以根据案件实际情况，参照民事调解的原则和程序，尝试推动当事人和解。人民法院要通过行政诉讼案件和解实践，不断探索有助于和谐社会建设的多种结案方式，不断创新诉讼和解的方法，及时总结工作经验，不断完善行政诉讼案件和解工作机制。这一司法政策的提出，意味着行政诉讼和解制度获得了我国最权威的司法认可，也是我国当前行政诉讼制度改革的一个重要方面。

四、刑事辩护与诉讼代理的区别

（一）刑事辩护的类型和辩护人的范围

根据我国《刑事诉讼法》第 32 条和第 34 条的规定，我国刑事诉讼中的辩护主要有自行辩护、指定辩护、委托辩护三种类型。自行辩护是指犯罪嫌疑人、被告人针对指控进行反驳、申辩和辩解的行为。指定辩护只适用于审判阶段，被指定的辩护人只能是律师。指定辩护包括：①公诉人出庭公诉的案件，被告因经济困难或其他原因没有委托辩护人的，人民法院可以指定承担法律援助义务的律师提供辩护；②被告人盲、聋、哑或者限制行为能力，或者在开庭审理时为不满 18 周岁的未成年人而没有委托辩护人的，人民法院应当指定承担法律援助义务的律师为其提供辩护；③被告人可能被判处死刑而没有委托辩护人的，人民法院应当为其指定承担法律援助义务的律师为其辩护。委托辩护是指犯罪嫌疑人或者被告人为维护其合法权益，依法委托律师或者其他公民协助进行辩护。依据《刑事诉讼法》第 32 条的规定，犯罪嫌疑人、被告人除自己行使辩护权以外，还可以委托 1～2 人作为辩护人。辩护人的范围包括：律师；犯罪嫌疑人、被告人的监护人、亲友；人民团体或者犯罪嫌疑人、被告人所在单位（单位犯罪）推荐的人。前述辩护人范围中的"人民团体"，笔者理解不仅包括政府有关部门的法律援助机构，还应包括注册登记的法律诊所。

诊所学生还不具有律师身份，不能进行指定辩护，但可以进行委托辩护，因此本章后面所讲的刑事辩护流程仅指委托辩护。

（二）刑事辩护与诉讼代理的区别[1]

刑事诉讼中的辩护人与诉讼代理人都是为了维护各自委托人利益而参加到诉讼中去的，都与案件处理后果没有直接的法律上的利害关系，二者在诉讼权利和义务，以及一些程序上有许多相通的地方。但有以下明显的区别：

1. 产生根据不同。刑事辩护人参加刑事诉讼的根据是犯罪嫌疑人、被告人委托授权或法院的依法指定，而代理人参加诉讼只能是当事人及其法定代理人授权。

2. 诉讼地位不同。辩护人具有独立的诉讼地位，以自己名义进行辩护而不受被告人约束，但代理人不具有独立的诉讼地位，是附属于被代理人的，依被代理人意志从事活动。

3. 诉讼任务不同。刑事辩护承担的是辩护职能，即反驳控方控诉，证明嫌疑人、被告人无罪或罪轻，应减轻或免除刑事责任；而代理职责在于维护被代理

---

[1] 陈光中主编：《刑事诉讼法》，北京大学出版社、高等教育出版社 2005 年版。

人的合法权益。

4. 适用范围不同。以刑事诉讼为例，两类对象的诉讼利害关系正好相反，刑事辩护适用于公诉案件的犯罪嫌疑人、被告人、自诉案件的被告人；刑事代理适用于公诉案件的被害人、自诉人和附带民事当事人。此外，在行政诉讼和民事诉讼中，均属于诉讼代理。

5. 权利内容不同。刑事辩护人享有法律规定的会见权和通信权、调查取证权等广泛权利，有的权利甚至是犯罪嫌疑人和被告人也不享有的，而诉讼代理人享有的权利由被代理人授予，而且不能超过被代理人的权限范围。

6. 权限范围不同。辩护人享有的权利是法律赋予的，不存在被告人授权问题，其授权也仅仅在于使辩护人参加诉讼，而诉讼代理人是否参加诉讼，在何权限范围内从事活动都须由授权决定。

7. 活动名义不同。辩护人调查取证、提交辩护词等活动中使用的是自己的名义，而刑事代理人进行诉讼活动使用的是被代理人的名义。

第二节　诉讼的业务流程

诉讼的业务流程，也可称之为诉讼的工作步骤，但前者比后者内涵要广些，前者不仅包含具体的工作顺序，还包含工作方法，而后者主要讲的是工作顺序。因为诉讼中要求程序与实体并重，所以在此使用业务流程一词。诉讼的业务流程是一个大概念，不同的诉讼有不同的业务流程。如刑事诉讼中侦察人员的侦查、检察人员的审查起诉、法官的审判、律师的诉讼代理与刑事辩护，都有各自的业务流程。行政诉讼和民事诉讼中的法官审判与律师代理，也是如此。本节所讲诉讼业务流程，仅从诉讼代理与刑事辩护两个方面阐述。

一、诉讼代理的业务流程

诉讼代理的范围很广，既包括行政和民事诉讼中的代理，又包括刑事诉讼中公诉案件、自诉案件、附带民事诉讼案件原告的代理。因此，这里讲的诉讼代理的业务流程，是对上述诉讼代理的总概括。

（一）收案

收案就是律师事务所或法律诊所接受自然人、法人和其他组织的委托，并指派律师或诊所学生承办该案。接受委托前，律师或诊所学生应当严格进行审查，看是否符合收案的条件，如果案件符合收案条件，律师事务所或法律诊所应当与委托人订立委托代理协议，指派律师或诊所学生为该案的诉讼代理人，并明确双方在代理协议履行过程中的权利和义务。

（二）开庭前的工作

1. 了解案情，收集证据。打官司重在证据。律师或诊所学生接受委托后，要全面细致地了解案情、收集相关证据。收集证据的范围包括能证明起诉正确或答辩正确的证据；能证明对方起诉或答辩事实失真的证据，与案件处理有关的其他证据。具体方法、步骤与技巧，"事实调查的理论与技巧"一章中已经详细讲述，此不赘述。需指出的是，行政诉讼提起后，作为被告的行政机关及其诉讼代理人不得收集证据。

2. 审查案件的诉讼管辖与诉讼时效。律师或诊所学生无论是代为提起诉讼，还是代为应诉，都应从以下方面审查案件的管辖问题：①案件是否属法院受理范围；②合同中约定的管辖条款及其效力；③案件是否属于专属管辖；④案件是否属于特殊地域管辖。此外，律师或诊所学生还应当审查案件的诉讼时效，查明是否超过诉讼时效期间，有无诉讼时效中断、中止或延长的情节。

3. 准备诉讼资料。在全面掌握案情、充分收集证据的基础上，代理案件的律师或诊所学生就可以撰写起诉状或答辩状了。起诉状是案件的原告向法院陈述自己的合法权益受到侵害的事实，阐明起诉理由，提出诉讼请求的法律文书。答辩状是案件的被告收到原告的起诉状副本后，在法定的期限内，针对原告在诉讼中提出的请求事项及依据的事实和理由，向法院作出的应答和辩驳的法律文书，其目的在于驳斥对方不正确的、不合法的起诉，并对自己的行为进行辩解。此外，代理案件的律师或诊所学生还应撰写代理词，以在法庭辩论阶段全面发表代理意见，反驳对方的主张。

4. 被告有无反诉的必要。反诉权是民事诉讼法赋予被告的一项诉讼权利，我国《民事诉讼法》第126条规定，被告提出反诉，可以合并审理。最高人民法院《关于适用〈中华人民共和国民事诉讼法〉若干问题的意见》第156条规定："在案件受理后，法庭辩论结束前，原告增加诉讼请求，被告提出反诉，第三人提出与本案有关的诉讼请求，可以合并审理的，人民法院应当合并审理。"所谓反诉权，是指在民事诉讼进行中，被告以本诉原告为被告，向人民法院提出与本诉有牵连的相反诉讼请求的权利。也就是在一个已经开始的民事诉讼（诉讼法上称为本诉）程序中，本诉的被告以本诉原告为被告，向受诉法院提出的与本诉有牵连的独立的反请求。该权利亦是当事人法律地位平等原则的重要体现，是本诉被告所享有的重要权利，是保障本诉被告民事权益的一项重要制度。反诉是指在本诉的诉讼程序中，被告以原告为其对方当事人，向法院提起的旨在抵销、吞并或排斥本诉诉讼请求的审判请求。例如，某甲向法院提起诉讼要求乙返还其走失的牲畜，乙在接到法院的通知后也向法院提出要求甲赔偿乙在饲养该牲畜期间损失的诉讼，这就是反诉。这里被告针对原告所提的诉讼请求，提出了独立的反请求，目的是抵销或吞并原告的诉讼请求。

刑事附带民事诉讼审判实践中，附带民事诉讼反诉的情况不乏少见，即在被害人提起的附带民事诉讼中，附带民事诉讼被告人以附带民事诉讼原告人为被告，向法院提起与本诉在法律事实上有直接联系的独立的诉讼请求，借以达到抵销或吞并本诉诉讼请求的目的。需要指出的是，在行政诉讼中，被告没有反诉权。

律师或诊所学生，在代理被告进行诉讼时，应根据案件的具体情况，适时、恰当地让己方当事人行使这项诉讼权利。

5. 在举证期限内向法庭提交证据。此时提交的是证据复印件，证据原件开庭时再提交。代理案件的律师或诊所学生在提交证据时，应对提交的证据进行分类、编号、装订成册，并填写"证据目录"，对证据材料的来源、证明对象和内容作简要说明，并依照对方当事人人数提出副本。

6. 根据案件的具体情况应做的其他工作：

（1）申请财产保全。财产保全有诉前财产保全和诉讼中财产保全两种。诉前财产保全是指利害关系人因情况紧急，不立即申请财产保全将会使其合法权益受到难以弥补的损害的，可以在起诉之前向法院申请财产保全，法院根据其申请采取的一种保护措施。诉讼中财产保全是指法院受理案件后，对于可能因一方当事人的行为或者其他原因，使判决不能执行或者难以执行的案件，根据一方当事人的申请或者依职权裁定对有关当事人的财产所采取的一种强制措施。提出财产保全申请，应当选择恰当的时机，否则就无法达到目的。举例而言，如债务人系外地经营户，申请财产保全可与起诉同时进行，防止对方接到诉状后转移财产。如诉讼中发现债务人官司缠身，因而有可能转移财产以及其财产不足以支付多个债权人时，要抢先提出财产保全，防止将来判决书无法执行。

（2）申请支付令。督促程序由债权人申请支付令而开始。有权提起支付令申请的，是依法享有债权的公民、法人及其他组织。被申请人是依法负有清偿义务的债务人。债权人申请给付的范围，仅限于请求给付金钱或汇票、本票、支票以及股票、债券、国库券、可转让的存单等有价证券，只要请求给付的金钱或者有价证券到期且数额确定，双方当事人没有其他债务纠纷，支付令能够送达债务人时，债权人就可以申请人民法院通过支付令的方式，达到保护自己权利、降低诉讼成本，减小诉讼周期，达到经济诉讼的目的。

（3）申请先予执行。先予执行，是指人民法院在终局判决之前，为解决权利人生活或生产经营的急需，依法裁定义务人预先履行义务的制度。民事诉讼法规定的先予执行适用的案件范围是：追索赡养费、扶养费、抚育费、抚恤金、医疗费用的案件；追索劳动报酬的案件；因情况紧急需要先予执行的案件。所谓的情况紧急，根据最高人民法院的有关司法解释主要是指下列情况：需要立即停止侵害，排除妨碍的；需要立即制止某项行为的；需要立即返还用于购置生产原料、生产工具款的；追索恢复生产、经营急需的保险理赔费的。先予执行应当满足的条件：当事人之间权利义务关系明确；申请人有实现权利的迫切需要；当事人向人民法院提出了申请；被申请人有履行的能力。诊所学生代理的大多数涉及对赡养费、扶养费、抚育费、抚恤金、医疗费用、劳动报酬等费用的案件，可有效利用这一诉讼制度。

（4）申请证据保全和申请法院收集证据。在"事实调查理论与技巧"一章中已论述，此不赘述。

（三）法庭审理中的工作

法庭审理一般包括告知阶段、法庭调查阶段、法庭辩论阶段、最后陈述阶段、评议阶段和宣判阶段等，但律师或诊所学生代理的重点在法庭调查和法庭辩论两个阶段。在此两个阶段，代理案件的律师或诊所学生主要做以下工作：

1. 举证。即诉讼各方分别就自己的主张向法庭提供证据。举证方在向法庭提出证据材料时，应进一步说明证据材料的来源、种类及欲证明之事实。为了较好地完成举证工作，在举证前必须进行以下准备工作：

（1）确定证人的出庭顺序。最高人民法院《关于民事诉讼证据的若干规定》第47条第1款和最高人民法院《关于行政诉讼证据若干问题的规定》第35条第1款均规定：证据应当在法庭上出示，由当事人质证。未经质证的证据，不能作为认定案件事实的依据。代理案件的律师或诊所学生，对于能帮助己方说明问题的证人不能安排他们走马灯似地随意在法庭出现，而应该根据需要对他们进行分类，在质证前确定他们的出场顺序。通常的做法是：让知情全面的证人先作证，安排表达较好的证人先作证，证明内容相近的证人集中安排到一起作证等，以增强审判人员对我方主张事实的全面了解。对于反驳对方主张的证人，应在对方举证后，立即申请出庭作证。这样既可以使证人证言起到充分而有针对性的作用，增加有利于本方的庭审效果。

（2）申请专门知识人员出庭的准备。最高人民法院《关于民事诉讼证据的若干规定》第61条第1款规定："当事人可以向人民法院申请由1至2名具有专门知识的人员出庭就案件的专门性问题进行说明"；第4款又规定："具有专门知识的人员可以对鉴定人进行询问。"这里，为律师或诊所学生在办案中涉及自己不熟悉而专业性又很强的问题时提供了一种解决方法。所谓具有专门知识的人员是指对案件的某个问题具有一般人不具备的专门知识或经验，不仅仅只是高学历、高职称的专家，也可能只是一名专业技术工人。申请具有专门知识的人员出庭就专业性的问题进行说明或让他向鉴定人询问，有助于审判人员接受、理解专门问题。在决定申请专门知识的人员出庭后，需要与专门知识人员交流，这种交流是双向的，律师或诊所学生学习专业知识，增强对专业知识的理解；同时，指导专门知识人员熟悉庭审程序，以及如何将对专业知识的说明围绕争议的法律问题展开，而不局限在知识本身。

（3）涉及保密证据的准备。最高人民法院《关于民事诉讼证据的若干规定》第 48 条规定："涉及国家秘密、商业秘密和个人隐私或者法律规定的其他应当保密的证据，不得在开庭时公开质证。"如果律师或诊所学生在调查过程中收集的证据含有该第 48 条规定的证据，就必须预先做好不能公开进行质证的准备。为了有效使用这些证据，应及时与审判员进行交流，除案件不公开审理外，可以让这部分证据在证据交换时组织质证，以解决不公开问题。

（4）原件原物证据的准备。最高人民法院《关于民事诉讼证据的若干规定》第 49 条规定："对书证、物证、视听资料进行质证时，当事人有权要求出示证据的原件或者原物。但有下列情况之一的除外：①出示原件或者原物确有困难并经人民法院准许出示复制件或者复制品的；②原件或者原物已不存在，但有证据证明复制件、复制品与原件或原物一致的。"所以，如果不得不使用非原件原物证据来证明事实的，那么只能按照以上规定的两种途径进行准备，使得非原件原物证据不因我们的疏忽而失去证明力，从而导致不利于委托人的情况发生。

2. 询问与质证。询问与质证是指一方当事人采用询问、辨认、质疑、辩驳等核实方式对另一方提出的证据进行质辩的诉讼活动。

（1）询问与质证的方法。以下主要对询问证人、鉴定人、勘验人以及对实物证据的质证方法进行介绍：

第一，询问证人。庭审中应就质证中需要询问证人的问题做充分的准备，预先设定提问提纲，这样在质询证人过程中，提什么问题、为什么主张服务就可以做到了如指掌。也就是说，在法律许可的范围内通过什么方式提出问题、先提什么问题、后提什么问题，提问的内容、角度、顺序作——确定，甚至对询问证人过程中可能出现的意外问题都必须有个预案，这样在质询证人时才能充分达到自己预期的目的。同样，这种准备也适用于对鉴定人和勘验人的质询。在质询对方申请出庭的证人时，首先，要询问他与对方当事人以及他和本案处理结果有无存在利害关系，从而向法庭证明其是否可能存在的偏向。其次，应该了解对方证人对客观事物的感知能力是否存在缺陷，比如听觉、视觉、记忆力等，精神状态是否正常，以证实对方证人在认知能力上是否存在缺陷，从而影响其提供的证据的真实性和可靠性。再次，要询问证人在事件发生时的实际状况，如对目击证人询问是否在场、距离远近、当时的自然条件等。必要时可以向法庭申请让几位证人进行对质，以辨真伪。我们也可以提出相反的证据揭露其证言的虚假。在质询中要尽量暴露对方证人言词之间的矛盾、错误或不实之处，以降低其证据的证明力。对于自己一方申请出庭作证的证人，律师在法庭上要用肯定的语气鼓励证人说实话。在听己方证人陈述时，律师要始终保持一种浓烈的兴趣认真加以倾听，不能因为自己的心不在焉而使证人在质证中感到慌乱不安。要通过律师的神态、语调感染证人，使其能平静流畅地叙述事实。当然，为了使自己的证人能适应法庭的气氛，事先可以进行模拟询问，但这种模拟应有限度，即证人的言词必须始终表达的是他本人的真实意思。

第二，询问鉴定人、勘验人。对鉴定人、勘验人的发问，应当针对鉴定、勘验的主体和内容进行。根据鉴定结论和勘验笔录与本方的利害关系，从不同角度，采用不同方法。若不利于本方，发问在于揭示矛盾，如鉴定人、勘验人的资格、事实与论据的矛盾，论证方法与科学或规定的矛盾。若有利于本方，则通过发问，突出最直接和最有利的重点，特别是当对方发问在先，鉴定人、勘验人又未及时明确说明时，要在本方发问时让鉴定人、勘验人进行充分说明。

第三，对实物证据（书证、物证、视听资料）的质证。在法庭质证的过程中，律师更多应用的是向法庭提供实物证据并对它们的证明力有无及大小相互进行质证。律师在法庭上选择使用一个有助于说明、解释或本身就具有直接证明效力的证据时，应能迅速取出，不能在法庭上为了寻找一个证据而东翻西找、手忙脚乱。要让审判员感觉到自己对该证据的重视程度。对于对方当事人提供的实物证据，应该在质证时关注其证据的形成和取证方式的合法性，按证据的三个基本属性质证。对于对方证据真实性没有异议，而对证明内容有异议的，如果本方有相反证据，在质证中立即说明，如果审判员同意，则立即举证。

（2）询问与质证中应注意的问题。主要应注意以下问题：

第一，避免对证人、鉴定人、勘验人的诱导式询问。最高人民法院《关于民事诉讼证据的若干规定》第60条第2款规定："询问证人、鉴定人、勘验人不得使用威胁、侮辱及不适当引导证人的言语和方式"，这是质询方式的禁止性规定，与最高人民法院《关于执行〈中华人民共和国刑事诉讼法〉若干问题的解释》第146条之规定是相同的，第146条为质询证人设置的程序规则是："询问证人应当遵循以下规则：①发问的内容应当与案件的事实相关；②不得以诱导方式提问；③不得威胁证人；④不得损害证人的人格尊严。"通常律师不会当庭威胁和侮辱证人，但不自觉在质证过程中采取诱导性提问，因此，需特别注意避免诱导性提问。否则会招致对方反对，或者审判员的制止，从而影响本方庭审活动。

第二，质证应当围绕证据的真实性、关联性、合法性三个特征进行。"真实性"，主要是指证据的内容是否真实。比如，为证明第三者与被告来往密切的电话清单，上面没有电信部门的盖章，因此，对于该通话记录的真实性，在一方提出异议的情况下，法院就很难予以采纳。"关联性"，主要是要求出示的证据与本案争议焦点有关联，而不是与本案无关。比如，在离婚案件中，原告提交了被告舅舅因故意伤害罪被判刑的判决书，欲证实被告家有家庭暴力的遗风。这里，被告就可以对该证据的关联性提出异议。因为原告是和被告打离婚官司，而不是要和被告舅舅离婚，被告亲属是否曾有暴力行为，与被告没有直接关系，也与本离婚案件的审理没有直接关系。因此，该份证据就可能因缺乏证据的"关联性"而不被法院采纳。"合法性"，主要是证据的来源是否合法。比如说，某案件中，某女欲证明某男有婚外情，请私人侦探利用针孔摄像头拍摄的录像就存在合法性问题。因为根据法律规定，针孔摄像头是国家明令非侦察部门禁止使用的专用设备，用非法设备获取的证据，自然不能被法院认定。再如，为了证明第三者与自己的配偶有婚外情，到第三者家破门而入，搜寻到的双方的情书，也因为违法行为在先，导致证据取得的非法。

第三，围绕发问的目的进行发问。庭审发问是为律师诉讼工作服务的，目的是维护当事人合法权益，律师发问与律师的诉讼思路是一致的，律师发问的重点应与律师在接下来的程序中质证、辩论相衔接，律师发问一要让当事人把对自己有利的事实和理由充分向法庭陈述，二要借用发问找到对委托人有利证据或揭示对方证据陈述的矛盾、虚假和所据理由的不成立，庭审发问是真正的短兵相接，智慧的交锋。律师发问一定要把握住两点：①律师发问的各个问题应当前后思路连贯，律师想达到什么目的，应该让法庭明白；②发问的重点问题应尽可能展开，从不同角度，不同层次发问，充分揭示问题的实质内容，对于一般问题，应尽可能简洁，使发问重点突出，达到发问目的，并能让法庭听取对委托人有利的事实和理由。

第四，质证过程语言要简洁。在质证时，一个喋喋不休、不知所云的律师造成的后果是灾难性的。不管律师采取何种方式进行质证，都必须有效进行组织，适当运用语言，尽可能直接、简洁和通俗易懂。同时，对于不能表明任何问题的提问要坚决予以摒弃，尽量不对证人提自己都没有把握如何回答的问题，使自己提出的问题的答案能在自己的预料和控制之中。

3. 法庭辩论。在各方当事人举证、质证完毕后，就进入法庭辩论阶段。此阶段代理案件的律师或诊所学生要根据法庭调查的事实和有关程序问题，作出自己的判断，并阐明自己的理由，同时对对方的判断和理由进行反驳，从而为法庭作出判决提供参考意见。其目的在于使审判人员接受我方观点，否定对方观点。一般先由原告律师发表代理意见，被告律师进行答辩。辩论结束后，双方作最后陈述，法庭即休庭合议。

（四）开庭后的工作

开庭后的工作包括以下三个方面：

（1）交纳书面代理词。

（2）向当事人通报审理情况，应对方案准备。

（3）收取法院裁判文书（包括代收法律文书后及时向当事人交付）。

上述四个步骤是律师或诊所学生代理一审诉讼案件的基本流程。二审诉讼阶段，律师或诊所学生的工作内容与一审相差不大，但也应当结合二审程序自身的特点，有针对性地进行代理活动。尤其是在办理委托手续后应到二审法院阅卷，查看一审的证据是否充足确凿，适用法律是否正确；一审的定案证据是否均已经过法庭质证；一审认定的事实是否清楚、完整，该事实与判决结果之间是否有必然的联系等。

当然，再审程序及执行程序中，当事人也可委托律师或诊所学生代理。因再审程序不是必经的程序，而是一种补救程序；执行程序中当事人一般很少委托律师或诊所学生代理。故关于这两个诉讼程序中的代理不再多讲。

二、刑事辩护的业务流程

刑事辩护是律师的一项主要业务，我们常讲的刑辩律师，指的就是担任犯罪嫌疑人、被告人的辩护律师。刑事诉讼一般要经历侦查、审查起诉、审判三个阶段（自诉案件除外），每一个阶段中律师或其他辩护人介入的时间、权限，刑事诉讼法都有严格的规范。相比较而言，刑事诉讼法对律师参与诉讼的规范较为明确、具体，加之法律诊所教育是培养律师的摇篮，因此下面介绍律师（仅指辩护律师）在上述三阶段的主要工作流程，供诊所学生借鉴。

（一）律师在侦查阶段的工作步骤

我国《刑事诉讼法》第96条规定："犯罪嫌疑人在被侦查机关第一次讯问后或者采取强制措施之日起，可以聘请律师为其提供法律咨询、代理申诉、控告。犯罪嫌疑人被逮捕的，聘请的律师可以为其申请取保候审。涉及国家秘密的案件，犯罪嫌疑人聘请律师，应当经侦查机关批准。"从以上法律规定可知，律师在侦查阶段还不具有辩护人的身份，工作权利仅限于为犯罪嫌疑人提供法律咨询、代理申诉、控告、申请取保候审。并且，我国《刑事诉讼法》只是赋予了律师在侦查阶段的介入权，没有赋予其他辩护人此项权利，包括诊所学生。

律师在此阶段应按以下步骤进行工作：

1. 收案。收案就是由律师事务所接受犯罪嫌疑人或其亲属的委托，指派律师承办案件的活动。律师事务所应与委托人签署《委托协议》一式二份，一份交委托人，一份由律师事务所存档；委托人应向律师事务所指派的承办案件的律师签署《授权委托书》一式三份，一份交办案机关，一份由律师事务所存档，一份交委托人保存。承办案件的律师应及时向侦查机关提交《授权委托书》和律师事务所信函，并出示律师执业证。

2. 会见犯罪嫌疑人，向其了解有关案件情况。律师会见在押的犯罪嫌疑人时，应首先征询其对于聘请律师的意见。犯罪嫌疑人表示同意的，应要求其在《授权委托书》上签字确认；表示不同意的，应要求其书面表明意见。律师会见犯罪嫌疑人时，可以向其了解以下有关案件的情况：犯罪嫌疑人的自然情况；是否参与以及怎样参与所涉嫌的案件；涉及定罪量刑的主要事实和情节或者无罪的辩解；被采取强制措施的程序是否合法，手续是否完备，人身权利及诉讼权利是否受到侵犯；侦查活动有无其他违法行为；其他需要了解的情况。

3. 为犯罪嫌疑人提供法律咨询。律师可为犯罪嫌疑人提供以下法律咨询：有关强制措施的条件、期限、适用程序的法律规定；有关侦查人员回避的法律规定；犯罪嫌疑人对侦查人员的提问有如实回答的义务，但对与案件无关的问题有拒绝回答的权利；犯罪嫌疑人对侦查人员制作的讯问笔录有核对、补充、改正的权利；犯罪嫌疑人要求侦查机关将用作证据的鉴定结论向其告知、申请重新鉴定的权利；犯罪嫌疑人的申诉权和控告权；刑法关于犯罪嫌疑人所涉嫌罪名的有关规定；刑法关于自首、立功及其他相关的规定。

4. 为犯罪嫌疑人申请取保候审。律师认为在押的犯罪嫌疑人符合下述条件之一的，可以为其申请取保候审：①犯罪嫌疑人所涉案情符合《刑事诉讼法》第51条规定的；②犯罪嫌疑人患有严重疾病的；③犯罪嫌疑人正在怀孕或者哺乳自己婴儿的；④侦查机关对犯罪嫌疑人采取的羁押措施已超过法定期限的；⑤符合法律规定的其他取保候审条件的。律师为犯罪嫌疑人申请取保候审的，应向有关机关提交申请书。申请书应写明申请事实、理由及保证方式，并注明律师事务所名称、律师姓名、通信地址及联系方法等。律师为在押的犯罪嫌疑人申请取保候审后，应当要求侦查机关在7日内作出同意或者不同意的答复。对于不同意取保候审的，律师有权要求其说明不同意的理由，并可以提出复议或向有关部门反映。

5. 代理申诉和控告。律师了解案情后，认为犯罪嫌疑人不构成犯罪、涉嫌罪名不当或者有《刑事诉讼法》第15条所规定的不追究刑事责任情况的，可以代理犯罪嫌疑人向有关机关提出申诉，要求予以纠正。律师发现侦查机关有侵犯犯罪嫌疑人人身权利、诉讼权利或其他合法权益，或者发现有管辖不当、非法搜查、扣押及其他违反法律规定情况的，可以代理犯罪嫌疑人向有关部门提出控告。

（二）律师在审查起诉阶段的工作步骤[1]

我国《刑事诉讼法》第32条规定："犯罪嫌疑人、被告人除自己行使辩护权以外，还可以委托1至2人作为辩护人。下列的人可以被委托为辩护人：①律师；②人民团体或者犯罪嫌疑人、被告人所在单位推荐的人；③犯罪嫌疑人、被告人的监护人、亲友。正在被执行刑罚或者依法被剥夺、限制人身自由的人，不得担任辩护人。"《刑事诉讼法》第33条规定："公诉案件自案件移送审查起诉之日起，犯罪嫌疑人有权委托辩护人。自诉案件的被告人有权随时委托辩护人。人民检察院自收到移送审查起诉的案件材料之日起3日以内，应当告知犯罪嫌疑人有权委托辩护人。人民法院自受理自诉案件之日起3日以内，应当告知被告人有权委托辩护人。"由以上法律规定可见，诊所学生从此阶段开始可作为人民团体推荐的人，接受犯罪嫌疑人、被告人或其亲属的委托，担任犯罪嫌疑人、被告人的辩护人，但在会见、查阅、摘抄、复制本案的诉讼文书、技术性鉴定材料方面，不享有律师的某些权利。

律师在此阶段应按以下步骤进行工作：

1. 收案。委托手续的办理方法与侦查阶段相同，所不同的是委托人授权的阶段为审查起诉，授权委托书中应写明"律师的工作权限至审查起诉终结止"。承办案件的律师应及时向公诉机关提交《授权委托书》和律师事务所信函，并出示律师执业证。

2. 阅卷。辩护律师在审查起诉阶段可以查阅、摘抄、复制本案的诉讼文书和技术性鉴定材料。诉讼文书主要包括立案决定书、拘留证、批准逮捕决定书、逮捕证、搜查证、起诉意见书等为立案、采取强制措施和侦查措施以及提请审查起诉而制作的程序性文书；技术性鉴定材料主要包括法医鉴定、司法精神病鉴定、物证技术鉴定等由有鉴定资格的人员对人身、物品及其他有关证据材料进行鉴定所形成的记载和鉴定结论的文书。律师以外的其他辩护人经人民检察院许可，也可以查阅、摘抄、复制上述材料。

3. 会见和通信。在审查起诉阶段，辩护律师会见犯罪嫌疑人无需经过检察机关批准，可以随时会见。辩护律师可以与犯罪嫌疑人进行通信，但内容应与本案有关。律师会见犯罪嫌疑人时，可以向其了解有关案件的情况。其他辩护人经人民检察院许可，也可以同在押的犯罪嫌疑人会见和通信。

4. 收集与本案有关的证据材料。具体有三个内容：①辩护律师经证人或者其他有关单位和个人同意，可以向他们收集与本案有关的材料；②辩护律师经人

---

[1] [美]苏珊·奥尼尔、凯瑟琳·斯巴克曼著，黄亦川、朱德芳译：《美国律师实务入门——从学生到律师》，北京大学出版社1998年版。

民检察院许可，并且经被害人或者其近亲属、被害人提供的证人同意，可以向他们收集与本案有关的材料；③当辩护律师在上述情况下仍无法取得有关的证据材料时，可以申请人民检察院去收集、调取证据。

5. 提出辩护意见。根据《刑事诉讼法》第 139 条的规定，在审查起诉阶段，辩护律师有权依法提出证明犯罪嫌疑人无罪、罪轻或者减轻、免除其刑事责任的辩护意见。此外，犯罪嫌疑人在审查起诉阶段被超期羁押的，辩护律师有权要求对犯罪嫌疑人依法释放或变更强制措施为取保候审或监视居住。

（三）律师在审判阶段的工作步骤

根据我国《刑事诉讼法》第 32～33 条的规定，诊所学生在审判阶段也可作为人民团体推荐的人，接受犯罪嫌疑人或其亲属的委托，担任被告人的辩护人。在此阶段应按以下步骤进行工作：

1. 收案。委托手续的办理方法与侦查、审查起诉阶段相同，所不同的是委托人授权的为审判阶段，授权委托书中应写明"律师的工作权限至一审判决止"。

2. 阅卷。承办案件的律师应及时与法院办案法官取得联系，向其提交《授权委托书》、律师事务所信函，并出示律师执业证。辩护律师有权查阅、摘抄、复制本案所指控的犯罪事实的证据材料。包括：起诉书、证据目录、证人名单和主要证据的复印件或者照片等。缺少上述材料的，律师有权要求人民法院通知人民检察院补充。律师查阅案件材料应当了解以下事项：被告人的自然情况；被告人被指控犯罪的时间、地点、动机、目的、手段、后果及其他可能影响定罪量刑的法定、酌定情节等；被告人无罪、罪轻的事实和材料；证人、鉴定人、勘验检查笔录制作人的自然情况；被害人的自然情况；侦查、审查起诉阶段的法律手续和诉讼文书的合法性、完备性；技术性鉴定材料的来源、鉴定人的资格、鉴定过程与方式以及鉴定结论和理由等；同案被告人的供述及其他有关情况；有关证据的客观性、关联性、合法性。证据本身及证据之间的矛盾与疑点；有关证据能否证明起诉书所指控的犯罪事实及有关情况，有无矛盾与疑点等。律师阅卷后，应注意审查该案是否属于受案法院管辖。发现管辖不当的，应及时提出书面管辖异议。

3. 会见和通信。在审判阶段，辩护律师会见被告人无需经过批准，可以随时会见。辩护律师可以与被告人进行通信，但内容应与本案有关。律师会见被告人时，应注意了解被告人的陈述和辩解，发现、核实、澄清案件事实和证据材料中的矛盾和疑点，并重点了解以下情况：被告人的身份及其收到起诉书的时间；被告人是否承认起诉书所指控的罪名；指控的事实、情节、动机、目的是否清楚、准确；起诉书指控的从重情节是否存在；被告人的辩解理由；有无从轻、减轻、免予处罚的事实、情节和线索；有无立功表现；有无超期羁押及合法权益受到侵害等情况。会见被告人时，律师可以向被告人介绍法庭审理程序，告知被告人在庭审中的诉讼权利、义务及应注意的事项。

4. 调查和收集证据。辩护律师的主要工作内容和权利有：可以向被害人或者其近亲属、被害人提供的证人收集与案件有关的材料；可以向其他证人或者单位收集与案件有关的材料；可以采用录音、录像的方式收集案件材料；认为必要时，也可以申请人民法院收集、调取证据。

5. 出庭前的其他工作。主要有：律师申请人民法院通知证人、鉴定人、勘验检查笔录制作人出庭作证的，应制作上述人员名单，注明身份、住址、通讯方式等，并说明拟证明的事实，在开庭前提交人民法院；律师对于拟当庭宣读、出示的证据，应制作目录并说明所要证明的事实，在开庭前提交人民法院；律师在开庭前3日内才收到出庭通知的，有权要求法院变更开庭日期；开庭前律师应向法庭了解通知证人、鉴定人、勘验检查笔录制作人出庭作证的情况，如发现有未予通知或未通知到的情况，应及时与法庭协商解决；律师应了解公诉人、法庭组成人员的情况，协助被告人确定有无申请回避的事由及是否提出回避的申请。律师发现案件审理违反公开审判规定的，应向法庭提出异议。

6. 开庭审理中的工作。开庭审理中，辩护律师的工作内容很多，如审判长宣布被告人的诉讼权利后，律师可接受被告人的委托，对合议庭组成人员、书记员、公诉人、鉴定人和翻译人员代为申请回避，说明理由；再如，法庭对被告人的年龄、身份、有无前科劣迹等情况核对有误，足以影响案件审理结果的，律师应认真记录，在法庭调查时予以澄清。但根据刑事辩护的特点，辩护律师在开庭审理中的工作重点是发问、质证、举证、辩论。

（1）发问。当庭向证人或当事人（己方当事人、对方当事人）发问是律师的权利，充分有效使用发问权是律师的责任。辩护律师在公诉人讯问被告人、询问被害人、证人后，经审判长许可，也可向这些人员发问。当庭发问权使用的优劣，不仅显示律师的水平的高低，有时会对案件造成重大影响。如果当庭发问运用得恰如其分，律师会在当庭取得对当事人有利的事实证据，会给律师工作奠定良好基础；如果律师当庭发问查清的事实，被法庭采信，会对法院判决产生很好影响。但是如果当庭发问使用不当，往往把对自己不利的事实暴露出来，适得其反，搬起石头砸了自己的脚。当庭发问应当围绕以下目的进行：

第一，为强化己方证据而发问。如下例所示：

> 律　师：你们三人在绑架受害人勒索不成后如何商量的？
>
> 被告人：我提出放了他吧！让他回去后往银行卡上打钱。
>
> 律　师：受害人怎么说的？
>
> 被告人：受害人说行，他一定守信用，保证打钱。

　　律　师：其他被告人怎么说的？

　　被告人：刘某听我这么说，便走了，说我办不成事儿，张某说不行。

　　律　师：刘某为什么走？

　　被告人：刘某说要弄死受害人，说我胆小干不成事儿，他要走。

　　律　师：张某为什么说不行？

　　被告人：因为受害人认识张某，他怕受害人报案。

　　律　师：后来呢？

　　被告人：我说不敢杀人，他们两人便把受害人勒死了。

　　律　师：你对自己的犯罪有何认识？

　　被告人：我现在很后悔。

　　这是关系到己方当事人主观恶性和悔罪态度的关键事实，律师的这些庭审中发问会引起法庭注意，也让公诉人、受害人感受到共同犯罪人中该被告人的主观恶性是最轻的，是有悔罪表现的。

　　第二，为揭示对方证据的矛盾，陷对方于被动而发问。借发问，揭示对方证据矛盾，弱化其证明力，以便为自己的辩护工作创造有利条件。律师向对方证人、对方当事人发问时，应对案件事实有全面了解，掌握对方证据情况，要努力发现对方证据的矛盾处，可疑处，不合乎逻辑处。只有在庭审前做好充分准备，方可利用庭审发问机会，揭示对方矛盾，还有可能暴露对方伪证。例如：

　　律　师：请问证人，你与被告和受害人此前认识吗？

　　证　人：不认识。

　　律　师：被告人与受害人在自己村内打架，你是外村人怎么见到的？

　　证　人：我到他们村捡破烂儿，正好看到被告人打受害人。

　　律　师：受害人见到你了吗？

　　证　人：我不知道。

　　律　师：受害人认识你吗？

　　律　师：不认识。

　　律　师：那你是怎么来作证的？

　　证　人：打架后六七天，我又到他们村捡破烂，正好见到受害人包着脸，说起打架事，受害人才让我到公安局作证。

　　律　师：你能肯定是打架后六七天后见到受害人的吗？上午还是下午？是几点？

　　证　人：肯定，绝对不超过 7 天，是一天上午 10 点钟。

　　律　师：请书记员将证人的上述证言记录在案。审判长，本辩护人认为：该证人证言纯属伪证，因为受害人提供的医院住院病历显示受伤后他在县医院 15 天，根本没有在自己家住，证人说案发后六七天在受害人村见到受害人是不可能的，是谎话。

第三，为反驳对方，让道理站到自己一边而发问。庭审中有时用理论反驳一个观点，往往很困难，费时费力，效果并不理想，但这时运用发问反驳对方，可以使对方错误观点归谬，使自己观点被法庭接受，让道理站到自己一边，使诉讼事半功倍，律师和诊所的学生应细加琢磨，学会运用这一方法。例如：

律　师：公诉人凭什么说被害人被轮奸之说可信？

公诉人：受害人如果是被一人强奸，她为什么说被四人轮奸呢？不合乎常理，她没必要说谎的。

律　师：公诉人说法依据的仅仅是常理吗？

公诉人：对，判断可依据常理。

律　师：那么，请问被告说他花 100 元就能找到小姐，他为什么冒被法律严惩的风险去强奸受害人呢？这种说法不符合常理吗？

公诉人：无言答辩。

这个辩论中，如果论证什么是常理，受害人说法合不合理，或论证公诉人观点错误，都不是三言两语可以说清的。通过反问驳斥，使公诉人观点错误显现，起到了破立之功效，让对方观点失败，自己观点被加强，被接受。

需要指出，庭审发问是公诉人与辩护人发问与反对发问的过程，在这一过程中辩护律师要注意对公诉人以威胁、引诱等方式的发问提出反对意见，当然公诉人也可对律师的不当发问提出反对意见。司法实践中公诉人发问方式不当，主要有以下几种形式：一是以威胁的口气进行发问（被告人翻供情况下），例如，"被告人，你刚才说的怎么与过去说的不一样，我告诉你，拒不认罪是要从重处罚的"；二是诱供式的发问，例如，"你说的不对，你不是用尖刀扎的吗，怎么又说忘了呢？"；三是有罪推定式的发问，例如，"你老实点，你现在是被告人，不是你当领导的时候了，你要老实交代你的罪行。"又如："被告人，为什么不承认你的行为是犯罪，你是罪犯，是罪犯就得认罪，争取个好态度。"对公诉人的上述不当发问形式，律师应及时提出反对意见。但辩护律师自身也要搞好发问，尽量避免自己的发问方式不当而遭公诉人的反对或审判人员的制止，使自己丧失发问机会。此外，要注意不要重复发问，在公诉人询问、法官询问已被明确答复的问题，律师不要重复，当然，如果站到不同角度可能有不同答案的问题，只要对律师工作有利，就应该发问，这要注意问题的巧妙设计，要让法庭清楚，并接受你的发问目的。

（2）质证。诉讼代理中，无论是民事诉讼的代理，还是行政诉讼的代理，以及刑事附带民事的诉讼代理，都是基于"谁主张谁举证"的一般原则，对诉讼代理人而言，举证与质证应当并重。而刑事辩护中，辩护人的工作重心则在于质证，即对公诉方所举证据进行质证。具体方法如下：

第一，对控诉方的出庭证人，辩护律师应注意从以下几个方面进行质证：证人与案件事实的关系；证人与被告人、被害人的关系；证言与其他证据的关系；证言的内容及其来源；证人感知案件事实时的环境、条件和精神状态；证人的感知力、记忆力和表达力；证人作证是否受到外界的干扰或影响；证人的年龄以及生理上、精神上是否有缺陷；证言前后是否有矛盾。辩护律师应综合以上几个方面，对证人证言及时发表意见。必要时，可与控诉方展开辩论。

第二，控诉方通知证人名单以外的证人出庭作证的，辩护律师有权建议法庭不予采信或要求法庭延期审理。

第三，对于控诉方申请通知出庭的鉴定人及其作出的鉴定结论，辩护律师应注意从以下几个方面质证：鉴定人与案件的关系；鉴定人与被告人、被害人的关系；鉴定人的资格；鉴定人是否受到外界的干扰和影响；鉴定的依据和材料；鉴定的设置和方法；鉴定结论与其他证据的关系；鉴定结论是否科学、准确。辩护律师应综合以上几个方面，对鉴定结论及时发表意见。必要时可与控诉方展开辩论。

第四，对于控诉方宣读的未到庭鉴定人的鉴定结论或证据目录以外的鉴定结论，辩护律师有权建议法庭不予采信或要求法院延期审理。申请通知鉴定人出庭接受质证，也可以申请人民法院补充鉴定或者重新鉴定。

第五，对控诉方出示的物证，辩护律师应注意从以下几个方面质证：物证的真伪；物证与本案的联系；物证与其他证据的联系；物证要证明的问题；取得物证的程序是否合法。辩护律师应综合以上几个方面，对物证及时发表意见。必要时可与控诉方展开辩论。对于控诉方出示的证据目录以外的物证，辩护律师有权建议法庭不予采信或要求法庭延期审理。

第六，对控诉方出示的书证，辩护律师应注意从以下几个方面质证：书证的来源；书证是否为原件；书证的真伪；书证与本案的联系；书证与其他证据的联系；书证的内容及所要证明的问题；取得书证的程序是否合法。辩护律师应综合以上几个方面，对书证及时发表意见。必要时可与控诉方展开辩论。对于控诉方出示的证据目录以外的书证，辩护律师有权建议法庭不予采信或要求法庭延期审理。

第七，对控诉方宣读的未出庭证人的书面证言，辩护律师应注意从以下几个方面质证：证人不能出庭作证的原因及对本案的影响；证人证言的形式和来源是否合法，内容是否完整、准确；《律师办理刑事案件规范》第 96 条规定的相关方面。辩护律师应综合以上几个方面，对未出庭证人的书面证言及时发表意见。必要时可与控诉方展开辩论。对于控诉方宣读的未出庭证人的证言或证据目录以外的证人证言，辩护律师有权建议法庭不予采信或要求法庭延期审理，申请通知证人出庭作证。

第八，对控诉方提供并播放的视听资料，辩护律师应注意从以下几个方面质证：视听资料形成的时间、地点、过程和周围的环境；视听资料收集的程序是否合法；播放视听资料设备的状况；视听资料的内容和所要证明的问题；视听资料是否伪造、变造；视听资料与其他证据的联系。辩护律师应综合以上几个方面，对视听资料及时发表意见。必要时可与控诉方展开辩论。控诉方提供证据目录以外的视听资料，辩护律师有权建议法庭不予采信或要求延期审理。

（3）举证。刑事诉讼中辩护律师质证在先，举证在后，且前者是工作之重，但必要的举证工作也应当进行。在控诉方举证完毕后，辩护律师可以向法庭出示本方证据。此外，在法庭调查中，辩护律师可以请求人民法院向人民检察院调取其收集的能够证明被告人无罪或者罪轻的证据材料。辩护律师也有权申请通知新的证人到庭，调取新的物证、书证，申请重新鉴定或勘验。

（4）法庭辩论。法庭调查阶段结束后，法庭审理就进入法庭辩论阶段。控诉方发表控诉意见后，辩护律师发表辩护意见。辩护律师可以针对控诉方的指控，从事实是否清楚、证据是否确实充分、适用法律是否准确无误、诉讼程序是否合法等方面进行分析论证，并提出关于案件定罪量刑的意见和理由。

辩护律师为被告人作无罪辩护的，应从以下几个方面进行论证：被告人行为系合法行为；被告人行为情节显著轻微，危害不大，不认为是犯罪；被告人没有实施控诉方指控的犯罪行为；指控方指控的证据不足，不能认定被告人有罪；其他依法认定被告人无罪的情况。

辩护律师为被告人作有罪辩护的，应着重从以下几个方面论证：指控被告人的罪名不当，应认定为法定刑较轻的其他罪名；被告人有从轻、减轻或免除刑罚的情节。

在法庭辩论中，辩护律师发现有程序违法情况的，有权提出异议并要求予以纠正。在法庭辩论和被告人的最后陈述中，律师发现有新的或遗漏的事实、证据需要查证的，可以申请恢复法庭调查。

7. 休庭后工作。休庭后辩护律师的主要工作有：①休庭后，辩护律师应就当庭出示、宣读的证据及时与法庭办理交接手续；②辩护律师应尽快整理书面辩护意见并及时提交法庭；③一审判决后，律师有权获得判决书。在上诉期间内，律师可会见被告人，听取其对判决书的意见，询问其是否上诉，并给予法律帮助。

第三节　诉讼的技巧

　　律师进行诉讼代理或刑事辩护都会运用一些技巧，可以说这些技巧运用得如何是一个律师执业技能、执业水平的集中体现。一些文学作品和影视作品中律师在法庭上仗义执言、口若悬河、风度翩翩、化险为夷、拨云见日的智慧形象，给人留下深刻印象。律师的诉讼技巧是律师的智慧结晶，但技巧中也包含一些计谋，甚至是诡计。一提到诡计，人们都不以为然，然而是技巧还是诡计，有时难以说清楚。我们的法制环境现实并非书本上介绍的那样完美，律师在社会上也是广被诟病的职业，律师的诡计也在法律实务中盛行，为了正义，也应了解这些诡计。律师既非天使，又非妖魔，既可以是天使，又可能是妖魔。有一则笑话，问2＋2等于几？家庭主妇随口就说到4；财务人员则说可能是4吧，让我计算一下；律师则神秘地拉上帘说，请问你想让他等于几？笑话讽刺了律师的无原则和狡诈，但也说明掌握专业知识、执业技巧是律师存在的前提。生活毕竟是复杂的，并非数字2＋2＝4那样准确。律师作为一方利益的代理方，他的诚信、技巧、特殊知识、影响，以及他们的个性都为了更好地提供论点和论据，实现委托人的利益最大化。麦考利说："当两个立场对立的人尽可能偏颇地争辩时，我就得以最公平的判决，可以肯定，在这种情况下不会有任何重要的因素被忽视"，但愿律师的诉讼技巧或计谋或诡计都能为社会法治进步、公平正义的获得提供有益的滋养。

　　诊所法律教育就是为了诊所学生能够更好掌握实际操作技能，把自己所学的法律理论知识与司法实际很好地结合起来，最大限度地维护当事人的合法利益。因此，有必要将律师诉讼中的技巧或计谋，甚至是诡计介绍给诊所学生，以使诊所学生在实务中最大限度地运用诉讼技巧或破解对方的诡计。

一、管辖权运用的技巧

　　在我国，立法机构及最高人民法院、检察院、公安部为了规范管辖作了大量的司法解释和规定，但因案件的纷繁复杂和法律规定的冲突、不严谨，为诉讼中管辖之争带来了变数，也为律师提供了施展技巧的天地。管辖分为地域管辖和级别管辖。下面分三个方面介绍管辖权运用的技巧。

　　（一）选择管辖权的技巧

　　以民事诉讼为例，我国《民事诉讼法》第22条第3款规定："同一诉讼的几个被告住所地、经常居住地在两个以上人民法院辖区的，各该人民法院都有管辖权"；第24条规定："因合同纠纷提起的诉讼，由被告住所地或者合同履行地人民法院管辖"；第29条规定："因侵权行为提起的诉讼，由侵权行为地或者被告住所地人民法院管辖"，侵权行为地又包括侵权行为实施地、侵权结果发生地。《民事诉讼法》第25～33条规定了当事人起诉时，对管辖法院有选择权，可以选择法院，对这一权利一定要熟知并充分利用，分析法院法官素质、效率、收费标准、对方与各法院关系、自己与法院关系以及对方财产所在地等因素，选择最佳受理法院。选择管辖权，应选择对自己有利的法院，一般选择本地法院，这样可以节约诉讼成本，利用社会关系资源及地方保护的便利，争取己方利益的最大化。

（二）争夺管辖权的技巧

1. 以先诉方式争夺管辖权。《民事诉讼法》第35条规定："两个以上人民法院都有管辖权的诉讼，原告可以向其中一个人民法院起诉；原告向两个以上有管辖权的人民法院起诉的，由最先立案的人民法院管辖。"最高人民法院《关于适用〈中华人民共和国民事诉讼法〉若干问题的意见》第33条规定："两个以上人民法院都有管辖权的诉讼，先立案的人民法院不得将案件移送给另一个有管辖权的人民法院。人民法院在立案前发现其他有管辖权的人民法院已先立案的，不得重复立案，立案后发现其他有管辖权的人民法院已先立案的，裁定将案件移送给先立案的人民法院。"可见，有管辖权的法院中，谁立案在先谁便有了案件管辖权。这样，在有多位原告、多位被告，多家有管辖权的法院情况下，为了维护己方当事人合法权益，可采用先立案方式获得对法院管辖的选择权，取得对自己有利的诉讼环境。比如，A县甲驾车在B县公路上行驶，与C县乙驾驶的小公交车相撞发生交通事故，致使乘坐公交车的A县人丙、B县人丁、C县人戊三人致伤。交通责任认定，甲承担主要责任，乙承担次要责任，丙、丁、戊无责任，调解赔偿无果，只得起诉解决纠纷。本案中，依据《民事诉讼法》第30条的规定，A县、B县、C县法院都有管辖权，这种情况下受害人丙、丁、戊都有选择权，如丙想该案由A县法院管辖，便可依据先诉方式起诉甲、乙，这样B县、C县法院便不能再管辖了。用先立案方式争取管辖权的关键是快，以快制胜。

2. 以选案由的方式争夺管辖。同一个纠纷，因列为不同案由，管辖法院便可能不同。为此，以选择案由方式来争夺管辖权也是一种诉讼技巧。司法实践中，当事人订立的合同名称不规范，内容比较复杂，可能存在法律关系的多样性和复杂性，这往往可以以不同案由起诉，为夺取管辖权带来机会。例如，甲机械生产厂家，应乙客户需求为其生产食品加工设备，设备按标准生产好后送到乙处，乙欠款50万元，后产生纠纷，甲准备诉讼。依据《民事诉讼法》的规定，如按设备购销合同则管辖地在乙处法院，但因该设备按乙要求标准生产，产品具有特殊性，合同条款类似加工承揽条款，甲便以加工承揽纠纷向本地法院起诉，虽然乙提出管辖权异议，因合同性质交叉，甲地法院认定为加工承揽合同，并依据相关规定认为加工承揽地在甲地，甲地法院有管辖权，驳回了乙的管辖权异议申请。此案中，甲以案由选择方式取得了在甲地法院打官司的有利条件，为案件的胜诉及胜诉后的执行创造了有利条件。

3. 利用协议条款争夺管辖权。在一些商务交往中，往往有一方在交易中处于强势地位，便在合同中约定了解决纠纷的管辖条款，让弱势一方接受，以便日后发生纠纷时取得对己方有利的管辖法院。例如，甲为机器设备的生产商，利用机器设备供不应求的市场状况，在己方住所地与乙方签订机器设备购买合同时，往往会在合同中约定"本合同发生纠纷，由合同签订地法院管辖"。但约定管辖不得违背专属管辖和级别管辖的规定，否则约定无效。

4. 以修改诉讼标的数额方式争夺管辖权。实践中，有的律师为了使案件避开对己方当事人不利的法院管辖，便采用修改诉讼标的数额的方式争取到一个有利于己方当事人的管辖法院。例如，甲单位系 A 市注册法人，在 A 市辖属 B 县承揽修路工程，B 县交通局欠其工程款 190 万元，但因 B 县交通局是 B 县政府的下属法人单位，甲单位考虑到在 B 县提起诉显然不利判决和执行，B 县法院执行 B 县政府下属交通局的钱难度太大。为此，甲单位经过查询后发现，A 市中级法院一审管辖标的 200 万元以上的民事案件，甲的律师便将欠款 190 万元提高到 200 万元以上，只是多交一点点诉讼费，争取到 A 市中级法院对该案的一审管辖，为案件的审理、执行选择了有利管辖法院。同样，司法实践中，也可以通过分解诉讼标的额的方式来选择对己方有利的法院管辖。

（三）运用管辖权的技巧

1. 为拖延时间而提出管辖权异议。司法实践中，有些案件被告方必定败诉，但案件拖一拖对被告可能有利，也可能随着时间推移而出现转机，这时被告方的律师便会利用法律赋予的提出管辖权异议的权利，采用提出管辖权异议的方式，拖延诉讼的进行，以便能满足其当事人不正当的要求。以民事诉讼为例，《民事诉讼法》第 38 条规定："人民法院受理案件后，当事人对管辖权有异议的，应当在提交答辩状期间提出。"当事人为了把案件拖下来，便会利用这一规定，在答辩状期满前一两天向法院提出管辖权异议，并且在收到一审法院驳回管辖异议裁定后，又在 10 天上诉期满前一两天再上诉。这种管辖异议根本就是无理的异议，但其目的是为了一个拖字，这算做一种诉讼的技巧，也可称之为诡计。

2. 为争管辖虚列被告。打官司在些地方被称为"打关系"，司法腐败是客观存在的，有些人为了争取不法利益，想尽方法利用法律漏洞，争取自己利益最大化。虚列被告争管辖也是一种诉讼中的不当手段，但管辖权审理中只审理程序问题，不涉及实体问题，有些情况下，虚列被告争管辖的目的还是可以达到的。例如，A 县第二中学学生甲，在暑假补课期间到 B 县走朋友，在 B 县玩耍时，被 B

县乙打伤，花费医疗费两万余元。甲系高中生，已成年，乙也系成年人。因甲考虑到乙在 B 县关系熟，诉讼困难，便将 A 县第二中学和乙一块列为被告，在 A 县起诉，理由是 A 县第二中学补课期间疏于管理对甲受伤有一定过错，要求 A 县第二中学与乙共同承担过错赔偿责任。因 A 县第二中学是被告，甲在 A 县法院有了起诉的权利。

3. 变更住址选定管辖。在许多案由中，被告住所地法院有管辖权。有恶意的当事人为了使不可避免的纠纷能在有利于自己的地方管辖，往往利用办理暂住证、订立房屋租赁合同及变更公司注册地等方法，将自己住所地或者经常居住地选在特定区域，使可能发生的诉讼由自己熟悉的法院管辖。

上面谈到管辖权的选择和争夺技巧，以及运用管辖权的技巧，是司法实践中经常遇到的。好也罢，坏也罢，都是诊所学生要面对的问题。诊所学生只有熟悉所有关于管辖的法律规定和司法解释，了解上述诉讼技巧，才能正确运用并识破对方在诉讼中因管辖给己方设置的障碍且予以破解。

二、起草起诉状的技巧

精确和准确地撰写起诉状是一门艺术，有时案件的胜负在起诉状和答辩状递交后便确定了。起草起诉状时要特别小心，攻击和反驳的可能理由都在其中，一定不要因自己起诉状的漏洞给对方反击的证据和理由，每句话都要思考他在法律上和证据上的后果以及对双方的意义。避免因自己疏忽让本可胜诉的案件败诉。例如，蔡某借李某 1 万元，未约定还款期限，借款日期是 1999 年，期间李某追要，蔡某一直以种种理由未还，到 2007 年李某将蔡某起诉到法院。起诉状中李某随意写到多年来追要，蔡某拒不归还无奈起诉。审理中蔡某提出借款已超 2 年时效，李某说借款未约定时间，应是 20 年，但蔡某指出，几年前你要不还，权利被侵害，便应计算时效，你诉状中说过要，又证明不了这期间不超过 2 年，这样因李某无法提供时效中断证据而致败诉。这便是李某起诉时未想到那句话在法律上可能产生的后果，而致自己承担不利的后果。

三、起草答辩状的技巧

书写答辩状的原则是紧扣中心，即原告的诉讼请求应否得到法律支持，依据事实和法律，有理有据有节，思路清晰，逻辑严谨，论证有力。答辩时应先审查下列事项：①原告是否具有主体资格；②确定己方作为被告是否准确；③纠纷事项是否应该由人民法院管辖；④受诉法院是否有管辖权；⑤在上述四项不存在异议情况下，原告起诉的主张是否有事实和法律依据。在这里应该向诊所学生说明一下，前四项内容都属程序方面的内容，这是必须先行审查的。实务中，应养成这样的思维习惯，即先看一下程序问题，谁不该告，谁该告，该告谁，该谁管，弄清这些问题后，再去论证告得有理没理，要求得有理没理，否则的话，可能造成你事实证据准备了一箩筐，法律也进行了一系列论述，最终发现原告告错了，或审判机关受理错误，使自己浪费了大量的人力物力。答辩时应先审查前四项，在对这些事项无异议时，再行答辩。起草答辩状时可采用以下方法和技巧：

1. 充分做好答辩准备。在起草答辩状之前，要全面熟悉对方起诉状的内容，并对案件全面事实和证据情况进行了解，分析案件的法律关系、法律性质、可能的法律后果，根据答辩人的诉讼目的，确定自己的诉讼策略，确立自己答辩的对策。然后从事实、证据、法律适用、诉讼程序方面找出对方的弱点、可答辩处，抓住要害，根据确立的答辩对策，制定出答辩提纲，并找出充分确实的证据和法律依据。

2. 归纳原告诉讼请求成立的事实基点和法律基础并予以辩驳。原告起诉中提出的诉讼主张，为论证自己请求的合理会罗列案件事实和法律依据，这一系列事实中可能有一两点事实是原告主张成立的基石，一系列法律依据中可能有一两条法律依据是原告起诉主张得到保护的依据。在答辩中一定要分析归纳出决定原告成败的关键事实和关键法律依据，进行有针对答辩。例如，李某起诉张某离婚，为证明夫妻感情破裂，列举了大量事实，如张某打骂她，不关心她，对她家人不好，自作主张，把家里的钱都给了婆家或亲属，对孩子不好，造成他们分居等。审查时可以看到，分居满 2 年，是应判决离婚的一个关键事实。这时答辩就有了重点，看是否分居，分居时间是否满 2 年以及分居的原因，只要突破这一点，案件就可能出现转机。又如，某单位要对办公楼外墙进行粉刷，李四通过人找到某单位领导，协商好某单位将该粉刷工程包给李四施工，包工包料，共计费用 3 万元；李四找了 5 个人施工，工人刘某施工中摔伤，花费一万余元。起诉要求某单位赔偿，理由是刘某为某单位施工中受伤，某单位是受益人。审查起诉状后，可以看出案件事实关键是李四是受某单位委托施工还是加工承揽关系。法律上，李四是委托施工，刘某受伤，某单位应赔偿。如是加工承揽，刘某受雇于李四，受伤与某单位无关，某单位出钱，李四出力，不存在什么受益人一说，对刘某受伤某单位无需赔偿。归纳了事实和法律基点后进行答辩，会使案件事实得以查清，法律得以正确适用。

3. 驳斥起诉状错误，作出清楚回答。驳斥起诉状错误，可分五个方面：驳斥起诉方事实方面错误，陈述事实真相；驳斥起诉方举证方面错误，陈述证据真相；驳斥起诉方适用法律条文错误，论证正确的法律关系和法律条文；驳斥起诉方逻辑错误，阐明正确的逻辑推理；驳斥起诉方主张错误，申明答辩人对案件的观点。

4. 提出答辩意见，论证答辩观点。答辩状的内容可以分为破与立，对起诉状的辩驳重在破，指出原告主张的不成立，那么提出自己的建议便是立。破立是相对的，立便是对原告起诉的否认。答辩时，往往可以根据案情，在否认原告起诉的事实后，提出新的案件事实；否认原告主张的法律关系后，提出新的法律关系；否认原告诉讼请求后，提出自己对案件处理的意见。答辩时，提出自己看法后，应有证据和法律依据，并进行充分的分析和说明，使自己的观点能得到法律支持。

5. 答辩时应注意的问题。有依据的话说，无依据的话不说，拿的准的事说，弄不准的事不说，宁少说不多说，实事求是，不强词夺理，以理服人，不胡搅蛮缠，语言准确、朴实、简练、文明，不恶语伤人，不激化矛盾。

四、庭审质证的技巧

《刑事诉讼法》第 42 条规定了七种证据，《行政诉讼法》第 31 条、《民事诉讼法》第 63 条也都规定了七种证据。因刑事诉讼法的七种证据涵盖了民事诉讼法、行政诉讼法的七种证据，加之刑事诉讼庭审中辩护人对公诉方提交的证据进行的质证，更充分展示了质证的方法和技巧，且这些方法和技巧大多数都可用于民事、行政诉讼的质证之中，故在此仅就辩护人对刑事诉讼中的七种证据质证的方法和技巧进行介绍。

（一）对被告人及同案犯供述的质证

1. 对被告人供述的质证。被告人的供述一般有以下几种情况：一是对自己的犯罪事实始终供认不讳，庭审时的供述与侦查、起诉阶段的供述基本一致，且有其他相关证据相互印证；二是只有其他旁证材料证明被告人有罪，被告人始终不承认有罪；三是在侦查、起诉阶段供述有罪，在审判阶段翻供，但也有一些旁证材料证明其有罪；四是被告人承认有罪，但本案证据不足以证明被告人犯罪。针对上述不同情况，辩护人应采取不同的质证技巧：在第一种情况下，辩护人不能为质证而质证，应在质证中说明被告人供述的一致性，进而说明被告具有认罪态度较好的情节；在第二种、第三种、第四种情况下，辩护人应根据案件的具体情况而确定质证的方略，如果本案证据间确实存在矛盾点，应在质证中尽量去揭示各证据间的矛盾，通过对被告人的供述、被害人的陈述、书证、物证、鉴定结论、勘验报告等证据之间矛盾的揭示，指出本案证据的不确定性和不能相互印证性，不能形成链条状证据，得不到刑事诉讼要求的排他性证明标准，以此来彰显对被告人有利的一面，加深法庭对证据未得到"确实充分，足以认定"的印象。

2. 对同案犯供词的庭审质证。质证时如果发现同案犯供词与被告人供词不一致，就应用审慎的态度，结合全部案情，去审查谁说的是真话，谁说的是假话。在被告人拒绝认罪，同案犯供词证明被告人有罪的情况下，可利用先发问，从发问中找出破绽，再进行质证，充分暴露同案犯供词不真实的一面，及其供词的矛盾处和其如此供词的动机、目的，削弱同案犯供词的效力。例如：

甲向警方供述:"乙将虚开的增值税票 12 本存放到我处,便回南方老家。后丙需要虚开的增值税票,我就与乙电话联系,征得乙同意后,便将这 12 本虚开的增值税票给了丙";乙在辩护律师开庭前的会见时供述:"起诉书指控的该起犯罪根本不存在,我根本没有将虚开的增值税票 12 本存放到甲处。起诉书指控我的另外几起出售、虚开增值税票的犯罪事实属实";丙向警方关于该 12 本虚开的增值税票的供述与甲的供述基本一致。本案在开庭质证时,辩护律师先向被告人甲询问了以下问题:

律师:被告人甲,我是被告人乙的辩护人,现询问你几个问题,请你如实向法庭回答。

被告人甲:行。

律 师:你什么时间、怎样认识乙的?

被告人甲:我案发前不认识乙,是案发后才知道乙这个人的。

律 师:请书记员将被告人甲的上述供述记录在卷。

随后,律师向法庭指出:"被告人甲向警方所供乙将虚开的增值税票 12 本存放到他处的供述是虚假的,因为他案发前根本不认识乙,何来乙的存放?又何来通过电话联系征得乙的同意?"后来经过法庭的核实,其根本事实是:该 12 本虚开的增值税票是丙存放,丙为了减轻自己的罪过,先做了是乙存放的供述,侦查人员根据丙供述的思路,取得甲的上述供词。

(二) 对证人证言的质证

1. 对出庭证人证言的质证。出庭证人分为控方证人和辩方证人,对这两类证人应采取不同的质证技巧:对于控方证人,辩护人应利用质证机会,最大限度地指出其证言中的矛盾和漏洞,进而证明其证言的不确定性、不可信性,减弱其证言的效力。对于辩方证人,辩护人应通过质证向法庭证明证人证言的客观性及与其他证据的相互印证性。

2. 对不出庭作证的证人证言质证。对于证人不出庭的书面证词,辩护人应进行逐字逐句逐段的认真分析,并且应对证人的身份、与被告人、被害人的关系进行调查,在质证时应努力发现证言的自我矛盾处,与他人证言的矛盾之处,及与案件其它证据的矛盾之处,通过揭示矛盾,提出异议,削弱其证据效力。

(三) 对被害人陈述的质证

被害人的陈述属刑事诉讼证据之一,但由于被害人与被告人之间存在对立关系,被害人的陈述往往具有两重性,一方面由于被害人是当事人,案发时的一切,他是最清楚的,被害人的陈述是最直接的证据;另一面由于被害人是被侵害对象,其陈述往往会推脱自己责任,加重被告人责任。辩护人应当认识到被害人陈述的特点,在质证时应采取的技巧是:将被害人的陈述与其他证据材料相比较，指出被害人陈述中的关键事实、情节与其他证据的不同之处、矛盾和夸大其词之处、不符合逻辑之处，进而证明其陈述的不确定性。

（四）对鉴定结论的质证

鉴定结论是在借助技术条件下由专业技术人员分析判断后得出的结论。既然有人的因素，造成失误的可能便存在，辩护人质证时要有合理的怀疑，并就一些专业问题向专家请教，查阅相关资料，将自己的疑问、怀疑点在质证时，让鉴定人员讲清楚，必要时应申请重新鉴定。对鉴定结论质证时，可重点审查下列事项：鉴定机构、鉴定人员是否有相应资质；鉴定结论是否只有单位章而没有鉴定人员签名；鉴定结论是否按规定程序告知了被害人、犯罪嫌疑人，是否告知了被害人、嫌疑人申请重新鉴定及补充鉴定的权利；检材是否真实；鉴定结论说理是否清楚，推理是否正确，结论是否准确。如发现有上述问题之一，则可证明鉴定结论不合法，不能作为定案的依据。

（五）对勘验检查笔录的质证

现场勘查及检查笔录是由侦查人员从案发现场绘制，对这些证据质证时应注意审查以下问题：笔录时间与案发时间是否相符？是否为原始现场？笔录记录是否有不实之处？有无利害关系人在场见证？搜查时是否依法通知被搜查人及证人在场？如果发现现场勘查及检查笔录存在上述问题之一，即可证明这些证据不合法，不能作为定案的依据。

（六）对视听资料的质证

随着科学技术发展，科学仪器的推广，录音、录像、电子信息等视听资料在证据中的比例越来越高，该种证据具有直接性和可鉴定性，但也具有易伪造性。质证时，应重点审查该类证据的真实性、合法性。例如，影视材料没有附制作过程的文字说明及制作人签名、盖章，就违反了最高人民法院的有关规定，不能作为证据使用；在威胁、利诱下制作的影视资料，也是不能作为证据使用的。

（七）对物证、书证的质证

对物证、书证质证时，应从其证明力、关联性、程序合法性等方面进行质证。对存在下列情形的物证、书证应提出异议：扣押的物品没有见证人、持有人签字；对同一物品进行辨认时，每名辨认人没有单独进行；调取物证及书证时，没有被调取单位或个人的签字；侦查机关提供的书证复印件、物证照片没有制作过程文字说明及原件原物存放处的说明等。

上面针对刑事诉讼中的七类证据质证的技巧进行了介绍，需要说明的是，根据最高人民法院有关民事诉讼证据规则的要求，民事诉讼中证人是应当到庭的，无正当理由不到庭的，其书面证言对方不予质证，则不能作为证据使用。这一点别于刑事诉讼。此外，民事诉讼中对一方当事人认可的事实，另一方当事人无需举证，而刑事诉讼中，只有被告供述是不能定罪量刑的，这是刑事诉讼案件与民事诉讼案件的证据原则不同所致。

五、当庭发问的技巧

以下介绍一些常用的当庭发问技巧，诊所学生可以从中领悟些道理，并感受一下发问的魅力。

（一）引蛇出洞，欲擒故纵的发问技巧

亚伯拉罕·林肯（1809～1865年），美国第十六任总统，卓越的政治家，步入政界前曾是颇有名望的律师。1837年，小阿姆斯特朗被指控开枪杀人，谋财害命。福尔逊被原告收买，一口咬定他亲眼看见被告人开枪击毙被害人。被告人有口难辩。林肯仔细研究了案卷，调查了现场，掌握了事实症结。在此基础上经过周密设计，巧妙发问，使证人回答按自己的设计完成，从而利用逻辑规律和客观事实，拆穿证人的谎言，维护了被告的权益。欣赏一下林肯的风采：

林　肯：你认清开枪杀人的的确是小阿姆斯特朗吗？（想到了答案）

福尔逊：是的。（判断正确）

林　肯：你在草堆后面，小阿姆斯特朗在大树下，相距二三十米，你能看得清楚吗？（引蛇出洞，预测到答案）

福尔逊：看得很清楚，因为当时月光很明亮。（要的就是这个答案）

林　肯：你肯定不是从衣着等方面认清的吗？（欲擒故纵）

福尔逊：不是从衣着等方面认清的，我肯定看清了他的脸，因为月光正照在他脸上。（胜利在望）

林　肯：具体时间能肯定吗？（进一步确认）

福尔逊：完全可以肯定，因为我回到屋里时看了时钟，那时是11时15分。（回答都按设计完成，稳操胜券）

林肯这时发表了质证意见：这个证人是一个彻头彻尾的骗子，他一口咬定10月18日晚上11点他在月光下认清了被告人的脸。请大家想一想，10月18日那天是上弦月，到了晚上11时，月光早已下山，哪里还有月光呀？退一步说，也许时间记得不十分准确，时间稍有提前，月亮还没有下山，但是那时月光应是从西边往东边照射，草堆在东，大树在西，如果被告脸朝大树，月光可以照到脸上，可是证人就根本看不到被告的脸，如果被告脸朝草堆，那么月光只能照到被告的后脑勺儿上，证人又怎么能看到月光照在被告的脸上呢？又怎么能从距离二三十米的地方看清被告的脸呢？

这是被大家经常提及的精彩发问，林肯根据自己掌握的案情，设计了问题，引领证人将谎言一步步确认，又堵住了证人退路（排除通过衣着认清被告人），使自己逻辑推理和二难推理得以使用，揭露了伪证。律师就是从证人、被告人自相矛盾或与案件客观事实的矛盾中，从细节入手，设计问题，引导证人、被告人一步步深入回答，最终把矛盾摆明，使伪证得以揭露，还事件真相。

（二）揭示矛盾，步步紧逼的发问技巧

这里介绍一下田文昌律师对一位证人发问中的技巧。案件中有一项对被告人贪污1.6万元的指控，证据是公司出纳员证言，这1.6万元是她分成若干次送给被告人的，每次都是被告人指示出纳员到银行取款，取款后不让别人知道，单独交给被告人。但在证词中有几处矛盾，一是出纳员说，我每次给他钱都没有留存根，又说，我怕他不认账，所以就没把存根给他，这两句话是矛盾的。还说，有一次是他让我到一个地方去送钱，我不认识那个人的家，是他告诉我如何走，他在门口接我，也不让我进屋，把钱交给他我就走了。而在另一次调查中她又说送钱时看见了屋里有人在打牌，有人在睡觉，又经田文昌律师调查得知，送钱的这家就是出纳原来的男朋友家。既然如此，她为什么还需要在被告的指点下，才能找到家门呢？因为这些疑点，在申请证人出庭时，田律师将上述矛盾一一展示，步步紧逼，穷追不舍地向出纳员发问，她慌乱中破绽百出，无言以对，竟在法庭上哭起来。这时律师又拿出杀手锏，已查明，这个出纳最后一次取款的时间是在被告被抓起来之后，很显然，作为证人的出纳是不可能到看守所去送钱供被告人贪污的。因此，贪污这笔钱的真正罪犯是谁，已不言自明。本案中辩护律师正是通过揭示矛盾，给证人施加压力，并通过设计好的问题，万炮齐轰，步步跟进，使说谎者自乱阵脚，达到发问的目的，证实证人证言的虚假。

（三）明知故问，引起重视的发问技巧

律师的庭审发问，都是有的放矢。有时卷宗中记载的情节，对当事人很有利，但是在法庭举证中公诉人未提及或未明确确认，这时律师应不厌其烦，利用庭审发问的机会，来强化这一事实，以此引起法庭重视。例如，在被告人李强抢劫案中，为澄清自首情节，律师进行了以下发问：

问：李强，你抢劫后是如何被抓获的？

答：我作案后，心里很害怕又很后悔，想到公安局投案，因与其他人在一起，又不敢去，便趁几位同案犯不注意，给我爱人发了短信，让他去报案。

问：你短信的内容是什么？

答：我说市里抢劫银行取款人2万元的案子我参与了，现在我和同案人在哪里住，让她到公安局替我报案。

问：你爱人去没去？

答：去了，我8月11日发的短信，当天公安局便到我住的地方把我们三人抓住了。

　　问：你怎么知道是你爱人报案告诉住址的？

　　答：抓住我后一位叫李顺达的警官对我说的。

　　律师：请公诉人宣读出示一下李强爱人的报案笔录，可以证实上述被告人回答真实可信，被告李强依法符合自首条件。

（四）绵里藏针，声东击西的发问技巧

　　接受询问的证人、被告人或对方当事人，在心怀鬼胎的情况下，都是十分警觉的，有时你发问直奔主题，直奔主要事实，直接想实现发问的目的，那只有失败，不会得到自己想要的结果。这时，律师应结合案情，设计好问题和发问思路，将自己真正的关键问题掩埋在一大堆无关紧要的问题之中，对你得到的答案，也要装出漫不经心，无动于衷，不要让对方看出你的得意，让对方顺着你的思路，把谎言充分暴露，让他发觉后无法收回，这时对方落入陷阱还浑然不觉。这可称为绵里藏针，声东击西，通过发问得到意想不到的后果。例如，在一起交通肇事逃逸案中，被扣押的车辆已重新喷漆，而且，修理厂厂主作证现在的漆是在交通事故前喷的。律师根据案情，设计了问题，对证人进行了以下发问。

　　问：你是修理厂厂主吗？

　　答：是！

　　问：你干汽车修理多长时间了？

　　答：十年多了。

　　问：你能肯定这辆车的漆是你喷的吗？

　　答：能肯定！

　　问：是什么时间喷的？

　　答：是今年6月25日喷的，我记得很清楚。

　　问：那请你谈一下具体喷漆的工序？

　　答：车主把车开到修理厂，我先行打磨后，又打泥子把车外面抹平后，调好漆后喷好，烘干。

　　问：原先是什么颜色？

　　答：原先就是这种银灰色，我按原先颜色调配好漆后喷好的。

　　问：喷漆时，卸不卸汽车天线、大灯？

　　答：这是辆旧车，没有卸天线，大灯，只是用纸盖住后就喷漆了。

　　问：你记清了，真没卸天线、大灯吗？

　　答：记清了，没卸。

　　问：如果没卸天线，那么天线塑料座底下该是旧漆，对不对？

　　答：对！

　　问：那你看一下这是什么漆（出示物证）？

　　答：无言以对，出汗，那可能卸天线了。

　　问：别再说谎了，你说喷的是自己调的漆，可是我们咨询专家，这车上的漆是成品漆，叫柳微金娜。

　　证人的谎言被揭穿。律师是在不急不慢中发问，问前边的问题，都没有出乎证人意外，证人没有看到律师盛气凌人的样子，认为自己守住了谎言，但没有想到律师关键问题，绵里藏针，喷漆时卸没卸天线，因为这个问题混在连续的问题中，律师问喷漆工序，似乎与案件无关，证人便在不知不觉中露出马脚，如果律师上去便问，你喷漆时卸没卸天线，那证人便会思考律师发问的意图，而难以给出律师想要的答案。

六、庭审中反对的技巧

　　庭审中律师可以通过发问的技巧从对方当事人或证人那里得到对己方有利的东西，但同时也应当防范对方律师利用不当的发问方法向己方当事人或证人发问，进而得到否定己方证据的目的。因此，律师在庭审中适时、适当的反对是很必要的。律师的发问常常是鸡蛋里挑骨头，即便证人如实作证，证言无可挑剔，在专业人士反反复复的询问中，证人仍难免失言，特别是一些文化素质低的证人，因无法识别发问的陷阱，不理解词意的微妙区别，面对对方律师的诱导性或欺骗性问题，会有不恰当回答，证据效力被削弱。为避免出现这种情况，律师应时刻注意保护本方证人，并及时行使抗议的权利。反对的目的在于防止不具有证据资格的资讯被引进或被考虑，防止己方证人证言及当事人陈述被错误使用。律师在法庭上是否提出反对，需要认真的考虑，要清楚自己反对的目的及能否得到法庭支持。有的反对可能仅仅为了提醒己方证人或当事人注意，明显不会得到法庭支持，这时反对的提出便达到了目的，但是这种情况的运用一定要慎重，要尽量避免，如果一次庭审中多次反对被法庭驳回，必然影响法庭参与人员对律师的信赖、评价，还会干扰法庭正常秩序。一般情况下，成功可能性大的情况下，才提出反对，对涉及关键问题的不当发问才提出反对。抗议的提起还要选择适当的时机。

七、法庭辩论的技巧

　　在律师工作中，法庭辩论是前期所有准备工作的集中展示，是对立双方短兵相接、正面交锋的"战场"。法庭辩论的范围非常广泛，既有刑事诉讼中罪与非罪、此罪与彼罪的辩驳，也有罪轻罪重、量刑是否得当的争论；还有民事、行政诉讼中是非曲直、公平正义的论战；既有案件事实上真假黑白的争辩、也有法律适用、法律理解的分歧；还有程序是否恰当、证据是否有效、主体是否合格等观点的较量。法庭是真善美、假恶丑、公平与正义、人间百态、纷繁社会争斗和展示的大舞台。俗话虽说，事实胜于雄辩，有理不在声高，但也说，真理越辩越明，是非越辩越清，事实也会得益于雄辩，事实和真理也要说出来，才会让法官和评判者认同事实，感知你的道理。司法实践中，即便有了事实和法律，也并非都能使律师辩论获得成功，这要求律师充分施展自己的辩才和谋略。当法庭进入辩论阶段，各方之间或针锋相对，或避实就虚，或出其不意，或攻其不备，或迂回包抄，或以退为进等，此时一方律师如不讲究战术，不懂得辩论技巧，就难以充分论证自己理由，更无法巧妙地应付辩论中出现的新情况，使自己永远处于主动地位。律师的辩论发言，应紧紧围绕着案件争议焦点和调查的重点进行。从事实、证据、适用法律等不同方面进行分析，阐明观点和意见。事实上，律师辩论的过程也是运用质证后的证据和相关法律规定来论证自己观点的过程，在论证过程中，律师必须援引具有确切出处的依据，以支持自己的建议，也不要重复自己的论点。因为重复可能会使人感到厌烦。辩论应切中要害，具有针对性，论证要准确，反驳要有力，观点鲜明，逻辑严密。律师作好辩论不仅要了解案件和相关法律，还要了解法官，了解法官的偏好，律师还应了解对方当事人及律师的长处和弱点，辩论中注意扬长避短，时刻保持警惕，注意压制对方长处，抓住对方弱点而及时攻击，使对方乱了阵脚，取得辩论的胜利。下面简要介绍一些司法实践中常运用的辩论技巧，供诊所同学们参考，诊所学生应充分注意自己辩论能力的培养，平时注意这方面材料的收集和能力的训练，为成为一名优秀的法律人打好基础。

（一）法庭辩论的操作技巧

人的思维只有通过表达，才能起到影响他人的作用，表达的好坏取决于表达的内容，但表达技巧也是关系到表达成功与否的关键所在[1]，一个称职的律师，不仅要有好的文字组织能力，还应具有准确、简洁、清楚、生动的语言表达能力。

1. 语言表达的技巧。每位成功的律师，在法庭辩论时，都具有驾驭、支配辩论形势的能力。庭审方式改革也为每位律师提供了发挥这方面能力的广阔空间。在庭审辩论时，律师应做到：①善于把前言说好。例如，辩护律师为故意杀人罪被告人甲进行辩护，发现公诉方指控的甲的犯罪证据并不充分，但面对旁听席上众多被害人乙的亲戚和朋友，不应直奔辩论主体，而应在辩论开始时有这样的前言："作为被告人甲的辩护人，首先对乙的遇害表示哀悼，对乙亲朋的悲愤深表同情和理解，但法律的正义性要求，应严惩真正的罪犯，而不应使无罪的人含冤受罚。为此，本辩护人将依法履行辩护职责，发表以下辩护意见"。这样的

---

〔1〕　秦甫编著：《律师办案艺术》，法律出版社 1996 年版。

前言不仅说明了辩护律师进行辩护的目的，也减少了被害人亲朋对辩护律师的敌视情绪。②控制语速，并吐字清晰。律师在庭审辩论时，应做到口齿清楚，发音准确，音调和谐，快慢适中，力争达到声调上的抑扬顿挫，提高论辩的感染效果。③言词的入情入理。语言可以伤人，也可以感人，俗话说，好话一句三冬暖，恶语伤人三暑寒。用辩论语言伤人，对律师职业来说是不道德的，但律师的辩论语言以理服人，以情动人，则是值得提倡的。具体辩论语言的感情色彩，要与案情相适应，要清楚律师的语言是理性的，法律言论不能带有当事人感情色彩，语言情感应发而不露，放而不纵，委婉含蓄。

2. 形象技巧。法庭辩论中，律师的体态语言，应与语言表达、文字表达相一致，适当的体态语言可以有力地支持法律辩论的效果。美国总统林肯在作律师时，一次庭审辩论中，对方律师将辩论观点反反复复，数次啰嗦地表述，轮到林肯发言时，林肯律师未发言，而是走到辩护席，把外衣脱掉，端起水杯喝了口水，然后回到座位穿上外衣，又从座位走到辩护席，又将外衣脱掉，端起水杯喝了口水，再次回到座位，这时旁听的人们都感到莫名其妙，当林肯第三次走到辩护席，重复上述动作时，法庭爆发出哄堂大笑。林肯用自己的体态语言表明了对对方律师的态度，恰当的体态语言显示了林肯律师的智慧和幽默，迎得了法庭的好感，也吸引了合议庭成员的注意力，为其辩论增添了风采。律师法庭辩论时应做到：①柔中有刚，举止大方。律师在庭审辩论中要有风度，有气魄，不卑不亢，不趾高气扬，在辩论得势时，不忘乎所以，轻视对方；在失利时，不惊惶失措，手忙脚乱。发言必须权衡，切不可轻率发表无准备、无水平的言辞，在任何情况下都应举止大方，沉稳有序，言而有据。律师应具有这种刚柔并济，以静制动，以稳求成的形象。要显得自信、从容。②善于控制情绪。兵无常势，水无常形，律师可能遇到事先没有预料到的非正常情况的阻碍、干扰，这要求律师要控制住自己情绪，显示出自己的沉稳和涵养，怒而不暴跳如雷，惊却不露声色，要排除意外，保持良好形象。

（二）法庭辩论中谋略的运用技巧

1. 随机应变。有一个国有厂长被指控贪污的案件，公诉人借发表公诉词之机，分析被告人的犯罪根源，讲了足足半个小时，从被告人十几岁上初中开始讲起。例如，被告人从上初中时开始就借别人的钢笔不还，从而养成了爱占别人便宜的恶习，导致今天贪污犯罪的发生，同时还讲到，被告人厂里有句顺口溜：说被告人讲话"十句就有九句空"。另外，公诉人在公诉词中还讲了几条起诉书中未指控的犯罪，公诉人还讲到：我想被告人及辩护人的心情一定很急切。那就是希望法庭尽快宣布被告人无罪，但是铁的犯罪事实，必然会使法庭对被告人作出有罪判决。

公诉人发言后，被告人已气得脸色发青。辩护人的心情也有些紧张，如果反驳吧，公诉人是在分析犯罪根源，客观上不好反驳。如果不反驳吧，肯定会影响到被告人在开庭中的情绪。因此，律师经过冷静思考，决定反驳公诉人，提出了自己的辩护意见。共讲三点：首先，法庭是控、辩双方依据事实和法律指控犯罪、证实犯罪或证实被告人无罪和罪轻的场所，不是控辩双方进行相互人身攻击的场所。其次，公诉人指控被告人的每一项犯罪都必须有证据相印证，而不能进行无据指控。公诉人讲的"十句话有九句空"有何证据证实，难道这种顺口溜也能作为指控犯罪的证据使用。如果这样的话，以事实为根据，以法律为准绳的法律规定还有什么实际意义。最后，也是直指公诉人要害的问题。讲到，公诉人在公诉词中讲了好几项起诉书中没有指控的犯罪。其中有的犯罪比起诉书中指控的犯罪还要严重。那么，我们只能得出两种答案。一是如果公诉人在公诉词中所讲全部属实的话，那么，公诉人对被告人的其他几项严重的犯罪事实不在起诉书中指控，显然应承担玩忽职守或徇私枉法的法律责任。二是如果公诉人在公诉词中所讲不完全属实，那么，公诉人应承担侮辱、陷害或诽谤的法律责任。

律师上述意见发表后，一下使公诉人处于尴尬地步，同时也缓和了被告人的情绪。

2. 先声夺势。此谋略要求，法庭辩论一方对另一方可能提出的问题避而不谈，而对自己极有利的问题，先在论辩发言中全面论证，以达到先入为主，争取主动的庭辩战术。实践中，应用此技巧须在庭审前做好充分准备，且在庭审调查阶段对己方有利的事实、证据逐一认定，然后根据事实和证据，针对对方不正确的观点，主动出击进行反驳，以期掌握辩论主动权，夺取制高点，促使对方陷入被动。

3. 后发制人。兵法中有后发制人战术，法庭辩论同样可以运用。该战术运用得当，可以转变庭审形势，使诉讼形势逆转，变不利为有利。运用该战术时应注意以下几个方面：①暂避对方锐气，不仓促应战。古语曰，一鼓作气，再而衰，三而竭，敌竭我盈，故克之。②按兵不动，厚积薄发，积极备战，等待时机。③认真聆听对方观点，调整应对策略，抓住对方破绽，全面反攻。该谋略要求一定要注意保守自己诉讼秘密和意图，清楚自己优劣所在，蓄而不发，静待对方充分暴露自己论点后，抓住矛盾和弱点，用最有力的炮火进行轰击，以期使对方措手不及，险象丛生，以后发力量扭转诉讼形象。

4. 假设归谬。[1] 即假设对方观点是合理的，然后将对方貌似合理的论点加

---

〔1〕　王洪：《法律逻辑学》，中国政法大学出版社 2008 年版。

以引申，甚至推向极端，以显露其不合理的本质，从而推倒对方的观点。这种辩论技巧针对性和逻辑性强，如运用得当，论证会取得很强说服力，又让人容易接受。如王蒙在纽约回答记者问题时，记者问，据说中国每公开出版一本新书，都要通过政府的审批，是真的吗？王蒙回答，就是政府想那样做，也是不可能的，全国每月要出版一千多部小说，如果每本书都要经过审查，那么中国政府就成了读者俱乐部了。这样的回答，让人感到合情合理，容易接受，比直接的严辞驳斥更显智慧得体。

5. 借喻说理（打比喻）。借用比喻将深奥的道理用浅显的语言表述出来，用比喻得出结论，让人一目了然，清楚谁是谁非。一起诉讼中，原告起诉状中承认收到被告 2000 元土地承包费，也没说明合同到期，却以侵权为由让被告承担责任。这时被告方律师提出，他承包你的地，你收了他的承包费，显然是个合同纠纷，你却告他侵权，这好比是他抱走你的电视机，你也收了他的钱，现在却告他是小偷一样荒谬。这样的比喻很恰当，把应该是合同纠纷、不是侵权纠纷的道理说清楚了，而且很简炼，让人容易接受。当然比喻应恰当，逻辑要正确，才能达到论证说理的效果，不恰当的比喻是不被接受的，一次离婚庭审诉讼中，被告女方不同意离婚，代理人说了句"鞋合不合脚只有脚知道"，对方律师怎么说双方不能和好了呢？这显然陷入不可知论的泥潭。原告律师反驳到："这不正是庄子与鱼的对话吗？你不是鱼怎么知道鱼快乐呢？你不是我怎么知道我不知道鱼快乐呢？"这种逻辑显然不能成立。

6. 借言反驳。借用对方的话来反驳对方，可以收到以敌制敌之效。借言反驳是借用对方的话、对方的逻辑推理，甚至借用对方的表达句式，将话答话。英国一位女议员攻击丘吉尔说，如果我是你的妻子的话，我就会在你的咖啡里放上毒药，表明对丘吉尔的反对和愤恨。丘吉尔回答到 '如果我是你的丈夫的话，我就把它喝下去。这样的反驳，幽默辛辣，很有力量。一次庭审中，对债权是否超过诉讼时效辩论中，原告说自己多次向被告追讨，这时被告代理律师说 '刚才原告说自己曾主张用卖砖款（债权）与借被告的钱抵清了。那么，你自己既然认为抵清了，怎么又去找被告要账呢？这不是自相矛盾吗？又如，对方律师认为被告行为属正当防卫，那为什么法庭调查时否认打伤原告的事实呢？那就是说对方律师也承认原告的伤是被告造成的啦？这时被告辩护人无言以对。

7. 反问直诘。论辩中，用反问句直接进行驳诘，很有力量。上海市申达律师事务所王嵘律师作为轰动一时的马加爵杀人一案受害人代理人。当时很多媒体带有倾向性，认为马加爵出身贫困，在打牌时受了刺激，才一时冲动杀人的。马加爵的辩护人提出冲动杀人表述，想在众多媒体舆情的烘托下，提供给本质不坏的马加爵一个酌情从宽的机会。这时作为受害人的代理人，王嵘问道，三天作案准备，三天实施杀人，一张假身份证，两张火车票，这些准备杀人和准备潜逃的细节证明，马加爵是蓄意杀人，情节极其凶残，如果冲动一周，连杀四人，蓄意潜逃，有条不紊，这还本质不坏，可酌情从宽，我们的法律还是法律吗？王律师依据案卷事实，采用反问直诘进行辩论，以自己的才干，改变了一段时间来个别社会舆论对马加爵以无原则的同情立场，以及对案件性质的扭曲理解。

8. 巧用幽默。在论辩中，法庭神圣的殿堂上气氛一般是庄严的，律师的辩论语言都是法言法语，正规严肃。但在一些特殊情况下，用幽默回击刁钻古怪的诘难，会使对方茫然失措，尴尬难对，又使法官产生同情与好感，有利于律师在辩论中获胜。运用这种方法一定要注意场合和分寸，不可滥用，关键是一个巧字。例如，有人对前苏联诗人马雅可夫斯基进行诘难，对他说："你的诗不能使人沸腾，不能使人燃烧，不能感染人。"诗人回答："我的诗不是大海，不是火炉，不是鼠疫。"幽默风趣地进行了反击，又博得了听众的好感。美国林肯律师在代理一位穷人打死富翁狗的赔偿案时，富翁要求贫穷人赔偿，辩论中说道，狗咬你，你可以用锄把把狗赶走，你为什么用锄头将狗打死呢？林肯答到，你的狗用嘴咬伤我当事人，我当事人当然用锄头打它，如果狗用屁股咬人，人才用锄把打它。这种幽默使法庭人员大笑，将富翁的责难化解。

9. 避实就虚法。庭审辩论中，对方弱点往往是对方力求回避的地方，甚至对方会采用偷换论题、偷换概念、答非所问的方式，企图达到转移对方视线、扰乱视听的目的。运用此法，首先应善于抓住对方之虚，选择其薄弱环节连连进攻，一攻到底，直至达到自己的目的为止。一场诉讼，一次庭审辩论，总是有胜有败，有是有非，律师的作用，便是在辩论中，尽可能放大己方有利因素，缩小对方有利因素；放大对方不利因素，缩小己方不利因素。虽然黑白不可颠倒，但运用好避实就虚的辩法，可能使黑色淡化，最大限度地维护己方当事人利益。例如，一家图书馆将房屋出租给李某开大兴饭店，后因消防检查认为在图书馆开饭店有隐患，责令停止经营，并处罚。图书馆无奈在租房合同到期后，不再续租，通知李某搬出租赁房，李某拒不搬出且拖欠 5 万元房租，后图书馆起诉要求支付房租并搬出租赁房。法庭辩论时，大兴饭店代理人发现，在事实上和法律上李某都被动，但原告起诉时因大兴饭店是个体工商户，依法应起诉李某，而图书馆起诉了大兴饭店，这样代理人辩论时不谈案件事实，只攻击原告诉讼主体错误，要求驳回起诉。因代理人清楚原告急于收回房屋，便利用此心理，避实就虚，最终逼迫原告在租金上作出重大让步，使被告利益最大化。

10. 层次递进，集中出击。复杂案件的法庭辩论是有层次的，应当做到层次递进，集中攻击。这就要求律师根据庭审情况，把握好论辩中一轮、二轮或三轮的时间和内容，把自己辩论的层次弄清，什么是重点，什么是非重点，什么内容先说，什么内容后说，什么内容用多少时间，下多少力量去论述，自己辩论内容的内部逻辑层次是什么，在将上述问题弄清后，便可设计自己辩论的层次，让法官感到你思路清晰，观点清楚，说理明白，论证有力，逻辑正确，语言简洁，取得良好辩论效果。一般说来，可在一轮论辩时把论点处理的原则些、简练些，在以后几轮中再展开阐述、发挥。第一轮的辩论是把自己的观点、证据证明的事实、法律依据、法律后果的辩论主脉显现在法庭面前，并对关键部分进行论证。第二、三轮则侧重对对方论点的批驳，对对方质疑的辩驳和答复。辩论中一定注意，做到层次递进，更要做到集中出击，围绕案件重点展开论述，把对自己有利的事实和法律依据讲清、讲够。

第四节 诉讼的技巧训练

一、参加庭审观摩
【内容】
组织学生到法院参加观摩刑事审判活动和民事审判活动。
【要求】
（1）了解庭审程序。
（2）了解控辩（原、被告）双方律师的职责。
（3）学习双方律师的举证、质证方法。
（4）剖析原、被告诉讼策略及评估得失。
（5）观摩控辩双方的法庭辩论技巧。
【案件选择】
（1）选择争议大、对抗性强的案件。
（2）选择双方都有律师的案件。
（3）选择开庭程序完整的案件。

二、诉讼目的与技巧练习之一
【案件材料】
华女士是经营农药的个体户，她与某报社签订了一份广告刊登合同。约定某报社为其刊登六期农药广告。每期广告费300元，六期广告费共计1800元。合同签订后，华女士依约向某报社交付广告费1800元。可某报社一期广告也没有刊登，构成根本违约。于是华女士聘请了李律师，李律师为多收代理费而鼓动华女士加大诉讼标的。在李律师的鼓动下，华女士计算广告合同履行后的预期经济损失为20万元，向法院提起诉讼。在诉状中提出两条诉讼请求：①依法判令被告某报社向原告退还广告费1800元；②依法判令被告某报社向原告承担违约责任，并赔偿原告经济损失 20 万元。

一审法院判决如下：①被告某报社自本判决生效之日起 10 日内向原告退还广告费 1800 元；②原告要求被告赔偿经济损失 20 万元，因缺乏事实根据本院不予支持；③本案诉讼费 4700 元，被告承担 700 元，原告承担 4000 元。原告因不服一审判决提起上诉，二审法院审理结果维持了原审判决，并判令上诉费 4700 元由华女士承担。本案中，原告华女士虽然是赢了官司，但因 20 万元经济损失的诉讼请求不当，一审赔进去诉讼费 4000 元，二审赔进去诉讼费 4700 元，总计赔进去诉讼费 8700 元，还有一、二审的律师费 1 万元。被告虽然是输了官司，但只承担了诉讼费 700 元和退还广告费 1800 元的责任。

分析：在民事诉讼中，原告有权提出任何诉讼请求，但是，法院所支持的诉讼请求必须是合法的、有事实根据的，也就是有证据支持的诉讼请求。不合法的、没有事实根据的诉讼请求是不可能得到法院支持的。本案华女士认为，如果报社如约刊登了六期广告，农药销量就会很大，她就会赚 20 万元，因此要求赔偿 20 万元。其实，即使报社如约刊登了六期广告，农药销量也不一定会很大，营利 20 万元就更是不确定的数字了。再说，华女士不可能拿出因刊登六期广告，就能营利 20 万元的证据和计算根据。因此，法院对本案的判决是正确的。其实，我国《民事诉讼法》设定诉讼费本来就有限制当事人滥用诉权的功能。本案华女士赢了官司输了钱，受到了滥用诉权的惩罚。

【讨论】

（1）华女士的诉讼目的是否实现？

（2）华女士赢了官司输了钱的根本原因是什么？是否因滥用诉权所致？

（3）代理律师应承担什么责任？本案的诉讼结果对你有什么启示？

（4）假如你代理本案诉讼，如何帮助华女士确定诉讼请求？采取什么诉讼技巧？

三、诉讼目的与技巧练习之二

【案件材料】

诉讼的目的很多，在不同人的眼中，诉讼有不同的含义。诉讼有的时候被作为一个手段来维护自己的权利，但是维护权利并不一定是一个胜诉的结果，而是打官司的过程，这个打官司的过程往往就给诉讼的一方当事人带来了利益。有这样的几个当事人找到某律师，委托某律师办理一个案件，事实大致是这样的：这几个人将村里的三百多亩土地承包了，当时承包的时候，村里的其他人也想承包，但是当时别人的承包费用不够，于是这几个人就获得了土地的承包权。承包了 5 年以后，承包的土地已经开始营利，每年大约是几十万元，村里的人开始眼红。于是就出现了一些人利用老百姓的"仇富"心理，挑词架讼，结果真的将诉讼引起了，就是全村的一部分村民选举出了几个代表，说承包人在承包土地的时候，严重地违反了法定程序，应该是无效的，必须将承包的土地退回来，大家分地。由于打着"分田地，均富贵"的口号，于是就有许多人开始响应，案件发生以后，村里的人就开始找乡政府进行解决，后来到县里解决，就是解决不了，但是要求分地的人越闹越凶，政府为了维护当地的稳定，就将该案转归了法院去受理，让法院针对这种情况给个结果。某律师听完以后很清楚，这是因为村民故意找事而引发的诉讼，一定要将诉讼进行到底。如果不去积极地应诉，就会面临着承包的土地被分掉的危险，但是承包人又害怕败诉。于是某律师就从诉讼的角度将本案进行了剖析，假如一审败诉，一定要提起上诉，上诉的时候主要围绕本案的事实不清和起诉证据不足的方面说起，这样可以导致法院将来会发回重审，这样有一个时间上的问题，在法院的判决未生效之前，土地继续种着，每年大约是几十万元，老百姓是不会摊着钱去追求一个看不见的结果。这样上来下去几次，村民们就会受不了，所以利用法律程序来做文章，以达到自己继续承包土地的目的。

【讨论】

（1）上述某律师利用什么策略和技巧代理诉讼？能否实现当事人的诉讼目的？

（2）有人打官司的目的是为了自己的合法权利，有人打官司的目的是为了公共利益，有人打官司的目的是为了了结一个心愿，有人打官司是为了完成自己的一个事业，也有人打官司的目的是为了牟利。你认为上述说法正确吗？

四、诉讼计划与技巧练习之一

【案件材料】

甲 A 县人，乙 B 县人。2008 年 7 月甲、乙签订 3 万元的钢材买卖合同（甲买，乙卖），合同对交货和付款期限及方式约定不明，但双方在当月实际履行合同，乙交货的同时，甲给付货款，合同完全履行完毕。钢材买卖合同完全履行完毕后的当月，即 2008 年 7 月 29 日，乙提出向甲借 3 万元的请求，甲当日借给乙3 万元，乙出具"今收到某甲人民币 3 万元整，收款人：某乙，时间：2008 年 7月 29 日"的收条给甲。2009 年 7 月 1 日，甲因资金紧张向乙催要该 3 万元借款，而乙则称该款项属双方钢材买卖合同中甲应付的货款，不属于双方之间的借款，其从来没有借过甲的款项。甲欲向法院起诉，要求乙返还该款项 3 万元及银行利息，并委托诊所学生代理本案的诉讼。

【讨论】

（1）如何调整当事人的诉讼心理？

（2）如何确定纠纷的性质和谋划诉讼请求？

（3）诉讼策略如何确定？

（4）证据收集还需怎样谋划？

（5）管辖法院如何确定？

（6）如何预测对方的诉讼策略及应有哪些应付方案？

（7）诉讼时机如何选择？

（8）需要采取哪些诉讼技巧？

五、诉讼计划与技巧练习之二

【案件材料】

原告张某，申请在已规划过的耕地上建房 3 间，经乡政府村镇规划办公室批准后，领取了宅基地使用证和农房准建证，遂建房 3 间，占地 0.5 亩。后县土地管理局发现后认为，张某违反了《土地管理法》第 38 条的规定（农村居民建住宅使用耕地的，经乡人民政府审核后，报县级人民政府批准），遂根据《土地管理法》第 38、48、52 条的规定，作出处理决定：责令张某拆除房屋，退还耕地。张某不服，以建房经乡政府批准、有合法手续为由，向县人民法院起诉，请求撤销县土地管理局处理决定，维护自己合法权益。

【讨论】

（1）如何调整当事人的诉讼心理？

（2）如何谋划诉讼请求？

（3）诉讼策略如何确定？

（4）是否需要收集证据？

（5）如何预测对方的诉讼策略及应有哪些应付方案？

（6）需要采取哪些诉讼技巧？

六、案件管辖与技巧练习

【案件材料】

李某与刘某、王某、赵某是朋友，刘某、王某、赵某三人合伙做生意，共同向李某借款 6000 元，言明半年之后还，并写了借条，由刘某、王某、赵某三人共同签名（借款人）。半年之后，刘、王、赵未按约还钱，李某向他们索还，三人互相推诿，仍不还钱。李某准备向法院起诉，现知李某住 A 市东区，刘某住 A 市西区，王某住 A 市北区，赵某住 A 市南区。

【讨论】

（1）李某可向哪个法院起诉？

（2）如果李某向三个法院都递交了起诉状，哪个法院行使管辖权？

（3）如果三个法院立案的先后时间无法区分怎样确定管辖？

（4）假如李某委托你代理本案的诉讼，你准备采取哪些诉讼技巧？

七、起诉条件与技巧练习

【案件材料】

退休工人刘某去电影院看电影，散场时因出口拥挤被人挤倒摔伤，因此住院治疗共花医疗费 300 元。刘某向法院起诉，要求法院为他寻找被告赔偿损失，但刘某说不出是谁挤倒他的。

【讨论】

（1）法院是否受理刘某的起诉？

（2）刘某应做哪些工作？

（3）你认为本案应采取哪些诉讼技巧？

八、举证责任与技巧练习

【案件材料】

原告赵某诉称，2006 年 6 月，被告刘某向其借款 15 000 元，刘某出具了借据。现借款已到期，但刘某至今未能偿还借款，故诉至法院，要求刘某偿还借款 15 000 元，并支付利息。被告刘某辩称，借款 15 000 元属实，但我已偿还原告人民币 11 000 元。原告对于我还款 11 000 元没有异议，因此，我只欠赵某 4 000 元钱。我在 2005 年曾向赵某借过 3 000 元。实际我只欠赵某 7 000 元及利息。

双方对借款的金额没有异议，双方争议的焦点是，刘某还款 11 000 元是否是还赵某诉讼的 15 000 元。对此，赵某提供刘某出具的借据，证实刘某借款 15 000元的事实，同时赵某也承认刘某确实还过 11 000 元，但称 2005 年 8 月刘某曾向其借款 11 000 元，刘某还的是 2005 年借的 11 000 元。当时刘某还清该款后把借据撕毁了，此笔款不是用来偿还 15 000 元欠款的。同时刘某承认 2005 年 8 月确实向赵某借过钱，但称所借金额是 3 000 元，不是 11 000 元，当时没有出具借据。

【讨论】

（1）对于刘某还款 11 000 元是否是还赵某诉讼的 15 000 元，应由谁承担举证责任？

（2）假如你代理赵某诉讼可采取那些诉讼策略和技巧？

（3）假如你代理刘某诉讼可采取那些诉讼策略和技巧？

九、诉讼策略的设计与技巧练习

【案件材料】

刘某（女），胡某（男）均系某实验小学五年级同桌同学，胡某坐在刘某左边，两人课桌位于班级靠墙第一排。2007 年 6 月 9 日的课堂上，胡某在刘某左前臂上刻下"忍""单"两个字。但刘某未向教师提出，也未告诉父母，因被父母发现，为此支付医疗费、交通费 1900 元，胡某父母认为刻字是刘某要求所为，不承担责任。大河小学也称学校已尽到职责，没有过错，不应赔偿。为此刘某父母欲提起诉讼。

【讨论】

（1）本案存在几种法律关系？

（2）本案谁为被告？

（3）原告如何起草起诉状？

（4）被告如何应诉？

（5）本案争议的焦点是什么？

（6）原告可提出哪些诉讼请求？

（7）原、被告均可采用哪些诉讼技巧？

十、诉讼代理步骤与技巧练习

【案件材料】

民事起诉状

原告：陈亮，男，1989 年 11 月 27 日出生，汉族，河北省邯郸市××县××乡××村，住本村南路 3 号

被告（车主）：河南省××市××物流有限公司

法定代表人：王力，该公司经理

被告（司机）：王强，男，1986 年 12 月 30 日出生，河南省××县××镇××村人，住××镇××村 76 号

诉讼请求：

1. 判令被告赔偿原告医疗费、继续治疗费、误工费、护理费、交通费、住宿费、住院伙食补助费、必要的营养费等经济损失共计 74 800 元。

2. 诉讼费由被告承担。

事实和理由：

2009 年 6 月 5 日 19 时许，第一被告的司机，即第二被告开车在邯郸市 A 区将原告的右腿腿骨轧断，经邯郸市公安局交通管理部门认定，第二被告王强负事故的全部责任，现原告正在医院治疗。依据最高人民法院《关于审理人身损害赔偿案适用法律若干问题的解释》的规定，被告应赔偿原告以下经济损失：

1. 医疗费和继续治疗费 40 000 元。

2. 误工费 7500 元。2009 年 6 月 5 日原告住院，伤筋动骨需要休息 100 天，加之第二次手术，按 150 天计算，每天工资 50 元计算，150 天 ×50 元 =7500 元。

3. 护理费 8000 元。住院按 1 个月计算，住院期间 2 人护理，每人每月 1500 元，共计 3000 元；出院后 100 天内仍需要 1 人护理，每天按 50 元计算，共计 5000 元。以上两项总计 8000 元。

4. 交通费 300 元。

5. 住院伙食补助费 4000 元。根据最高人民法院《关于审理人身损害赔偿案适用法律若干问题的解释》第 23 条的规定："住院伙食补助费可以参照当地国家机关一般工作人员的出差伙食补助标准予以确定。"再根据《河北省省直机关和事业单位差旅费管理办法》第 13 条的规定："出差人员的伙食补助费按出差自然（日历）天数实行定额包干，补助标准为每人每天 50 元。"本次住院 30 天，二次治疗需要住院 10 天，按 2 人护理的伙食补助费计算，每人每天 50 元，即：40 天×2 人×50 元 =4000 元。

6. 必要的营养费 5000 元。每天 50 元，按 100 天计算，即 100 天×50 元 =5000元。

7. 残疾赔偿金和精神损失费 10 000 元。

以上费用总计 74 800 元，请求人民法院依法判决，维护原告的合法权益。

此 致

××××人民法院

具状人：陈亮

2009 年 6 月 22 日

原告陈亮让某律师写好上述诉状后，因经济困难无力支付律师费用，请求法律诊所提供法律援助，法律诊所准备为原告陈亮提供法律援助，并指派你担任原告的诉讼代理人。

【讨论】

（1）怎样接受委托？

（2）如何确定管辖法院？

（3）如何了解案情和收集证据？

（4）如何准备诉讼资料？

（5）如何在举证期限内向法庭提交证据？

（6）是否需要申请财产保全？

（7）是否或能否申请支付令？

（8）是否需要申请先予执行？

（9）是否需要申请证据保全和申请法院收集证据？

（10）开庭前你应做哪些工作？

（11）庭审中你应做哪些工作？

（12）你在代理诉讼中可采取哪些诉讼技巧？

（13）开庭后你应做哪些工作？

十一、刑事辩护步骤与技巧练习

【案件材料】

被告人，王某，男，38 岁，某市人，原系某市工厂机修车间的工人，于年初因该厂调整产品而下岗，住本市 A 区胡同×号。该被告人因对下岗不满，误认为他下岗与同车间的工友张某向厂方反映过他工作态度不认真、修理机件不合标准有关，以致对张某怀恨在心。2008 年 12 月 6 日利用回厂取东西之机借故谩骂张某。因为张某反唇相讥，不甘示弱，结果两人在车间门口厮打起来，王某为发泄对张某的不满，顺势抄起管钳，向张某头部猛击一钳，当即将张某的头颅打成粉碎性骨折，砸断动脉血管，血流满地，张某当即倒地昏死过去。后虽经其他工人将张某送平安医院抢救，终因流血过多，抢救无效，于晚 10 时死去。被告人王某，作案后到工厂保卫组投案自首，并于当日被公安机关刑事拘留，同年 12 月 26 日被某市 A 区检察院批准逮捕，又经公安机关于 2009 年 3 月 10 日移送人民检察院审查起诉。在审查期间被告人王某对自己的犯罪行为供认不讳，但供称，原无意将张某打死，只是一时失手所致。该厂机修车间工人李某、吴某均可证明王某打人事件，但也称，张某对王某的语言刺激也有一定的责任。另外，凶器及凶器上的血迹经化验与死者血型一致，均可佐证此案。某人民检察院以故意杀人罪名向某市中级人民法院提起公诉。被告人王某的亲属欲让法律诊所的学生提供法律援助，担任被告人王某的辩护人。

【讨论】

（1）如何收案接受委托？

（2）如何向法院提交委托手续并阅卷？

（3）是否需要审查法院的管辖？

（4）如何与被告人王某会见和通信？

（5）是否需要为被告人申请取保候审？

（6）假如你发现司法机关有侵犯被告人人身权利、诉讼权利的，如何代理申诉和控告？

（7）需要调查和收集与案件有关的哪些证据材料？

（8）你应做哪些出庭准备工作？

（9）法庭调查阶段你应做哪些工作？如何去做？

（10）法庭辩论阶段你应做哪些工作？如何去做？

（11）你在休庭后应做哪些工作？

（12）你在整个诉讼过程中可采用哪些诉讼技巧？

十二、模拟法庭综合练习（刑事辩护与附带民事诉讼代理）

【案件材料】

（一）公诉机关的起诉书

起诉书

工检刑诉（2006）第 216 号

被告人孙天，男，1980 年 5 月 1 日出生，汉族，农民，初中文化，系工程市文学县孙庄村人。因涉嫌抢劫于 2006 年 3 月 10 日被工程市公安局刑事拘留，同年 3 月 10 日经我院批准逮捕，同日由工程市公安局执行逮捕。

被告人孙地，男，1980 年 5 月 2 日出生，汉族，农民，初中文化，系工程市文学县孙庄村人。因涉嫌抢劫于 2006 年 3 月 10 日被工程市公安局刑事拘留，同年 3 月 10 日经我院批准逮捕，同日由工程市公安局执行逮捕。

被告人孙天、孙地抢劫一案，工程市公安局侦查终结，移送我院审查起诉，经依法审查查明：

2006 年 3 月 1 日 20 时 30 分许，被告人孙天、孙地窜至工程市西苑酒店，两人合谋后，由孙地假装点菜将酒店工作人员引开，孙天窃取酒店人民币现金 1000 元。盗窃后，两被告人准备逃窜，在被酒店经理张键和服务员李丽追赶途中，被告人孙天逃跑，被告人孙地用随身携带的尖刀刺伤张键左腹部后也逃跑，致张键脾脏破裂，经法医鉴定为重伤。

认定上述事实的证据有：①立案报告；②现场勘查报告；③破案报告；④公安部物证检验报告；⑤法医鉴定结论；⑥被告人供述；⑦被害人陈述；⑧证人证言等证据证实。

本院认为，本案事实清楚，证据确实充分，足以认定。

综上所述，被告人孙天、孙地的行为已触犯了《中华人民共和国刑法》第 269 条和第 263 条第 2 款第 5 项之规定，已构成抢劫罪。为打击犯罪，确保公民的财产权和人身权不受侵害，根据《中华人民共和国刑事诉讼法》第 141 条之规定，决定对被告人孙天、孙地依法提起公诉，请求依法判处。

此致
工程市中级人民法院

检察员：×××
2006 年××月××日

附：
1. 被告人孙天、孙地现押于工程市看守所。
2. 证据目录、证人名单及主要证据复印件。

（二）立案报告

立案报告

2006年3月1日20时30分许，工程市西苑酒家服务员李丽电话报称：有两名男子窜入其酒家，抢走现金1000元，并用尖刀将酒家经理刺伤，现正送医院抢救。我队接报后，速派侦察人员赶赴现场，并报批立案，进行侦察。

工程市公安局刑警队

2006年3月1日

（三）破案报告

破案报告

2006年3月1日20时30分许，有两名男子窜入本市西苑酒家，抢走现金1000元，并用尖刀致伤酒家经理。我队报批立案后，经过侦察，确定孙天、孙地为犯罪嫌疑人，遂开展抓捕工作。2006年3月10日8时许，在村支部书记王江家中将孙天、孙地抓捕归案，经讯问，两名犯罪嫌疑人对在本市西苑酒家抢劫犯罪的事实供认不讳。至此，本案告破。

工程市公安局刑警队

2006年3月10日

（四）现场勘查报告

现场勘查报告

2006年3月1日20时30分许，有两名男子窜入本市西苑酒家，抢走现金1000元，并用尖刀致伤酒家经理。我队报批立案后，即派侦察人员××、×××、×××、×××现场勘查。2006年3月2日8时开始，当日10时结束。西苑酒家门东2米处有一滩喷溅状血迹。面积 $10 \times 40 \text{cm}^2$。

工程市公安局刑警队

侦察人员：×××

2006年3月2日

（五）物证检验报告

中华人民共和国公安部物证检验报告

（2006）公物证鉴字×××号

1. 委托单位：工程市公安局

2. 送检人：王强　曹军

3. 送检时间：2006年3月20日

4. 简要案情：2006年3月1日20时30分许，有两名男子窜入工程市西苑酒家，抢走现金1000元，并用尖刀致伤酒家经理。

5. 送检物证材料：受害人张键血样一份，编号为1号。作案凶器尖刀上血样一份，编为 2 号。

6. 检验要求：DNA 检验。

7. 检验情况：用 CHEIEX 法提取 1、2 号检验 DNA，然后以 IBENTIFER 复合扩增系统对上述样品进行扩增，扩增产物在 ABI3100 型遗传分析仪上进行检测。

8. 检验结论：尖刀上的血与张键的血一致的可能性为 99.999999%。

鉴定人：李水（副主任医师）
张安（副主任医师）
2006 年 4 月 20 日

（六）公安机关对被告人孙天的讯问笔录之一

讯问笔录

时间：2006 年 3 月 10 日 9 时 10 分 ~ 11 时 10 分

地点：工程市公安局刑警队

侦查员姓名、单位：刘新国、高林，工程市公安局

记录员：刘新国

犯罪嫌疑人：孙天

? 我们是工程市公安局的侦查员，今天依法对你进行讯问，你要如实交代，态度不好要加重对你的处罚。你听清了吗？

: 听清了。

? 谈一下你的基本情况。

: ………

? 谈一下你的个人简历。

: ………

? 你知道为什么带你到公安局吗？

: 我盗窃了西苑酒店 1000 元钱。

? 你如实交代犯罪事实。

: 2006 年 3 月 1 日晚 8 时 30 分许，我和孙地到西苑酒店吃饭，要点菜时，我发现服务台上有一沓钱，我就趁服务员给孙地介绍菜名的时候，到服务台盗窃了该钱。随后我叫孙地一起走，服务员发现钱被盗窃，即喊经理追赶我们。我逃走，孙地被酒店经理抓住，孙地就用尖刀刺伤抓他的酒店经理后，也逃脱。

? 你盗窃了酒店多少钱？

: 1000 元。

? 这钱哪去了？

: 我花了。

? 去盗窃酒店，你和孙地怎么商量的（诱供式讯问）？

: 我们没有商量。

? 孙天，我明确警告你，你是罪犯，是罪犯就应当供述犯罪，你应当供述与孙地如何预谋盗窃犯罪的行为。（有罪推定式讯问）

: （沉默无语）

? 孙天，我再次警告你，你这种拒不供述预谋盗窃犯罪行为的态度，将受到从重处罚。（威胁式讯问）

: （沉默无语）

? 孙天，我再次警告你，你这种拒不供述预谋盗窃犯罪行为的态度，不仅要受到从重处罚，而且你的自首情节也将得不到认定。（威胁式讯问）

: 我与孙地预谋盗窃了。

? 如何预谋的？

: 到酒店后，我发现服务台上有钱，就让孙地假装点菜，将服务员引开，我去盗窃。

? 孙地刺伤酒店经理的尖刀是谁准备的？

: 我不知道。

? 你看下笔录签字。

: 以上笔录看过，和我说的一样。

孙天

2006 年 3 月 10 日 11 时 10 分

（从签字时间显示：笔录没让看）

（七）公安机关对被告人孙天的讯问笔录之二

讯问笔录

时间：2006 年 3 月 11 日 9 时 15 分~10 时 10 分

地点：工程市公安局刑警队

侦查员姓名、单位：刘新国、高林，工程市公安局

记录员：刘新国

犯罪嫌疑人：孙天

? 我们是工程市公安局的侦查员，今天依法对你进行讯问，你要如实交代，态度不好要加重对你的处罚。你听清了吗？

: 听清了。

? 你以前在公安机关交代是否属实？

: 不全属实。

? 哪儿不属实。

：我没有与孙地预谋盗窃。

？那你为何以前供述预谋了？

：我害怕。

？怕什么？

：怕加重处罚和不认定我的自首。

？看下笔录，签字。

：以上看过，对。

孙天

2006 年 3 月 11 日 10 时 20 分

（八）公安机关对被告人孙地的讯问笔录之一

讯问笔录

时间：2006 年 3 月 10 日 9 时 10 分 ~ 11 时 10 分

地点：工程市公安局刑警队

侦查员姓名、单位：刘新国、高林，工程市公安局

记录员：高林

犯罪嫌疑人：孙地

？我们是工程市公安局的侦查员，今天依法对你进行讯问，你要如实交代，态度不好要加重对你的处罚。你听清了吗？

：听清了。

？谈一下你的基本情况。

：……

？谈一下你的个人简历。

：……

？你知道为什么带你到公安局吗？

：我捅伤了人。

？你将谁捅伤了？

：工程市西苑酒店经理。

？你如实交待犯罪事实。

：2006 年 3 月 1 日晚 8 时 30 分许，我和孙天到西苑酒店吃饭，我正要点菜时，孙天叫我快走，我见孙天走了，我便起身要走，此时酒店经理抓住我不放，说我偷了他的钱，并且还要打我，我就掏出随身携带的尖刀警告酒店经理放开我，在推拉中刺伤酒店经理。我见酒店经理受伤倒下，我也赶紧逃跑了。

？孙天盗窃了酒店多少钱？

：1000 元。

？这钱给你多少？

：孙天一分钱也没给我，他全花了。

？你和孙天怎么商量去盗窃酒店的？（诱供式讯问）

：我们没有商量。

？孙地，我明确警告你，你是罪犯，是罪犯就应当供述犯罪，你应当供述与孙天如何预谋盗窃犯罪的行为。（有罪推定式讯问）

：（沉默无语）

？孙地，我再次警告你，你这种拒不供述预谋盗窃犯罪行为的态度，将受到从重处罚。（威胁式讯问）

：（沉默无语）

？孙地，我再次警告你，你这种拒不供述预谋盗窃犯罪行为的态度，不仅要受到从重处罚，而且你的自首情节将也得不到认定。（威胁式讯问）

：孙天与我预谋盗窃了。

？如何预谋的？

：到酒店后，他发现服务台上有钱，就让我假装点菜，将服务员引开，他去盗窃。

？你携带刺伤酒店经理的尖刀孙天知道吗？

：他不知道。

？你看下笔录签字。

：以上笔录看过，和我说的一样。

孙地

2006 年 3 月 10 日 11 时 10 分

（从签字时间显示：笔录没让看）

（九）公安机关对被告人孙地的讯问笔录之二

讯问笔录

时间：2006 年 3 月 11 日 11 时 0 分～11 时 50 分

地点：工程市公安局刑警队

侦查员姓名、单位：刘新国、高林，工程市公安局

记录员：刘新国

犯罪嫌疑人：孙地

？我们是工程市公安局的侦查员，今天依法对你进行讯问，你要如实交代，态度不好要加重对你的处罚。你听清了吗？

：听清了。

？你以前在公安机关交代是否属实？

：不全属实。

? 哪不属实?

：我没有与孙天预谋盗窃。

? 那你为何以前供述预谋了?

：我害怕。

? 怕什么?

：怕加重处罚和不认定我的自首。

? 看下笔录，签字。

：以上看过，对。

孙地

2006 年 3 月 11 日 12 时 0 分

（十）证人李丽证言

我叫李丽，女，……

2006 年 3 月 1 日晚 8 点半来钟，我正在酒店服务台值班，进来两名男子，都是 26 岁至 27 岁的样子。其中一名高个男子走到服务台看了一下，又回到另一个低个男子旁边。他们商量了一下，低个男子高喊"服务员，来点菜"，我就来到这个男子旁。我正在给这个低个男子介绍菜谱，高个男子从服务台方向过来叫低个男子快走。我便急忙回到服务台，发现 1000 元现金丢失。于是，对这两个男子高喊"你们偷了钱，别走!"听到喊声，我们酒店经理张键急忙从办公室跑出来，抓住了欲跑的低个男子，这个低个男子掏出随身携带的尖刀将我们经理刺伤后逃跑。在此前高个男子已逃跑。

（十一）提取证明（之一）

提取证明

2006 年 3 月 10 日 18 时许，工程市公安局侦察人员张南、张北从孙地家中提取尖刀一把。尖刀上留有血迹。特此证明。

被提取人：孙大（孙地父亲）

提取人：张南 张北

见证人：张爱芹

2006 年 3 月 10 日

（十二）提取证明（之二）

提取证明

2006 年 3 月 11 日 8 时许，工程市公安局侦察人员张南、张北从西苑酒店经理张键身上提取血样一份。特此证明。

被提取人：张键

提取人：张南 张北

见证人：张开

2006 年 3 月 11 日

（十三）村主任武开证言

我叫武开，男，1961 年 5 月 1 日出生，任工程市文学县孙庄村村委会主任，住本村。

2006 年 3 月 10 日大约 7 点半钟，村支部书记王林打电话让我去他家一趟，我过去后见孙天和孙地也在。村支部书记王林对我说："孙天偷了工程市一个酒店的钱跑了，人家一个男的抓住孙地，还想打他，他就用尖刀把人家捅伤也跑了。他们两个让我给他们想想办法，我给他们讲，最好的办法就是去公安局自首，争取宽大处理。"我听后，也劝他们去自首。在我们的劝说下，他们同意去自首。我们正准备陪他们去公安局自首时，公安局人来了，就把他们抓走了。

（十四）村支书王林证言

我叫王林，男，1960 年 5 月 1 日出生，任工程市文学县孙庄村党支部书记，住本村。

2006 年 3 月 10 日 7 时许，孙天和孙地到我家，说孙天偷了工程市一个酒店的钱跑了，人家一个男的抓住孙地，还想打他，他就用尖刀把人家捅伤也跑了。他们两个让我给他们想想办法，我给他们讲，最好的办法就是去公安局自首，争取宽大处理。随后，我又就叫来村主任武开一起做他们俩的工作。在我们的劝说下，他们同意去自首。我们正准备陪他们去公安局自首时，公安局人来了，就把他们抓走了。

（十五）刑事附带民事诉状

附带民事诉状

附带民事原告：张键，男，1976 年 4 月 20 日出生，工程市人，工程市西苑酒店经理，住本店。

附带民事被告：孙天，男 1980 年 5 月 1 日出生，工程市文学县孙庄村人，汉族，初中文化，捕前系该村农民。

附带民事被告：孙地，男 1980 年 5 月 2 日出生，工程市文学县孙庄村人，汉族，初中文化，捕前系该村农民。

诉讼请求：

1. 依法追究两位被告抢劫罪的刑事责任。

2. 判令两被告赔偿原告的经济损失 7000 元。

事实和理由：

2006 年 3 月 1 日 20 时 30 分许，两被告窜入原告酒店窃取 1000 元被发现后，用尖刀将原告刺成重伤逃跑。不仅侵犯了原告财产权利，而且也侵犯了原告的人身权利。诉讼请求人民法院对被告从重处罚，并责令其赔偿原告的经济损失。

此致

工程市中级人民法院

具状人：张键

2006 年×月×日

【要求】

将学生分组（可以将旁听学生均分于各组，协助各组的准备工作）：

（1）法官组由 3 名法官和 1 名书记员组成。

（2）公诉组由 2 名学生担任公诉人。

（3）被告人组由 2 名学生分别扮演被告人孙天和孙地。

（4）辩护人组由 4 名学生组成，分别扮演被告人孙天和孙地的辩护人。

（5）附带民事原告组 3 人，由 1 名学生扮演原告，2 名学生扮演代理人。

（6）2 名学生担任法警。

（7）另外指定 2 名学生担任观察员。

（8）其他学生为旁听人员。

分配资料和准备：提前一周发资料，利用课余时间进行准备，时间一周。

课堂表演时间：100 分钟。

观察员评估及全体学生自由评价发言时间：50 分钟。

教师点评时间：50 分钟。

第 九 章

仲裁的理论和技巧

◆　重点问题

1. 仲裁的特点
2. 仲裁的目的
3. 仲裁与诉讼的比较
4. 仲裁代理的技巧

第一节　仲裁概述

一、仲裁的概念和特点

（一）仲裁的概念

"仲裁"两字从字义上解释，"仲"表示地位居中，"裁"表示衡量、判断，两字含义即"居中公断"。与之相应的英文单词为 arbitration，表示由第三方在双方之间进行裁断。仲裁作为一个法律概念，是指双方当事人在争议发生前或发生后达成协议，自愿将他们之间的争议交给他们共同选定的第三方居中评判是非，由该第三方依据法律或公平原则作出对双方当事人均有约束力的裁决的一种解决争议的方式。[1] 仲裁作为解决民商事纠纷的一种方式，虽然在全世界范围内被普遍采用，但是由于各国的仲裁制度并不统一，甚至在立法及实践规则上还有实质的差异（如目前有的国家不允许对劳动争议进行仲裁，有的国家则允许）。因此，上述对仲裁的定义是基于仲裁的一般属性而给出的。

仲裁作为解决民商事争议的一种有效的方式具有悠久的历史，早在古希腊以及中世纪时的欧洲国家就已经出现。后来仲裁这种解决争议的方式被国家以法律的形式确定下来，逐渐形成了较为完备的仲裁制度。1697 年英国颁布第一部仲裁法，也正因为仲裁天然具有跨域受理、专家断案、一裁终局等诸多独有的优势，它一直成为西方国家民商事主体解决商事合同纠纷和其他财产权益纠纷的首选方式。目前，以仲裁的方式处理争议已成为各国普遍接受或采用的一种解决争

---

〔1〕　黄进、宋连斌、徐前权：《仲裁法学》，中国政法大学出版社 2007 年版，第 1 页。

议的方式。1995 年 9 月 1 日，《仲裁法》的实施，使我国真正有了适应国际惯例
的仲裁制度，标志着适应社会主义市场经济发展需要的新的解决经济民事纠纷的
法律制度的确立。经过 10 年的发展，我国基本上在省会城市和较大的城市均设
立仲裁机构，包括中国国际经济贸易仲裁委员会和中国海事仲裁委员会。现在，
中国国际经济贸易仲裁委员会的受案数量已跃居世界第一位，裁决的公正性得到
国内外的一致公认，案件的当事人涉及世界四十多个国家和地区。中国已成为世
界主要的国际商事仲裁中心之一。

（二）仲裁的特点

民商事纠纷的解决方式一般有四种，即谈判、调解、仲裁和诉讼，其中，仲
裁与诉讼是并列的具有法律效力的解决纠纷的途径。仲裁作为民商事纠纷的解决
方式之一，既不同于解决同类争议的司法、行政途径，也不同于当事人的自行和
解。仲裁作为一种解决财产权益纠纷的裁判制度，具有以下特点：

1. 自愿性。仲裁给予当事人以充分的自治权，当事人双方协议管辖，没有
地域管辖、级别管辖的限制，境内外的当事人在境内外任何地点发生的任何标的
的各类民商事纠纷都可以在任何一个仲裁机构仲裁；当事人可以自主选择仲裁机
构和仲裁员，仲裁员既有法律专家，又各行业专家，有利于当事人选择以解决
各类纠纷。当事人之间的纠纷，是否将其提交仲裁、仲裁庭的组成人员如何产
生、仲裁适用何种程序规则，都是在当事人自愿的基础上，由当事人协商确定
的，故仲裁能充分体现当事人意思自治的原则。

2. 专业性。仲裁的这一特点，主要是由仲裁员资格的严格性来体现的。我
国《仲裁法》第 13 条规定："仲裁委员会应当从公道正派的人员中聘任仲裁员。
仲裁员应当符合下列条件之一：①从事仲裁工作满 8 年的；②从事律师工作满 8
年的；③曾任审判员满 8 年的；④从事法律研究、教学工作并具有高级职称的；
⑤具有法律知识、从事经济贸易等专业工作并具有高级职称或者具有同等专业水
平的。"事实上仲裁的对象大都是民商事纠纷，常常涉及复杂的法律、经济贸易
和技术性问题，而仲裁员一般都是各行各业的专家，这样就保证了仲裁的专业性
和权威性。

3. 独立性。《仲裁法》规定，仲裁独立进行，不受任何机关、社会团体和个
人的干涉。仲裁法所确立的这种仲裁机制，确保了仲裁的独立性。首先，在仲裁
机构的设置上，《仲裁法》第 14 条规定，"仲裁委员会独立于行政机关，与行政
机关没有任何隶属关系"。这就保证了仲裁机构的超脱和独立。其次，仲裁员均
是兼职，是从法律和经济贸易领域的专家、学者中选聘。仲裁员与仲裁机构之间
没有隶属关系。最后，仲裁裁决是由仲裁庭（不是仲裁委员会）独立作出。仲
裁裁决的权力和由此产生的责任全部统一在仲裁庭。这种机制有效地避免了长官

意志和行政干预，使仲裁庭在没有任何外界干扰的情况下，依据事实和法律独立地仲裁裁决。

4. 公正性。仲裁的公正，是由仲裁机制所决定。一是仲裁制度实行协议管辖，没有地域管辖和级别管辖。要不要仲裁，以及在哪个仲裁机构仲裁，完全由当事人自主选择。仲裁靠的是信誉，不是靠强制。仲裁机构如果不能保证仲裁的公正性，就会被淘汰出局，因此仲裁机构比当事人、代理人，更加关心仲裁的质量和效率，更痛恨和害怕仲裁中出现腐败和不公正的现象，并且会千方百计、不遗余力地抑制和消除这种现象。二是仲裁员素质的保证。仲裁员素质是仲裁公正的关键因素。首先，我国《仲裁法》对仲裁员资格作了严格的限定。其次，仲裁员的选聘由仲裁机构来决定，而且不是终身制。为了保证机构的信誉，仲裁委员会一方面会不断吸收高素质的优秀人才，另一方面也及时淘汰那些不适合从事仲裁工作的人员，使仲裁员队伍整体的素质始终保持在较高的水平之上。最后，仲裁员的自律。仲裁员由于本身素质较高，加上经多年奋斗取得的地位和声望，不愿为谋取不正当利益毁掉自己的信誉。三是根据《仲裁法》的规定，当事人有权利选择仲裁员。这是一种制约，当事人可以行使申请仲裁员回避的权利。四是法律的监督。《仲裁法》和《民事诉讼法》中规定，仲裁员在仲裁该案时有贪污受贿、徇私舞弊、枉法裁决行为的，当事人可以申请撤销裁决或请求法院不予执行裁决。这些因素，有力地保证了仲裁的公正性。

5. 保密性。仲裁以不公开审理为原则。不公开审理包括：案件开庭不允许除仲裁参与人以外的其他人旁听；仲裁案件的审理及结果，不允许其他人打听、采访、报道。在这种情况下当事人的商业贸易活动不会因此而泄露。同时，双方当事人之间比较和谐融洽，通常不会产生因在法庭对簿公堂所引起的激烈对抗，容易通过调解或和解较好地解决纠纷。由于这种方式不伤"和气"，当事人通过仲裁解决纠纷后，继续合作的大有人在。应该说，以仲裁方式解决纠纷，对当事人今后商业机会的负面影响较小。

6. 经济性。仲裁的优势在于：一裁终局、省时省力、灵活性强、程序简便、结案较快、快捷便利、费用开支较少。尤其是由于仲裁是一裁终局，相对于诉讼而言，仲裁节约了相应的上诉费用。

7. 国际性。从1958年《纽约公约》以来，截至1990年，有92个国家和地区签署了该公约，现在已超过140个。《纽约公约》是联合国最成功的公约之一，全称是《承认及执行外国仲裁裁决公约》。它的重要性有两个方面：①稳定了管辖权。所有1958年《纽约公约》签约国的法院都要承认约定提交签约国仲裁的仲裁条款。如果合约中有一条有效的仲裁条款，那么一方到法院去起诉的话，法院必须中止，不能受理。②具有可执行性。除了公约中讲的几种情况外，如果法院再用别的理由不执行，便会遭到质疑和谴责。

二、仲裁的目的和计划

（一）仲裁的目的

民商事纠纷的当事人按照争议发生前后达成的仲裁协议，自愿将有关争议提交仲裁机构，由仲裁机构以第三者的身份对争议的事实和权利义务作出判断和裁决，其根本目的是解决纠纷。仲裁是解决民商事纠纷的重要途径之一，它与其他争议解决方式——谈判、调解、诉讼一道，构成解决民商事纠纷的完整体系，但是仲裁不同于其他争议解决方式，有其自身的独特性，可使当事人实现以下目的：

1. 经济和便捷地解决纠纷。仲裁是一种方便、快捷的解决争议方式。从时间上看，仲裁解决争议比较快，时间短，诉讼则比较慢，时间较长；从费用上看，仲裁费用较低，而诉讼费用较高；从对权利处分的自由度看，仲裁案件的当事人不仅可以选择仲裁程序和所适用的法律，而且可以选择仲裁员、仲裁地点等，而诉讼则一般不能做到。仲裁所具有的这种便捷、经济的特点，能较好地实现市场经济条件下，市场主体对于快速、简便、低成本地解决纠纷的目的。

2. 妥善和公正地处理争议。仲裁由具有专门知识和丰富实践经验的仲裁员裁断案件，有利于公正、妥善处理争议。民商事纠纷多涉及特殊知识领域，由来自各行业的专家来审理和裁决，较具权威性，易于为当事人接受，而且双方当事人在缓和的仲裁氛围下，容易沟通和相互谅解，有利于日后继续保持生意上的来往。

3. 获得具有法律效力的仲裁裁决。仲裁裁决具有法律效力，这与谈判或者调解有根本区别。谈判或者调解尽管有时也可以达成协议，但由于达成的协议并没有法律约束力，往往无法得到落实。仲裁形成裁决后，如一方当事人不自动履行裁决，另一方当事人可依法向人民法院申请强制执行。仲裁裁决具有的强制执行力是由国家法律赋予的。

此外，仲裁实行不公开审理，有利于保守商业秘密。保密性常常被认为是仲裁相对于诉讼最大的优势，这样的考虑也成为很多当事人选择仲裁而非诉讼的一个首要的原因。在争端解决过程中，保密性的维持对于当事人而言常常具有积极的意义。主要表现有三：①有利于维护当事人自身形象。任何民商事活动的主体，都会有维护自身形象的需要。现代社会，信息传递非常迅速，网络的发展更是加速了这种发展趋势。在这种背景下，为了维护自身形象，在争端发生之后选择一种秘密的争端解决方式，在保密的状态下解决争端，似乎变得更有必要。尤其是对于法人而言，有关信用状况、财政状况、履约能力的变化等，是不希望向外界公开的，因为这可能直接影响法人对外融资、股票价格、产品销路等。②有利于保护商业秘密和其他信息。很多仲裁案件涉及商业秘密，而商业秘密常常构成企业的核心竞争力。除商业秘密外，企业经营过程中存在很多的机密信息，如进货渠道、工业产权、定价策略等。尽管在诉讼中，程序法也有相应的制度设计来保护此类信息，但是仲裁对当事人而言，显然更具有吸引力，更能满足当事人保护商业秘密和其他信息的需要。③避免败诉方在类似争端中处于不利地位。仲裁的保密性使得外界对争端的产生以及如何解决等不得而知。这就避免了由于一个争端的败诉，而导致连环的败诉。常见的情形是企业时常面临成千上万的消费者，而其与每一个消费者直接的关系都非常的相似，如果由于一个消费者的胜诉，导致成千上万的消费者的起诉，这是企业所不愿意发生的。这也是企业倾向于在格式合同中约定以仲裁解决争端的重要原因。

（二）仲裁的计划

1. 仲裁协议的审查。仲裁协议是指双方（或多方）当事人合意签订的、自愿将他们之间业已发生或将来可能发生的法律争议交付某仲裁机构解决的一种书面协议。从这个概念中，可以看出仲裁协议具有如下五个方面的法律特征：①仲裁协议是双方当事人一致的、真实的意思表示；②仲裁协议确定了双方当事人解决纠纷的仲裁途径；③仲裁协议的效力及于双方当事人和有关第三人（即法院、仲裁机构和仲裁员）；④仲裁协议的效力具有独立性；⑤仲裁协议具有严格的形式要求，即必须采用书面形式。仲裁协议的书面形式主要表现为包含于主合同中的仲裁条款和单独签订的仲裁协议书。一般情况下，仲裁协议自成立时起生效。其作用是在双方当事人及第三人（仲裁机构和仲裁员）之间产生特定权利义务关系，有效的仲裁协议既是仲裁机构受理案件的依据，也是法院强制执行仲裁裁决的依据。仲裁协议的效力具有独立性和排他性的特点，其独立性是指仲裁协议独立存在，合同的变更、解除、终止或者无效，不影响仲裁协议的效力；排他性是指仲裁协议的效力排除了当事人在法院进行诉讼的解决争议方式。根据我国《仲裁法》的规定，一份有效的仲裁协议应当具备请求仲裁的意思表示、仲裁事项和选定的仲裁委员会三项基本内容。在国际商事仲裁中，一份有效并具可执行性的仲裁协议还应当包括以下基本内容：仲裁地点、仲裁规则、仲裁庭的组成、仲裁适用的法律、仲裁时使用的语言和裁决的效力等。但是，仲裁协议应当具备的有效条件与仲裁协议所具备的基本内容是两个完全不同的概念，具备了基本内容，不一定就是有效的仲裁协议；不完全具备基本内容或只具基本内容的一部分的仲裁协议也不一定就是一份无效的仲裁协议。那么仲裁协议有效成立应当具备哪些条件呢？笔者认为，仲裁协议有效成立应当包括形式要件和实质要件。其形式要件是指仲裁协议必须采用书面形式；其实质要件是指仲裁协议有效成立的实质性条件，我们可以将仲裁协议效力的实质性条件概括为以下几项，律师或诊所学生代理仲裁案件，可重点审查这几项实质性要件：

（1）当事人是否具有缔结仲裁协议的民事行为能力。当事人具有民事行为能力，是保证其签订的仲裁协议合法有效的前提。这里"当事人"可以分为自然人和法人，其民事行为能力也各有规定。根据我国法律的规定，自然人的民事行为能力是指能够独立实施民事行为、享有民事权利并承担民事义务的地位或资格，这里"自然人"也就是指完全行为能力人。法人的民事行为能力是指依法登记设立的组织，以自己的意志独立进行民事活动，实施民事法律行为，取得民事权利和承担民事义务的资格。

（2）当事人之间提交仲裁的意思表示真实和一致。当事人之间将其有关争议提交仲裁解决，须有明确请求仲裁解决的意思表示，这是仲裁协议的基本要素。请求仲裁的意思表示须明确肯定，并符合当代仲裁制度一裁终局，排除司法管辖权的特性。双方当事人必须都同意将争议提交仲裁解决，而不是一方当事人的意思。这是仲裁协议作为"协议"的一种基本要求。在实践中，仲裁协议通常是体现于格式合同或商业单据中的仲裁条款。这些格式合同与商业单据通常是由一方当事人制定的，体现的是一方当事人的意志。对这类仲裁条款，要视情形而确定是否符合合意真实。就格式合同而论，它通常是一方当事人提交给对方当事人作为双方谈判民商事合同的基础与草案文本，接受格式合同的一方可以对格式合同的有关条款作进一步的删除、修改、补充，双方当事人最终达成的正式合同是在变更格式合同的基础上订立的，体现了接受格式合同一方的意志，因而是双方当事人的真实意思表示。对于商业单据，如提单、保险单、信用证等，其签发与接受在国际、国内的商事交易中已成为商事惯例，凡参与这类商事交易的当事人，特别是接受单据的当事人都接受，况且这些单据的签发与接受通常是以相关合同存在为前提的，往往构成相关合同的组成部分，因此，只要这些单据的签发者没有采取法律禁止的胁迫手段迫使对方接受，接受方如果接受了这些单据，应当认定双方当事人对单据中的仲裁条款达成一致，合意真实。

（3）仲裁协议的标的具有可仲裁性。这里"标的"是指争议事项，"可仲裁性"是指当事人提交具有一裁终局效力的仲裁机构解决的争议事项是法律允许采取仲裁方式处理的事项。我国《仲裁法》第2、3条对可仲裁和不可仲裁的争议事项作了规定。该法规定，平等主体的公民法人和其他组织之间发生的合同纠纷和其他财产权益纠纷，可以仲裁，但下列纠纷不能仲裁：婚姻、收养、监护、抚养、继承纠纷；依法应由行政机关处理的行政纠纷。此外，根据我国法律的有关规定，劳动争议、农村土地承包争议等，虽然涉及合同纠纷和财产权益纠纷，但不具有我国《仲裁法》意义上的可仲裁性，而只具有行政法、劳动法等法律领域的可仲裁性。

（4）仲裁协议的内容是否明确与合法。有效的仲裁协议最重要的条件是有明确的仲裁事项和仲裁机构。首先，仲裁协议的内容应当明确。实践中，最常见的无效仲裁协议通常有以下几类：①约定"或裁或审"，如"本合同项下所有纠纷提交北京仲裁委员会或有管辖权的人民法院裁决"；②仲裁机构不明确或不唯一，如"纠纷提交北京的仲裁机构裁决"、"纠纷提交北京仲裁委员会或香港国际仲裁中心裁决"；③仲裁事项约定不明确或超出仲裁范围，如"本劳动合同引起的争议，提交北京仲裁委员会裁决"。其次，仲裁协议的内容合法，同样是有效仲裁协议所必须具备的基本要素。其内容合法，是指仲裁协议的各项约定符合法律要求，不得违反强制性规定。

2. 选择仲裁员的谋划。在仲裁制度中，根据当事人意思自治的基本原则，当事人享有选择仲裁员的权利，根据我国《仲裁法》第31条的规定，仲裁庭的组成人员由当事人双方在仲裁机构聘任的仲裁员名册中选定。律师或诊所学生代理仲裁案件，在选择仲裁员时必须注意以下几点：

（1）选择自己信任的仲裁员。仲裁机构所聘任的仲裁员，均是经过严格的选拔审查后才取得仲裁员资格的，一般均具有较高的政治素质和业务素质。因此，当事人可以从中选择自己认为最值得信赖的仲裁员。

（2）选择熟悉与纠纷相关的专业知识的仲裁员。由熟悉专业知识的仲裁员组成的仲裁庭仲裁相关专业的经济纠纷，更能迅速准确地抓住争议的焦点，分清是非责任，提出解决争议的最佳方案，提高仲裁的效率和质量。当事人在选择仲裁员时，应参考仲裁员名册中的仲裁专长一栏，选定熟悉纠纷所涉及的专业领域的仲裁员。

（3）为减轻当事人的经济负担，建议当事人尽量选择仲裁机构所在地或就近地区的仲裁员。由于仲裁员因参与仲裁活动的合理费用均须由当事人自己承担，若选择远离仲裁机构所在地的仲裁员，势必增加当事人的经济负担。且由于往返差旅所费时间，势必影响仲裁庭迅速及时地作出裁决。

（4）避免选择符合法定回避条件的仲裁员。当事人享有对符合法律规定回避事由的仲裁员申请回避的权利，由于对方当事人申请回避而使整个仲裁程序中止，这将延长仲裁的时间，对双方均有害无益。因此，当事人在选择仲裁员时必须注意法律所规定的回避事由，以免进入仲裁程序后造成不必要的麻烦。

（5）遵守仲裁员选定的时效，当事人必须在仲裁规则规定的期限内选定仲裁员。仲裁机构都订有各自的仲裁规则，并在规则中，就当事人选定仲裁员的有效期限作出了规定。仲裁机构在发出受理和仲裁通知的同时将仲裁规则和仲裁员名册寄发双方当事人，并明确告知当事人必须在仲裁规则规定的期限内选定仲裁员。根据《仲裁法》第32条的规定，当事人没有在仲裁规则规定的期限内选定仲裁员的，仲裁机构将视为当事人自动放弃该项权利，由仲裁委员会主任指定仲裁员组成仲裁庭。

3. 仲裁中的证据保全[1]。所谓仲裁中的证据保全，是指根据仲裁当事人的申请，在证据可能灭失或以后难以取得的情况下，由人民法院对证据及时采取保护措施，以保存证据证明力的活动。我国《仲裁法》第46条规定："在证据可能灭失或者以后难以取得的情况下，当事人可以申请证据保全。当事人申请证据保全的，仲裁委员会应当将当事人的申请提交证据所在地的基层人民法院。"律师或诊所学生在制定代理仲裁案件的计划时，务必善用这一证据保全制度。

证据有灭失或以后难以取得的可能性，是当事人申请证据保全的前提条件。证据灭失，是指如不及时调查收集证据，对证据不采取保全措施，就会失去证据，为查明案件事实造成障碍。如证人因年老病重，有死亡的可能；物证有腐烂变质的可能等，遇到这种情况，应提前制作证人证言笔录或录音，对物品进行勘验，否则就会失去证据，以造成不可挽回的损失。证据以后难以取得，是指如不及时收集证据，以后再去收集、调取证据，将需要花费更多的时间、物力、人力，给调查证据造成很大的困难或不便，致使案件的审限拖延，不能及时审判。例如，证人将要出国访问、留学、定居、探亲等。当事人申请证据保全的，应当向仲裁委员会提出，然后由受案仲裁委员会向有管辖权的人民法院移交。这里应注意两个问题：①仲裁当事人不能直接向人民法院申请证据保全；②仲裁委员会无权采取证据保全措施。对国内仲裁案件证据保全有管辖权的法院，依最高人民法院《关于人民法院执行工作若干问题的规定（试行）》第11条和第12条的规定，在国内仲裁过程中，当事人申请证据保全的，由证据所在地的基层人民法院裁定并执行。对涉外仲裁过程中当事人提出的证据保全申请由证据所在地的中级人民法院裁定。由此可见，证据保全在国内仲裁和涉外仲裁中的地域管辖是一致的，不同的是级别管辖，一个是基层人民法院，一个是中级人民法院。

对哪些证据，采用何种方法予以保全，我国民事诉讼法没有作出明确的规定。审判实践证明，有关证据保全的方法，因不同的证据采用的保全措施要有所不同。例如，对证人证言证据的保全，应采取制作证人证言笔录或录音的方法；对物证的保全，可以由人民法院进行勘验制作笔录、绘图、拍照、录像，或者采取保存原物；对易腐烂变质的物品，可以采用变卖、保存价款的措施；对于书证及视听资料，可以及时调取到法院保存等。

三、仲裁与诉讼的比较

民事纠纷指的是平等主体之间发生的以民事权利、民事义务或民事责任为内

---

[1]　黄进、宋连斌、徐前权：《仲裁法学》，中国政法大学出版社2007年版。

容的法律纠纷。根据民事纠纷的内容，可以将其分为有关财产关系的民事纠纷和有关人身关系的民事纠纷。而民事纠纷的解决机制，是指缓解和消除民事纠纷的方法和制度，可以分为自力救济，如和解；社会救济，如调解、仲裁等；公力救济，主要指诉讼。仲裁，又称公断，是指纠纷双方在纠纷发生前或发生后达成协议，自愿将纠纷交给第三方作出裁决的一种纠纷解决机制。早期的仲裁一般在民间进行，具有纯粹的民间性和纠纷主体的自治性。诉讼，则是指由特定的国家机关，在纠纷主体的参加下，以国家公权力解决社会纠纷的一种机制。在现代社会，诉讼是由国家司法机关来主持进行的，由于国家公权力的行使，它具有国家强制力、严格的规范性等特征。仲裁与诉讼两者作为社会民事纠纷的解决机制相互辅佐、交相并存，又以其各自相对独特的调整机制而相互独立，是现代社会民事纠纷解决机制体系的重要组成部分，为社会成员提供了两种可供其自由选择的解决民事纠纷的途径和方法。为使诊所学生更清楚地了解仲裁，对仲裁与诉讼进行以下比较：

1. 适用范围。两者虽然同为民事纠纷的解决机制，但各有其不同的适用范围，并非每一类民事纠纷均可无差别地选择适用其中任何一种。仲裁作为一种带有民间性和准司法性的特殊的社会救济方式，根据我国《仲裁法》第2条的规定："平等主体的公民、法人和其他组织之间发生的合同纠纷和其他财产权益纠纷，可以仲裁。"并在其第3条通过列举和概括的方式对涉及婚姻、收养、监护、抚养、继承关系的纠纷和依法应当由行政机关处理的行政争议排除了其适用。由此可见，仲裁的适用范围主要在因财产关系而产生的纠纷领域，而对因人身关系产生的民事纠纷则不能适用。诉讼作为国家公力救济的形式，根据我国《民事诉讼法》第3条的规定："人民法院受理公民之间、法人之间、其他组织之间以及他们相互之间因财产关系和人身关系提起的民事诉讼，适用本法的规定"。可见，诉讼适用于任何一类民事纠纷，无论是因财产关系引起的纠纷，还是因人身关系产生的纠纷。

2. 居间第三者。从两者对民事纠纷的解决方式来看，都是通过居间第三者来进行的，但对第三者的要求和规定却不尽相同。仲裁中的第三者在现代仲裁制度中为专门的仲裁机构，如中国国际经济贸易仲裁委员会等，此类机构可以为永久性的，也可以是临时性的，但不论是何种形式，均不是国家机关，而是民间组织，其成员，即仲裁员，是纠纷主体选定或约定的专家，非国家工作人员，对仲裁员资格的认定也是十分严格的。而如果要通过诉讼形式解决纠纷，居间第三方只能是作为国家司法机关的人民法院。诉讼是在法院主持下进行的，既不是纠纷主体自己解决纠纷，也不是其他公民、民间组织或社会团体来主持解决纠纷。

3. 解决机制。解决机制问题也就是两者在解决民事纠纷过程中，采用何种方式对纠纷中的权利义务加以确认的问题。由于仲裁、诉讼两种方式的特征和居间第三方的不同，导致了两者在解决机制上的差异的存在。对于仲裁来说，它具有相对的民间性、相对的意思自治性和司法权性的特征，而且作为第三方的仲裁机构是非国家机关的民间组织，因此，通过仲裁方式来解决民事纠纷，当事人享有充分的自治性，包括仲裁机构的选定、仲裁员的选定、有关审理方式和开庭形式等程序事项，而且在一定情形下（涉外仲裁），还可选择仲裁所依从的实体法律规范和程序性规范等。仲裁机构和仲裁员无权以国家的强制力来解决纠纷，需以双方的合意为基础，但仲裁作为一种"准司法"形式的纠纷解决机制，仲裁裁决的作出，并不以双方达成合意为必要条件，仲裁机构有权根据纠纷事实适用法律或公平正义原则作出裁决。在诉讼中，人民法院作为国家的审判机关，凭借国家审判权来确定纠纷主体之间的民事权利义务关系及民事法律责任的承担，又以国家强制执行权迫使纠纷主体履行生效的民事判决、裁定等，其对民事纠纷的解决与否起着决定性作用，而不必依赖于双方当事人的合意。

4. 法律适用。法律适用问题指在纠纷解决过程中，两者是否适用法律、适用何种法律及如何适用法律的问题。法律适用在内容上包括程序法的适用和实体法的适用。仲裁具有民间性和自治性的特征，但与民间调解相比，这两个特征只是相对的，即相对的民间性和相对的意思自治性，由此而决定了仲裁的另一个特征，即司法权性。在仲裁过程中，不能完全排除适用纠纷主体选定或法律规定的仲裁程序法和实体法，尤其是不得排除适用强行法（包括禁止性规范和效力性规范）。而且由于仲裁的民间性，无权实施强制措施，在仲裁过程中的证据保全、财产保全和仲裁裁决的执行等事项，必须依据《仲裁法》和《民事诉讼法》的相关规定而进行。两者相比而言，诉讼具有最为严格的法律适用规定。在程序法适用方面，民事诉讼的开始、进行、终结及其他程序事项必须严格依照民事诉讼法来进行，不得违反其规定，否则将受到法律的否定。同时，作为居间第三方的法院必须根据民事实体法对纠纷作出裁决，纵然法官在审判过程中可以行使自由裁量权，但也不是恣意的，只能是在法律出现漏洞或裁决所依据的实体法律规范严重不合理情况下，才可行使，并不得违背法律的整体秩序和精神。由此可见，在诉讼中，虽然纠纷主体也有高度的自治性，可以自由处分程序性权利和实体性权利，但与仲裁相比，它具有严格的规范性制约。

5. 法律后果。法律后果是指两者对纠纷的解决结果是否具有法律效力的问题。仲裁作为一种国家法律承认的纠纷解决机制，具有核心的司法权性，仲裁裁决具有法律约束力，裁决书自作出之日起发生法律效力，而且根据我国《仲裁法》第62条"当事人应当履行裁决，一方当事人不履行的，另一方当事人可以依照民事诉讼法的有关规定向人民法院申请执行。受申请的人民法院应当执行"

之规定，可以看出作为仲裁结果的仲裁裁决具有强制执行力。对于诉讼，由于作为第三方的人民法院的特殊身份和国家审判权的行使，其所产生的结果无论是民事判决还是民事裁定，都具有法律上的约束力，且民事判决和民事裁定一般由第一审人民法院直接执行。

6. 救济措施。救济措施是指当纠纷解决结果作出之后，如一方当事人反悔或不服，应当采取何种措施进行补救的问题。根据我国《仲裁法》第9条第1款"仲裁实行一裁终局的制度。裁决作出后，当事人就同一纠纷再申请仲裁或者向人民法院起诉的，仲裁委员会或者人民法院不予受理"之规定可以看出，对于仲裁裁决，当事人只有无条件地接受，并且没有任何救济措施，除非仲裁裁决被人民法院依法裁定撤销或者不予执行，当事人才能就该纠纷根据双方重新达成的仲裁协议申请仲裁或向人民法院提起诉讼。由此可见，除非有《仲裁法》第58条规定的几种情况发生，否则，裁决是终局性的，没有任何救济措施。在诉讼中，如当事人不服各级人民法院尚未生效的一审判决或者裁定，可以根据我国《民事诉讼法》第147条之规定，分别在判决书送达之日起15日内和裁定书送达之日起10日内向上一级人民法院提起上诉。而对已经生效的判决和裁定，当事人还可以按我国《民事诉讼法》有关审判监督程序的规定进行救济。

7. 管辖原则。在仲裁中，对仲裁机构的管辖权没有作级别和地域上的限制。根据我国《仲裁法》第6条"仲裁委员会应当由当事人协议选定。仲裁不实行级别管辖和地域管辖"之规定，可以看出在仲裁机构对纠纷的管辖上，以当事人对仲裁机构的共同选定为前提，而在当事人对仲裁机构的选择上，则享有绝对的自主权，也就是仲裁机构对纠纷的管辖权是由纠纷主体通过仲裁协议而授予的。对于诉讼，我国《民事诉讼法》则根据案件的性质、简繁程度、影响范围和案件的发生地等情况，实行级别管辖和地域管辖相结合的管辖原则。

结合上述分析，我们可以看出，首先，两者各具特征，在民事纠纷的解决中发挥各自的作用，利弊互补，纠纷主体可以依据自身利益的需要选择相应的纠纷解决机制。仲裁的纠纷主体拥有高度意思自治和充分的程序主体权，且程序简便，方式灵活，仲裁成本低，更多地体现了法的效益价值。而诉讼则依据其严格的规范性和国家强制力在最大程度上维护了纠纷双方的平等，保障和实现了纠纷主体的权利，从而使纠纷能够得到最终解决，体现了法的公平价值。其次，两者在现代社会中平等地发挥各自的作用，并不因在诉讼中国家审判权的行使和其所具有的国家强制力而高贵，也不因仲裁具有民间性而卑微。相反，由于近年来，经济社会的发展、人们法律意识的增强、社会关系的进一步复杂化，造成大量诉讼的出现，使得诉讼不堪重负，严重影响了诉讼的公正性和效率性，而诉讼以外的纠纷解决机制，由于简便、迅速又价格低廉，成为人们解决纠纷的重要选择，而仲裁就是其中的典型。所以，我们有必要进一步加强仲裁在社会纠纷解决机制体系中的作用，同时要推进仲裁和诉讼的结合，积极地探索、寻求纠纷解决的最佳方式。

第二节　仲裁代理的流程和技巧

一、仲裁代理的流程[1]

（一）审查仲裁协议

仲裁当事人包括申请人与被申请人，仲裁双方当事人中向仲裁机构提出仲裁请求的为申请人，而与申请人有仲裁协议的对方当事人就是被申请人。仲裁代理中，如果为申请人进行代理，在接受委托前应审查以下事项：

1. 审查当事人有无仲裁协议。我国《仲裁法》第4条规定："当事人采用仲裁方式解决纠纷，应当双方自愿，达成仲裁协议。没有仲裁协议，一方申请仲裁的，仲裁委员会不予受理。"如果当事人之间没有仲裁协议，仲裁机构则不受理仲裁申请，律师或诊所学生也就无法代理。

2. 审查仲裁协议的形式和内容是否符合法律规范要求。一是审查仲裁协议的形式是否合法，即在合同中是否有仲裁条款或以其他形式达成的书面协议。二是审查仲裁协议是否具备法律规定的内容。我国《仲裁法》第16条规定，仲裁协议包括合同中订立的仲裁条款和以其他书面方式在纠纷发生前或者纠纷发生后达成的请求仲裁的协议。仲裁协议应当具有下列内容：请求仲裁的意思表示；仲裁事项；选定的仲裁委员会。三是审查仲裁协议的内容是否明确。我国《仲裁法》第18条规定："仲裁协议对仲裁事项或者仲裁委员会没有约定或者约定不明确的，当事人可以补充协议；达不成补充协议的，仲裁协议无效。"四是审查是否具备法定无效仲裁条款的情形。我国《仲裁法》第17条规定："有下列情形之一的，仲裁协议无效：①约定的仲裁事项超出法律规定的仲裁范围的；②无民事行为能力人或者限制民事行为能力人订立的仲裁协议；③一方采取胁迫手段，迫使对方订立仲裁协议的。"五是审查仲裁协议约定的仲裁事项是否符合仲裁的受理范围。我国《仲裁法》第2条和第3条规定，平等主体的公民、法人和其他组织之间发生的合同纠纷和其他财产权益纠纷，可以仲裁。下列纠纷不能仲裁：婚姻、收养、监护、扶养、继承纠纷；依法应当由行政机关处理的行政争议。

（二）收案

收案，即接受委托，是指律师事务所或法律诊所与仲裁当事人签订委托协议

---

〔1〕　黄进、宋连斌、徐前权：《仲裁法学》，中国政法大学出版社2007年版。

并由当事人授权，指派律师或诊所学生进行仲裁案件代理的活动。仲裁委托代理协议由仲裁当事人与律师事务所或法律诊所签署，一式二份，一份由当事人保留，另一份由律师事务所或法律诊所指派的律师或诊所学生入卷存档。仲裁授权委托书由当事人签署，一式二份，一份由代理律师或诊所学生入卷存档，另一份由代理律师或诊所学生提交仲裁机构。仲裁授权委托书必须载明的内容有：当事人与被授权律师或诊所学生的名称与姓名；委托事由；授权范围等。授权委托书的委托权限可以分为一般代理和特别授权代理。一般代理只代为进行仲裁活动，不能处分实体权利，即只能代为出庭、参加调解和仲裁庭的辩论、代为调查取证、查阅案卷材料等。特别授权代理是指经委托人特别授权后可以代为承认、放弃或变更仲裁请求、进行和解等。律师事务所或法律诊所出具仲裁代理函，这是证明被律师事务所或法律诊所指派的代理律师或诊所学生的代理地位和身份的法律文件，仲裁代理函由代理律师或诊所学生提交仲裁机构。

委托人委托的律师或其他代理人一般不超过2名。委托手续办理完毕，被律师事务所或法律诊所指派的律师或诊所学生即应以仲裁代理人的身份参加有关仲裁活动。无正当的理由不得拒绝代理，但当事人所委托的代理事由违法，或者当事人利用律师或诊所学生提供的法律服务从事违法活动，或者当事人隐瞒事实的，代理律师或诊所学生有权拒绝代理。

（三）代理撰写仲裁申请书与答辩书或反请求书

1. 代理撰写仲裁申请书。申请提起仲裁应向仲裁委员会提交仲裁申请书和仲裁协议书，其中仲裁申请书是仲裁程序进行的主要法律文件之一。律师或诊所学生代理申请提起仲裁，应当为当事人撰写仲裁申请书。仲裁申请书的格式与起诉书基本相同，分为首部、正文、尾部。

首部主要应写明申请人的姓名（法人或其他组织名称）、性别、身份证号、住所、通讯地址 、电话、邮政编码、法定代表人或负责人的姓名与职务，以及被申请人的姓名（法人或其他组织名称）、性别、身份证号、住所、通讯地址、电话、邮政编码、法定代表人或负责人的姓名与职务。

正文应写明请求事项和事实理由。正文是仲裁申请书的主体部分，包括仲裁请求和所依据的事实、理由。仲裁请求主要是请求仲裁委员会解决民商事纠纷的具体事项，即申请人所希望达到的要求，如购销合同拖欠货款纠纷，可以提出何时返还货款，承担违约金的数额，如因违约造成损失的，还可以提出赔偿损失的数额及仲裁费用的承担等内容。仲裁请求要求写得具体、合法，即做到四要：一要明确，不要含糊；二要具体，不要笼统；三要合法合理，不要无理要求；四要周密考虑，不要遗漏。此外，如有必要申请财产或者证据保全的，则应另写申请书。所谓的事实和理由，是指双方争议的事实或被申请人侵权的事实及其证据，申请事实的具体内容主要有：当事人之间的法律关系；纠纷发生发展过程；争议的焦点和主要内容；对方应承担的责任。

尾部应写明所致的仲裁委员会及申请人签名、盖章和仲裁申请书的具体日期（年、月、日）。

2. 代理撰写答辩书。申请人提交仲裁申请书后，仲裁委在 5 日内决定是否受理。如决定受理，应在规定期限内将仲裁规则和仲裁员名册送达申请人，并将申请书副本及仲裁规则、仲裁员名册送达被申请人。此时，如果律师或诊所学生代理的是被申请人一方，在接到申请书副本后，应围绕违约的事实是否成立、谁有过错、谁应承担违约责任，用法律进行全面分析，写好答辩书，力争维护被申请人的合法权益。律师或诊所学生应在仲裁规则规定的期限内将答辩书及其副本、有关证据材料和委托书提交仲裁委员会。

3. 代理撰写反请求书。所谓反请求，是指在已经开始的仲裁程序中，被申请人以原仲裁申请人为被申请人，向仲裁委员会提出的与原仲裁请求在事实上和法律上有牵连的、目的在于抵销或吞并仲裁申请人原仲裁请求的独立的请求。在具体的仲裁程序中，赋予被申请人提出反请求的权利，有利于维护被申请人的合法权益，有利于节约人力、物力；仲裁请求与反请求合并审理，有利于防止就同一事实或者法律问题作出相互矛盾的裁决。被申请人针对申请人的仲裁请求提出反请求应当具备以下条件：①反请求应由被申请人以原仲裁申请人为被申请人提出，否则，不能形成反请求；②反请求只能由被申请人向受理原仲裁申请的委员会提出。仲裁中的反请求，类似与诉讼中的反诉。

（四）选定仲裁员

审理仲裁案件的并非仲裁机构，而是仲裁庭。我国《仲裁法》第 30 条规定："仲裁庭可以由 3 名仲裁员或者 1 名仲裁员组成。由 3 名仲裁员组成的，设首席仲裁员"；第 31 条规定："当事人约定由 3 名仲裁员组成仲裁庭的，应当各自选定或者各自委托仲裁委员会主任指定 1 名仲裁员，第三名仲裁员由当事人共同选定或者共同委托仲裁委员会主任指定。第三名仲裁员是首席仲裁员。当事人约定由 1 名仲裁员成立仲裁庭的，应当由当事人共同选定或者共同委托仲裁委员会主任指定仲裁员"；第 32 条规定："当事人没有在仲裁规则规定的期限内约定仲裁庭的组成方式或者选定仲裁员的，由仲裁委员会主任指定"。由此可见，选定仲裁员是仲裁当事人的重要权利，也是代理仲裁案件的律师或诊所学生的一项重要工作。

律师或诊所学生在选定仲裁员时，不应只考虑仲裁员的"名气"和熟悉程度，也有必要关注仲裁员的时间、精力、专长、住所等因素。某些非常知名的仲裁员由于事务繁忙可能无法接受指定，或者不得已拖延仲裁程序；某些知名仲裁员也可能对特定争议类型缺乏了解。例如，在笔者办理的一起设备质量纠纷案中，双方当事人选定的仲裁员分别为合同法和公司法的权威教授，但对机械设备知之甚少，他们对于案件的裁决未能提出重要的意见。仲裁员的住所也是当事人应当考虑的问题，因为很多仲裁委员会都规定，如果当事人选定居住地不在开庭地点的仲裁员，则当事人应当缴纳额外的实际费用。对于仲裁员的基本情况，很多仲裁委员会的仲裁员名册都作了简要介绍，比如，中国国际经济贸易仲裁委员会仲裁员名册注明了仲裁员的国籍、专业领域和住所地，其网站上还公布了部分仲裁员的简历。对于这些信息，律师或诊所学生在作出决定时应当予以综合考虑。

关于首席仲裁员的选定，实践中多数情况是双方当事人不沟通、不表态或委托仲裁机构主任代为指定。笔者建议，代理仲裁案件的律师或诊所学生应当尽量促成双方当事人进行协商，争取共同指定一位双方均可信赖的首席仲裁员，这将为争议的顺利解决奠定很好的基础。即使双方不能就首席人选达成一致，作为一种技巧，当事人也可以就首席仲裁员的条件提出意见供仲裁机构主任考虑，比如希望首席仲裁员熟悉某些方面的法律、居住地不在双方当事人所在地等。但是，这种要求应该是合情合理的，且法律及仲裁规则没有规定仲裁机构主任必须予以考虑。

根据《仲裁法》的规定，不得选定与己方有利害关系的仲裁员，也不得与任何仲裁员私下接触。比如，中国国际经济贸易仲裁委员会要求与当事人有密切关系的仲裁员不得接受当事人选定或应当回避，仲裁员在接受选定前应签署独立声明书，如果仲裁员或当事人隐瞒与仲裁员的利害关系可能导致仲裁员回避、受到纪律处分甚至裁决书被不予执行或撤销的后果。

（五）调查取证

证据是仲裁裁决的依据。《仲裁法》第43条规定："当事人应当对自己的主张提供证据。仲裁庭认为有必要收集的证据，可以自行收集。"根据这一规定，仲裁中的证据一是来源于当事人，即当事人按照"谁主张，谁举证"的原则提出证据；二是来源于仲裁庭，即在必要时，仲裁庭可以自行收集证据。仲裁庭对专门性问题认为需要鉴定的，可以交由当事人约定的鉴定部门鉴定，也可以由仲裁庭指定的鉴定部门鉴定。但仲裁庭对证据的收集不能免除当事人的举证责任。如果证据可能灭失或者以后难以取得时，根据《仲裁法》第46条的规定，当事人可以申请证据保全。当事人申请证据保全的，仲裁委员会应当将当事人的申请提交证据所在地的基层人民法院，由人民法院按照《民事诉讼法》的有关规定采取保全措施。

基于仲裁案件坚持"谁主张，谁举证"的原则，因此代理仲裁案件的律师或诊所学生应进行必要的调查取证工作。在此需要明确的是，如由仲裁庭进行这些工作，则必然会发生调查取证费，这部分费用应由当事人支付。实践中，经常发生的调查取证费用有：①检验费。在案件涉及货物品质问题，当事人争执分歧重大时，仲裁庭可能会委托一家独立的品质检验机构对货物进行检验，从而发生检验费。②鉴定费。仲裁中常见的鉴定有：笔迹鉴定、价值鉴定（也可以称为价值评估）等。③审计费。仲裁案件在涉及公司经营、财务账目问题时，通常当事人双方谁也说不清或者一方当事人进行的查账另一方坚决不予认可，这时仲裁庭委托一家会计师或审计师事务所进行查账或审计则很有必要。在中国国际经济贸易仲裁委员会受理的合资纠纷案件中，委托会计师或审计师进行查账是常有的事。④专家费用。仲裁员都是专家，但也并不是每一个领域都很精通。当案件涉及某些领域的专业问题时，仲裁庭聘请专家就该问题发表专门意见就会对案件的审理有很大帮助。被聘请的专家可以出具书面的咨询意见，也可以出庭向仲裁庭和当事人陈述其专家意见。对于调查取证中发生的上述费用，仲裁庭会要求案件当事人双方或多方共同预付，如果某一方拒绝支付时，由其他方代替垫付。仲裁庭会在将来的裁决中对此费用由谁承担作出认定。

（六）提交相关证据和文件

由于仲裁案件通常比较复杂，很多案件的仲裁文件繁多，并须多次补充。在提交仲裁文件时，律师或诊所学生应当尽可能便利仲裁员及对方当事人，将文件妥善编号、装订，并附带清晰的目录索引。做好这些基础工作会给仲裁员和对方当事人一个专业、友好的印象，也为案件的审理创造较好的基础和气氛。

（七）仲裁开庭审理中的工作

仲裁庭审理案件通常按照下列顺序进行：当事人陈述；告知证人的权利义务，证人作证，宣读未到庭的证人证言；出示书证、物证和视听资料；宣读勘验笔录、现场笔录；宣读鉴定结论；庭审辩论；辩论终结时，首席仲裁员或者独任仲裁员应当征询当事人的最后意见。因此，代理仲裁案件的律师或诊所学生在仲裁开庭审理中主要工作有以下几个方面：

1. 及时行使申请回避权。开庭仲裁，由首席仲裁员或者独任仲裁员宣布开庭。随后，首席仲裁员或者独任仲裁员核对当事人，宣布案由，宣布仲裁庭组成人员和记录人员名单，告知当事人有关的仲裁权利义务，询问当事人是否提出回避申请。我国《仲裁法》第34条规定："仲裁员有下列情形之一的，必须回避，当事人也有权提出回避申请：①是本案当事人或者当事人、代理人的近亲属；②与本案有利害关系；③与本案当事人、代理人有其他关系，可能影响公正仲裁的；④私自会见当事人、代理人，或者接受当事人、代理人的请客送礼的。"代理仲裁案件的律师或诊所学生如果发现仲裁员存在上述情形之一的，应及时行使申请回避的权利。

2. 举证与质证。根据我国《仲裁法》第45条的规定，所有与案件有关的证据应当在开庭时出示，并经双方当事人质证。也就是说，不论是当事人提供的证据，还是仲裁庭收集的证据，都应当在开庭时出示，并由当事人及其代理人相互质证。具体举证与质证的方法与民事诉讼中的基本相同，律师或诊所学生可从中予以借鉴。

3. 辩论。根据《仲裁法》第47条的规定，当事人在仲裁过程中有权进行辩论。当事人辩论是开庭审理的重要程序，也是辩论原则的重要体现。当事人进行辩论通常按照下列顺序进行：申请人及其仲裁代理人发言；被申请人及其仲裁代理人发言；双方相互辩论。开庭辩论终结前，首席仲裁员或者独任仲裁员可以按照申请人、被申请人的顺序征询当事人的最后意见。具体辩论的方法也与民事诉讼中的基本相同，律师或诊所学生可从中予以借鉴。

二、仲裁代理的技巧

（一）慎重收案

仲裁案件的受理，一般要做三项工作：一是会见当事人；二是审查证据材料；三是签订代理合同。在这个阶段，律师或诊所学生应注意把握以下几点：①会见当事人的主要目的是通过听、问，了解纠纷的争议焦点和当事人的要求，以确定该案的案由、性质。②审查案件材料时，要认真细致地审查合同、附件及相关材料，重点是把握合同的效力。通过审查，认为提起仲裁申请后能得到仲裁庭支持的，或通过举证、答辩和反请求能为当事人减少经济损失的，则与委托人签订代理合同。在签订合同时，要讲明该案中的有利因素和不利因素，讲有利因素时要留有余地，对提起仲裁申请的当事人，还要讲明自己尚未看到对方提供的证据。律师或诊所学生通过对证据材料的审查分析，认为当事人的仲裁请求不可能得到仲裁庭支持，或被申请人一方的当事人通过律师或诊所学生的代理仍无法避免或减少损失的，则应建议当事人采用自行协商、调解、和解的途径解决纠纷。

（二）前期准备要充分

律师事务所或法律诊所与当事人签订代理合同后，代理案件的律师或诊所学生应充分做好以下几项准备工作：①补充完善证据。代理律师或诊所学生在审查案件材料过程中，发现该案的证据有不完善不充分的地方，受理案件后要及时进行调查补证。②财产保全措施的采用。我国《仲裁法》第28条第1款规定："一方当事人因另一方当事人的行为或其他原因，可能使裁决不能执行或者难以执行的，可以申请财产保全"；第2款规定："当事人申请财产保全的，仲裁委员会应当将当事人的申请依照民事诉讼法的有关规定提交人民法院"。1997年最高人民法院发布的《关于实施〈中华人民共和国仲裁法〉几个问题的通知》规定,在仲裁过程中,当事人申请财产保全的,一般案件由被申请人住所地或者财产所在地的基层人民法院作出裁定;属涉外仲裁案件的,依据《中华人民共和国民事诉讼法》第258条的规定,由被申请人住所地或者财产所在地的中级人民法院作出裁定。为了使将来的裁决能得到顺利的执行,代理仲裁案件的律师或诊所学生应及时行使法律赋予的上述权利。

（三）仲裁请求的策略

仲裁请求是仲裁申请书和反请求申请书的总纲,也是整个仲裁活动的轴心。代理仲裁案件的律师或诊所学生在拟定仲裁请求或反请求时应十分慎重,无论是申请人还是被申请人,如果提出的仲裁请求不适当,都将导致被仲裁庭驳回的结果。故在提出仲裁请求或反请求时,应有充分的事实依据和法律依据支撑。既要考虑委托人的要求,但并非委托人要求什么就请求什么。

（四）庭审应变要灵活

律师或诊所学生代理出庭参与仲裁庭的庭审活动是用事实和法律说服仲裁庭接受自己的观点,为委托人争取最佳的仲裁结果。为了达到这一目的,出庭的律师或诊所学生除了实事求是、有理有节、尽心尽职为委托人说话外,还要灵活巧妙地应对庭审中出现的意外情况和不利局面。具体讲要灵活处理好以下问题:

1. 当庭审中出现了意想不到的新证据,而该证据明显对己方不利时,代理案件的律师或诊所学生要沉着冷静,核对原件,一般对其真实性和证明事项不作表态,并向仲裁庭要求质证时间,仲裁庭一般都会同意。代理律师或诊所学生可在庭后调查核实,写成书面质证意见提交仲裁庭。实践中,有的代理律师以超过举证期限为由拒绝质证,这样做不仅会放弃质证的权利,还不符合仲裁庭查明案件事实的意图,由此招致对己不利的仲裁结果。

2. 当庭审结束,仲裁庭征询是否同意调解时,代理律师一般不应拒绝调解。因为调解的过程,特别是仲裁人员背对背做双方当事人工作的时候,都会对整个案件谈一些个人看法,尤其会谈一些被做工作一方的不足之处。代理案件的律师或诊所学生据此可以判断裁决的结果。实践证明,即使将来的裁决结果对己方有利,代理的律师或诊所学生也不要得理不让人,而应网开一面,在不违背委托人根本利益的前提下,心平气和地做出一些让步,调解结案有利于调解协议的履行。如果在调解的过程中,判断出裁决结果对己方不利时,更应请求仲裁庭调解结案,并主动与对方代理律师沟通,通过和解的方式,尽最大努力为委托人减少损失。

3. 在涉外仲裁中,当提起仲裁申请一方的代理律师或诊所学生得知己方的仲裁请求得不到仲裁庭的支持,而对方又不肯调解或和解时,则应说服委托人果断作出撤回申请的决定。因为涉外仲裁与国内的其他民事仲裁不同，国内地方仲裁机构作出的裁决如果错误，代理律师可以通过向法院申请撤销或申请不予执行的途径补救，而涉外仲裁一旦裁决书下来，只要仲裁程序没有错误，即使实体裁决有误，代理律师和委托人均无法补救。而撤回申请后，案件未经实体裁决，代理律师仍有回旋的余地，通过将来的补证或寻找合适的机会再行提起仲裁申请，将案件交由新的仲裁庭组成人员处理。

第三节　仲裁的技巧训练

一、仲裁协议的审查与技巧练习之一
【案件材料】
青岛市某机械制造公司（以下简称"制造公司"）与邯郸市某贸易公司（以下简称"贸易公司"）签订了一份购销饲料机器设备的合同。合同约定：由卖方供给买方全新的饲料生产机器设备一套，价值 50 万元，全套设备生产能力为每小时 5 吨以上，买方在收到货物后开出信用证，全套设备在收到货后 1 个月内安装完毕，如未发现缺陷，则正式交付使用。合同第 18 条规定："如发生争议，由双方协商解决，协商无果后，可向邯郸市仲裁委员会申请仲裁，也可向法院起诉。"在公司交货以后，贸易公司立即进行安装。经试运行，发现设备生产能力达不到合同规定标准，贸易公司提出退货，机械制造公司提出可以派人修理，但因合同未规定可以退货，因此贸易公司不能退货。贸易公司遂向邯郸市仲裁委员会申请仲裁，要求被申请人制造公司承担违约责任。
【讨论】
（1）邯郸市仲裁委员会能否受理本案的仲裁？具体理由？
（2）贸易公司可采取哪些救济途径和技巧？
二、仲裁协议的审查与技巧练习之二
【案件材料】
2006 年 7 月，邯郸市××健身房（以下简称"健身房"）与广州市××健身器械公司（以下简称"健身器械公司"）签订了一份购销合同。合同中的仲裁条款规定："因履行合同发生的争议，由双方协商解决；无法协商解决的，由仲裁机构仲裁。"2006 年 9 月，双方发生争议，健身房向其所在地的邯郸市仲裁委员会递交了仲裁申请书，但健身器械公司拒绝答辩。同年 11 月，双方经过协商，重新签订了一份仲裁协议，并商定将此合同争议提交该健身器械公司所在地的广州市仲裁委员会仲裁。事后健身房担心广州市仲裁委员会实行地方保护主义，偏袒健身器械公司，故未申请仲裁，便向合同履行地的邯郸市××区人民法院提起

诉讼，法院受理此案，并向健身器械公司送达了起诉状副本，该器械公司向法院提交了答辩状。法院经审理判决被告健身器械公司败诉，被告不服，提起上诉，理由是双方事先有仲裁协议，法院判决无效。

【讨论】

（1）有人认为：购销合同中的仲裁条款是无效的，因为《仲裁法》第16条第2款规定："仲裁协议应当具有下列内容；①请求仲裁的意思表示；②仲裁事项；③选定的仲裁委员会。"本案中双方当事人签订的合同中的仲裁条款并未指明具体的仲裁委员会，属于内容不明确，因此该仲裁条款无法履行，是无效的。你认为该观点是否正确？

（2）有人认为：争议发生后，双方重新签订的仲裁协议是有效的。因为《仲裁法》第18条规定："仲裁协议对仲裁事项或者仲裁委员会没有约定或者约定不明确的，当事人可以补充协议。"健身房与健身器械公司重新签订的仲裁协议指明了具体的仲裁委员会，因此是有效的。你认为该观点是否正确？

（3）有人认为：健身房向人民法院的起诉是不正确的。因为《仲裁法》第5条规定："当事人达成仲裁协议，一方向人民法院起诉的，人民法院不予受理，但仲裁协议无效的除外。"本案中，双方当事人重新签订的仲裁协议是有效的。因此健身房的起诉是不正确的。你认为该观点是否正确？

（4）有人认为：人民法院审理本案是合法的。因为《仲裁法》第26条规定："当事人达成仲裁协议，一方向人民法院起诉未声明有仲裁协议，人民法院受理后，另一方在首次开庭前提交仲裁协议的，人民法院应当驳回起诉，但仲裁协议无效的除外；另一方在首次开庭前未对人民法院受理该案提出异议的，视为放弃仲裁协议，人民法院应当继续审理。"本案中，健身房向法院起诉时，未声明有仲裁协议，人民法院受理该案后，健身器械公司又应诉答辩了，因此应当视为人民法院有管辖权。你认为该观点是否正确？

（5）有人认为：被告的上诉理由不成立。因为在法院受理该案后，被告未提出异议，且应诉答辩，则人民法院的审理和判决都是有效的。你认为该观点是否正确？

（6）有人认为：被告在法定期限内有权提起上诉，这是当事人的诉讼权利。无论上诉理由是否成立，上诉权均不受影响。你认为该观点是否正确？

（7）你认为该案中被告忽视了哪些仲裁或诉讼技巧？

三、仲裁协议的审查与技巧练习之三

【案件材料】

2008年10月10日，被保险人与被申请人签订运输合同，约定由被申请人将被保险人的240MVA变压器，由上海市电机厂码头起运，运至南京扬子石化公司巴斯夫联合循环电厂。2008年10月13日，被保险人的240MVA变压器由被申请人从上海运输，于2008年10月17日下午到达扬子石化公司巴斯夫联合循环电厂，在作卸车前准备工作时，大型变压器运输车辆的液压千斤顶发生突发故障后，导致变压器运输车辆发生倾斜。变压器受到强烈振动后，在车辆上发生移位，千斤顶反弹后与变压器油箱碰撞，造成变压器油箱局部变形，质量受损。根据被保险人与申请人签订的保险合同，申请人向被保险人进行了赔付，被保险人向申请人出具了收据及权益转让书。2009年5月14日，申请人依据被保险人与被申请人间运输合同中的仲裁条款，以及申请人依据保险合同对被保险人进行赔付后依法取得代位求偿权，向中国海事仲裁委员会上海分会提交了书面的仲裁申请。上海分会秘书处根据仲裁规则的规定发出了仲裁通知，并安排了开庭时间。在庭审开始前，被申请人向仲裁庭提交了管辖权异议书。称：首先，被申请人与申请人在争议发生前及争议发生后均未达成任何仲裁协议，因此上海分会仅凭申请人一方的申请就受理本案，是无法律依据的。其次，申请人向被保险人理赔后，取得的代位求偿权，只能是实体上的权利。被申请人与被保险人所签运输合同约定的仲裁条款，只能适用于被申请人与被保险人双方，不适用于任何第三方。最后，被申请人提出，其与被保险人所签的仲裁条款为："如双方协商未果，则由合同具签地仲裁机构仲裁解决"。该条款只约定了由仲裁机构仲裁，未具体约定由哪一个上海分会仲裁，因此仲裁条款约定的仲裁委员会不明。根据《仲裁法》的相关规定，该仲裁条款是无效的。

　　针对被申请人的管辖权异议，仲裁庭根据《仲裁规则》第6条第2款的规定，继续开庭审理本案，并告知申请人可在庭后对被申请人提出的管辖权异议提交书面的答辩意见，上海分会也将把被申请人的管辖权异议提交至中国海事仲裁委员会北京总会。

　　庭后，申请人提交了答辩意见认为，无论是我国《保险法》或《海商法》，对代位求偿权的规定都没有区分保险人取得的代位求偿权是实体权利还是程序权利。我国的《海事诉讼特别程序法》中对保险人行使代位求偿权程序问题作出了特别规定，说明程序权利也是代位求偿权不可分离的一部分。程序权利剥离，则实体权利将无法保障。而且最高人民法院《关于适用〈中华人民共和国仲裁法〉若干问题的解释》第9条规定："债权债务全部或者部分转让的，仲裁协议对受让人有效，但当事人另有约定、在受让债权债务时受让人明确反对或者不知有单独仲裁协议的除外。"从以上法律规定可见，被申请人提出的管辖权异议是没有道理的，依法应当驳回。

　　【讨论】

　　(1) 该案中约定合同签订地仲裁机构仲裁是否明确？

（2）该案中约定合同签订地仲裁机构仲裁是否有效？

（3）该案中申请人能否取得代位求偿权？

（4）如果仲裁协议约定的仲裁机构名称不准确，但能够确定具体的仲裁机构的，应否认定选定了仲裁机构？

（5）如果仲裁协议约定了两个以上仲裁机构，当事人是否可以协议选择其中的一个仲裁机构申请仲裁？但当事人不能就仲裁机构选择达成一致的，仲裁协议是否无效？

（6）如果仲裁协议约定由某地的仲裁机构仲裁且该地仅有一个仲裁机构的，该仲裁机构是否视为约定的仲裁机构？如果该地有两个以上仲裁机构的，当事人是否可以协议选择其中的一个仲裁机构申请仲裁？但当事人不能就仲裁机构选择达成一致的，仲裁协议是否无效？

（7）如果当事人约定争议可以向仲裁机构申请仲裁也可以向人民法院起诉的，仲裁协议是否无效？

（8）该案中申请人与被申请人分别可采用哪些仲裁技巧？

四、仲裁协议的审查与技巧练习之四

【案件材料】

某外贸加工厂与某纺织厂签订毛呢买卖合同。合同规定：外贸加工厂向纺织厂购买 17023 人字呢一等品 1000 米，每米价 14.5 元，合计价款 1.45 万元；14067 海军呢一等品 3000 米，每米价 24 元，合计价款 7.2 万元；麦尔登呢一等品 2.6 万米，每米价 21.5 元，合计价款 55.9 万元。以上三个品种共 3 万米，货款总额 64.55 万元。提货日期：第一批 10 月 22 日交货 5000 米，其余 2.5 万米分五批按国家标准交货。交货地点及验收：第一、二批在卖方工厂交货验收，其余在买方交货验收。运输方式及运费负担：汽车运输；运费由纺织厂负担 1/3，外贸加工厂负担 2/3。结算办法：第一批货物由纺织厂派一人押车，外贸加工厂通过银行办理托收。纺织厂按照合同约定于 10 月 22 日通知外贸加工厂验收货物。货物验收后，外贸加工厂未提出异议。10 月 30 日由纺织厂派车辆，双方各派一人押车，向外贸加工厂送货。车行至 100 公里时，货车起火，烧坏 7 件海军呢。11 月 2 日，送货车到达外贸加工厂后，外贸加工厂出具了接收海军呢 43 件，人字呢 20 件，麦尔登呢 20 件，共计 83 件，4980 米，价款 10.512 万元的凭证。对烧坏的 7 件海军呢，外贸加工厂拒不接收。对已接收的货物，除支付 3.02 万元外，其余以质量不符合标准为由，拒付货款。双方经协商达成书面仲裁协议书。事后，纺织厂向某仲裁委员会申请仲裁，外贸加工厂却向人民法院提起诉讼。人民法院不予受理。

【讨论】

（1）本案中仲裁委员会能否受理该案？

（2）双方当事人在纠纷后达成的书面仲裁协议书是否成立？

（3）本案中，如果外贸加工厂提出仲裁协议无效，其理由是否成立？

（4）本案中双方当事人可分别采用哪些仲裁技巧？

五、仲裁计划与技巧练习

【案件材料】

邯郸市××汽车维修中心（以下简称"申请人"）与邯郸市××汽车城（以下简称"被申请人"）于2006年8月28日，签订了《8号展厅租赁合同》，约定租期4年，自2006年8月8日起至2010年8月7日止。2009年4月17日，邯郸市××城市管理监察大队向××汽车城下达《拆除违建告知书》，责令邯郸市××汽车城必须在接到告知书之日起7日内自行拆除8号展厅违法建设。致使申请人与被申请人签订的《展厅租赁合同》无法继续履行，造成申请人巨大的经济损失。根据双方合同约定，争议解决方式为：向邯郸市仲裁委员会仲裁。申请人决定向邯郸市仲裁委员会申请仲裁，并欲委托诊所学生代理本案。

【要求】

将4名学生分为1个小组进行讨论，时间25分钟；教师点评5分钟。学生分组讨论以下内容：

（1）应从哪几个方面对仲裁协议进行审查？

（2）在仲裁员的选择上应采取哪些方法与技巧？

（3）本案仲裁中是否需要证据保全？

（4）如何调查取证？

（5）如何提交相关证据和文件？

（6）在仲裁请求方面应采取哪些策略？

六、仲裁步骤与技巧练习

【案件材料】

A县与C、D、E、F四县相邻。A县某加工厂与B县某食品厂于2008年10月8日在C县签订一真空食品袋购销合同。其中约定："运输方式：加工厂代办托运；履行地点：加工厂在D县的仓库；发生纠纷的解决方式：在辖属E县的××市仲裁委员会仲裁，也可以向C县和E县的人民法院起诉。"合同签订后，加工厂即在其设在E县的分厂进行加工，并在F县车站发货。食品厂收货后即投入使用。因真空食品袋质量不合格，致使食品厂已封装和销售出去的袋装食品大量腐败变质，损失六万多元。

假如，两厂之间协商多次未果，食品厂的法定代表人即找到律师陈某咨询。

最后提出："怎么起诉都可以，但必须在我们 B 县法院打官司，你能办到就委托你，否则我另请高明。"

【讨论】

（1）按照我国现行法律规定，此纠纷应通过仲裁解决还是应通过诉讼解决？请说明理由。

（2）E 县法院是否有管辖权？为什么？

（3）C 县法院是否具有管辖权？请说明理由。

（4）D 县法院是否具有管辖权？请说明理由。

（5）F 县法院是否具有管辖权？请说明理由。

（6）A 县法院是否具有管辖权？请说明理由。

（7）如果你是陈律师，能否满足食品厂提出来的要求？为什么？

假如，A 县某加工厂与 B 县某食品厂在纠纷发生后，经过协商，对纠纷的解决方式又书面约定：本案纠纷由邯郸市仲裁委员会仲裁。请讨论以下问题：

（1）这种纠纷后的书面约定是否有效？能否排斥法院对该案的管辖？

（2）如何代理申请人撰写仲裁申请书？

（3）如何代理被申请人撰写答辩书？

（4）仲裁开庭审理中还应做哪些工作？

（5）假如你代理申请人可以采取哪些仲裁技巧？

（6）假如你代理被申请人可以采取哪些仲裁技巧？

七、仲裁开庭综合模拟练习

【案件材料】

仲裁申请书

申请人：湖北××机床有限责任公司

住址：湖北白石市××路××号

法定代表人：程塞 职务：经理

委托代理人：王琼 许慧 湖北××律师事务所律师

被申请人：邯郸市××机床有限责任公司

住址：邯郸市××大街中段 234 号

法定代表人：林娟 职务：经理

仲裁请求：

（1）裁决被申请人立即给付拖欠申请人的设备尾款 2.55 万元。

（2）裁决被申请人承担违约责任给付违约金 0.255 万元。

（3）承担本案全部仲裁费用。

事实与理由：

邯郸市××机床有限责任公司于 2006 年购买我公司 QCS31/20 液压剪板机，双方签订合同。合同约定：①合同签订后预付合同总额的 30%，交（提）货前付合同总额 40%，正式验收后付合同总额 20%，余 10% 作为质保金，在"三包"期满后 1 个月内交付。②违反本合同约定的一方当事人承担违约部分 10% 的违约金，因卖方发票违法引起的一切责任由卖方承担。③合同中还约定本案发生纠纷由邯郸市仲裁委员会仲裁。邯郸市××机床有限责任公司已付货款总额 90%（即 22.95 万元），余款至今未付，经多次催要未果。

由于上述情况，为确保申请人的合法权益，根据合同中约定的仲裁条款，特申请邯郸市仲裁委员会予以仲裁，请依法仲裁被申请人按合同约定及《合同法》的相关规定对我公司付款，承担违约金，承担全部诉讼费用。

此致
邯郸市仲裁委员会

申请人：湖北××机床有限责任公司

申请人向仲裁庭提交了以下证据：

（1）湖北白石公司与邯郸市××机床有限责任公司于 2006 年签订的购买 QCS31/20 液压剪板机合同（该合同中显示交货地点为河北邯郸金雷公司工地，验收地点为买方工地）。

（2）湖北白石公司与邯郸市××机床有限责任公司于 2006 年签订的技术协议。该技术协议明确显示买方是邯郸市××机床有限责任公司，由此证明申请人是向邯郸市××机床有限责任公司履行了合同。但邯郸市××机床有限责任公司对该份技术协议的异议理由是：这份协议尽管是邯郸市××机床有限责任公司与湖北白石公司签订，但湖北白石公司还与河北邯郸金雷公司另外签订了一份技术协议，这份证据清楚地显示供方是湖北白石公司，收方是金雷公司，由此证明本案实际购买方是金雷公司。

（3）银行汇票 3 份。该 3 张银行汇票清楚地显示邯郸市××机床有限责任公司分 3 次向湖北白石公司付设备款 76 700 元整，51 000 元整，1 002 000 元整，由这 3 次付款证明申请人履行了合同的义务。邯郸市××机床有限责任公司对这 3 份证据的真实性虽然不持异议，但主张其是因为应实际购买方金雷公司委托而付款的，因此不能仅凭这 3 份汇票就证明其是实际购买方。

（4）增值税发票 3 份。该 3 份证据清楚地显示购货人是邯郸市××机床有限责任公司，由此证明邯郸市××机床有限责任公司是合同的实际购买方。但邯郸市××机床有限责任公司虽然对这 3 份增值税发票证据的真实性不持异议，却主张是因为金雷公司委托其代付款，而湖北白石公司收到款后将其公司作为收货人开票是符合常理的，因此仅凭此证据不能必然证明其公司是实际购买人。

（5）货运发票。该证据证明湖北白石公司已将设备交付邯郸市××机床有限责任公司，进而证明申请人履行了合同的义务。但邯郸市××机床有限责任公司对货运发票这份证据持有异议，认为该证据上清楚地显示货运单位是河北金雷公司，这恰恰证明湖北白石公司将货物交付给了金雷公司而非交给邯郸市××机床有限责任公司，进而证明申请人没有向邯郸市××机床有限责任公司履行合同义务，因而也不应向邯郸市××机床有限责任公司请求权利。

（6）技术服务反馈报告单。该报告单实际检查情况栏显示是：①附件齐全；②精度调整达到出厂标准；③各项工作正常。该报告单有用户单位刘丙朝的签字，该证据证明申请人向邯郸市××机床有限责任公司履行了合同。但邯郸市××机床有限责任公司对该证据持有异议，理由有二：一是该证据上用户单位签字人刘丙朝并非邯郸市××机床有限责任公司工作人员；二是该反馈单上清楚地显示用户单位是河北金雷公司，这更加证明申请人实际是向河北邯郸金雷公司交付了货物，而未给邯郸市××机床有限责任公司履行合同。

（7）海关通知单。该证据证明白石公司作为中外合资公司，已经办结了相关手续，进而证明该公司已经解散。但该证系复印件，申请人并未提交原件。

（8）会计师事务所报告书。该报告证明以下内容：①白石公司作为中外合资企业已经解散；②白石公司解散后的债权债务由湖北××公司全部承受，进而证明申请人有具备主体资格。邯郸市××机床有限责任公司对该证据持有异议，认为根据《公司法》第184条的规定，有限责任公司的清算应当成立由股东组成的清算组，清算组应按照法定程序清理债权债务。公司的债权债务及债权债务的分割，首先应由清算组予以证明，其次应由原始公司章程对公司解散后的财产约定字据或合资双方对合资公司解散后的财产及债权债务分割协议予以证明。仅凭原告所举会计事务所的报告书不能充分证明原合资公司的债权债务应由湖北××机床公司承受。

（9）外商投资企业登记通知书。该证据证明湖北白石公司已经注销。邯郸市××机床有限责任公司虽然对该证据的真实性不持异议，但认为该证据只能证明白石公司已经注销，不能证明湖北××机床有限责任公司是湖北白石公司的权利义务承受人。

仲裁答辩书

答辩人（被申请人）：邯郸市××机床有限责任公司

住址：邯郸市××大街中段234号

法定代表人：林娟　职务：经理

被答辩人（申请人）：湖北××机床有限责任公司

住址：湖北白石市××路××号

法定代表人：程塞　职务：经理

委托代理人：王琼　许慧　湖北××律师事务所律师

答辩人针对申请人湖北××机床有限公司的仲裁申请书提出如下答辩意见：

（1）申请人主体错误。与答辩人签订合同的主体是湖北白石公司，而申请人系湖北××机床有限公司，显然主体不符。

（2）答辩人并非合同的实际履行人。购销合同虽然由答辩人与湖北白石公司签订，但实际是湖北白石公司向邯郸市金雷公司履行了合同义务，该事实由湖北白石公司与邯郸市金雷公司签订的技术协议和托运发票等证据证实。

综上所述，申请人主体错误，答辩人并非合同的实际履行人，被答辩人申请仲裁的事实不清楚，理由不充分。为此，答辩人认为被答辩人的仲裁请求不能成立，请贵会予以驳回。

此致

邯郸市仲裁委员会

答辩人：邯郸市××机床有限责任公司

邯郸市××机床有限责任公司所举证据是：河北邯郸金雷公司与湖北白石公司的技术协议，证明实际购买方是河北邯郸金雷公司而非邯郸市××机床有限责任公司。

【要求】

将10名学生分为1组，其中仲裁庭组：由3名担任仲裁员的学生和1名担任书记员的学生组成；申请人组：由1名学生担任申请人的法定代表人和2名学生担任代理人；被申请人组：由1名学生担任被申请人的法定代表人和2名学生担任代理人；观察员组：由2名学生担任观察员。

分配资料和准备：提前1周发资料，利用课余时间进行准备，时间1周。

抽两个组进行课堂表演：时间总计100分钟。

观察员评估及全体学生自由评价发言时间：50分钟。

教师点评时间：50分钟。